CCC

Comando de Caça aos Comunistas

CCC
Comando de Caça aos Comunistas

DO ESTUDANTE AO TERRORISTA
1963 – 1980

2021

Danielle Barreto Lima

C.C.C. COMANDO DE CAÇA AOS COMUNISTAS
DO ESTUDANTE AO TERRORISTA - 1963-1980

AUTOR: Danielle Barreto Lima

DIRETOR ALMEDINA BRASIL: Rodrigo Mentz
EDITOR DE CIÊNCIAS SOCIAIS E HUMANAS: Marco Pace
ASSISTENTES EDITORIAIS: Isabela Leite e Larissa Nogueira

REVISÃO: Marian Gabani
DIAGRAMAÇÃO: Almedina
DESIGN DE CAPA: Gabriel Henrique Venancio
IMAGENS DE CAPA: Jay Rembert / Spacezerocom

ISBN: 9786586618594
Outubro, 2021

Dados Internacionais de Catalogação na Publicação (CIP)
(Câmara Brasileira do Livro, SP, Brasil)

Lima, Danielle Barreto
CCC Comando de caça aos comunistas : do estudante
ao terrorista 1963-1980 / Danielle Barreto Lima. --
1. ed. -- São Paulo : Edições 70, 2021.

ISBN 978-65-86618-59-4

1. Comunistas - Brasil 2. Ditadura - Brasil -
História - 1964-1985 3. História do Brasil 4.
Movimentos estudantis - Brasil - História I. Título.

21-73288 CDD-981

Índices para catálogo sistemático:

1. História do Brasil 981

Aline Graziele Benitez - Bibliotecária - CRB-1/3129

Este livro segue as regras do novo Acordo Ortográfico da Língua Portuguesa (1990).

EDITORA: Almedina Brasil
Rua José Maria Lisboa, 860, Conj.131 e 132, Jardim Paulista | 01423-001 São Paulo | Brasil
editora@almedina.com.br
www.almedina.com.br

Aos professores e estudantes que foram perseguidos durante a Ditadura Civil-Militar.

AGRADECIMENTOS

Foi um dos períodos mais enriquecedores, divertidos e bonitos da minha vida. Eu fiz amigos, aprendi tanto, conheci pessoas e lugares incríveis. Tenho muito a agradecer.

Agradeço a minha família, especialmente meus pais e avós. Aos primeiros, pelas lições de esforço, dedicação e disciplina. Aos segundos, pelo amor e carinho incondicionais.

A minha orientadora, Professora Dra. Katya Mitsuko Zuquim Braghini. Obrigada por sempre se preocupar em dividir tudo que sabe com seus alunos. Obrigada por extrair de cada orientando o melhor e pelo cuidado e dedicação durante a orientação. Agradeço, muito, por ter me ensinado a pesquisar.

Aos Professores do Programa de Estudos Pós-graduados em Educação: História, Política, Sociedade da Pontifícia Universidade Católica de São Paulo (PUC-SP).

Aos membros da Banca Examinadora, Prof. Dr. Kazumi Munakata e Prof. Dr. Rodrigo Patto Sá Motta, pelas contribuições e inspirações a este trabalho.

A nossa querida Elisabete Adania, a Betinha, que, além de ser carinhosa e amiga, é nosso anjo da guarda acadêmico.

Aos meus amigos. Todos foram valiosos pra mim e cada um, a seu modo, me auxiliou neste processo. Em especial: Bianca Alves, Tatiana Gomes, Luiz Otávio C. Cruz, Camila Vasconcelos, Karoline Santana e Lucia Brandespim, meus amigos-irmãos.

Ao Gabriel Venancio: Ga, muito obrigada por estar comigo e me apoiar ao longo deste processo, especialmente nos momentos mais difíceis. À Andrezza Cameski: De, obrigada por estender sua mão para que eu começasse e terminasse esse caminho.

Ao Matheus Céfalo: Ma, muito obrigada pela amizade, diversão e cuidado ao longo destes dois anos de pós-graduação.

Aos amigos do Núcleo de Estudos Escola e seus Objetos (NEO): quem diz que fazer pesquisa é um processo solitário é porque não caminhou com vocês. Em especial: Raquel Piñas, André Condes e Alessandra Ramalho.

Aos meus professores. Parte do que eu sou devo aos competentes e dedicados professores que eu tive, que são exemplos do que eu quero, um dia, me tornar.

A essa força poderosa que rege o Universo, que alguns chamam de Deus, outros de acaso. Eu chamo de Esperança.

COMANDO DE CAÇA AOS COMUNISTAS: ESTUDANTES ARMADOS QUE DEFENDEM DITADORES

"Quando eu era jovem, a crença corrente era de que a juventude é progressista por índole. Desde então isso se revelou falso, pois aprendemos que movimentos reacionários ou conservadores também podem formar organizações juvenis... A juventude não é conservadora nem progressista por índole, porém é uma potencialidade pronta para qualquer oportunidade."

Karl Mannheim. O problema sociológico da juventude

O livro de Danielle Barreto Lima "CCC - Comando de Caça aos Comunistas: do estudante ao terrorista (1963-1980)" conta a história do conhecido grupo que atuou durante o período da ditadura civil-militar brasileira, principalmente durante os ditos "Anos de Chumbo" até o início dos anos 1980, mostrando suas ações de campo, muitas vezes de maneira armada. A mais importante descoberta deste estudo é mostrar a atuação deste mesmo Comando por sua face estudantil. Apresenta a sua ação enquanto estudantes e, ao mesmo tempo, defensores do governo autoritário que se instala em 1964. Vemos o CCC como um grupo que atuava por terrorismo, à medida que contava com a legitimidade dos bancos escolares.

A autora é sutil. Conta-nos que as práticas desses jovens eram ora francamente conservadoras, muitas vezes reacionárias, e por diferentes motivos, violentas. Mas, eles também frequentavam as universidades assistindo suas aulas, praticando política estudantil, disputando eleições por partidos acadêmicos, planejando festas, socializando novos alunos etc. Agindo assim, buscavam novos adeptos à causa "anticomunista" e, em seus próprios termos, se consideravam os verdadeiros estudantes "democráticos", gente que atuava em nome da "revolução" de 1964.

São muitos os valores deste trabalho. Podemos enxergá-los no plano da pesquisa, por sua condição metodológica, pelo processo de desnaturalização do senso comum, por apresentar um novo caminho ao entendimento do movimento estudantil brasileiro por aspectos conservadores, fascistas, acompanhando-os pelos corredores da Faculdade de Direito da Universidade de São Paulo (USP) e da Universidade Presbiteriana Mackenzie.

O texto problematiza uma certa condição positivada de que "todos os estudantes" foram contrários à ditadura civil-militar atuando em frentes públicas de resistência ao autoritarismo. Não se pode dizer que todos eles assim o fizeram levando em conta dois aspectos importantes. Primeiro, é possível que a historiografia tenha criado um ponto cego na história do movimento estudantil quando concentra as pesquisas nos manifestos dos estudantes que se identificam à esquerda do campo político. Em grande medida, muitos trabalhos centralizam a atuação da União Nacional dos Estudantes (UNE), fato que abre outras frentes de investigação. Uma delas é tentar destacar a ação dos estudantes secundaristas, principalmente quando se veem diante do cercamento das universidades, no preciso momento quando estão tentando adentrá-las. Pouco se sabe sobre o relacionamento político e estudantil entre os membros da UNE e da União Brasileira dos Estudantes Secundaristas (UBES), por exemplo. Até mesmo para saber se existiam choques de interesses enquanto se relacionavam. Embora sejam jovens, estão em graus de seriação escolar diferentes; representam diferentes coortes juvenis em um mesmo contexto; a expectativa de futuro não era a mesma para ambos.

O estudante universitário e o secundarista, em um governo autoritário, processam suas expectativas de vida de maneira diferente. E sobre os estudantes que não fizeram nada e ficaram em silêncio? Não temos nada a dizer sobre eles?

Um segundo ponto é que não podemos desconsiderar que o número de estudantes no país era bastante restrito neste período. Vejamos alguns dados: Desde 1950, os jovens já eram apontados como a maioria demográfica no Brasil. O Censo de 1950 indica que 52,7% de toda a população brasileira tinham menos de 20 anos. Destes, 41,7% compreendiam a faixa entre zero e 14 anos. Sobre a sua escolarização, os dados colhidos em 1959 indicavam que, entre 7 e 14 anos, a cada 517 estudantes matriculados na escola primária, apenas 40 conseguiram concluir a 4ª série. Deste total, apenas 22 ingressavam no curso secundário. Anos mais tarde, em 1967, na universidade, havia 160 mil jovens matriculados, ou seja, 2% da população entre 19 e 25 anos.[1] O espaço do "ser estudante" naquele período era limitado. Em comparação ao universo total de jovens brasileiros era até mesmo elitista, espaço de ascensão social, ainda se debatendo com um espectro histórico de longa duração que reduzia este ambiente à formação das "elites condutoras" que, bem formadas, deveriam governar a massa.

Na história da educação as tais "personalidades condutoras", imortalizadas pelas palavras do ex-ministro da Educação e Cultura de Getúlio Vargas, Gustavo Capanema, simbolizavam o poder de homens adultos que, formados pela escolarização formal, serial, constituíam os quadros da elite política. Isto é, há que se considerar que o universo estudantil não é um espaço apartado da política, ele mesmo era um espaço pensando a constituição do *homo politicus* idealizado como produto intelectual e escolarizado. Os estudantes batalhavam dentro dessas fronteiras.

---

[1] Dados podem ser procurados nos seguintes trabalhos: Censo (1950); Fulbright Comission - Brasil- Aparecida Joly Gouveia e Robert James Havighurst, em seu estudo "Ensino Médio em Desenvolvimento" (1969, p. 122); Sinopse Estatística do Ensino Médio (1961); Arthur José Poerner em "O poder jovem" (1968, p. 301); Revista Realidade (setembro, 1967, nº 18).

Alguns deles visando a modificação dessas estruturas (mais vaga nas escolas, democratização da universidade, luta pelo ensino público), outros, fazendo o movimento contrário. Não sem a ajuda de alguns reitores que indicavam o avanço de contingentes "sem preparo" no ensino superior.

A autora trabalha com a ideia de "anticomunismo" como um maquinário de produção de medo criando estereótipos negativos e de perigos imaginários a quaisquer manifestantes que lutam por direitos sociais. Quando uma dada harmonia social de parâmetros liberais é ameaçada em seus privilégios, há quem reacione, criando movimentos sincrônicos de agremiações conservadoras normalmente unificadas em nome da "grandeza da Pátria".[2]

A história do CCC tem relação à ação universitária mobilizada em nome da direita agindo principalmente contra a UNE. Fala sobre uma coalização entre alunos e professores, com respaldo institucional, para a ampliação de seus quadros no interior das escolas superiores. Esses estudantes disputam eleições por meio dos "partidos acadêmicos", pois buscavam poderes objetivos e simbólicos contra os colegas de esquerda, seus pares etários, dentro das próprias regras de convivência da política estudantil. Progressivamente, são constituídas as ações de horda que procuram boicotar os atos considerados subversivos no seio das instituições de ensino, o que resulta em quebradeiras, impedimentos morais, físicos, assédio de todos os níveis, perseguições abertas e veladas, e outros atos.

A partir de 1968, a sigla CCC passa a ser utilizada por grupos para além do estado de São Paulo, como organizações aderentes a este movimento paulistano, assemelhando-se nas práticas violentas resultando em assassinatos de cidadãos. Ao longo dos anos 1970, destacam-se as flagrantes violações aos direitos humanos.

---

[2] No caso, dialoga com o professor Rodrigo Patto de Sá Motta que estudou o caráter social do anticomunismo entre os anos de 1917 e 1964 dando ênfase à Intentona Comunista. Seu livro "Em guarda contra o perigo vermelho: o anticomunismo no Brasil (1917-1964)" foi republicado pela Editora da Universidade Federal Fluminense em 2020. Há também uma versão internacional impressa pela Editora Brighton-Chicago-Toronto: Sussex Academic Press, também em 2020.

Neste período, não se trata mais de falar de ação estudantil, mas de práticas de sujeitos que optaram em ser vigias, espiões, torturadores do aparelho de Estado, dando continuidade às violências com a impunidade garantida.

O CCC é uma agência que faz sua propaganda pelo terror. Vemos um quadro de "caça aos comunistas" oscilando entre o possível e o legalizado e as ações criminosas, estas, estimuladas e cinicamente ocultadas, não investigadas. Praticam atos políticos, de maneira grave, visando o aumento da insegurança, da ansiedade, do medo, clandestinamente. Tem por projeto atingir suas vítimas, sejam elas alvos aleatórios, de oportunidade; sejam escolhidas, para indicar claramente um inimigo, mirando uma comunicação entre o público e suas reivindicações. No caso do Brasil, isso aconteceu com a anuência das autoridades, como força paramilitar de opressão política, e com a cumplicidade da imprensa de massa, que utilizava o termo "terrorismo" de maneira leviana, dissolvendo-o entre as ações da esquerda e da direita, como se fossem frentes comuns.

Ainda existe um mérito metodológico. Danielle Lima não é historiadora de formação. Fez Direito, trabalhou como advogada. Foi para a área das Letras, tornou-se professora. Produziu uma pesquisa em História da Educação e aprendeu muito do ofício de maneira intuitiva. A documentação recolhida diz respeito àquele esforço corporal, sensível, de ir à caça às pistas. Textos iniciais levaram à busca de outros documentos e, passo a passo, a autora foi encontrando suas fontes inéditas. O trabalho nos faz lembrar que grande parte da atuação de um historiador é um trabalho duro: muita espera, conversas com responsáveis por acervos, paciência nos arquivos, andar pelas ruas, usar transporte público etc. Devemos nos lembrar da experiência de ser um historiador-detetive, pois, grande parte da alegria deste trabalho é a perseguição dos rastros e se deixar levar por essa sensação.

Por último, o trabalho nos faz pensar nos estudantes. Um estudante é uma invenção social da modernidade, criada como uma categoria social que diz respeito e só é possível pelo processo de escolarização. O estudante é produto da escola, maestra social, tecnologia racional, templo da ilustração, maquinário burguês, monstro estetizante, aparelho do Estado, uma instituição que cria e amplifica os códigos estéticos de como devemos ver e ser no mundo. A escola, modo específico e pretensamente universal de organização da educação, amplamente o mais aceito, fixa os discursos apresentados como o desejo geral da sociedade. O estudante é o seu alvo e produto. Sujeito construído e pensado por adultos, pessoas instaladas na cultura e com o poder de definição do mundo não-adulto. São seres naturalizados, entregues ao sistema de ensino, passam anos em reclusão. O estudante é um marco institucionalizado dos tempos de vida, a infância e a juventude. Como objeto de estudo, o estudante é um tema científico, das métricas sobre o seu crescimento, sobre o seu intelecto, objeto da Psicologia, da Antropologia, da Economia, da Medicina. É um receptáculo de ideias, ideais, inovações, projetos de sociedade, desejo de futuro. Os estudantes existem na sua relação com outras instituições globais que os modelam como representantes de uma geração, como filhos de um tempo, imbuídos de responsabilidades, são poder de vanguarda. Ser estudante é ser a representação da forma como governos modelam indivíduos, a forma como evolui e se marca o campo do trabalho, a distribuição da riqueza, as tecnologias de comunicação dominantes, as práticas de direito, a evolução da família etc.[3] E, não menos importante, devemos pensar que esses tais sonhos por uma sociedade melhor são imaginários históricos, planos que organizam utopias de progresso, de desenvolvimento, de futurismo, de modernidade. É possível dizer que um estudante é o artefato vivente que carrega todos esses desejos do que é novo, renovado, revigorado, pela nossa aposta de que o mundo pode ser melhor.

Mas, a história não é um caminho de flores. Se fosse assim, como explicaríamos os fenômenos sociais que produziram as juventudes fascista e nazista, e de como a escola foi uma condição primordial para a construção do mito da nação como berço

---

[3] José Gimeno Sacristán e o seu livro "O aluno como invenção" é a referência deste trecho.

da eterna juventude? Podemos dizer que o fascismo é a própria juventude evidenciada nos símbolos de efebos lindos, atléticos, vigorosos e patriotas. Jovens e crianças são os principais alvos da política educacional e de propaganda do Fascismo, estando representados no cinema, em diferentes veículos de comunicação, circulando por entre as escolas, as universidades, clubes, exclusivamente organizados para suas manifestações, de estimulados hábitos guerreiros evidenciados na *Opera Nazionale Balilla* e, depois, a *Gioventù Italiana del Littorio*, ambientes para a criação de sujeitos com o sentido puro da nação italiana.

De modo semelhante, vemos o forte impacto da ascensão de Hitler no projeto de educação pública da Alemanha quando foi indicado Bernhard Rust para o Ministério da Ciência e Educação em 1934. Como nazista fervoroso, passou ao desenvolvimento sistemático de doutrinação ideológica para a formação dos novos alemães. A começar pelo fato de que todos os funcionários públicos, inclusive os professores, deveriam se coligar ao Partido Nazista após 1937. Assim sendo, os currículos vibram com apologias ao Estado e ao Exército, destacando o Espaço Vital, a superioridade ariana, as ciências raciais e o desprezo por outras raças, estas amparadas por uma frenética idolatria a uma certa biologia evolucionista que estabelecia o sujeito ariano como o todo da cultura. Já sabemos em qual tipo de "movimento estudantil" resultou a coligação desse rol de instituições, grupos e diferentes tipologias geracionais, os velhos com as crianças, os jovens com os adultos, as crianças com os jovens, os jovens entre eles mesmos.

De maneira geral, o movimento estudantil é uma forma desta categoria social se expressar com seus ideais de maneira aberta, seja de caráter público ou privado, mas organizados de maneira coletiva e em grande número. É uma das facetas dos diferentes movimentos sociais que procura, como categoria social autônoma, discutir politicamente as condições do seu espaço privilegiado que é o escolarizado, o que não significa dizer que esse universo não possa ser ultrapassado. Ainda assim, a identificação entre os seus membros perpassa a sua filiação à escola. Dentro dos limites de uma civilidade mínima é possível dizer que o estudante tem legitimidade social. No Brasil um estudante é legalizado como uma condição obrigatória. Estudantes nascem todos os dias e são institucionalizados de maneira positivada: estão dentro da ordem, de acordo com a razão, da licitude. Mesmo na sua gênese histórica são forjados por uma institucionalização das condutas, para fazê-los melhores, mais polidos, mais cultos, mais treinados, autocontrolados, civilizados. Todos os dias há idealizações de estudantes. E todo estudante é resultado de um empreendimento.

E o trabalho de Danielle Lima nos lembra que nem todos os estudantes na ativa nos anos 1960-1970 eram progressistas e dispostos a lutar pela democracia, muito embora fossem eles os denominados pela imprensa da época como "estudantes democráticos", os sujeitos sensatos, porque não eram *callejeros*, se conservavam em harmonia com a sociedade; por isso, eram "realistas", porque não gastavam o seu tempo com revoluções sociais abruptas, muito menos socialistas.

O termo "estudantes democráticos" foi usado pela imprensa paulista em diferentes ocasiões, para designar os estudantes que se manifestavam a favor da candidatura de João Pessoa à Presidência da República. Depois, para designar os jovens que marcharam contra o mercado negro e a carestia fazendo coro com a União Democrática Nacional (UDN), logo após a Segunda Guerra Mundial, em 1946. O termo também foi utilizado em contraposição aos estudantes "comunistas" da União Nacional dos Estudantes (UNE), já a partir dos anos 1950. Essa expressão circulava na imprensa há tempos para uma série de conveniências políticas. Desde esse período, o termo foi usado para indicar os sujeitos contrários às mobilizações "comunistas". O termo "estudantes democráticos" foi reforçado durante o processo de constituição da Lei Suplicy (Lei nº 4.464/1964). Eram chamados "democráticos" os estudantes que, em comitiva, foram até Brasília apontar sugestões ao projeto de extinção da União Nacional dos Estudantes (UNE) e entidades congêneres.

Esses tais "estudantes democráticos" estiveram na "Marcha da Família com Deus pela Liberdade", representados por diferentes grupos: o Grupo de Ação Patriótica (GAP), patrocinado pelo

Instituto de Pesquisas e Estudos Sociais (Ipes); a Vanguarda Universitária Católica; Associação dos Estudantes Democratas; Movimento de Arregimentação dos Estudantes Democráticos (Maed); Frente Estudantil de São Paulo; Movimento Estudantil Democrático; Movimento Estudantil de São Paulo; Frente da Juventude Democrática; Associação de Estudantes Democratas; Associação Cristã de Moços (São Paulo e Rio de Janeiro)[4].

A Frente da Juventude Democrática e a Cruzada Estudantil Anticomunista foram investigadas pela Polícia Federal. Eles não tinham filiação com órgãos estudantis, agiam isoladamente, estavam em desacordo com as diretrizes das demais entidades de estudantes que combatiam "atos bolcheviques". Mas, a tal Frente da Juventude Democrática tinha um jornal denominado *Democracia em Marcha* e buscava influência nos congressos e demais atividades estudantis. Além disso, sabe-se que o CCC atuava em conjunto com dois grupos ativos, a Frente Anticomunista (FAC) e Movimento Anticomunista (MAC). Juntos ficaram conhecidos como a "pirâmide do terror". Como se vê, existiam estudantes dispostos a não acompanhar as greves estudantis e os tão famosos comícios relâmpagos de Vladimir Palmeira ou José Dirceu.

Portanto, o livro é importante porque nos mostra que os estudantes progressistas não faziam movimento sozinhos. Existiam grupos que, contrários a eles, também atuavam nas universidades fazendo valer os seus interesses e modos de compreensão de mundo. Há quem diga que eles eram um grupo fraco e mínimo. Talvez, seja interessante testar a hipótese de que atuavam por ações de salões, agindo por uma perspectiva privatista, um tanto escondida, e operando secretamente com os órgãos de repressão. É infeliz constatar que o CCC, um grupo de jovens brancos de classe média, fora-da-lei, violento, armado, seja composto por estudantes também. Mas, por que não? Talvez tenha sido o espaço estudantil que lhes concedeu um ambiente legítimo e naturaliza-

---

4 SIMÕES, Solange de Deus. 1985. Deus, *Pátria e Família:* as mulheres no Golpe de 1964. Petrópolis: Vozes, pp. 158-161.

do para que mantivessem suas ações hediondas na penumbra. Dizem que o local mais escuro é sob a lâmpada.

Alguns membros do Comando de Caça aos Comunistas estão vivos e livres. É possível que hoje estejam renegando as suas ações juvenis. Impunes. O passado é o local do esquecimento até aparecer um historiador com uma pergunta.

Katya Braghini
Cerquilho, inverno, tempo da pandemia, 2021.

LISTA DE QUADROS

LISTA DE FIGURAS

LISTA DE GRÁFICOS

LISTA DE SIGLAS

AAA	Aliança Anticomunista Argentina
ADESG	Associação de Diplomados da Escola Superior de Guerra
ARENA	Aliança Renovadora Nacional
C.A.H.L.	Centro Acadêmico Horácio Lane
C.A.	Centro Acadêmico
C.A.Q.E.P	Comitê de Advertência aos que estão em perigo
CCC	Comando de Caça aos Comunistas
CCCS	Comando de Caça aos Comunistas de Santos
CDDPH	Conselho de Defesa dos Direitos da Pessoa Humana
CEI	Comissão Especial de Inquérito
CENIMAR	Centro de Informações da Marinha
CGT	Comando Geral dos Trabalhadores
CIA	Central Intelligence Agency
CNV	Comissão Nacional da Verdade
CODI	Centros de Operações de Defesa Interna
CPT	Comissão Pastoral da Terra
CRUSP	Conjunto Residencial da Universidade de São Paulo
CRUNA	Cruzada Nacionalista
DAEG	Diretório Acadêmico Eugênio Gudin
DAFAM	Diretório Acadêmico da Faculdade de Arquitetura da Mackenzie
DATEM	Diretório Acadêmico da Faculdade de Tecnologia da Mackenzie
DAJMJ	Diretório Acadêmico João Mendes Júnior
DCE	Diretório Central dos Estudantes
DEAP	Departamento de Arquivo Público do Estado do Paraná
DEOPS	Departamento Estadual de Ordem Política e Social
DOI	Destacamentos de Operações de Informações
DOPS	Delegacia de Ordem Política e Social
FAC	Frente Anticomunista

FAD	Frente Acadêmica Democrática
FAN	Frente Acadêmica Nacionalista
FEUP	Federação dos Estudantes Universitários Particulares
FDU	Frente Democrática Universitária
FJD	Frente da Juventude Democrática
FPN	Falange Pátria Nova
GAC	Grupo Anticomunista
GAP	Grupo de Ação Patriótica
IBAD	Instituto Brasileiro de Ação Democrática
IPES	Instituto de Pesquisas e Estudos Sociais
MAC	Movimento Anticomunista
MAED	Movimento de Arregimentação dos Estudantes Democráticos
MAR	Movimento Acadêmico Renovador
MBL	Movimento Brasil Livre
MDB	Movimento Democrático Brasileiro
MDU	Movimento Democrático Universitário
OAB	Ordem dos Advogados do Brasil
OBAN	Operação Bandeirantes
PAD	Partido Acadêmico Democrático
PAR	Partido Acadêmico Realizador
PAR	Partido Acadêmico Renovador
PDT	Partido Democrático Trabalhista
PRA	Partido de Representação Acadêmica
PP	Partido Popular
PMDB	Partido do Movimento Democrático Brasileiro
SFICI	Serviço Federal de Informações e Contrainformações
SNI	Serviço Nacional de Informações
SBPC	Sociedade Brasileira para o Progresso da Ciência
SPDDH	Sociedade Paraense de Defesa dos Direitos Humanos
SUDENE	Superintendência do Desenvolvimento do Nordeste
TFP	Tradição, Família e Propriedade
UDN	União Democrática Nacional
UNE	União Nacional dos Estudantes
UEE	União Estadual dos Estudantes
UEP	União de Estudantes de Pernambuco
USP	Universidade de São Paulo
VCC	Vanguarda de Caça aos Comunistas
V.N.R.	Vanguarda Nacionalista Revolucionária

SUMÁRIO

INTRODUÇÃO

O interesse em estudar uma juventude que apoiou uma ditadura civil-militar[1], e se movimentou para assegurar sua continuidade, surgiu a partir dos estudos sobre Direitos Humanos feitos durante a minha primeira graduação. Em um primeiro momento, porque a Ditadura Civil-Militar (1964 – 1985) foi um período marcado por uma profunda violação dos direitos e garantias fundamentais do homem. No passo seguinte, por questionar como, durante esse período, jovens estudantes se propuseram a apoiar o regime instituído com o golpe em 1º de abril de 1964, muitas vezes dizendo estar ao lado da democracia, denominando-se ou sendo denominados "estudantes conservadores" ou "estudantes democráticos", conforme os jornais da época os classificavam[2]. Dentre eles, destacam-se os estudantes que participavam do Comando de Caça aos Comunistas (CCC), seus métodos de atuação e anseios sociais e políticos. Muito conhecidos. Pouco estudados.

---

[1] Há divergência envolvendo os termos ditadura civil-militar e ditadura militar. O criador do conceito de ditadura civil-militar, o historiador Daniel Aarão Reis Filho, embora sinalize para uma posição destacada dos militares na condução do governo ditatorial, aponta a "participação civil e a 'responsabilidade ampliada' na construção da ditadura brasileira" (REIS FILHO, 2014, p. 13). Para esta obra, parte-se do pressuposto de que houve apoio de parcela da sociedade civil na legitimação e perpetuação do golpe, evidenciada, inclusive, com a atuação de grupos como o apresentado nesta pesquisa, formado, em sua maioria, por estudantes, ainda que tenha tido em seus quadros policiais e militares.

[2] Pesquisas feitas no site da Hemeroteca Digital da Biblioteca Nacional Digital (<http://bndigital.bn.gov.br/hemeroteca-digital/>) com os descritores "estudantes democráticos" e "estudantes conservadores" com base nos anos de 1960 a 1990 apontaram 91 (noventa e um) resultados.

Na Ditadura Civil-Militar, o Decreto-Lei nº 477/69 – o "AI-5 da Educação" – editado pelo general Costa e Silva, que vedava, sob a alcunha de "subversiva", toda manifestação de professores ou alunos contrária às posições do governo, foi divulgado e apoiado por alguns estudantes[3].

Hoje, vê-se um forte protagonismo juvenil representado por grupos como o Movimento Brasil Livre (MBL), formado majoritariamente por jovens e que conseguiu, com seus ideais, arregimentar uma grande massa partidária. Entre essa massa, uma juventude fortemente presente, atuando em defesa de projetos como a tão discutida Lei da Escola sem Partido (Projeto de Lei nº 867/2015 apensado ao Projeto de Lei nº 7180/2014). Tal projeto prevê uma série de medidas restritivas à liberdade de cátedra e contesta o direito à livre expressão de professores em sala de aula. A questão é que, sob o manto de uma pretensa neutralidade, movimentos como o MBL se postam a serviço de interesses financeiros internacionais que visam acelerar o processo de sucateamento do ensino público brasileiro, mostrando que o fato de ser jovem não implica em ser progressista.

Os movimentos políticos juvenis podem ser acionados para causas variadas, trabalham como uma potência para uma gama de atividades que nem sempre podem se dizer socialmente "positivadas". Durante a Ditadura, por sua vez, havia estudantes apoiadores do golpe[4], contrariando um senso comum de que a juventude que viveu o período era revolucionária em sua maioria.

---

[3] Durante as pesquisas, foram encontradas notícias, em jornais produzidos por estudantes, que divulgavam, sem tecer crítica, o Decreto-Lei nº 477/69. Conforme: "Conheça o decreto 477 na íntegra" (abril/76) e "O já famoso 477" (março/77), ambas veiculadas no jornal *Mackro*, produzido pelo D.A. Eugênio Gudin, da Universidade Presbiteriana Mackenzie (Pasta E54 P03, Arquivo da Universidade Presbiteriana Mackenzie).

[4] Conforme Simões (1985), muitos jovens marcharam ao lado de suas famílias nas famosas passeatas "Marcha da Família com Deus pela Liberdade" ocorridas em 1964, antes do golpe, em protesto ao governo de João Goulart, e que muito contribuíram para o golpe. Além disso, de acordo com Martins Filho (1997), "não existe evidência de recusa de massa do movimento estudantil ao golpe. Ao contrário, existem alguns sinais de que a massa dos estudantes, o

Inclusive, a maioria dos trabalhos que analisam a atuação do movimento estudantil durante a ditadura nos dão a impressão de que todos os estudantes se opuseram ao regime ou que toda a juventude contrária à ditadura atuou da mesma forma.

Neste contexto, a União Nacional dos Estudantes (UNE) aparece de forma recorrente. Para Sanfelice (2008), este é um recorte que conta a história do movimento estudantil que atuou na oposição à intervenção militar, desconsiderando que a entidade não era uma unanimidade entre os estudantes e deixando de lado uma enorme quantidade de jovens que não participava destes movimentos ou que se posicionava de forma contrária a eles e a favor da intervenção. Sanfelice (2008, p. 71) aponta, inclusive, as "tensas" relações entre o movimento estudantil de resistência ao regime e os "Comandos de Caça aos Comunistas (CCCs)".

Outro aspecto a ser considerado é o de que os estudos sobre o movimento estudantil[5] privilegiam o período de 1964 a 1968, como se, com o advento do Ato Institucional nº 5, o movimento estudantil não tivesse atuado na resistência ao regime. Na contramão deste entendimento, destaca-se o trabalho de Müller (2010),

---

estudante comum, se deixou levar pelo discurso anticomunista e por todo aquele quadro que se criou para justificar o golpe militar" (MARTINS FILHO, 1997, p. 80).

5 Quando se analisam as pesquisas sobre a história da Ditadura Civil-Militar, nota-se que o movimento estudantil atuante no período, seja contra ou a favor do regime, é pouco considerado como objeto de estudo. Conforme Fico (2004), entre 1971 e 2000 foram produzidas 214 (duzentas e catorze) teses e dissertações sobre a história da ditadura, sendo que, destas produções, somente oito se referiam ao movimento estudantil. De 2001 a 2019, esse número salta para 1466 (mil quatrocentos e sessenta e seis) trabalhos publicados. Destes, 65 (sessenta e cinco) faziam referência ao movimento estudantil. Apesar do salto quantitativo entre os períodos, a proporção entre pesquisas sobre o movimento estudantil e ditadura se mantém (Levantamento bibliográfico feito na base da Coordenação de Aperfeiçoamento de Pessoal de Nível Superior (CAPES) Teses e Dissertações, com base no descritor "ditadura". Com os resultados apresentados, foi aplicado o filtro de período, 2001 a 2019, grande área "Ciências Humanas" e áreas de conhecimento "História", "História do Brasil" e "Educação". A partir dos resultados, foram selecionadas as pesquisas que se referiam ao movimento estudantil, a partir da leitura do título, resumo e palavras-chave. Não foram disponibilizadas pesquisas publicadas no ano de 2020).

que mostra a relevância do movimento estudantil na resistência à ditadura nos anos 1970. A autora analisa as diferentes formas de atuação do movimento estudantil no período, que possibilitaram que esse participasse, ao lado dos demais movimentos sociais, do processo de redemocratização do país. Terini (2018) discute o papel do movimento estudantil nos rumos da reforma universitária na Pontifícia Universidade Católica de São Paulo (PUC-SP) entre os anos de 1969 a 1974, analisando como a reforma universitária da PUC-SP se apresentou como um movimento de resistência aos Acordos MEC-USAID[6]. Ou seja, a juventude se manifestou de diferentes formas e em períodos diversos, inclusive no que se refere à resistência ao regime.

Pode-se dizer, portanto, que, quando se fala em estudantes e ditadura, o movimento estudantil de "esquerda" e suas formas de atuação, especialmente a UNE, são os temas de maior destaque. Os temas mais recorrentes nas pesquisas privilegiam a ideia de uma juventude que teria se mobilizado, em sua totalidade, contra a ditadura e que faria parte da União Nacional dos Estudantes (UNE), desconsiderando a heterogeneidade deste agrupamento durante o período. A prevalência das pesquisas entre as décadas de 1960 – 1970, sob a perspectiva de que todos os jovens se mobilizavam politicamente contra o golpe, como se todos fossem rebeldes e militantes, desconsiderando aqueles que apoiavam a intervenção ou que se comportavam de outras maneiras, foi apontado por Hilsdorf e Peres (2009) ao analisar os estudos históricos sobre a juventude produzidos entre 1999 e 2006.

Todavia, havia heterogeneidade na juventude que viveu o período. O pensamento político de direita estava presente dentre os

---

[6] Acordos celebrados entre os governos do Brasil, por meio do Ministério da Educação e Cultura (MEC) e dos Estados Unidos da América (EUA), por meio da *Agency for International Development* (USAID) com vistas à reforma educacional do país. Conforme Rossi (2018, p. 20), entre 1964 a 1968, foram celebrados 12 acordos entre Brasil e EUA.

estudantes durante o período da ditadura (SCHMITT E FIUZA, 2012; VITALI, 2013)[7].

A existência de diferentes formas de manifestação de estudantes torna pertinente o estudo da atuação de uma juventude conservadora que, por meio de uma ideologia política contrária à atuação de seus pares etários, combateu os movimentos de esquerda. No entanto, nota-se que quase não se discutem as ações e a pauta estudantil, ou sua ausência, dos estudantes tidos como conservadores à época da ditadura, quais eram seus métodos de atuação e anseios estudantis, sociais e políticos. Essa relativa ausência de pesquisas sobre o tema pode ser atribuída a uma memória formada sobre o período que se basearia na ideia de que os estudantes teriam se oposto, de forma massiva, contra o golpe e a ditadura.

A JUVENTUDE COMO "FORÇA DE CONSERVAÇÃO"[8]

Groppo, em seu livro *Juventude: ensaios sobre sociologia e história das juventudes modernas* (2000), discorre, entre outros pontos, sobre as ideias de Karl Mannheim, especificamente sobre o conceito de juventude como força transformadora da modernidade "independente do sentido progressista ou conservador de sua atuação", um "agente revitalizador" da modernidade (GROPPO, 2000, p. 25). Pode-se dizer, assim, que a juventude, como objeto histórico, pode ser apontada como elemento dinamizador da sociedade, seja com ideias progressistas ou conservadoras, e que, na política, ainda que a juventude possa ter essa representação de "potência", não pode ser vista como um conjunto uniforme.

---

7 Pensando os estudos sobre a juventude "conservadora", foram localizados cinco trabalhos: Braghini e Cameski (2015), Lima (2017), Mattos (2012) e (2013), e Santos (2015), dos quais serão tratados mais adiante.

8 GROPPO, Luís Antonio. *Juventude: ensaios sobre sociologia e história das juventudes modernas*. Difel, 2000, p. 25.

A atuação de grupos juvenis diversos, incluindo os grupos conservadores, pôde ser vista desde o século XIX: "os muscadins, a Guarda Móvel na Revolução de 1848 e grupos estudantis na Alemanha" (GROPPO, 2000, p. 90), eram o prenúncio da onda "conservadora, 'direitista', antissemita, antiliberal, antidemocrática e, enfim, nazifascista de muitos dos grupos juvenis da metade do século XX" (GROPPO, 2000, p. 90). De acordo com o autor, na França, por exemplo, nos primeiros anos do século XX, a *Action Française* se dedicava a interromper aulas de professores progressistas, espancar políticos e agir com violência em circunstâncias oficiais.

O fascismo, por sua vez, utilizou-se do simbolismo da juventude para propagar sua imagem, no que se destaca o caráter paramilitar das organizações juvenis fascistas, que têm como uma de suas características a adoção de nomes que remetiam a formações militares romanas (GROPPO, 2000, p. 131), o que, no sentido de paramilitarização, confere um caráter de aproximação com a história do Comando de Caça aos Comunistas (CCC).

A Juventude Hitlerista foi o que motivou Karl Mannheim a "diagnosticar a categoria juventude como potência interventora na realidade social" (GROPPO, 2000, p. 115), mas conduzida por elementos externos e interessados por esta força. A relação entre a liberdade de atuação e a manipulação dos movimentos juvenis por grupos alheios, de acordo com o autor, é a marca da juventude na contemporaneidade. Para este trabalho, a questão da manipulação também se relaciona com a forma com que o CCC foi, de certa forma, protegido pelos órgãos estatais para que pudesse atuar no meio estudantil.

Com relação à juventude conservadora que viveu a Ditadura Civil-Militar, Braghini (2010) apresenta a imagem que foi construída sobre a juventude nos anos de 1960 e 1970, mostrando que havia uma aversão à rebeldia e à mobilização dos estudantes que se opunham ao golpe e um movimento de idealização de uma juventude que fosse mais conveniente ao regime da época. Esse aspecto foi observado durante a pesquisa, quando se verificou a forma com que parte da imprensa tratou os atos dos estudantes que formavam o CCC, especialmente até meados de 1968.

Quanto aos movimentos estudantis de "direita" propriamente ditos, em um recorte mais específico, Braghini e Cameski (2015), a partir da análise do conteúdo de uma revista educacional publicada pela Editora do Brasil S/A nos anos 1960, apresentam os atos dessa juventude estudantil de "direita" como uma contraface tida por bondade às ações praticadas pelo movimento estudantil de "esquerda", seus inimigos. Com o intuito de desacreditar os estudantes que se opunham ao regime, a revista destacou os atos de grupo estudantil diverso, tido por eles como "estudantes bons" e que também atuavam em favor do Brasil, principalmente por meio do trabalho profissional. As pesquisadoras também apontaram o silêncio de editores e produtores de livros didáticos quanto aos atos dos estudantes que faziam parte do CCC.

Já considerando uma organização específica dos estudantes, Mattos (2012) apresenta a atuação da Frente da Juventude Democrática (FJD) em relação à União Nacional dos Estudantes (UNE) e aos estudantes de esquerda durante a greve por um terço[9], em 1962. A greve, decretada pela UNE, foi denunciada pela FJD como uma "manobra comunista, criminosa e impatriótica". Para a organização, a greve era um instrumento para suscitar uma revolução operária (MATTOS, 2012, p. 125).

Há também pesquisas que analisam a atuação da juventude de direita, pensando sua atuação política e a disputa por posições no movimento estudantil (SANTOS, 2015). Em termos de recorte regional, a pesquisa de Lima (2017) analisa as formas de organização e ações da direita estudantil universitária no Rio Grande do Sul entre 1961 e 1968, mostrando que a direita teve importante espaço na política estudantil gaúcha. O autor analisa o surgimento de um grupo denominado Movimento Democrático Universi-

---

9 A greve por um terço foi um movimento nacional de estudantes, decretado pela UNE, que teve início em 1º de junho e que durou 3 meses. Os estudantes reivindicavam o direito a um terço da representação nos órgãos governativos das universidades e a participação nos conselhos estaduais e federal universitários. Conforme Mattos (2012, p. 6), a greve era "parte de um cenário de efervescência no interior das universidades", motivado, sobretudo, pelas discussões sobre as reformas de base, especialmente no que se refere à reforma universitária.

tário (MDU), em outubro de 1963, pelos universitários de direita e a atuação da Federação dos Estudantes Universitários Particulares (FEUP), criada em 1959, e que se engajou na oposição a João Goulart. Segundo o autor, junto com outras organizações anticomunistas, esta organização empreendeu, no Rio Grande do Sul, cursos denominados Educando para a Democracia, que tinham como objetivo a desestabilização do governo Goulart.

Assim, mesmo com a relativa ausência de pesquisas, pode-se afirmar que essa juventude conservadora existiu e se organizou de modo a apoiar o regime. Braghini (2010, p. 228), a partir de Simões (1985, pp. 158-161), elenca, em uma nota de rodapé de seu trabalho, outros grupos estudantis anticomunistas que atuaram no período: Grupo de Ação Patriótica (GAP), a Vanguarda Universitária Católica, Associação dos Estudantes Democratas, Movimento de Arregimentação dos Estudantes Democráticos (MAED), Frente Estudantil de São Paulo, Movimento Estudantil Democrático, Movimento Estudantil de São Paulo e a Frente da Juventude Democrática que aderiram, inclusive, à Marcha da Família com Deus pela Liberdade.

Assim, enquanto alguns estudantes se organizaram em movimentos estudantis contrários à ditadura, os supracitados optaram por fazer parte de organizações voltadas à direita, como o Comando de Caça aos Comunistas (CCC), conforme destacado por Braghini e Cameski (2015). Ambas mencionam que o CCC era formado principalmente por estudantes oriundos da Faculdade de Direito da Universidade de São Paulo, historicamente conhecida como Arcadas de São Francisco, ou simplesmente Arcadas[10], e da Universidade Presbiteriana Mackenzie.

[10] É prática usual se referir à instituição utilizando o termo Arcadas. Assim, ao se referir à Faculdade de Direito da Universidade de São Paulo, a obra fará variação entre os termos.

O COMANDO DE CAÇA AOS COMUNISTAS (CCC)

Brasil (2010) se propôs a analisar e apresentar as atividades do CCC com base na imprensa[11] e documentos oficiais brasileiros[12]. Lopes (2007; 2014) realizou um trabalho de história oral[13] com doze testemunhas da atuação do CCC, com foco no ano de 1968. Como destacado por Brasil (2010), exceto por seu trabalho e o de Lopes (2007; 2014), não existem outros trabalhos acadêmicos que se dediquem a estudar o CCC[14].

Em sua pesquisa, Brasil (2010) analisa a atuação do CCC em dois períodos específicos, focando sua análise em algumas ações do CCC que a pesquisadora classificou como as mais representativas, especialmente aquelas que receberam maior destaque na

---

[11] A pesquisa de Brasil (2010) se concentra nos jornais centrando seu foco em parte da imprensa de São Paulo, Rio de Janeiro, Rio Grande do Sul e Paraná e na revista *O Cruzeiro* (RJ). Nesse caso, a pesquisa se ocupa mais da representação que a imprensa passava sobre este movimento. Brasil (2010) parte do pressuposto de que o único manifesto produzido pelo CCC foi o divulgado pela revista *O Cruzeiro* (RJ), em novembro de 1968. Todavia, a pesquisa feita no decorrer deste trabalho identificou outros manifestos e cartas abertas divulgadas pelo grupo.

[12] Os documentos oficiais que fizessem referência direta ao grupo ou a acusados de integrá-los, como por exemplo, prontuários, o dossiê sobre o CCC do Arquivo Público do Paraná e os documentos da Assembleia Legislativa de São Paulo (Diário Oficial do Estado de São Paulo, outubro de 68) e do Rio Grande do Sul (Anais da Assembleia Legislativa do Rio Grande do Sul, março de 1968 a janeiro de 1969).

[13] Trechos dos relatos da pesquisa de Lopes (2007; 2014) serão utilizados como fonte para esta pesquisa.

[14] Há livros que tratam indiretamente do CCC, tais como o livro de Flavio Deckes, *Radiografia do Terrorismo no Brasil, 66/80* (1985), que apresenta as principais ações relacionadas a organizações como o Comando de Caça aos Comunistas. O segundo livro, de autoria de Maria Cecília Loschiavo dos Santos, *Maria Antônia: uma rua na contramão* (1988), traz textos de antigos alunos que vivenciaram o conflito ocorrido em outubro de 1968 e que envolveu o CCC. Além deles, no livro *O Fantasma da Revolução Brasileira* (2003), Marcelo Ridenti descreve brevemente a atuação do CCC contra a Faculdade de Filosofia da USP nos acontecimentos dos dias 2 e 3 de outubro. Por fim, o jornalista Percival de Souza relata a atuação do CCC na biografia que escreveu sobre o delegado Sérgio Paranhos Fleury, do DEOPS, intitulada *Autópsia do Medo* (SOUZA, 2000).

mídia. Privilegia, assim, o caráter terrorista do CCC, a partir do estudo sobre a sua representação na imprensa. O primeiro período compreende os anos de 1968 e 1969, os anos mais repressivos do regime segundo a autora, e, depois, o período de 1978 a 1981, em que se viam os primeiros sinais de abertura democrática e, ao mesmo tempo, uma grande quantidade de atentados terroristas.

Com relação ao primeiro período, a autora destaca o conflito estudantil entre os alunos da Faculdade de Filosofia, Ciências e Letras da Universidade de São Paulo e da Universidade Presbiteriana Mackenzie, os ataques aos atores da peça *Roda Viva*, em São Paulo e em Porto Alegre, e a morte sob tortura do padre Henrique, em Recife.

Com relação ao segundo período – de 1978 a 1981 –, que a autora denomina "o retorno do CCC", trata-se daqueles que Brasil (2010) avalia como os maiores atos praticados pelo Comando de Caça aos Comunistas (CCC), tais como o envio de cartões ameaçadores para um grande número de pessoas em todo o país, os ataques a bancas de jornais e revistas e o atentado em Belém quando da visita de Miguel Arraes à cidade. Brasil (2010) destaca que a impunidade foi uma tônica nas ações do CCC.

Segundo a pesquisadora, o CCC adquiriu diferentes faces, "ora como estudante, ora como membro dos quadros institucionais, ora como opositor ao processo de abertura política" (BRASIL, 2010, p. 17), percepção que foi também observada durante as pesquisas realizadas para este trabalho. Além disso, define o Comando de Caça aos Comunistas (CCC) como "uma sigla terrorista de extrema direita" (BRASIL, 2010, p. 19), haja vista o entendimento de que o Comando de Caça aos Comunistas (CCC) não deve ser visto como organização, por não ser único, tendo se revelado vários CCCs durante a pesquisa realizada pela autora.

A partir de 1968, os conflitos entre movimento estudantil e a ditadura se acirram, a sociedade civil se posiciona insatisfeita com o regime, e o Comando de Caça aos Comunistas (CCC), preocupado com os rumos da "revolução", intensifica sua atuação. Desta forma, o grupo, criado em 1963 na Faculdade de Direito da Universidade de São Paulo, passa a ter maior visibilidade.

Esta preocupação do CCC encontra consonância em outros grupos de pessoas que, inspirados em sua atuação, apropriam-se ou seguem uma tradição a partir da sigla para praticar seus próprios atos. Conforme será discutido a seguir, não se descarta que estes outros grupos organizados sob a alcunha CCC tenham tido alguma orientação do CCC das Arcadas. Observou-se, entretanto, diferenças na forma de atuação destes grupos, como no caso do CCC que atuou em Recife e que foi responsável pelo assassinato do padre Henrique.

Após um arrefecimento dos atentados após a edição do AI-5, os atentados do CCC são retomados no final dos anos 1970 em virtude do processo de reabertura democrática. É possível notar com mais intensidade a apropriação da sigla por grupos em diferentes locais do país, até que, em 1977, o CCC das Arcadas se manifesta, anunciando o retorno do "verdadeiro CCC" para pôr fim à "baderna da canalha vermelha".

A pauta estudantil do Comando de Caça aos Comunistas (CCC) não era o foco de Brasil (2010), embora confirme essa face do CCC, ao discorrer sobre a Batalha da Maria Antônia, conflito ocorrido entre estudantes da Universidade Presbiteriana Mackenzie e da Faculdade de Filosofia, Ciências e Letras da Universidade de São Paulo nos dias 2 e 3 de outubro de 1968.

Lopes (2007; 2014) discute as definições para terror e terrorismo, contextualizando o Comando de Caça aos Comunistas (CCC) como organização de extrema direita paramilitar. Discorre a respeito de algumas documentações, como a publicação da revista *O Cruzeiro* (RJ) de 9 de novembro de 1968, documentos policiais, militares e livros de memórias que remetiam diretamente ao CCC, além do estudo das narrativas de 12 (doze) testemunhas da atuação do Comando de Caça aos Comunistas (CCC), focando sua análise no ano de 1968.

Um dos relatos foi fornecido por Cassio Scatena, personalidade que figurou nos jornais como envolvido em uma acusação de homicídio em 1978 e que participou da criação do CCC nas Arcadas. Lopes (2014), mesmo mencionando a presença contundente do CCC no cotidiano estudantil, atuando como "conduta acadêmica delinquente" (LOPES, 2014, p. 256), não destacou ou problematizou a sua formação nos meios estudantis. Conclui afirmando, entre outros pontos, a importância de se documentar a atuação desta organização, tendo em vista as possibilidades de a extrema direita se rearticular e dar início a um novo processo de recrudescimento político, fato que se confirma atualmente.

Durante todo o período até então pesquisado, 1960 a 1990, vê-se que um elemento de caráter político e criminal sempre esteve presente em relação ao Comando de Caça aos Comunistas (CCC): a impunidade. Muitos editoriais, reportagens e jornais diversos apontavam a ausência ou lentidão nas investigações em que o grupo estava envolvido. Essa questão será objeto de discussão neste trabalho, buscando-se entender os motivos para que a atuação do CCC, muitas vezes chamada de terrorista, ficasse impune por todos esses anos.

A escassez de pesquisas sobre os estudantes "conservadores" e "democráticos"[15] e sobre os movimentos estudantis de "direita" dos quais esses estudantes participaram, especialmente no que se refere aos estudantes que fizeram parte do Comando de Caça aos Comunistas (CCC), justifica a importância de uma pesquisa sobre o tema, pois auxilia na marcação de que há potência política juvenil com toda sorte de características e que não necessariamente a juventude é a expressão objetiva "do novo", já que a marcação do CCC na história mostra muita afinidade com discursos ora conservadores, ora francamente reacionários. Por isso, é importante apontar a atuação destes estudantes neste contexto,

[15] Conforme Braghini e Cameski (2015): "O termo 'estudantes democráticos' já tinha sido usado pela imprensa paulista em outras ocasiões. Para designar os estudantes que se manifestavam a favor da candidatura de João Pessoa à Presidência da República (OESP, 07/09/1929, p. 7). Depois, para os jovens que marcharam contra o mercado negro e a carestia fazendo coro com a União Democrática Nacional (UDN) (OESP, 18/09/1946, p. 3). O termo também foi utilizado em contraposição aos estudantes 'comunistas' na União Nacional dos Estudantes (UNE) (OESP, 10/08/1954, p. 15). Isso quer dizer que essa expressão circulava pela imprensa há tempos, sendo usada de acordo com as conveniências políticas. Desde a década de 1950, foi usado como sujeitos contrários às mobilizações comunistas." (BRAGHINI E CAMESKI, 2015, p. 959).

pensando nas suas formas de organização e em como se deu sua formação, especialmente considerando a sua faceta estudantil.

Conforme o apontado, a juventude que viveu a Ditadura Civil--Militar (1964 – 1985) era múltipla e se manifestava de diversas formas. Entre essa diversidade, havia a "juventude conservadora" que apoiava o regime. Essa juventude conservadora que atuava no combate ao movimento estudantil de "esquerda" possuía seus modos de atuação e organização.

A partir de Valle (1997), que estudou as formas de oposição do movimento estudantil do golpe até 1968 a partir da imprensa da época e que aponta, entre outros elementos, conflitos entre as posições da liderança no que tange à luta política e luta específica[16] e suas respectivas pautas, pensou-se a relevância de se entender as pautas presentes no movimento estudantil de apoio ao regime, se havia alguma distinção conforme ocorria no movimento estudantil de "esquerda" e, sobretudo, se havia uma pauta estudantil, ou seja, qual era a luta específica desses estudantes que apoiavam o regime.

Por isso, torna-se interessante compreender a história do Comando de Caça aos Comunistas (CCC) como movimento estudantil conservador, de "direita", e como uma contraposição aos seus pares etários, jovens de "esquerda", direcionando foco para a atuação de uma juventude pouco conhecida pela historiografia brasileira.

---

[16] Durante as pesquisas, foi localizada a dissertação de Valle (1997), que analisa as formas de oposição do movimento estudantil do golpe até 1968 a partir da imprensa de época. Entre outros pontos, a autora traz uma discussão sobre a questão da "luta política" e da "luta específica". Enquanto parte do movimento estudantil adere à luta política, posição política apoiada por Luiz Travassos, presidente da UNE em 1968, que assumia uma posição de luta "nas ruas" contra a ditadura e o imperialismo, havia uma outra posição política denominada luta específica, defendida por Vladimir Palmeira, presidente da União Metropolitana dos Estudantes em 1968, direcionada às políticas educacionais do governo e com uma atuação que privilegiava a militância dentro das escolas e universidades. Ainda sobre a distinção entre a luta política e luta estudantil, destacam-se os trabalhos de Santana (2015), Martins Filho (1987) e Cancian (2010), que mencionam essa dupla atuação do movimento e as cisões eventualmente existentes.

A seguinte pergunta norteia este trabalho: o que era o Comando de Caça aos Comunistas (CCC) levando em conta a sua faceta estudantil, como agentes atuantes de anticomunismo no país? Essa pergunta desencadeia outros tantos questionamentos: o que motivava os estudantes a fazerem parte do CCC? Qual era a sua pauta e quais as formas de atuação dos estudantes que faziam parte do Comando de Caça aos Comunistas (CCC)? Quais eram as ideias sobre comunismo para que eles se intitulassem anticomunistas? Quando o CCC deixa de atuar estritamente nos espaços universitários, como essa atuação ocorre? Qual a ligação entre o terrorismo e o Comando de Caça aos Comunistas (CCC)? Quais eram e como se deram os atos terroristas atribuídos ao grupo? Havia ligação entre os atos ocorridos em outros locais do país e o grupo que se formou nas Arcadas? Houve participação do CCC e de seus elementos no aparelho repressivo? Qual foi a postura do regime em relação aos atos praticados pelo CCC?

O objetivo é compreender historicamente o Comando de Caça aos Comunistas (CCC) a partir dessa ideia de organização paramilitar formada por estudantes e membros de outras representações sociais. Busca-se compreender o caráter político universitário dos movimentos estudantis de direita como agentes sociais atuantes no ambiente universitário que têm por pauta principal, mas não única, o anticomunismo no país, identificando e analisando as suas ações, pautas, métodos de atuação e anseios sociais e políticos e sua ideologia política dentro do contexto ditatorial e analisando o pensamento da atuação dos estudantes que faziam parte do grupo.

O que se constatou é que os membros do CCC atuaram em ambientes acadêmicos, fazendo política interna em redes de ação universitária e legal, principalmente sendo parte de partidos acadêmicos das universidades e participando dos processos de mobilização política, por meio de colaborações na imprensa acadêmica, participação em eleições, organização de chapas, etc.

Nesse aspecto, produziu-se a hipótese de que o CCC tinha, como se sabe, uma atuação extremista que, além de conservadora, não se limitava a apoiar (ou não) as políticas ditatoriais, mas, sobretudo, de se opor à expressão do livre pensamento contra os seus pares etários de "esquerda", nas instituições de ensino e culturais, pensando a pauta anticomunista. Agindo por dentro das universidades, atentos às legislações e regimentos, sobretudo no final dos anos 1960, o CCC organizava-se como movimento estudantil favorável ao regime. Para os atos violentos, seus integrantes atuavam sob a sigla CCC. Para a discussão e divulgação de pautas, reuniões, a via utilizada pelos integrantes do CCC era os partidos acadêmicos, ou seja, era utilizado o estatuto estudantil.

Isto é, não se pode dizer que todos os estudantes de direita atuantes em tais ações políticas eram do CCC. Mas é desse emaranhado político, em que estudantes de esquerda e direita digladiam, em momentos de tensão, sobre a reforma universitária e o autoritarismo, que surge e faz prosperar o CCC. Importante ressaltar que, no decorrer do texto, serão mencionados nomes de estudantes que, mesmo não tendo relação com o CCC, atuaram no movimento estudantil, de apoio ou resistência ao regime, e cuja atuação foi relevante para compreender o contexto em que o CCC surgiu e agiu. O mesmo com relação à indivíduos que, mesmo não tendo ligação efetiva com o grupo, estavam inseridos na rede de relações em que o CCC atuou.

O período considerado para este trabalho foi o intervalo entre 1960 e 1989. As pesquisas, tanto bibliográficas quanto nos periódicos da época, apontam o surgimento do Comando de Caça aos Comunistas (CCC) no ano de 1963. O foco de análise leva principalmente em conta a segunda metade dos anos 1960, quando se acirra a sua atuação em relação ao anticomunismo, até o período de abertura política no Brasil, no início dos anos 1980, quando se percebe o arrefecimento da atuação do grupo.

Apesar de constatarem a face estudantil do CCC, as pesquisas realizadas até então privilegiam o seu caráter terrorista e político, não tendo como objetivo analisar sua formação e atuação nos meios estudantis, sobretudo considerando que o CCC atuou, especialmente nos anos 1960, como uma organização política terrorista com faceta estudantil, mesmo que de forma clandestina e violenta, utilizando-se, quando necessário, da estrutura dos partidos acadêmicos e contando com o apoio, embora velado, das estruturas das universidades e dos aparelhos repressivos. Assim, mesmo que tenha, de fato, atuado como um grupo terrorista, resta esclarecer o seu aspecto estudantil.

Era uma tradição, sobretudo nas faculdades de Direito, a constituição de partidos acadêmicos. Os partidos tinham estatuto e estrutura organizacional e, por meio deles, os estudantes se congregavam para concorrer às eleições para as entidades estudantis universitárias. Nas Arcadas, as eleições para os cargos no Centro Acadêmico XI de Agosto[17] movimentavam toda a faculdade.

Fica evidente a importância que os partidos acadêmicos tinham nas faculdades de Direito quando se pensa no caráter de "profissionalização da política" (ADORNO, 1988, p. 78) com que as Academias de Direito foram concebidas, cujo objetivo era, além de formar bacharéis, cuidar da formação das elites dirigentes do país. Era no seio dos partidos acadêmicos que os futuros bacharéis, fazendo política estudantil e disputando eleições, preparavam-se para futuras posições políticas e cargos públicos.

Outro ponto que, apesar de mencionado nas pesquisas, deixou de ser objeto de análise foi a impunidade. O inquérito da Batalha da Maria Antônia, mencionado por Brasil (2010), é um dos documentos com elementos relevantes para que se possa entender como esse grupo seguiu fazendo os seus atos e circulando em ambientes públicos, mesmo que, no meio estudantil, fosse comum o reconhecimento de quais estudantes eram membros do CCC.

Com o passar do tempo, seus primeiros integrantes foram se desligando dos meios estudantis, e alguns deles passaram a atuar nos órgãos de repressão. Além disso, muito embora o Comando de Caça aos Comunistas (CCC) fosse deixando de ser um

---

[17] O Centro Acadêmico XI de Agosto, fundado em 1903, o órgão representativo dos alunos da Faculdade de Direito da Universidade de São Paulo, é a entidade estudantil mais antiga do País (Centro Acadêmico XI de Agosto, disponível em: <http://www.direito.usp.br/faculdade/caxi08_01.php>. Acesso em: 27 de agosto de 2020).

grupo proeminentemente estudantil, suas ideias e premissas não se afastaram dos meios acadêmicos, como se verá no primeiro capítulo.

A "INDÚSTRIA DO ANTICOMUNISMO"[18]

Um dos nortes para a realização da pesquisa é entender a forte presença do anticomunismo no período que antecedeu e durante o regime. Entender como o anticomunismo se fez presente no período que antecedeu ao golpe de 1964 é relevante para que se possa compreender a atuação do CCC e, principalmente, o apoio que setores da sociedade forneciam à organização, mesmo que de forma dissimulada em certos aspectos. Para este trabalho, entende-se o "anticomunismo" como um fenômeno que gerou um imaginário e uma manipulação oportunista do mesmo, o que Motta (2000) chama de "indústria do anticomunismo".

Sobre essa questão do caráter social do anticomunismo, Motta (2000) o analisou durante o período de 1917 a 1964, com ênfase nas "ondas anticomunistas" (MOTTA, 2000, p. 174) de 1935/37, quando ocorreu a Intentona Comunista[19], a "maior responsável pela disseminação e consolidação do anticomunismo no Brasil" (MOTTA, 2000, p. 7), e em 1961/64, quando a renúncia de Jânio Quadros e a consequente posse de João Goulart, político ligado à esquerda e apoiado pelos comunistas, provocavam nos

---

[18] MOTTA, Rodrigo Patto Sá. *Em guarda contra o "perigo vermelho"*: o anticomunismo no Brasil (1917 - 1964). Tese (Doutorado em História Econômica). Universidade de São Paulo, São Paulo, 2000, p. 202.

[19] Em 1935, comunistas, ligados à Aliança Nacional Libertadora, liderados por Luís Carlos Prestes, promoveram seu levante contra o governo Vargas, cujo objetivo era a implantação de uma República Socialista no Brasil. A denominação "intentona" foi cunhada pelos anticomunistas, numa "tentativa de desqualificar a tentativa revolucionária de 1935". "A 'Intentona' deu origem não somente à construção de um imaginário, mas ao estabelecimento de uma celebração anticomunista ritualizada e sistemática. Outrossim, contribuiu para solidificar o comprometimento da elite militar com a causa anticomunista, por via da exploração da sensibilidade corporativa do grupo." (MOTTA, 2000, p. 105 e 18).

conservadores o temor de que se agravasse a "infiltração" comunista (MOTTA, 2000, p. 290). Para o autor, apesar de ser possível definir o anticomunismo como a atuação de grupos ou indivíduos no combate ao comunismo, essa "aparente simplicidade" não esclarece a diferença na prática desses grupos oponentes (MOTTA, 2000, p. 4). Não obstante os grupos anticomunistas tivessem todos a mesma "postura negativa em relação ao adversário comum" (MOTTA, 2000, p. 4), divergiam em suas práticas e projetos.

A forma de atuação do CCC como organização paramilitar formada primordialmente por estudantes, e que divergiu da prática de outras organizações anticomunistas, vai ao encontro de elucidar aspectos sobre essa história reiterada de perseguição aos comunistas no Brasil, sejam eles reais ou imaginados.

Ainda em relação à pesquisa de Motta (2000), destaca-se o que o autor denomina "indústria do anticomunismo", ou seja, a exploração do "perigo vermelho" representado pelo comunismo (MOTTA, 2000, p. 202). Segundo o autor, essa "indústria" atuava, também, de modo a justificar o autoritarismo presente na política nacional. Com relação ao tema objeto da pesquisa, é importante notar o quanto a "indústria do anticomunismo" atuava, de certa forma, para legitimar os atos do CCC. Conforme mencionado por Motta (2000), uma das práticas perpetradas por essa "indústria" é enquadrar qualquer indivíduo com preferências políticas à esquerda, ou até mesmo aqueles que simplesmente não apoiavam o regime, como comunista, o que legitimaria, também, as práticas da organização. Especialmente em relação ao CCC, Motta (2000) destaca que a organização nasceu no "auge da mobilização anticomunista contra o Governo Goulart" (MOTTA, 2000, p. 198) e que, após o golpe de Estado em 1964, teve importante papel na constante perseguição aos "inimigos", ou seja, à esquerda e aos comunistas (MOTTA, 2000, p. 344).

O trabalho de Mattos (2013), por sua vez, estuda a UNE entre os anos de 1945 e de 1964, com ênfase nas forças políticas que atuaram no interior do movimento universitário e que disputaram espaços para que pudessem se expressar por meio das entidades estudantis, entre elas, o anticomunismo. Brito

(2014), ao investigar como se deu a recepção ao golpe de 1964 na Universidade Federal da Bahia, conclui que o discurso anticomunista teve aderência junto à direção da instituição. Isto é, não se trata de estudar um grupo anticomunista por si mesmo, mas nas suas relações sociais, em meio à configuração de redes que o amparava e estimulava de diferentes maneiras. Também se trata de registrar a atuação de estudantes que também se marcam como atuantes na causa anticomunista, apresentando não apenas uma variedade de ações, mas de idades. Francisco (2014), por sua vez, busca analisar a maneira que os jornais *O Globo* e *O Estado de S. Paulo*, durante o governo de João Goulart (1961 – 1964), utilizaram os discursos ideológicos e anticomunistas, culminando nos acontecimentos ligados à crise política que antecedeu a renúncia de Jânio Quadros até o golpe civil-militar de 1964.[20]

É possível notar, portanto, que o imaginário anticomunista esteve fortemente presente no período que antecedeu e durante a Ditadura Civil-Militar e foi um importante mote para legitimar as práticas de diversas organizações em combate ao "perigo vermelho". As matrizes ideológicas que promoveram o anticomunismo brasileiro, quais sejam, o catolicismo, o nacionalismo e o liberalismo atuaram de diferentes formas em diferentes setores da sociedade (MOTTA, 2000). Neste contexto, foi importante identificar as representações sobre o comunismo dos estudantes que faziam parte do CCC e como eles atuavam como organização em luta para combatê-lo.

---

20 Há outros trabalhos sobre o anticomunismo no período da Ditadura Civil-Militar (1964 – 1985), dos quais destaca-se a pesquisa de Oliveira (2018), que menciona a presença de convicções anticomunistas entre as lideranças da Faculdade de Direito da Universidade de São Paulo.

PROCEDIMENTOS METODOLÓGICOS

Desde o início da pesquisa, um ponto de preocupação foi a questão da escassez de documentação sobre o tema. Por se tratar de organização terrorista anticomunista que atuou na Ditadura Civil-Militar, sob o manto da clandestinidade e da impunidade, considerava-se a possibilidade de que a documentação, se produzida, não tivesse sido apreendida pelos órgãos de repressão, pelo menos não com o empenho despendido aos movimentos de oposição ao regime, muito embora o grupo tenha sido vigiado – mas nunca perseguido ou punido –, sobretudo quando sua faceta estudantil era mais evidente.

De fato, as pesquisas iniciais nos arquivos não apontavam dossiês ou conjuntos documentais sobre o CCC. Chama a atenção o fato de que foram localizados dossiês do Departamento Estadual de Ordem Política e Social (DEOPS), no Arquivo Público do Estado de São Paulo, sobre o Movimento Anticomunista (MAC) e a Vanguarda Anticomunista (VAC), compostos principalmente de recortes de jornais, sem indícios de que alguma investigação tivesse sido feita. Ou seja, mesmo que a imprensa tenha noticiado sua atuação conjunta com o MAC em alguns momentos, formando a "pirâmide" do terror juntamente com a Frente Anticomunista (FAC) e o Movimento Anticomunista (MAC), o DEOPS não constituiu nenhum dossiê sobre o Comando de Caça aos Comunistas (CCC).

Considerando essas questões iniciais, e para investigar elementos que pudessem indicar onde a documentação poderia ser encontrada, o primeiro passo foi realizar um levantamento da imprensa, em âmbito nacional, para que se pudesse ter um panorama da atuação do grupo. Nas reportagens analisadas, foram localizadas informações relevantes, algumas declarações do CCC, mas que, sozinhas, não respondiam totalmente a um dos objetivos desta pesquisa, que era apresentar a forma e o pensamento da atuação do grupo, considerando sua faceta estudantil.

Nesse primeiro levantamento, foram encontrados indícios de que o grupo tinha sido formado nos meios estudantis e que seus integrantes, em grande parte, eram estudantes oriundos principalmente das faculdades de Direito da Universidade de São Paulo e da Universidade Presbiteriana Mackenzie. Assim, partiu-se para a busca das documentações dos diretórios e centros acadêmicos destas universidades.

Na busca, que era feita em toda a documentação produzida pelos estudantes das duas instituições, não foi encontrado nenhum dossiê ou conjunto documental que se referisse ao CCC. Porém, notou-se que a documentação dos diretórios e centros acadêmicos mencionava, por vezes, os nomes de denunciados, pela imprensa, de fazerem parte do CCC ou indicações de atos praticados pelo grupo. Paralelamente, foi realizada a busca em outros arquivos. Devido à já citada inexistência de dossiês específicos sobre o CCC, a documentação utilizada nesta pesquisa foi encontrada nos conjuntos documentais sobre movimentos estudantis, especialmente os que se referiam às faculdades mencionadas acima. Esse procedimento foi adotado em todos os arquivos, tais como o Centro de Documentação e Informação Científica Professor Casemiro dos Reis Filho – PUC-SP (CEDIC) e o Arquivo Edgard Leuenroth – UNICAMP/SP (AEL). Buscou-se, também, outros documentos que fizessem referência ao grupo, no que se destaca o inquérito da Batalha da Maria Antônia e o registro sobre o atentado do Riocentro, além de dossiês sobre os acusados de fazerem parte do grupo.

Foram usados documentos do arquivo da Biblioteca Digital Nacional, mais especificamente a Hemeroteca Digital Nacional. A partir da ferramenta de buscas da hemeroteca, foram selecionados todos os periódicos publicados em todo o território nacional. Como descritores, foram usados os termos "estudantes conservadores", "estudantes democráticos" e "comando de caça aos comunistas", em pesquisas distintas. Com base nos resultados fornecidos, foi feita a análise item a item. Os jornais pesquisados foram:

Quadro 1

Jornais Pesquisados na Biblioteca da Hemeroteca Digital Nacional

Jornais
A Luta Democrática: Um jornal de luta feito por homens que lutam pelos que não podem lutar (RJ)
ABI – Boletim Informativo (RJ)
Correio Braziliense (DF)
Correio da Manhã (RJ)
Correio de Notícias (PR)
Diário da Noite: Edição Matutina (SP)
Diário da Noite (RJ)
Diário da Tarde (PR)
Diário de Natal (RN)
Diário de Notícias (RJ)
Diário de Notícias (RS)
Diário de Pernambuco (PE)
Diário do Pará (PA)
Diário do Paraná: Órgão dos Diários Associados (PR)
Jornal da República (SP)
Jornal do Brasil (RJ)
Jornal do Commercio (RJ)
Jornal do Commercio (AM)
Jornal dos Sports (RJ)
O Fluminense (RJ)
O Jornal (AC)
O Jornal (RJ)
O Liberal (PA)
O Poti (RN)
Tribuna da Imprensa (RJ)
Voz Diocesana (MG)

Fonte: Banco de dados elaborado pela autora com base nos periódicos consultados.

Especificamente sobre o Comando de Caça aos Comunistas, considerando o recorte temporal entre 1960 a 1989, foram encontrados 582 (quinhentos e oitenta e dois) resultados. Todas as reportagens, notas e comentários foram lidos, analisando-se o tema central e eventuais reportagens publicadas na mesma página, de modo a entender o contexto e as ideias que se relacionavam ao assunto. Nesta análise, também se buscaram elementos que relacionassem o Comando de Caça aos Comunistas (CCC) a assuntos educacionais e/ou a estudantes, com destaque para a presença de estudantes e de jovens no movimento. No período de 1960 a 1969, das 172 (cento e setenta e duas) reportagens localizadas, 27 (vinte e sete) faziam referência a estudantes que faziam parte do CCC. Na década de 1970, este número cai para uma ocorrência, subindo para oito na década de 1980. Essa alteração de menções a estudantes, na segunda década, pode significar uma alteração na formação e nas formas de atuação do CCC. Um integrante do CCC que era estudante em 1964, se ainda fizer parte do CCC no final dos anos 1970, o fará ocupando outro espaço social, como será discutido mais adiante.

Além dos jornais mencionados acima, foram acrescidas ao *corpus* desta pesquisa as edições do jornal *O Estado de S. Paulo*.

Também foram analisadas as revistas de maior circulação à época, tendo como objeto as reportagens publicadas entre 1960 a 1989, considerando os períodos em que cada uma das revistas foi veiculada, tais como a revista *Veja e Leia* (atual *Veja*), *O Cruzeiro*, *Realidade*, *Manchete* e *Movimento: Cena Brasileira: Subúrbio Carioca*. Menciona-se que, em algumas situações, foram incorporados à pesquisa materiais produzidos por outros jornais e revistas, quando estes faziam parte da documentação coletada em outros arquivos.

Também fizeram parte das buscas os acervos do Arquivo Edgard Leuenroth (AEL), localizado na Universidade Estadual de Campinas, que conta com uma vasta documentação sobre a repressão durante a Ditadura Civil-Militar (1964 – 1985), e do Centro de Documentação e Informação Científica Professor Casemiro dos Reis Filho (CEDIC), mantido pela PUC-SP, que, em 1977, foi invadida pela polícia, teve seu prédio danificado, alunos presos e algumas paredes pichadas com a sigla "CCC". Além desses, os acervos do Serviço Nacional de Informações (SNI) e Memórias

Reveladas, sediados no Arquivo Nacional, também compuseram a base documental para este trabalho.

Quanto ao Arquivo Público do Estado de São Paulo, especificamente em relação ao período da Ditadura Civil-Militar (1964 – 1985), nele está armazenada a documentação do Departamento Estadual de Ordem Política e Social (DEOPS) e a documentação sobre a repressão ao movimento estudantil. Como os ambientes acadêmicos eram constantemente vigiados pelos agentes da repressão, todo o movimento estudantil foi severamente observado, incluindo os estudantes que faziam parte do Comando de Caça aos Comunistas (CCC).

A pesquisa no Arquivo Público do Estado de São Paulo pode ser dividida em dois momentos: o primeiro se concentrou na busca junto a pastas e dossiês sobre comunismo e anticomunismo e sobre o movimento estudantil, especialmente os documentos referentes à Universidade Presbiteriana Mackenzie e a Faculdade de Direito da Universidade de São Paulo. Nesta busca, foram localizados documentos indicativos do modo de organização dos universitários em ambas as faculdades, recortes de jornais, correspondências e relatórios emitidos pelo DEOPS. Em um segundo momento, passou-se a pesquisar as fichas remissivas de estudantes que, após a análise prévia da documentação, tinham algum tipo de ligação com o Comando de Caça aos Comunistas (CCC) – tendo a reportagem "CCC ou o Comando do Terror", publicada pela revista *O Cruzeiro* (RJ) em 9 de novembro de 1968, sido uma fonte de pesquisa[21] – ou com os partidos acadêmicos, com discursos alinhados ao centro ou à direita, das universidades citadas acima.

As fichas remissivas contêm dados sobre pastas e dossiês em que determinado nome é mencionado. De posse das fichas, foram verificadas as informações mencionadas, com os indicativos das pastas a serem pesquisadas. Em alguns casos, como o de Caio Pompeu de Toledo, estudante da Faculdade de Direito do Largo

---

[21] Maiores informações, contexto e características da revista serão discutidas no capítulo que tratará do CCC na imprensa nacional.

de São Francisco e acusado de ter feito parte do CCC[22], em que algumas informações faziam referências aos processos eleitorais dos quais fez parte, privilegiou-se a pesquisa nas pastas relativas a assuntos estudantis ou de militância.

Considerando que o Comando de Caça aos Comunistas (CCC) era formado por estudantes oriundos da Universidade Presbiteriana Mackenzie e da Faculdade de Direito da Universidade de São Paulo, foi realizada uma pesquisa nos acervos documentais destas universidades.

O primeiro acervo a ser consultado foi o da Universidade Presbiteriana Mackenzie, com sua documentação composta, primordialmente, por jornais e documentos produzidos pelos estudantes da Faculdades de Direito, Engenharia e Economia.

A documentação do Arquivo da Faculdade de Direito da Universidade de São Paulo disponibilizada para consulta estava sumariamente organizada pelos responsáveis do acervo, separada por ano e em pastas indicando o nome do presidente do Centro Acadêmico XI de Agosto de cada período. Nas pastas, havia todo tipo de documentação, incluindo cartões de Natal, comprovantes de gastos, jornais estudantis e documentação dos partidos acadêmicos que disputavam as eleições no Centro Acadêmico XI de Agosto. Em alguns, havia referências diretas ao CCC. Em outros, nomes de estudantes acusados de pertencer ao grupo e que faziam parte de partidos acadêmicos.

Na Assembleia Legislativa do Estado de São Paulo (ALESP), especificamente em relação ao objeto de pesquisa, o objeto de investigação eram os autos do inquérito formado em virtude da Batalha da Maria Antônia.

---

[22] A reportagem menciona que Caio Pompeu de Toledo teria sido um dos fundadores do CCC, o que ele nega na entrevista (*Jornal do Brasil* (RJ), Ano 1978, Edição 00225, "Pompeu acha que Pelé tem razão", p. 8, 19/11/1978); A reportagem menciona, entre outros pontos, que Caio Pompeu de Toledo foi apontado no passado como integrante do Comando de Caça aos Comunistas, o que é novamente negado por ele (*Jornal do Brasil* (RJ), Ano 1983, Edição 00322, "Montoro tem secretariado de conciliação", p. 3, 28/02/1983).

O inquérito produzido pela Comissão Especial de Inquérito (CEI) possui 392 (trezentas e noventa e duas) páginas e está encadernado em um volume único, arquivado junto ao Acervo Histórico da Assembleia Legislativa do Estado de São Paulo e registrado sob o nº. 7955/68, e contém informações sobre o conflito e menções ao Comando de Caça aos Comunistas (CCC).

Por fim, durante as pesquisas, foi localizada a menção, na pesquisa de Brasil (2010), a um dossiê sobre o CCC que estaria arquivado no Departamento de Arquivo Público do Estado do Paraná (DEAP). Após a localização do dossiê e solicitação ao setor responsável, o arquivo digitalizado foi enviado. O dossiê é referente ao inquérito policial instaurado quando do envio de cartões de Natal com ameaças a advogados, religiosos, professores, estudantes e parlamentares no Paraná. Alguns dos destinatários atuavam nos movimentos pela Anistia, como, por exemplo, a professora Neide de Azevedo Lima[23]. A documentação também contém reportagens sobre o envio destas cartas de ameaça para os destinatários do Paraná e de outros estados da Federação, dos ataques feitos a bancas de jornais e livrarias de todo o país e da reportagem da revista *O Cruzeiro* (RJ) de 9 de novembro de 1968, mencionada acima.

Também foram realizadas buscas nos arquivos Brasil: Nunca Mais, Comissão Nacional da Verdade, Comissão Estadual da Verdade (SP) e Documentos Revelados. Quanto aos três primeiros, foram pesquisados nomes encontrados nas demais documentações, de modo a procurar depoimentos, seja dos próprios integrantes, seja de terceiros que os mencionem. Quanto ao último, foram encontradas informações referentes aos grupos de extrema direita que atuaram durante a Ditadura Civil-Militar (1964 – 1985).

---

[23] Neide de Azevedo Lima foi presidente do Movimento Feminino pela Anistia no Paraná. Foi presa e torturada durante a Ditadura Civil-Militar. Participou da Comissão Estadual da Verdade do estado do Paraná. (Departamento de Direitos Humanos e Cidadania, Secretaria de Justiça, Trabalho e Direitos Humanos do Paraná. Disponível em: <http://www.dedihc.pr.gov.br/modules/noticias/article.php?storyid=2699>. Acesso em: 15 de agosto de 2020.)

Após as primeiras análises dos documentos, foram selecionados os nomes de partidos políticos e acadêmicos (Ação Nacionalista Democrática, Movimento Democrático Mackenzista, Frente Acadêmica Nacionalista, Frente Acadêmica Democrática, Partido Acadêmico Democrático, Partido de Renovação Acadêmica, Partido Libertador Acadêmico, Partido de Representação Acadêmica e Partido Acadêmico Realizador) que eram mais frequentes nas documentações e que tinham um alinhamento ideológico ao centro ou à direita. Feita a seleção, foi realizada uma pesquisa por documentos que indicassem o registro como pessoa jurídica, estatutos e atas junto ao Centro de Estudos e Distribuição de Títulos e Documentos de São Paulo/SP (CDT), que consolida as informações dos dez cartórios de São Paulo/SP. A primeira busca resultou infrutífera. Em um segundo momento, foi feita uma busca mais ampla, que acusa o arquivamento de qualquer documento em que o nome selecionado é mencionado, em que se localizou documentação sobre dois partidos acadêmicos que atuavam na Universidade Presbiteriana Mackenzie.

A questão da escassez documental era um ponto relevante para este trabalho, como já dito. Portanto, o trabalho de busca de documentos seguiu a proposição de que o historiador, para a construção do corpus documental, deve aplicar um "saber do tipo venatório", à semelhança do trabalho do caçador que reconstrói suas presas invisíveis pelas pegadas e vestígios da mata, registrando, interpretando e classificando (GINZBURG, 1989, p. 151-152) "pistas (...) infinitesimais" que "permitem captar uma realidade mais profunda, de outra forma inatingível" (GINZBURG, 1989, p. 150).

Partindo dos jornais, que deram importantes pistas para os próximos passos da pesquisa, sobretudo no que se refere a nomes, atos do grupo e redes de relação, a pesquisa caminhou pelos arquivos das universidades frequentadas pelos integrantes, analisando-se a documentação dos diretórios e centros acadêmicos destas universidades, incluindo a imprensa estudantil. Paralelamente, a pesquisa foi realizada nos demais arquivos, coletando todas as informações que pudessem se relacionar, mesmo que indiretamente, ao objeto de pesquisa, devido à quase inexistência de conjuntos documentais específicos sobre o CCC.

Quando um partido acadêmico ou nome era constantemente mencionado, partia-se também para a busca de informações sobre esses elementos. Da mesma forma, se o CCC estava relacionado a um evento específico ou instituição, a busca também seguia por esse caminho.

Além disso, havia a questão de uma realidade desvanecida, já que o explícito eram as ações violentas praticadas pelo grupo. Todavia, se "a realidade é opaca, existem zonas privilegiadas – sinais, indícios – que permitem decifrá-la" (GINZBURG, 1989, p. 177). As práticas do CCC, ainda que sob o véu da clandestinidade e da impunidade, deixaram pistas, em suas mais variadas formas. Essas pistas, quando encontradas, tendo ou não a "pegada" evidente do grupo, foram decifradas para que se pudesse chegar a uma série coerente de eventos sobre o CCC. Nenhuma das documentações isoladas daria conta de captar o objeto em sua integridade, mas remetiam a informações relevantes que, por sua vez, levavam a outras indagações. Os "pormenores mais negligenciáveis", apontados por Ginzburg (1989, p. 144), funcionaram como elementos capazes de, um a um, orientar o caminho para a formação do conjunto documental desta pesquisa. Cada informação localizada levava a elementos que provocavam outras buscas.

Como mencionado pelo autor, "ninguém aprende o ofício de conhecedor ou de diagnosticador limitando-se a pôr em prática regras preexistentes" (GINZBURG, 1989, p. 179). O paradigma indiciário não é, portanto, um método. Paradigma indiciário é a procura por essas "zonas privilegiadas" em que se possa encontrar os "sinais" e "indícios" que permitam conhecer a "realidade opaca" do objeto pesquisado, em que "entram em jogo elementos imponderáveis: faro, golpe de vista, intuição" (GINZBURG, 1989, p. 177-179). Trata-se de uma forma de conhecimento que diz respeito ao entendimento retrospectivo de eventos por meio de pistas.

Após a coleta da documentação, no que se refere à análise em específico, torna-se necessário "captar, por baixo da superfície uniforme do texto, uma interação sutil de ameaças e temores, de ataques e recuos (...) a desenredar os diferentes fios que formam o tecido factual desses diálogos" (GINZBURG, 1991, p. 15). Segundo o autor, "o conhecimento histórico é indireto, indiciário, conjetural" e pode depender da interpretação "centrada em resíduos, [em] dados marginais, considerados reveladores" (GINZBURG, 1989, p. 157, 149).

Em um segundo momento, notou-se que, enquanto alguns jornais noticiavam os atos do CCC e cobravam medidas dos órgãos de segurança, outros não tinham a mesma postura. Torna-se necessário, de modo a se alcançar a correta apreensão dos fatos a partir das fontes, adotar o "método crítico" nas análises documentais, conforme destacado por Prost (2008), o que permite uma análise aprofundada da documentação. Por meio do método crítico, é realizado o confronto de um documento "com tudo o que se sabe a respeito do assunto abordado, do lugar e do momento em questão" (PROST, 2008, p. 57), além de com o que se sabe a respeito de documentos análogos.

A pesquisa a partir de documentos oriundos de períodos de repressão requer um rigoroso trabalho, uma vez que "essa documentação está permeada por práticas difundidas e legitimadas pelo autoritarismo, como a delação e os falsos testemunhos, o que, muitas vezes, gera informações imprecisas" (BAUER; GERTZ, 2012, p. 177).

Por fim, quanto ao entendimento do conteúdo discursivo, parte-se, mais uma vez, das ideias de Ginzburg (1991), para o qual "não há textos neutros" (1991, p. 16), sendo necessário decifrá-los, desembaraçando as tramas formadas no discurso. Parte-se do pressuposto de que, quando os jornais e outros documentos se referiam ao grupo, seus autores partiam de uma ideologia prévia de comunismo, de anticomunismo, de subversão e de juventude. Da mesma forma, os manifestos, cartas e ameaças feitas pelo Comando de Caça aos Comunistas (CCC) apresentam, pelas e além das palavras utilizadas, uma tentativa de diálogo, ainda que pela ameaça e pela violência para com a população, a imprensa, o governo, além dos ameaçados, obviamente. A procura por essa "estrutura dialógica" nos documentos produzidos pelo grupo

(GINZBURG, 1991, p. 14) norteou a busca pelos objetivos e pautas do grupo.

UM BANCO DE DADOS PARA DOCUMENTOS MUITO VARIADOS

Foi localizada uma grande quantidade de documentos no processo de pesquisa. Pode-se dividir a documentação localizada em dois grupos: um que se relaciona aos atos e práticas do grupo e outro que se refere à história da formação e organização do grupo, que se deu por meio de emblemas civis e legais no meio acadêmico, em que o CCC atuou como braço terrorista e violento de ideias reverberadas por movimentos estudantis.

O banco de dados desta pesquisa concentra toda a documentação localizada. Os jornais e revistas foram catalogados após sua leitura em uma base que considera o nome do jornal e o local em que a notícia foi veiculada, data e edição, e um resumo sumário do conteúdo da reportagem. Os demais documentos foram organizados a partir da sua análise, pensando em termos de 1) quaisquer nomes mencionados no documento, seja de pessoas ou instituições; se esse nome aparece como 2) autor/citado; 3) título do documento; 4) suporte de divulgação; 5) conteúdo; e 6) arquivo de origem. O banco de dados também apresenta palavras-chave sobre cada documento, de modo que seja possível identificar os principais assuntos tratados em cada um deles.

Uma das ferramentas do banco de dados, além de apresentar um corpus documental sobre o Comando de Caça aos Comunistas (CCC), é a possibilidade de cruzar os nomes mencionados em qualquer documento, incluindo a imprensa, para que se pudesse entender em que locais e contextos cada estudante aparecia e o que ele produzia ou o que era produzido a respeito dele[24].

---

24 Considerando o trabalho intrincado da busca documental a partir de diversos arquivos, alguns trechos do trabalho foram construídos a partir da reunião de fontes fragmentadas, de tipos e fontes diferentes, o que acabou por tornar necessária a utilização de uma quantidade significativa de notas de rodapé.

A estrutura do trabalho foi pensada em termos de se reconstruir a história do grupo, desde sua fundação, nos bancos das Arcadas, até a fase de reabertura democrática, passando pela participação de membros do grupo nos aparelhos repressivos. O trabalho é composto por três capítulos, além da introdução e das considerações finais. O primeiro capítulo apresenta as origens do grupo e como se ele organizou e atuou dentro das universidades, indo contra as pautas da esquerda. É apresentado, a partir da documentação, como os sujeitos relacionados ao grupo se movimentaram dentro da política universitária. A figura dos partidos acadêmicos é muito presente, pois é dentro desta estrutura institucional que o CCC surge e se movimenta por meio de seus integrantes.

O segundo capítulo apresenta e problematiza, a partir da imprensa produzida à época, a atuação do CCC no âmbito nacional, da sua primeira aparição na imprensa até 1980, analisando os atos terroristas atribuídos ao grupo. Não se trata de um estudo sobre as representações que a imprensa faz das ocorrências, muito embora isso possa ser às vezes apontado, mas de um recolhimento de dados dos documentos, reunindo informações que digam respeito aos atos, ações e práticas do grupo.

Por fim, o terceiro capítulo discute a atuação do grupo considerando a violação aos direitos humanos ocorrida na ditadura, perpetrada pelo Estado, no geral, e pelo CCC, em particular, sob a perspectiva da impunidade, considerando-se a atuação de acusados de pertencer ao grupo dentro do aparelho estatal. A atuação do CCC como um braço da repressão a serviço do regime é um elemento que une os diferentes momentos e modos de atuação da organização e o eixo sobre o qual se desenvolve a pesquisa: partindo de seu estatuto de estudante, tutelado por professores com forte ligação com o regime, passando pela atuação da sigla na prática de terrorismo sob o signo da impunidade, até a constatação de que elementos do grupo agiram dentro do aparelho repressivo, sob a chancela do governo, em cooperação com os órgãos estatais.

CAPÍTULO 1 – MOVIMENTO ESTUDANTIL DE DIREITA NA FACULDADE DE DIREITO DA UNIVERSIDADE DE SÃO PAULO E NA UNIVERSIDADE PRESBITERIANA MACKENZIE

Durante as pesquisas nos arquivos, sobretudo nos arquivos da Faculdade de Direito da Universidade de São Paulo e da Universidade Presbiteriana Mackenzie, notou-se que a documentação, especialmente dos partidos acadêmicos, mencionava o nome de alguns estudantes acusados de pertencer ao CCC, bem como um profundo discurso anticomunista, que era precisamente o propalado pelo grupo.

Brasil (2010, p. 17) menciona a face estudantil do CCC, e Lopes (2014, p. 30) destaca que "nos redutos acadêmicos (...) estudantes direitistas" fundaram o CCC. Uma das testemunhas de atuação do CCC, aluno das Arcadas, conta que o CCC participava[25] da política acadêmica, ao citar a participação do grupo nas assembleias e nas eleições do Centro Acadêmico XI de Agosto. A questão é tentar entender como acontecia essa articulação entre o CCC e a política universitária. De que maneira se pode dizer que o grupo atuava nas universidades, levando em conta aspectos de sua existência que recaem na ilegalidade?

Foi somente a partir de 1956 que a UNE se torna uma entidade ligada às correntes políticas de esquerda (MARTINS FILHO, 1987, p. 41; SANTOS, 2015, p. 86). Como entidade dita "máxima" dos estudantes universitários, nem sempre a sua história esteve

---

[25] LOPES, 2014, p. 120, relato fornecido por Gustavo de Carvalho Andrade.

ligada às condutas entendidas como progressistas. Antes mesmo da UNE, na Faculdade de Direito da Universidade de São Paulo, na Primeira República, os partidos estudantis aderiam a correntes diferentes, mas que eram todas atreladas à oligarquia (MARTINS FILHO, 1987, p. 17). Acadêmicos das Arcadas, em 1908, realizaram um enterro simbólico do jornal socialista *Avanti*, por exemplo. Em 1917, colocaram-se contra o movimento grevista operário, chegando a se oferecer para substituir os grevistas (MARTINS FILHO, 1987, p. 17).

Na década de 1960, quando o Comando de Caça aos Comunistas (CCC) é criado, o discurso anticomunista reverberava na sociedade e, obviamente, nos meios estudantis: os estudantes "democráticos"[26] que "não se deixam levar pelo comunismo" atuavam na defesa da pátria contra as manifestações subversivas, defendendo a democracia e a legalidade, e se colocavam contra as greves universitárias, opondo-se ao que eles denunciavam como caráter comunista[27] da União Nacional dos Estudantes (UNE).

Em 1962, durante a greve por um terço, a Frente da Juventude Democrática (FJD), segundo Mattos (2013), a organização anticomunista juvenil mais relevante entre os anos de 1950 e 1960, opõe-se à greve alegando infiltração comunista no movimento (MATTOS, 2013, p. 142; 373). Neste contexto, disputa a direção da UNE e convoca os "estudantes democráticos" a participarem do

---

[26] Conforme: *O Jornal* (RJ), Ano 1962, Edição 12607, "A pressão tolerável", p. 4, 19/06/1962; *Correio Braziliense* (DF), Ano 1961, Edição 00345, "Bancada contra Extremismo já tem 142 parlamentares", p. 1, 14/06/1961; *Diário do Paraná – Órgão dos Diários Associados*, Ano 1962, Edição 02023, "Movimento Coordenado (Esquerdas) visando tumultuar a Guanabara", p. 2, 10/01/1962; *Diário da Noite* (RJ), Ano 1963, Edição 11793, "Estudantes paulistas vão ao Norte", p. 3, 29/06/1963.

[27] Conforme: *A Gazeta* (SP), "Para decidir sobre a greve no Mackenzie", 24/07/1962; *Folha de S. Paulo* (SP), "Reitores vão debater a participação de alunos", 25/07/1962; *A Gazeta* (SP), "Graves declarações do professor Flavio Suplicy Lacerda, do Paraná", 25/07/1962; *A Gazeta* (SP), "Programa Político da UNE", 25/07/1962; *Folha de S. Paulo* (SP), "Reitores dizem que elementos estranhos agitam estudantes", 26/07/1962; *Folha de S. Paulo* (SP), "CPI para apurar as atividades da UNE", 27/07/1962; *O Estado de S. Paulo* (SP), "Termina a greve na Escola de Engenharia; repúdio a UNE e a UEE", 28/07/1962 (Dossiê greve movimento estudantil Mackenzie, Acervo da Universidade Presbiteriana Mackenzie).

25º Congresso Nacional dos Estudantes, realizado em Petrópolis/RJ, em julho de 1962, que foi tumultuado por integrantes do Movimento Anticomunista (MAC)[28]. Antes disso, no início do ano, o MAC metralhou a sede da UNE (MATTOS, 2012, p. 125). Para Santos (2015, p. 115), o MAC atuava com o objetivo de desestabilizar a organização e seu trabalho de mobilização estudantil.

A despeito de possuírem as mesmas motivações anticomunistas, haja vista que a FJD, criada em 1951, tinha como objetivo se contrapor à atuação do Partido Comunista entre a juventude brasileira, as organizações anticomunistas divergiam em suas formas de atuação. O atentado praticado pelo MAC, durante a realização do 25º Congresso da União Nacional dos Estudantes, em 1962, foi rechaçado pela FJD, que exigiu a instauração de inquérito para apurar o ocorrido. Todavia, ao mesmo tempo em que solicitavam a instauração de inquérito, a FJD culpava João Goulart e Leonel Brizola por, supostamente, terem impedido a ação preventiva por parte da tropa federal no local do Congresso (SANTOS, 2015, p. 121-125).

Em agosto de 1962, os alunos da Faculdade de Economia da Universidade Presbiteriana Mackenzie rompem com a União Nacional dos Estudantes (UNE) e com a União Estadual dos Estudantes (UEE)[29], e o mesmo ocorre com os alunos da Faculdade de Engenharia.[30]

---

[28] O MAC (Movimento Anticomunista) cometeu uma série de outros atentados, inclusive contra a imprensa, em 1962. De acordo com a documentação, os atos começaram no Rio de Janeiro, partindo para Porto Alegre e chegando em São Paulo. Assim como com o CCC, as investigações não chegaram a conclusão alguma e, de acordo com a documentação, ninguém foi punido pelos atos terroristas (Pasta OP0945, Acervo da Delegacia de Ordem Política e Social – DEOPS, Arquivo Público do Estado de São Paulo).

[29] *Diário da Noite* (SP), "A 'UNE' e a 'UEE' não mais falarão em nome da economia Mackenzie", 07/08/1962 (pasta OP1230, Arquivo Público do Estado de São Paulo); *O Estado de S. Paulo* (SP), "Alunos do Mackenzie deixam a UNE e a UEE", 31/07/1962 (E42P06, Arquivo da Universidade Presbiteriana Mackenzie).

[30] *Folha de S. Paulo* (SP), "Cessa a greve na Engenharia Mackenzie", 28/07/62 (dossiê greve movimento estudantil Mackenzie, Arquivo da Universidade Presbiteriana Mackenzie).

Estudantes da Faculdade de Direito da Universidade de São Paulo distribuem um "manifesto anticomunista" denunciando a influência do comunismo nos meios acadêmicos. Esses universitários discordavam de reivindicações de estudantes que se colocavam em uma postura antagônica com relação aos professores, utilizando o termo "luta de classes", que, no contexto, significava a disputa de interesses entre estudantes e professores dentro do espaço acadêmico. O termo não foi utilizado pelos estudantes à toa, já que o conceito ganhou corpo nos escritos de Karl Marx, precursor das teorias sobre o comunismo.

Esses estudantes defendiam a manutenção da cátedra vitalícia – indo contra uma das pautas de discussão da UNE, por exemplo. A cátedra vitalícia – inamovibilidade do docente, que só perderia seu cargo por sentença judicial – veio a ser revogada na constituição de 1967, durante a ditadura. Isso é, havia os agrupamentos dos estudantes que não se mobilizavam pelas reformas universitárias nos moldes tidos como inovadores.

Além disso, colocavam-se contra as propostas legislativas que visavam permitir desapropriações sem indenização prévia. Dentre as pautas das reformas de base do governo de João Goulart estava a Reforma Agrária. Um dos pontos principais da Reforma Agrária era a desapropriação de terras sem indenização prévia; para isso ser feito, seria preciso abarcar uma alteração na Constituição Federal vigente, o que justifica o uso da expressão "alterações legislativas" pelos estudantes que divulgaram o manifesto. Mas, ao menos no manifesto, diziam que ser favorável a uma ou outra dessas questões não equivalia a ser comunista, já que algumas delas (e os manifestantes não especificavam quais) eram utilizadas pelos comunistas "por motivos táticos e não doutrinários"[31].

Somados a eles, em uma "campanha de desestabilização patrocinada por grupos nacionais" (FICO, 2008, p. 75), para a criação da atmosfera envolvendo o "perigo vermelho", estão o Instituto

---

[31] *Diário de São Paulo* (SP), "Manifesto Anticomunista de Estudantes Universitários", 06/09/1962 (pasta OP1271, Arquivo Público do Estado de São Paulo).

Brasileiro de Ação Democrática (IBAD), criado em maio de 1959, e o Instituto de Pesquisas e Estudos Sociais (IPES), criado em agosto de 1961, que patrocinava grupos como a Frente da Juventude Democrática (FJD) (MATTOS, 2012, p. 124). Foi encontrada na documentação da Faculdade de Direito da Universidade de São Paulo uma revista do IPES: "Notas em função do Referendum"[32]. O IPES era ligado a alguns professores das Arcadas. Luís Antônio da Gama e Silva, por exemplo, obteve "espaço privilegiado de socialização" e a facilitação de sua circulação no meio empresarial por conta da sua ligação com a organização (OLIVEIRA, 2018, p. 114). Alfredo Buzaid, professor das Arcadas, também manteve contato com a instituição. Outros professores, como Vicente Ráo, Ernesto Leme e Miguel Reale, também possuíam ligações com o instituto (OLIVEIRA, 2018).

Em agosto de 1963, no mesmo ano em que a revista circulou nas Arcadas, o C.A. XI de Agosto, sob direção do acadêmico Oscarlino Marçal, sinalizava para a "fraude da Grande Farsa, que os meninos 'ipesinhos', que os mocinhos 'ibads' tentam em defender (sic) no mais incrível estelionato político de todos os tempos"[33], fazendo referência aos membros destas organizações em relação, segundo o C.A., à atuação destes grupos junto à juventude, no contexto das discussões das reformas de base do governo de João Goulart. Essas duas posições ilustram que as ideias destes institutos, que tinham como objetivo a desestabilização e derrubada do governo de João Goulart, estavam presentes nas Arcadas.

Materiais de propaganda anticomunista[34] eram enviados dos Estados Unidos da América aos estudantes das Arcadas. Em 1963, estudantes da Faculdade de Direito da Universidade de São Paulo, membros de um dos partidos acadêmicos da faculdade,

---

32 Pasta 1963, Arquivo da Faculdade de Direito da Universidade de São Paulo.

33 Uma revolução mobiliza a Academia, 31/08/1963 (Sobre a conferência do Professor Goffredo da Silva Telles Jr, Pasta O. Marçal 1963, Arquivo da Faculdade de Direito da Universidade de São Paulo).

34 Propaganda Anticomunista – Ref. No. 150, 1962 (Pasta O. Marçal 1963, Arquivo da Faculdade de Direito da Universidade de São Paulo).

o Partido de Representação Acadêmica (PRA), que será discutido a seguir, organizaram um evento com participação do então Senador Mem de Sá, opositor do governo de João Goulart[35]. No mesmo ano, um vereador ligado à União Democrática Nacional (UDN)[36] anuncia a organização do I Encontro Nacional de Estudantes Democráticos[37], que reuniria uma frente democrática contra as movimentações comunistas. O encontro também era feito com vistas à eleição da Diretoria da UNE que ocorreria posteriormente.

Em 1964, a Associação de Estudantes Democráticos, o Movimento Estudantil Democrático, a Frente Estudantil do Estado de São Paulo e a Associação Paulista dos Ex-Dirigentes Universitários[38] participaram, junto com o Grupo de Ação Patriótica (GAP), das Marchas da Família com Deus pela Liberdade. Isto é, havia mobilização estudantil ativa diante dos chamados das senhoras católicas e de outras entidades preocupadas com a ideia do avanço comunista.

O GAP era formado por estudantes alinhados politicamente à direita (MOTTA, 2000, p. 295) e era financiado pelo Instituto de Pesquisas e Estudos Sociais (IPES) (BRAGHINI; CAMESKI, 2015, p. 12). Destaca-se que, além de sua atuação anticomunista, os universitários que o compunham tinham envolvimento com contrabando de armas, conflitos de rua e, ao que tudo indica, associavam-se ao grupo terrorista MAC (MOTTA, 2000, p. 296).

---

35 *Diário da Noite* (RJ), Ano 1963, Edição 11862, "Mem de Sá na Academia", p. 12, 18/09/1963.

36 A União Democrática Nacional foi um partido político que atuou como opositor do governo de João Goulart, com um discurso marcado pelo anticomunismo. (BENEVIDES, Maria Vitória. "União Democrática Nacional (UDN)". In: ABREU, Alzira Alves de. *Dicionário da Elite Política Republicana (1889 – 1930)*. FGV/CPDOC, 2013. Disponível em: <http://cpdoc.fgv.br/dicionario-primeira-republica>. Acesso em: 18 de janeiro de 2020.)

37 *Diário de Notícias* (RJ), Ano 1963, Edição 12459, "Estudantes farão frente comum contra agitadores", p. 2, 03/07/1963.

38 *Diário da Noite* (RJ), Ano 1964, Edição 12017, "Marcha da Família com Deus pela Liberdade", p. 3, 17/03/1964.

A formação de associações juvenis era uma prática não adstrita aos estudantes de esquerda, tendo sido uma prática também dos "estudantes conservadores" que se organizaram em movimentos como a Frente da Juventude Democrática (FJD) e o Grupo de Ação Patriótica (GAP). Os "estudantes democráticos" tinham suas organizações, disputavam eleições, se uniam em partidos acadêmicos. Por meio destes partidos e organizações, almejavam disputar a direção de instituições como a União Nacional dos Estudantes (UNE), como foi o objetivo da FJD, em 1962, e da União Estadual dos Estudantes (UEE), como fez a Frente Democrática Universitária (FDU), em 1964, formada por estudantes paulistas no dia seguinte ao golpe e que decidiu, em assembleia feita na Universidade Presbiteriana Mackenzie, intervir na UEE (SANTOS, 2015, p. 142). O objetivo de alguns estudantes, neste momento, não era extinguir os movimentos estudantis e suas organizações, mas sim livrá-los do "perigo vermelho"[39].

Neste contexto de luta interestudantil, a crise política instalada no governo João Goulart (1961 – 1964), suas tomadas de posição e manifestações a favor das reformas de base que fomentavam o imaginário anticomunista, aliada a toda a conjuntura, contribuíram para que os grupos anticomunistas se organizassem, assustados com a ideia de que os seus inimigos estivessem se fortalecendo, o que auxiliou "na formação do ambiente de radicalização e polarização ideológica, preparando o terreno para a reação conservadora de 1964" (MOTTA, 2000, p. 294).

Foi nesse contexto de exploração do "perigo vermelho" que, em 1963, o Comando de Caça aos Comunistas (CCC) foi formado pelos estudantes das Faculdades de Direito da Universidade de São Paulo e da Universidade Presbiteriana Mackenzie.

---

39 Santos (2015, p. 147), em seu estudo sobre atuação das juventudes de direita em 1960, aponta que o objetivo desses estudantes de "resgatar a trajetória democrática" do movimento estudantil foi frustrado pelo regime que, certo de que as entidades estudantis "não poderiam ser recuperadas da infiltração comunista", promulga, em novembro de 1964, a chamada Lei Suplicy, extinguindo a UNE e as UEEs.

A data de formação do grupo é controversa. Há relatos de um dos integrantes e da imprensa de que o CCC foi formado em 1964. A maioria dos relatos aponta o ano de 1963. Para além da prática de atos, o CCC surge inicialmente como uma ideia anticomunista, patriótica e violenta. Nessa perspectiva, levando em conta que a sua formação depende da atuação de estudantes em frentes universitárias políticas, toma-se o ano de 1963 como data de formação, quando, nas dependências da Faculdade de Direito da Universidade de São Paulo, João Marcos Flaquer[40], aluno das Arcadas e membro do Partido do Kaos, um dos partidos acadêmicos da faculdade, manifesta as intenções de criar o CCC (LOPES, 2014, p. 102).

O Partido do Kaos almejava ser o "brado de inconformidade da juventude antissolene"[41]. Seu fundador foi Paulo Azevedo Gonçalves dos Santos, aluno das Arcadas e colega de João Marcos Flaquer. O Kaos surgiu em 1963 e se propunha a criticar de forma violenta a "ordem vigente", para indicar o que se entendia como o autêntico caminho para a libertação e progresso da nação, livre dos extremismos de esquerda e direita[42]. Depois de criar o CCC, João Marcos Flaquer sai do Partido do Kaos e vai para o Partido de Representação Acadêmica (PRA)[43].

Paulo Azevedo Gonçalves dos Santos, amigo de João Marcos Flaquer, foi candidato por um terceiro partido, a Frente Acadêmica Nacionalista (FAN), à presidência do C.A. XI de agosto para a gestão de 1964, mas, contrariando a opinião de João Marcos Flaquer, abandonou o pleito para que João Miguel pudesse vencer de Marcelo Cotrim, do Partido de Representação Acadêmica (PRA).

---

40 João Marcos Monteiro Flaquer, também chamado, inclusive pela revista *O Cruzeiro* (RJ), de 09 de novembro de 1968, que o apontou como integrante do CCC, de João Marcos Flaquer (*O Cruzeiro* (RJ), Ano XL, Edição 45, "CCC ou o Comando do Terror", p. 19-23, 9/11/1968).

41 Na transcrição da documentação, preservou-se a grafia original da época.

42 Aliança do Kaos para o Progresso, 13/05/1963 (pasta OP 1271, Arquivo Público do Estado de São Paulo).

43 Fiscais indicados pelo Partido de Representação Acadêmica, 1964 (Pasta 43 João Miguel 1964, 1964, Arquivo da Faculdade de Direito da Universidade de São Paulo).

Paulo Azevedo Gonçalves do Santos atuou no C.A. XI de Agosto, juntamente com João Marcos Flaquer e outros alunos, após o golpe, em 1964, quando o Professor Anhaia Mello[44] foi nomeado interventor do C.A. XI de Agosto (LOPES, 2014, p. 104).

A tradição dos partidos acadêmicos era forte sobretudo nas Faculdades de Direito, em que a atuação nos partidos, especialmente durante as eleições, funcionava como uma preparação para a "vida adulta" dos futuros bacharéis, que, no mais das vezes, seguiriam para o cenário político paulista. Logo que os calouros chegavam à faculdade, eram convidados para reuniões, festas e eventos desses partidos. Era por meio desses partidos que os estudantes, à direita ou à esquerda, atuavam, institucionalmente, no movimento estudantil universitário. Com a agitação do movimento estudantil durante a ditadura, a atuação dos partidos era ainda mais evidente, ainda que já fosse uma tradição das Arcadas.

Pensando no objeto da pesquisa, dois partidos acadêmicos se destacaram nas ações na Faculdade de Direito da Universidade de São Paulo, onde o CCC foi criado, seja por conta das pautas anticomunistas e nacionalistas apresentadas, seja por conta dos nomes mencionados. O primeiro deles foi o Partido de Representação Acadêmica (PRA); o segundo, o Partido Acadêmico Renovador (PAR), especialmente na década de 1960. No decorrer dos anos, outros partidos acadêmicos surgiram, conectados a acusados de fazerem parte do grupo[45].

---

[44] Em 11 de agosto de 1964, Anhaia Mello conclama os estudantes a atuarem no processo da "revolução brasileira, marcada por um nítido sentido de responsabilidade, verdade e democracia" (*O Estado de S. Paulo* (SP), "11 de agosto: mensagem aos acadêmicos", 11/08/1964, pasta OP 1271, Arquivo Público do Estado de São Paulo.)

[45] O Partido da "Canalha Acadêmica", por vezes relacionada ao CCC, disputou as eleições em 1980. Foi o único documento do partido encontrado na documentação do Arquivo da Faculdade de Direito da Universidade de São Paulo. Consultados os nomes de cada um dos integrantes da chapa, foi localizado um documento do Serviço Nacional de Informações que descreve o partido da seguinte maneira: "uma chapa tradicional que não se preocupa em vencer as eleições. Entende que a tradição é o que há de mais importante." (Chapa do Partido da Canalha

Foi em meio à agitação destes partidos acadêmicos que o CCC surge e se movimenta.

1.1 ESTUDANTES DE DIREITA E A "FORÇA DA TRADIÇÃO" NA FACULDADE DE DIREITO DA UNIVERSIDADE DE SÃO PAULO

> *"Coisas que só aconteceram na época do Largo São Francisco. Política própria do Largo São Francisco. Não há como entender o problema "arcadiano". E foi nesse espírito que nasceu o CCC."*
>
> (LOPES, 2014, p. 143, relato fornecido por Cassio Scatena)

Na Faculdade de Direito da Universidade de São Paulo estavam os alunos que formavam a liderança do Comando de Caça aos Comunistas (CCC)[46]. Para Carlotto (2014, p. 431), a Faculdade de Direito da Universidade de São Paulo foi claramente formada para funcionar como uma "escola de poder" com vistas à formação das elites brasileiras. Segundo Oliveira (2018), o projeto de criação e implantação da Universidade de São Paulo (USP) teve como base os pressupostos de um grupo que podia se considerar liberal, sendo que, com o tempo, surgiram, na instituição, professores ligados à Faculdade de Direito da USP, alinhados aos regimes autoritários de 1937 e 1964. Oliveira (2018), sobre a Faculdade de Direito da USP:

> Espaço de qualificação e sociabilidade das classes dominantes (...) favoreceu a reprodução e a disseminação de valores tradicionais e do liberalismo autoritário e elitista,

---

Acadêmica; 06/10/80, pasta 1982 Lauro Celidônio, Arquivo da Faculdade de Direito da Universidade de São Paulo)

46 LOPES, 2014, p. 120, relato fornecido por Gustavo Augusto de Carvalho Andrade.

> fomentando comportamento político conservador, competentemente mobilizado na luta anticomunista que marcou o ocidente no século XX (OLIVEIRA, 2018, p. 276).

Essa característica não era exclusiva da Faculdade de Direito. As instituições de ensino superior, por meio de professores, reitores e diretores que aderiram e colaboraram com o regime, foram um espaço de legitimação da ditadura, com uma "evidência eloquente do apoio ao golpe nos meios acadêmicos" (MOTTA, 2014, p. 35).

Para Oliveira (2018, p. 84), o "conservadorismo elitista e autoritário" esteve presente na direção da Universidade de São Paulo (USP), paralelo aos ideais de intelectuais[47] que colaboraram com os regimes ditatoriais de 1937 e 1964, dentre eles, Luís Antônio da Gama e Silva e Alfredo Buzaid, que serão retomados a seguir.

Houve uma relação entre o poder universitário e o governo golpista, com perseguição de professores com o fito de eliminar a presença de opositores da ditadura e desarticular um movimento de democratização que vinha sendo construído dentro da universidade (ADUSP, 2004, p. 6-7).

Em 1962, alguns professores das Arcadas, tendo em vista as propostas reformistas do então presidente João Goulart, divulgam um manifesto de teor anticomunista intitulado "A Faculdade de Direito e a situação nacional (1962)" (OLIVEIRA, 2018, p. 126). O manifesto foi apoiado por diversos setores da sociedade, incluindo ex-alunos (OLIVEIRA, 2018, p. 128). A USP, por sua vez, na década de 1960 especialmente, controlada pela "direita acadêmica", foi palco de disputas políticas e de perseguição a movimentos progressistas (OLIVEIRA, 2018, p. 16). Paralelo a isso, os órgãos de segurança não viam a Faculdade de Direito da USP

---

47 Os intelectuais estudados por Oliveira (2018) são: Vicente Paulo Francisco Ráo, Ernesto de Moraes Leme, Miguel Reale, Luís Antônio da Gama e Silva e Alfredo Buzaid.

como instituição de liderança do movimento estudantil contra a Ditadura Civil-Militar[48].

Figuras importantes na USP e nas Arcadas mantiveram relação com o anticomunismo e, posteriormente, com o regime golpista. Luís Antônio da Gama e Silva, que foi reitor da USP em 1963, depois de 4 anos na diretoria das Arcadas, teve grande participação no golpe em 1964. Gama e Silva assumiu a posição de ministro da Educação logo após a derrubada de Goulart. Em 1967, eleito novamente como reitor da USP e tomando posse como ministro da Justiça, participou da redação dos decretos de aposentadoria compulsória de dezenas de professores da USP (CARLOTTO, 2014, p. 102).

Motta (2014, p. 37) menciona a "adesão oportunista" por parte de pessoas que assentiam ao golpe com vistas a interesses que iam além de questões ideológicas e políticas, objetivando progresso na carreira. Gama e Silva é um exemplo, já que, no começo dos anos 1960, não pertencia aos quadros da direita radical (MOTTA, 2014, p. 37), ainda que, em 1962, tenha assinado o manifesto anticomunista mencionado acima, junto com outros professores das Arcadas.

Em 1964, o então reitor Luís Antônio da Gama e Silva constituiu, secretamente, uma comissão especial com o fito de investigar as atividades de professores da USP, por ele consideradas como subversivas. Formavam essa comissão os professores Moacyr Amaral dos Santos, da Faculdade de Direito, Jerônimo Geraldo de Campos Freire, da Faculdade de Medicina, e Theodureto I. de Arruda Souto, da Escola Politécnica, elementos de confiança de Gama e Silva e que atuavam no que se denominavam as "grandes

[48] Os órgãos de repressão entendiam ser a faculdade de Filosofia da USP a principal cumpridora deste papel, junto com outras faculdades. (Relatório sobre a subversão da Faculdade de Direito da USP, s/d, pasta OP1271, Arquivo Público do Estado de São Paulo) Havia nas Arcadas, inclusive, um núcleo dos militantes universitários da Tradição, Família e Propriedade. (Núcleo dos militantes universitários da "Tradição, Família e Propriedade", Palavras aos colegas sobre os últimos acontecimentos, 09/09/1966, pasta OP1271, Arquivo Público do Estado de São Paulo).

escolas" da USP (ADUSP, 2004, p. 17), "focos do conservadorismo" na instituição (MOTTA, 2014, p. 52). Os atos dessa comissão geraram alarde dentro da USP depois que a imprensa divulgou o seu funcionamento (MOTTA, 2014, p. 52).

Gama e Silva havia sido eleito reitor no ano anterior com o apoio de setores ligados ao professor Antonio Barros de Ulhôa Cintra, que, por sua vez, se ligava a movimentos de modernização da USP. Tendo apoiado o movimento que depôs João Goulart e desenvolvendo, logo após o golpe, estreita ligação com o regime, Gama e Silva dispensou o apoio do grupo que o elegera, que, não coincidentemente, passa a ser alvo da repressão que recai sobre o ambiente universitário (ADUSP, 2004, p. 10).

Oliveira (2018, p. 124) e Machado (2015, p. 95) apontam a ligação e a colaboração entre Alfredo Buzaid, diretor da Faculdade de Direito de 1967 a 1969, reitor interino em 1969 e professor das Arcadas desde 1946, com Gama e Silva. O apoio de Alfredo Buzaid ao governo militar foi destacado por Motta (2014), que menciona o alinhamento de Buzaid com as alas radicais do regime (MOTTA, 2014, p. 34; 99).

Dreifuss (1981, p. 466) destaca a ligação de Gama e Silva e Alfredo Buzaid com o IPES, mencionado anteriormente: Gama e Silva é apontado como líder do instituto e Alfredo Buzaid como consultor jurídico de um outro líder do IPES[49]. O IPES, tendo em seus quadros personalidades como Gama e Silva e Alfredo Buzaid, teve participação destacada no movimento estudantil de direita, mobilizado e financiado para fazer oposição à União Nacional dos Estudantes (UNE) (DREIFUSS, 1981), inclusive treinando e mantendo os agentes do CCC[50].

Os estudantes incomodados com a ameaça comunista na universidade encontraram nela um ambiente que, no mínimo, não os

49 O líder do IPES mencionado por Dreifuss (1981, p. 466) é Fuad Lutfalla.

50 Relatório final do Grupo de Trabalho Estrutura da Repressão (BR RJANRIO CNV.0.PLA.00092001855201307, Fundo Comissão Nacional da Verdade, Arquivo Nacional). A informação também é mencionada no relatório da Comissão da Verdade do Estado de São Paulo, 2015, Relatório – Tomo I: Recomendações Gerais e Recomendações Temáticas, p. 5, 224-225.

impediria de agir. Foi neste cenário que João Marcos Flaquer manifesta a sua intenção de criar o CCC. Uma vez criado, o grupo foi financiado. Criado, financiado e organizado, foi protegido pelas instituições e agiu, livremente, no ambiente universitário – e fora dele. Em seu depoimento ao pesquisador Gustavo Lopes, Cassio Scatena[51], um dos fundadores do CCC (LOPES, 2014, p. 88), menciona que o grupo foi fundado:

> como autodefesa contra estudantes esquerdistas que levavam agentes sindicais e outros — Central Geral dos Trabalhadores (CGT), Confederação Nacional dos Trabalhadores da Indústria (CNTI). Esse pessoal era violento, e o CCC foi uma autodefesa daqueles a favor da "Revolução de Março".[52]

Em uma das primeiras ações do grupo, em 1964, o ministro da Superintendência da Reforma Agrária, João Pinheiro Neto, foi impedido de discursar no Salão Nobre das Arcadas (LOPES, 2014, p. 104). Vale destacar o seguinte trecho do relato de Paulo Azevedo Gonçalves dos Santos, amigo de João Marcos Flaquer, que faz referência a este ato do CCC. Paulo Azevedo menciona que o evento teria ocorrido em 1963. Todavia, a documentação coletada durante a pesquisa aponta que a situação teria se dado em 16 de março de 1964, dias antes do golpe:

> Os métodos do CCC, que acabaram deixando todo mundo contrário a esse grupo, podem ser exemplificados pela participação de João Marcos ainda como membro do Partido do Kaos, antes do Golpe, por volta de 16 de março de 1963, quando o Ministro do SUPRA, da Superintendência de Reforma Agrária, veio fazer uma conferência em São Paulo. João Marcos se articulou com o pessoal do Mackenzie, e

[51] Cassio Scatena também é indicado pela revista *O Cruzeiro* (RJ) como integrante do CCC (*O Cruzeiro* (RJ), Ano XL, Edição 45, "CCC ou o Comando do Terror", p. 19-23, 9/11/1968).

[52] LOPES, 2014, p. 137, relato fornecido por Cassio Scatena.

> decidiram impedir que o Ministro viesse fazer a conferência na Faculdade de Direito. Por outro lado, o pessoal de esquerda, dos sindicatos, também se articulou para garantir a palavra dele. Então poderia haver um embate, no momento que o Ministro chegasse, e seria à noite a conferência. João Marcos, conversando com o Enio Araújo – que me foi apresentado pelo próprio, porque um grande amigo dele e um dos principais líderes do Partido do Kaos, e que depois indiquei para diretor do restaurante do XI de Agosto –, chegou e lhe disse: "Ênio, não venha hoje à noite aqui". E o Ênio: "Mas por quê? Quero ver o Ministro do Jango, e participar". "Não venha porque nós vamos impedir de o Ministro falar" respondeu João Marcos. Mas como impedir? Isso é um atentado a tudo que significa a Faculdade de Direito. Aqui é uma faculdade da palavra. João Marcos, ultimando-lhe: "Ênio, não venha, porque senão vou te quebrar a cara". Aí estava o "Sutil"![53]

Dias depois, um partido acadêmico das Arcadas, o Partido de Representação Acadêmica (PRA), se manifestou, justificando, de forma velada, o ocorrido. Primeiro alegando o fato de que o partido não tinha participado da organização do evento envolvendo o ministro; em segundo lugar, mencionando que a intenção dos então dirigentes do Centro Acadêmico XI de Agosto era "dividir os alunos da Faculdade de Direito e criar um ambiente de agitação e de tumulto". O PRA aproveita o manifesto para prestar "o juramento de que continuava vigilante na defesa do Brasil e da democracia" e denunciar que o C.A. XI de Agosto pretendia expulsar do centro acadêmico os alunos que haviam participado, em 19 de março de 1964, "da passeata cívica pela liberdade", as famosas Marchas da Família com Deus pela Liberdade, e transformar a Faculdade de "templo do Direito em peça do chamado 'processo

---

53 LOPES, 2014, p. 105, relato fornecido por Paulo Azevedo Gonçalves dos Santos.

revolucionário'", com o objetivo de, segundo o PRA, implantar o comunismo no país[54].

Se a opinião do PRA em relação ao convite de João Pinheiro Neto não foi levada em conta e o partido não conseguiu impedir a presença do ministro na Faculdade, restava então aos integrantes do CCC agir para que a conferência não ocorresse. Destaca-se que, meses depois do ataque ao ministro Pinheiro Neto, João Marcos Flaquer se filiaria ao PRA.

Em 1964, na primeira vez em que o Comando de Caça aos Comunistas (CCC) é mencionado na imprensa, seus membros são relacionados a este partido acadêmico. João Marcos Flaquer, fundador do CCC e, na época, membro do PRA, agride uma estudante que entregava manifestos do partido adversário que concorria com o PRA na campanha para a eleição à presidência do C.A. XI de Agosto[55].

O Partido de Representação Acadêmica (PRA) foi o que mais congregou elementos relacionados ao CCC. Criado em 1962, tinha uma posição mais marcadamente "direitista", anticomunista, "democrata" e de apoio à ditadura. Se posicionava contra a UNE, a UEE e a favor da Lei Suplicy de Lacerda. Esta lei atingiu o movimento estudantil e determinava uma nova forma de organização das entidades estudantis que suprimia sua capacidade de uma ação política autônoma. Talvez por isso, e por se opor a alianças com os demais partidos, não venceu nenhuma eleição das quais participou, pelo que foi possível apurar pela documentação.

Um dos maiores opositores do PRA era o Partido Acadêmico Renovador (PAR). No mesmo ano em que o CCC se forma dentro do Partido do Kaos, o Partido Acadêmico Renovador (PAR)

---

54 *O Estado de São Paulo* (SP), "Reagem alunos da ala democrática da Fac. de Direito", p. 27, 29/03/1964.

55 *Jornal do Brasil* (RJ), Ano 1964, Edição 00219, A agressão, p. 13, 16/09/1964. A notícia transcreve o nome de João Marcos Flaquer como João Marques Flaquer, todavia, não há registro de aluno das Arcadas com esse nome, nem nenhum estudante acusado de pertencer ao grupo chamado João Marques Flaquer, o que leva a crer se tratar de erro de grafia.

se manifesta[56], em nome de "unidade" na Academia e contra os "meninos peraltas do IBAD" e a "Kaótica molecagem", em uma referência à IBAD e ao Kaos, respectivamente. No seu manifesto, clama por patriotismo e nacionalismo, sem os quais as "reformas básicas que urgem" não poderiam ser realizadas, conclamando os estudantes à adoção das "armas da moral e da justiça social, contra os demagogos corruptos e corruptores".

No documento, são mencionados João Miguel, Elício, Juvêncio e Cícero. O documento não indica os nomes completos dos estudantes. Todavia, supõe-se se tratar de João Miguel, que foi eleito para a Presidência do C.A. XI de Agosto para a gestão de 1964; Elício de Cresci Sobrinho, eleito na mesma chapa de João Miguel e que, após o golpe e com o afastamento de João Miguel, toma posse do C.A. Quanto a Juvêncio, não há outras informações. Supõe-se que Cícero seja Cícero Gubeissi, que também toma posse do C.A. ao lado de Elício de Cresci Sobrinho.

Cícero Gubeissi é mencionado pela revista *O Cruzeiro* (RJ), de 9 de novembro de 1968, como integrante do CCC e como partícipe no ataque à peça *Roda Viva*, em 18 de julho de 1968[57]. Além disso, é acusado de ter participado da invasão à Faculdade de Direito da Universidade de São Paulo, em 25 de junho de 1968[58].

Cassio Scatena foi membro do Partido Acadêmico Renovador (PAR) e fazia parte da vida acadêmica e política das Arcadas. Nas eleições de 1964, foi indicado pelo PAR para atuar como fiscal durante as eleições para a gestão do C.A. XI de Agosto[59]. Foi suspenso do quadro social do C.A. por 30 (trinta) dias, em março de 1965, em virtude da aplicação de trote em um calouro,

---

56 "Aos Renovadores", 14/10/1963 (pasta Oscarlino 1963, Arquivo da Faculdade de Direito da Universidade de São Paulo)

57 A revista acusa "Cícero A. J. Gubeissi" de integrar o grupo (*O Cruzeiro* (RJ), Ano XL, Edição 45, "CCC ou o Comando do Terror", p. 19-23, 9/11/1968).

58 *Folha da Tarde* (SP), "Arcadas: estudantes repelem invasão", 25/06/68, p. 2 (Prontuário de Fernando Forte; Arquivo Público do Estado de São Paulo). A reportagem menciona "Cícero Gubeisse" como partícipe da invasão.

59 Fiscais indicados pelo Partido Acadêmico Renovador, 18/10/1964 (pasta 43 João Miguel 1964, Arquivo da Faculdade de Direito da Universidade de São Paulo).

em desrespeito às normas do C.A.[60] Em abril, participa das eleições para a Diretoria do PAR[61]. Meses depois, pede demissão do cargo que ocupava no C.A. XI de Agosto, como diretor do Departamento de Intercâmbio Cultural, por "tomar posições completamente desvinculadas de grupos e de sua Gestão".

À época, era presidente do C.A. XI de Agosto o acadêmico Hélio Henrique P. Navarro, que adotava uma postura de combate ao golpe. No pedido de demissão, Cassio Scatena afirma que sua preocupação era a "unidade e o futuro" do PAR que, na visão de Scatena, era a "sentinela avançada dos ideais nacionalistas" nas Arcadas[62].

Abaixo, o relato de Cassio Scatena, além de mostrar que os integrantes do grupo eram conhecidos e que tinham acesso ao interior dos aparelhos repressivos, o que será discutido no terceiro capítulo, elucida as nuances de como os integrantes do CCC elegiam quem seriam seus alvos:

> E durante os anos pesados, fui na polícia política visitar o deputado Hélio Navarro, que era meu amigo, estava condenado, foi cassado, mas não era comunista. O Hélio Navarro nunca foi socialista, comunista. Nunca foi um homem de esquerda e todo mundo sabe disso. Apenas era um patriota. Quando fui visitá-lo tinham vários (sic) caras de esquerda, que ficaram olhando e dizendo: "Olha o 'cara' do CCC!", mas não era nada disso.[63]

Por um período, Cassio Scatena e Hélio Navarro fizeram parte do mesmo partido. Todavia, mantinham posições diferentes com

---

60 Portaria nº 010/65, 8/3/1965 (pasta 43 Hélio Navarro 1965 ½, Arquivo da Faculdade de Direito da Universidade de São Paulo).

61 Eleição do Presidente do Partido Acadêmico Renovador, 12/04/1965 (pasta 20-C-11832, Arquivo Público do Estado de São Paulo.)

62 Pedido de demissão de Cassio Scatena do C.A. XI de Agosto, 10/09/1965 (pasta 43 Hélio Navarro 1965, Arquivo da Faculdade de Direito da Universidade de São Paulo).

63 LOPES, 2014, p. 147, relato fornecido por Cassio Scatena.

relação à situação do país. Enquanto Hélio se posicionava contra o golpe, Cássio defendia o regime. Cassio Scatena, nos idos de 2002, dizia que a ditadura havia sido uma "necessidade, que depois degenerou", e qualificava o Exército Brasileiro como uma das "reservas morais" do país[64].

Hélio Navarro se forma em 1965 e no ano seguinte é eleito deputado federal por São Paulo pelo MDB, tendo seu mandato cassado quando o AI-5[65] foi decretado. Foi preso logo após o AI-5 e solto somente em setembro de 1970.

Cassio Scatena, em seu relato sobre a política acadêmica das Arcadas, menciona que, na época em que era estudante, os partidos políticos congregavam estudantes de direita e de esquerda e que o Partido Acadêmico Renovador, especialmente, "tinha indivíduos da extrema-direita à esquerda. Embora da esquerda não muito, porque mais no Independente e no Socialista. Então via-se uma convivência, um saco de gato lá."[66]

Para atuar dentro do movimento estudantil nas Arcadas, o caminho institucional era a via dos partidos acadêmicos. Alguns estudantes faziam parte deles por vontade de participar destes movimentos, outros pelo prestígio que, à época, os membros do C.A. XI de Agosto gozavam na sociedade, ou visando uma futura carreira política. Estar em um partido era uma condição de certa forma automática para os estudantes das Arcadas naquele tempo.

---

64 LOPES, 2014, p. 135, relato fornecido por Cássio Scatena.

65 O ato institucional nº5, o AI-5, baixado em 13 de dezembro de 1968, outorgava poderes ao presidente da República para intervir nas unidades da federação sem a necessidade de observar os preceitos constitucionais, suspender direitos políticos, cassar mandatos e decretar recesso no Congresso Nacional, além de suspender o direito ao habeas corpus no caso de crimes com motivação política. Ao contrário dos demais atos institucionais, não tinha vigência estipulada, perdurando por aproximadamente dez anos, sendo revogado somente em outubro de 1978, no governo Geisel.

66 LOPES, 2014, p. 138, relato fornecido por Cassio Scatena.

Lembremos também que, à época do golpe, a Faculdade de Direito da Universidade de São Paulo era um ambiente com conservadores e anticomunistas. O CCC é criado em um espaço em que parte dos professores e seus últimos diretores (Luís Antônio da Gama e Silva, 1959 – 1962, e Luís Eulálio de Bueno Vidigal, 1963 – 1966), dois anos antes do golpe, já se manifestavam contra o governo de João Goulart e o comunismo[67]. Sendo "bons alunos", os estudantes se organizaram em um grupo para, dos bancos das Arcadas, combater o que eles entendiam como comunismo.

A atuação no CCC era concomitante com a atuação nos partidos acadêmicos e, por isso, acabava se misturando. Quando se olha para os atos dos membros do grupo por meio dos partidos e para os atos assinados pelo CCC, pode-se pensar em duas situações: CCC aparecendo como autor de atos dentro da Faculdade, tumultuando assembleias, distribuindo panfletos, agredindo alunos e professores; elementos do CCC atuando dentro dos partidos influenciando em demandas que se alinhariam a interesses do grupo.

1.2 O GOLPE EM 1º DE ABRIL DE 1964 E O C.A. XI DE AGOSTO

> *"O Centro retoma uma vida política de que há muito São Paulo e o Brasil estavam à espera."*
>
> (C.A. XI de Agosto, Ofício nº 534, 15/04/1964)[68]

No dia seguinte ao golpe, estudantes da Faculdade de Direito da Universidade de São Paulo, por meio de manifesto veiculado na imprensa, apontando a presença de "assessoria comunista" no

67 EDITOR, O. A Faculdade de Direito e a situação nacional. *Revista da Faculdade de Direito*, Universidade de São Paulo, v. 57, p. 272-282, 1 jan. 1962. Disponível em: <http://www.revistas.usp.br/rfdusp/article/view/66410>. Acesso em: 10 de novembro de 2019.

68 Ofício nº 534, 15/04/1964 (pasta 43 João Miguel 1964, Arquivo da Faculdade de Direito da Universidade de São Paulo).

C.A. XI de Agosto, dizem um "basta" ao comunismo internacional e ao bolchevismo[69]. No contexto do golpe, a gestão do C.A., que havia tomado posse em 12 de março de 1964, foi desmontada. Devido à ausência do então presidente João Miguel[70] da Faculdade de Direito e com o vice-presidente impedido de assumir, Elício de Cresci Sobrinho toma posse em assembleia feita na Universidade Presbiteriana Mackenzie.

Um de seus primeiros atos como presidente do C.A. XI de Agosto foi emitir um documento em apoio aos militares, juntamente com o Diretório Acadêmico João Mendes Júnior, da Faculdade de Direito da Universidade Presbiteriana Mackenzie[71].

Elício de Cresci Sobrinho, aluno das Arcadas eleito para a gestão de 1964 na mesma chapa de João Miguel, era o primeiro-secretário da chapa eleita. Além disso, o segundo-tesoureiro era Cícero Gubeissi, acusado pela revista *O Cruzeiro* (RJ), de 9 de novembro de 1968, de fazer parte do CCC. Cícero Gubeissi é mencionado no comunicado oficial do C.A. XI de Agosto, em 14 de abril de 1964, que declarava completa solidariedade e concordância ao então recente golpe de Estado[72].

Elício de Cresci Sobrinho se preocupou em reorganizar todo o centro acadêmico, o "ninho da democracia", realizando novas nomeações, dentre os "moços democratas", para os cargos de gestão[73]. Em 15 de abril de 1964, comunicou que os recém-nomeados

---

69 *Correio da Manhã* (RJ), Ano 1964, Edição 21777, "Estudantes de SP contra comunistas", p. 7, 02/04/1964.

70 Após o golpe em 1º de abril, João Miguel fica preso, por um mês, no DEOPS. Ao retornar às Arcadas, a Congregação da Faculdade de Direito da Universidade suspende João Miguel por dois anos. O PRA, mesmo repudiando os "atos subversivos" de João Miguel, se posiciona contrário à punição. (*O Estado de S. Paulo* (SP), "Congregação aprova a suspensão", 18/11/1964, item 43 Hélio Navarro 1965, Arquivo da Faculdade de Direito da Universidade de São Paulo.)

71 Ofício nº 487 (pasta O. Marçal 1962, 14/04/1964, Arquivo da Faculdade de Direito da Universidade de São Paulo).

72 Comunicado Oficial do Centro Acadêmico XI de Agosto, 14/04/1964 (pasta 43 João Miguel 1964, Arquivo da Faculdade de Direito da Universidade de São Paulo).

73 Aos colegas da Academia, 07/04/1964 (pasta 43 João Miguel 1964, Arquivo da Faculdade de Direito da Universidade de São Paulo).

assessores da Presidência do C.A.[74], Caio Pompeu de Toledo e Roberto Ulhôa Cintra[75], ambos acusados de integrar o Comando de Caça aos Comunistas (CCC), teriam feito uma viagem a Brasília para receber uma verba destinada a saldar as dívidas do C.A.[76]. Dias antes, nomeia seis estudantes, dentre eles Caio Pompeu de Toledo, para "abrir e vasculhar" os arquivos do centro acadêmico.

Todavia, Elício não foi reconhecido pelos colegas como presidente do C.A. XI de Agosto e, em 15 de abril de 1964, José Carlos Madia de Souza foi eleito presidente. "A confusão aumentava" pelo fato de o C.A. XI de Agosto ter quatro presidentes: "João Miguel, afastado; Miguelson, impedido de assumir, por ter sido reprovado. Elício, eleito no Mackenzie; e Madia, eleito por minoria"[77]. Com a nomeação de Anhaia Mello como interventor, serenam-se os ânimos. Mesmo com a intervenção, Elício de Cresci Sobrinho e Cícero Gubeissi continuam a fazer parte da gestão do C.A. XI de Agosto, como primeiro-secretário e segundo-tesoureiro, respectivamente, nomeados por Anhaia Mello[78].

Integrantes do Comando de Caça aos Comunistas participaram deste processo: Cassio Scatena menciona este movimento de tomada do C.A. XI de Agosto durante o golpe de 64.

> Em 1964, o João Miguel fugiu. E assumiu o Elício Decreci (sic), que era secretário, ex-socialista, em nome da "Revolução de Março" no "XI de Agosto". Fomos lá e tomamos o "XI"' dele, não como CCC, mas como Renovador. E no fim,

---

74 S/N, 08/04/1964 (pasta 43 João Miguel 1964, Arquivo da Faculdade de Direito da Universidade de São Paulo).

75 Roberto Ulhôa Cintra foi acusado pela revista *O Cruzeiro* (RJ) de ser membro do Comando de Caça aos Comunistas (*O Cruzeiro* (RJ), Ano XL, Edição 45, "CCC ou o Comando do Terror", p. 19-23, 9/11/1968).

76 Ofício nº 534, 15/04/1964 (pasta 43 João Miguel 1964, Arquivo da Faculdade de Direito da Universidade de São Paulo).

77 Congregação decide: XI de Agosto fica sob intervenção, 08/11/1964 (pasta OP 1271, Arquivo Público do Estado de São Paulo).

78 Livro de Atas do Centro Acadêmico XI de Agosto, 20/10/1964 (pasta OP1272, Arquivo Público do Estado de São Paulo).

> puseram o Anhaia Melo como interventor. E foi com esse pessoal do Mackenzie e do Largo que começou a surgir o nome CCC.[79]

Importante apontar que Scatena faz questão de destacar que a tomada do C.A. XI de Agosto foi feita via Partido Acadêmico Renovador (PAR), e não via Comando de Caça aos Comunistas (CCC). Os integrantes do Comando de Caça aos Comunistas estavam envolvidos na política acadêmica e faziam distinção entre os momentos em que essa atuação devia se dar por meio do partido ou por meio do CCC.

O que se observa é que o processo de tomada do C.A. XI de Agosto envolveu elementos de dois partidos acadêmicos diferentes. O Partido Acadêmico Renovador (PAR) e o Partido de Representação Acadêmica (PRA), partidos que eram rivais dentro das Arcadas mas que atuaram em conjunto naquele momento por meio de seus integrantes acusados de fazer parte do CCC: Caio Pompeu de Toledo (PRA), Roberto de Ulhôa Cintra (PRA), Cícero Gubeissi (PAR)[80] e Cassio Scatena (PAR).

Em 1964, os elementos acusados de fazer parte do CCC se concentravam nestes dois partidos. Com o passar do tempo, vão se ligando a outros. Infere-se que a escolha por partidos diferentes se devia desde à estratégia para disputas por cargos dentro do C.A. XI de Agosto até a diferenças ideológicas, como o exemplo de Cassio Scatena, que saiu do PAR e se tornou presidente do Partido Universitário de Arregimentação, em 1967[81]; as relações entre o CCC e esse partido serão retomadas adiante.

---

79 LOPES, 2014, pag. 138, relato fornecido por Cassio Scatena.

80 O manifesto "Aos Renovadores", de 14/10/1963, menciona o nome Cícero, que se supõe tratar-se de Cícero Gubeissi, recém-inserido na frente organizada pelo Partido Acadêmico Renovador (PAR) (pasta Oscarlino 1963, Arquivo da Faculdade de Direito da Universidade de São Paulo).

81 Relatório sobre Cassio Scatena, s/d, pasta 52-Z-0-23070, Arquivo Público do Estado de São Paulo.

Retomando os meandros do golpe, tendo sido nomeado o senhor José Luiz de Anhaia Mello[82] como interventor do C.A., este convocou novas eleições para 20 de outubro de 1964[83]. O PRA, por meio de seu então presidente, Caio Pompeu de Toledo, apresenta a chapa para concorrer às eleições. Na chapa, estavam Pompeu de Toledo, concorrendo ao cargo de segundo-secretário e Roberto Ulhôa Cintra ao cargo de segundo-tesoureiro[84], ambos, como dito, acusados de integrar o CCC.

Logo após o golpe, o governo utiliza a expressão "operação limpeza" como metáfora para indicar o processo de expurgo dos inimigos do governo. As universidades, na visão dos golpistas, eram locais de irradiação das propostas de revolução e de recrutamento para a esquerda (MOTTA, 2014, p. 23-25). O CCC passa a atuar como braço da repressão a serviço do regime no processo de limpeza dos estudantes "subversivos" do ambiente universitário. Nos manifestos dos partidos acadêmicos ligados a estudantes acusados de serem integrantes do CCC, eram utilizados, com frequência, verbos como purificar, limpar e eliminar, para expressar a intenção de seus membros.

1.3 O CCC NAS ARCADAS

Os partidos acadêmicos atuaram no processo de tomada do C.A. XI de Agosto em seguida ao golpe para, na sequência, um dos estudantes acusados de pertencer ao CCC, Caio Pompeu de Toledo, tentar se eleger à Diretoria, sem êxito. Hélio Navarro, pelo Partido Acadêmico Renovador (PAR), vence as eleições. Pompeu de Toledo, presidente do Partido de Representação Acadêmica (PRA) passa, então, a fazer oposição à gestão do C.A.

---

82 Onze de Agosto vai editar sua história, 05/02/1983 (pasta 1983 1984 1983 Adnan Saab, Arquivo da Faculdade de Direito da Universidade de São Paulo).

83 Comunicação, 23/09/1964 (pasta 43 João Miguel 1964, Arquivo da Faculdade de Direito da Universidade de São Paulo).

84 Chapa do Partido de Representação Acadêmica, 06/10/1964 (pasta 43 João Miguel 1964, Arquivo da Faculdade de Direito da Universidade de São Paulo).

Em maio de 1965, membros do Partido de Representação Acadêmica (PRA) impedem a fala de colegas durante uma assembleia feita para definir um movimento grevista em curso, motivada por uma alteração no currículo do curso noturno[85]. O PRA se manifestou contra a greve, alegando que seria "desvirtuada com implicação política".

Meses depois, em 27 de outubro do mesmo ano, o C.A., juntamente com os demais partidos das Arcadas (Partido Acadêmico Renovador, Partido Acadêmico Independente, Partido Acadêmico Socialista e o Movimento da Nova Dimensão), manifesta-se contra a decretação do AI-2, chamando o de "aborto constitucional"[86], decretando luto oficial e greve na faculdade. O PRA não subscreve o documento. Dois dias depois do lançamento do manifesto, o C.A. XI de Agosto acusava "indivíduos comprometidos com grupos extremistas de direita" de ameaçar invadir a sede do C.A. Segundo o mesmo manifesto, o Diretório Central dos Estudantes (DCE) da USP havia sido invadido na madrugada anterior[87].

Em 1965, o Partido Acadêmico Renovador (PAR) ganha novamente a eleição para o C.A. XI de Agosto. Panfletos em que se lia "C.C.C. vai voltar" foram lançados[88] na solenidade de posse, em março do ano seguinte, que contou com a presença do general Amauri Kruel. O presidente eleito do C.A. XI de Agosto era

---

85 História Sincera de uma Greve, 1965 (pasta 43 Hélio Navarro 1965, Arquivo da Faculdade de Direito da Universidade de São Paulo).

86 Manifesto à nação, 27/10/1965 (43 João Miguel 1964/1965, Arquivo da Faculdade de Direito da Universidade de São Paulo).

87 Informativo do XI Extra, 29/10/1965 (pasta Helio Navarro 1965, Arquivo da Faculdade de Direito da Universidade de São Paulo).

88 Solenidade de Posse da nova diretoria do Centro Acadêmico XI de Agosto, da Faculdade de Direito da USP, 31/03/65 (pasta 20-C-11832, Arquivo Público do Estado de São Paulo). No documento, o relator menciona que o C.C.C. seria a sigla para "Comando contra Comando". Todavia, entendemos se tratar do C.C.C., pois essa outra organização nunca apareceu nas documentações e por conta da relação com o PRA. Importante assinalar também que o documento menciona a data de 1965, mas a menção a Sérgio Lazarini como novo presidente do C.A., a Hélio Navarro como ex-presidente e ao comparecimento de Amaury Kruel na solenidade permite dizer que o evento ocorreu em março de 1966.

Sérgio Lazarini, sucessor de Hélio Navarro e que havia apresentado uma postura de combate ao regime.

A diretoria eleita recebeu críticas do Partido de Representação Acadêmica[89] por ter convidado o general Amauri Kruel para o evento de posse. Para o PRA, o convite ao general era um jogo político para aparentar uma aproximação com o governo militar. Ao general Amauri Kruel, acusavam-no de servir de joguete de lados opostos.

Amauri Kruel foi ministro da Guerra do governo Goulart de setembro de 1962 a junho de 1963. À época do golpe, era comandante do II Exército, em São Paulo. A sua posição com relação à derrubada de Goulart foi definida quando este já estava deflagrado e, como comandante do II Exército, marchou para o Rio de Janeiro em apoio ao golpe. Em agosto de 1966, quando passou a reserva e deixou o comando do II Exército, divulgou um manifesto criticando os rumos tomados pelo regime. Em novembro do mesmo ano, foi eleito suplente de deputado federal pela Guanabara pelo MDB, partido oposicionista[90].

Nas eleições para a gestão de 1967, o PRA fica em segundo lugar nas eleições para a Diretoria do C.A. XI de Agosto, com a chapa encabeçada por Caio Pompeu de Toledo[91]. Em meados de 1967, elementos do CCC ligados ao Partido de Representação Acadêmica (PRA) interrompem[92] a realização de ato público em favor da reestruturação do ensino e contra o acordo MEC-USAID. O objetivo do grupo foi impedir o prosseguimento do ato e a utilização

---

89 A propósito do comparecimento do general Amauri Kruel à solenidade de posse da Diretoria do C.A. XI de Agosto, 30/03/1966 (pasta 20-C-11-704, Arquivo Público do Estado de São Paulo).

90 *Dicionário Histórico-Biográfico Brasileiro*. FGV/CPDOC, 2013. Disponível em: <http://www.fgv.br/cpdoc/acervo/dicionarios/verbete-biografico/kruel-amauri>. Acesso em: 10 de maio de 2020

91 Eleições para escolha da nova diretoria do Centro Acadêmico XI de Agosto, da Faculdade de Direito do Largo de São Francisco, 24/10/1966 (pasta 20 C 11 727, Arquivo Público do Estado de São Paulo).

92 Estudantil, 06/06/1967 (pasta OP1271, Arquivo Público do Estado de São Paulo).

de faixas com os dizeres "XV Congresso da UPES", "Rasguemos o Acordo MEC-USAID" e "Lutemos pelo ensino gratuito".

Atuando dentro das universidades, os integrantes do Comando de Caça aos Comunistas tinham como pauta, por exemplo, a alteração na forma de eleição na UNE, de eleição indireta para direta. Cassio Scatena, integrante do CCC, destaca ser esta uma pauta desde 1963 e diz que, em 1968, tentou participar do 30º Congresso da UNE, ocorrido em Ibiúna e interrompido pelos agentes da repressão[93].

A violência do grupo também vitimava o corpo docente. Um exemplo disso foi o ocorrido com o professor da Faculdade de Direito da USP, Alberto Moniz da Rocha Barros[94], covardemente agredido, em 16 de outubro de 1968, por estudantes acusados de serem membros do grupo, vindo a morrer, de infarto, dois meses depois (SANSÃO, 2013).

O contrário também acontecia: dias antes do ataque ao Professor Rocha Barros, integrantes do CCC atacaram um estudante com "socos, pontapés e coronhadas de revólver". O estudante agredido havia entregado um abaixo assinado a Esther de Figueiredo Ferraz, então reitora da Mackenzie e professora das Arcadas, pedindo seu afastamento da Cátedra de Direito Penal. O fato ocorreu dias depois da Batalha da Maria Antônia, conflito ocorrido nos dias 2 e 3 de outubro de 1968, entre os estudantes da Faculdade de Filosofia, Ciências e Letras da Universidade de São Paulo e da Universidade Presbiteriana Mackenzie, evento que será discutido no segundo capítulo.

---

93 LOPES, 2014, pag. 142, relato fornecido por Cassio Scatena.

94 O professor Rocha Barros, que ministrava a disciplina Introdução à Ciência do Direito, sofria ameaças e insultos por conta de suas posições "de esquerda" (SANSÃO, 2013, p. 38), que aumentaram, sobretudo, após a ocupação das Arcadas, ocorrida em junho de 1968, haja vista o apoio do professor Rocha Barros aos alunos que participaram da ocupação. Devido à agressão, foi aberta uma sindicância para apurar o ocorrido, a pedido do também professor das Arcadas Goffredo da Silva Telles Júnior. O resultado da sindicância, se concluída, não foi divulgado. Segundo a reportagem, são suspeitos de participação na agressão os alunos das Arcadas João Marcos Flaquer e Fernando Forte.

Pode-se supor que Esther de Figueiredo Ferraz vinha sendo alvo de represálias por parte de alguns estudantes em virtude de suas posições tomadas na então recente Batalha da Maria Antônia, o que motivou que membros do grupo, armados, atuassem como "guarda pessoal" de Figueiredo Ferraz. O C.A. XI de Agosto denuncia não somente a agressão envolvendo Figueiredo Ferraz, como outra que havia ocorrido no dia anterior: o grupo esbofeteou um estudante que havia protestado contra um professor. O C.A. XI de Agosto, no manifesto, qualifica o CCC como "grupo de choque das elites econômicas e reacionárias". Diante destes atos, a única providência da diretoria das Arcadas foi proibir os alunos de andarem armados na faculdade, medida denunciada pelo C.A. como ineficaz[95].

João Marcos Flaquer, membro listado pela revista *O Cruzeiro* (RJ) de 9 de novembro de 1968 como integrante do grupo, foi apontado como suspeito de envolvimento no ataque ao estudante que entregou o manifesto a Figueiredo Ferraz e da agressão cometida contra o professor Rocha Barros.

Em depoimento dado à polícia em 27 de outubro de 1970, em que declara desenvolver "intensa atividade acadêmica" nas Arcadas, alegou que não estava envolvido no episódio da agressão contra o estudante, que não tinha como hábito portar armas e que jamais entraria na universidade armado[96]. Tal alegação não se alinha a outros relatos que mencionam o constante porte de armas por integrantes do CCC, como, por exemplo, reportagens do *Jornal do Brasil* (RJ) que mencionavam o fato de os integrantes do grupo portarem revólveres[97].

Esse é um exemplo do que se declarou anteriormente: fazer parte dos partidos, além de prática contumaz dos estudantes, era

---

95 C.C.C. ataca, 11/10/1968 (pasta 20-C-11786, Arquivo Público do Estado de São Paulo).

96 Depoimento de João Marcos Flaquer, 27/10/1970 (pasta 50-Z-013-005/780, Arquivo Público do Estado de São Paulo).

97 *Jornal do Brasil* (RJ), Ano 1968, Edição 00066, "Paulistas mantém escolas ocupadas", p. 10, 26/06/1968; *Jornal do Brasil* (RJ), Ano 1968, Edição 00154, "Oitocentos Paulistas não saem das trincheiras", p. 4, 06/10/1968.

utilizado como justificativa para a movimentação dos integrantes do grupo dentro das Arcadas. Quando a revista *O Cruzeiro* (RJ), em 1968, publica a famosa lista de integrantes do grupo, como será discutido no capítulo seguinte, alguns estudantes mencionam a participação em partidos acadêmicos como parte de suas defesas à acusação da revista.

A eleição para a gestão de 1971 foi marcada por conflitos em que o CCC e seus integrantes estavam envolvidos. Em 1970, a Frente Acadêmica Nacionalista (FAN), que tinha em seus quadros Francisco Antônio Fraga, apontado pela revista *O Cruzeiro* (RJ) como pertencente ao CCC[98], desponta nas eleições prometendo "limpar" o C.A. XI de Agosto da corrupção. O partido acusava a atual gestão de "abandono das mais caras tradições" da Academia. Como exemplo dessas "tradições", o partido citava as festas da faculdade que não tinham sido realizadas[99].

Além de denunciar a não realização das festas, o partido estrutura seu discurso a partir do mote do nacionalismo, como uma linha mestra para o bom desenvolvimento de um país, "salvadora solução". Neste contexto, sugere, então, que as medidas do governo militar – por serem nacionalistas – são positivas. Para seus integrantes, não se tratava de questionar ou apoiar as razões do governo. O que se devia fazer era apoiar aquilo que fosse de "interesse da Pátria", citando como exemplo medidas como o Aumento do Mar Territorial, a Transamazônica, o Plano de Integração Social e a reforma dos Códigos. Apresentando um discurso de combate à corrupção, pois somente os "incorruptíveis são capazes de enfrentar e participar sem medo", a FAN se coloca como "prova viva do desmascaramento da opção entre mito esquerda-direita".

O "nacionalismo dos nazistas e dos integralistas" da Frente Acadêmica Nacionalista (FAN) é criticado pelo Movimento 23 de

---

98 A revista aponta "Francisco Antônio Fraga" como integrante do grupo (*O Cruzeiro* (RJ), Ano XL, Edição 45, "CCC ou o Comando do Terror", p. 19-23, 9/11/1968).

99 Aos acadêmicos, s/d (pasta 1970 Curtis, Arquivo da Faculdade de Direito da Universidade de São Paulo). O documento não menciona data, mas a menção a outros eventos e o arquivamento na pasta de 1970 permite dizer que o documento é desse ano.

Junho. O Movimento 23 de Junho surgiu a partir de uma ocupação ocorrida nas Arcadas em junho de 1968, no contexto das discussões sobre a reforma universitária, motivando represálias por parte do CCC, o que será discutido no próximo capítulo.

O Movimento 23 de Junho, ligado à chapa concorrente da FAN, a chapa Atuação, criticava o nacionalismo da FAN, que se limitava a garantir que os recursos naturais e a economia estivessem nas mãos de somente uma parte de brasileiros, pois, segundo o movimento, não bastava que "escapemos da voracidade dos monopólios estrangeiros e caiamos na guerra de monopólios caboclos, igualmente vorazes"[100].

A concepção de nacionalismo tinha várias nuances. Durante a Ditadura Civil-Militar, o termo era alvo de uma disputa retórica e, enquanto a direita acusava a esquerda de ser antinacionalista usando como pretexto as "ideologias apátridas escravizantes", ou seja, o comunismo, a esquerda criticava posturas antinacionais da direita que não se preocupava com a igualdade social, colocando-se como defensora das medidas tomadas pelo regime. A FAN, em seu manifesto, ao mesmo tempo em que afirmava lutar pela vigência dos direitos humanos no Brasil, defendia as medidas da Ditadura Civil-Militar que julgava nacionalistas. A relação entre direitos humanos, ditadura e o CCC será discutida no último capítulo.

Cassio Scatena, que era de outro partido acadêmico, também destaca sua posição nacionalista e patriótica. Paulo Azevedo, fundador do Partido do Kaos e que afirmou não ter feito parte do CCC, ressalta que o traço responsável por o unir ao amigo João Marcos Flaquer era o fato de ambos se considerarem nacionalistas, ainda que, segundo ele, tivessem posturas completamente diversas (LOPES, 2014, p. 103). O nacionalismo era, portanto, um traço marcante em todo o movimento estudantil que viveu a ditadura.

---

100 Aos colegas, 27/10/1970 (pasta 1970 Curtis, Arquivo da Faculdade de Direito da Universidade de São Paulo).

Durante o processo eleitoral, a FAN segue denunciando uma "omissão" tanto do PRA, outro concorrente na disputa pelo C.A., quanto da atual gestão, citando a má-prestação de serviços do restaurante universitário, as apostilas "caríssimas e mal feitas" e o uso da tipografia do XI por grupos políticos que não pertenciam às Arcadas. A FAN acusa o C.A. de distribuição gratuita de carteiras sociais do centro acadêmico a elementos sem ligação com a faculdade, enquanto, segundo a denúncia, cobrava-se dos alunos[101]. A denúncia da FAN chega até o desaparecimento de um quadro do imperador Pedro II, pintado por Benedito Calixto e que, segundo os membros da FAN, teria sido levado a sala de um "acadêmico da gestão".

O partido, sob a liderança de Francisco Fraga, pretendia impedir que o C.A. XI de Agosto fosse sepultado pela "vergonha, pelo medo e pela corrupção", sem deixar de se opor a questões administrativas como o aluguel do campo de esportes do centro acadêmico; a "alienação com finalidades políticas de órgãos do C.A.", citando como exemplo o Teatro mantido pelo órgão; e a profissionalização de estudantes para finalidades políticas, com verbas do centro acadêmico[102]. Este documento era assinado pela FAN e subscrito por Francisco Antônio Fraga, já citado como acusado de pertencer ao CCC, e por um outro estudante, Clóvis de Carvalho Júnior.

Após as críticas da FAN, o Movimento 23 de Junho sai em defesa do C.A. XI de Agosto e denuncia o partido de ter como presidente um ex-integrante do CCC, o estudante Francisco Fraga. As acusações são feitas nos seguintes termos:

> De fato, esses que hoje, às vésperas das eleições, se auto intitulam "nacionalistas", são os mesmo que, em 1968, deram vida ao C.C.C, espancaram e ameaçaram colegas que

---

[101] Frente Acadêmica Nacionalista, Manifesto Programa, s/d (pasta 1970 curtis, Arquivo da Faculdade de Direito da Universidade de São Paulo).

[102] Aos Acadêmicos, s/d (pasta 1970 Curtis, Arquivo da Faculdade de Direito da Universidade de São Paulo).

> participavam da ocupação da faculdade. O mesmo C.C.C. que se envolveu em tantas violências, amplamente noticiadas pela imprensa na época. O próprio candidato à presidência pela chapa da FAN teve sua fotografia divulgada por todo território nacional como militante da organização direitista C.C.C., conforme qualquer colega pode constatar na revista "O Cruzeiro" de 9/11/1968, pag. 19. Outros que tiveram seu nome e sua fotografia citados pela revista, enviaram a ela seu desmentido veemente. O atual candidato do FAN, porém, não se preocupou em enviar qualquer desmentido à revista.[103]

O partido, por sua vez, se defende das acusações, que diz serem falsas, alegando, entre outros pontos, que "se o C.C.C. existiu na Faculdade, foi em virtude de dissidência dentro do PRA". O partido se justificava dizendo que o candidato da FAN, quando presidente do C.A. de outra faculdade, havia decretado greve e luto quando da morte de Edson Luiz, acusando o Movimento 23 de Junho de ter boicotado semelhante proposta nas Arcadas[104].

No dia seguinte às emissões destes manifestos, ocorreu a eleição marcada por tumulto por parte de apoiadores da chapa da Frente Acadêmica Nacionalista (FAN), que ameaçaram fisicamente os alunos, tentaram roubar as urnas e dispararam "tiros com armas de grosso calibre (ao que tudo indica, de uso privativo do Exército)"[105]. Também foi membro da FAN Clóvis de Carvalho Júnior, que, em 1972, assina, ao lado de Celso do Nascimento Moura[106], apontado como integrante do CCC[107], um

---

[103] Aos colegas, 27/10/1970 (pasta 1970 Curtis, Arquivo da Faculdade de Direito da Universidade de São Paulo).

[104] A Des...Leal Saturação, 27/10/1970 (pasta 1970 Curtis, Arquivo da Faculdade de Direito da Universidade de São Paulo).

[105] Ao Diretor da Faculdade de Direito da USP, 29/10/1970 (pasta 1970 Curtis, Arquivo da Faculdade de Direito da Universidade de São Paulo).

[106] Este nome aparece na documentação grafado de duas formas: Celso do Nascimento Moura e Celso Nascimento Moura.

[107] Relatório Ref: Panfleto – Coral XI de Agosto, 25/06/1973 (pasta OP1274, Arquivo Público do Estado de São Paulo).

manifesto[108] opositor a um panfleto divulgado nas Arcadas e que, segundo o documento, havia criticado alguns professores, entre eles, Goffredo da Silva Telles Júnior. Outros estudantes, sem ligação com os partidos de direita das Arcadas[109] assinam este documento, mas é possível dizer que os alunos "democratas" atuavam politicamente e juntos.

O professor Goffredo da Silva Telles tinha um posicionamento progressista, tendo, por exemplo, apoiado a ocupação ocorrida em junho de 1968 e solicitado a instauração do inquérito para apurar a agressão sofrida pelo professor Rocha Barros, indo contra o posicionamento de outros professores da Faculdade de Direito do Largo de São Francisco. Foi autor, em 1977, da famosa "Carta aos Brasileiros" lida no pátio das Arcadas. Mesmo levando-se em conta o posicionamento progressista do professor Goffredo da Silva Telles, apreende-se do manifesto a intenção dos estudantes de resguardar o que eles entendiam como valores da Faculdade de Direito do Largo de São Francisco. Os signatários do manifesto se incomodavam com a decadência intelectual, moral e cultural dos alunos, "quartanistas ainda exalando o olor (sic) dos cueiros", chamando a atenção para o uso incorreto da língua portuguesa por parte dos estudantes que criticaram os professores.

Feita a eleição, em que venceu a chapa Atuação, como já dito, apoiada pelo Movimento 23 de Junho, segue-se a dinâmica estudantil-partidária, com a participação dos membros do CCC. Em 1º de setembro de 1971, o então ministro da Educação, Jarbas Passarinho, visita as Arcadas para abrir o XIII Ciclo de Estudos da ADESG[110]. O C.A. XI de Agosto preparou um protesto para a

---

108 Posição indecorosa, 12/05/1972 (pasta OP1274, Arquivo Público do Estado de São Paulo).

109 A documentação localizada não apontou ligação entre outros estudantes que assinaram a documentação e os partidos direitistas das Arcadas.

110 Conforme Da Silva (2012, p. 596 e 597) são "espaços didáticos criados em paralelo às instituições educacionais estatais, como os Ciclos de Estudos sobre Segurança e Desenvolvimento, promovidos pela Associação de Diplomados da Escola Superior de Guerra (ADESG). Os ciclos de estudos da ADESG foram espaço de estudo dos conceitos e métodos elaborados e difundidos pela ESG, sistematizados na chamada Doutrina de Segurança Nacional (DSN)."

chegada do ministro, com faixas e cartazes em defesa do "Exame da Ordem", tema que dividia opiniões entre os acadêmicos de Direito. Elementos do CCC queimaram os cartazes e iniciaram uma briga com a Diretoria do XI de Agosto[111].

Na mesma época, integrantes do CCC agrediram José Roberto Leal de Carvalho, o presidente que havia sido eleito pela chapa Atuação. Relatório do DEOPS afirma que o estudante se elegeu, pois era "simpático a todos aqueles que desgostavam da atuação do CCC e do PRA"[112]. Mais uma vez, vemos o CCC e um partido acadêmico colocados lado a lado em uma dinâmica estudantil.

O CCC, por meio de seus integrantes, buscava atuar como censor da livre manifestação do pensamento e ação de indivíduos e grupos que não compactuavam expressamente com seus ideais de democracia e nacionalismo, ou que ocupavam espaços almejados por seus integrantes. Se não conseguiam impedir as discussões e eventos e ocupar os cargos diretivos por meio dos partidos acadêmicos dos quais seus integrantes faziam parte, agiam por meio da intimidação.

Paulo de Lara, acusado de ser integrante do CCC[113], concorre, em 1971, pelo Partido de Representação Acadêmica (PRA), às eleições para a gestão de 1972 do C.A. XI de Agosto. A Frente Acadêmica Nacionalista (FAN) critica[114] o candidato do PRA, acusando-o de não frequentar a faculdade, exceto nos períodos eleitorais. Como já mencionado, fazia parte da Frente Acadêmica Nacionalista (FAN) um outro acusado de ser integrante do CCC: Francisco Fraga. Relatório do DEOPS, produzido à época das eleições, menciona o fato de que Paulo de Lara teve a foto divulgada na

---

111 Informe ref. Faculdade de Direito São Paulo, 22/09/1971 (pasta OP1273, Arquivo Público do Estado de São Paulo).

112 Informe ref. Faculdade de Direito São Paulo, 22/09/1971(pasta OP1273, Arquivo Público do Estado de São Paulo).

113 A revista aponta "Paulo Roberto Chaves de Lara" como integrante do CCC (*O Cruzeiro* (RJ), Ano XL, Edição 45, "CCC ou o Comando do Terror", p. 19-23, 9/11/1968).

114 Frente Acadêmica Nacionalista – Posição face às eleições de 27 de outubro, 10/1971 (pasta OP1273, Arquivo Público do Estado de São Paulo).

reportagem de *O Cruzeiro* (RJ) de 9 de novembro de 1968 como um dos integrantes do CCC[115].

Essa candidatura é rechaçada também pelo CCC em um manifesto intitulado "O Judas". Sem mencionar expressamente o nome de Paulo de Lara, mas fazendo referência ao processo eleitoral em curso, o manifesto afirma que o candidato do Partido de Representação Acadêmica (PRA) fez parte do CCC. O título do manifesto pode se referir ao fato de que Paulo de Lara havia se colocado a favor de uma proposta que visava ao arquivamento das sindicâncias contra os alunos que haviam participado da ocupação de junho de 1968, combatida pelo CCC.

Além disso, no ano anterior, o PRA, partido de Paulo de Laura, havia se manifestado contra a reforma universitária aprovada pelo governo, especialmente no que se refere à forma de eleição dos representantes discentes. Para o partido, a reforma, embora necessária, tinha sido realizada sem que se atendesse às necessidades estudantis: "nos afigura como uma farsa determinada a cercear a potencialidade do estudante sob a inspiração que as atividades estudantis são sempre de cunho subversivo"[116].

No manifesto[117], o CCC menciona a falência do PRA, "que se diz de extrema direita mas não passa de simples partido bigorrilho" e afirma que o candidato do PRA, mesmo tendo feito parte do CCC, teve a militância "comprometida pela ausência de um mínimo de conteúdo ideológico, e por indigência intelectual". Acusa-o, então, de possuir somente força bruta, o que, pelo manifesto, não interessava ao grupo.

---

[115] Informe ref. Faculdade de Direito São Paulo, 27/10/1971 (pasta OP1273, Arquivo Público do Estado de São Paulo).

[116] Uma farsa que não aceitamos, 18/09/1970 (pasta 1970 Curtis, Arquivo da Faculdade de Direito da Universidade de São Paulo).

[117] O Judas, s/d (pasta OP1273, Arquivo Público do Estado de São Paulo). O documento não tem data, porém, devido ao arquivamento, logo na sequência, do relatório do DEOPS mencionando a candidatura de Paulo de Lara, pode-se dizer que tenha sido elaborado em 1971 e que faça menção ao candidato do PRA em questão.

Por meio do documento, o CCC manifestava a discordância na utilização do nome do CCC para fins eleitoreiros e para prestígio pessoal – pelo menos quando se tratasse de Paulo de Lara. Ao final, diz que não servirá de apoio a "candidatos bigorrilhos, com pretensões duvidosas" e que seu interesse é a "construção da Pátria Maior, na defesa da Ordem, da Democracia e da Liberdade". Quem assina o manifesto é a "IV Regional da Capital, Comando de Caça aos Comunistas". O termo bigorrilho[118] era usado com certa frequência nos documentos produzidos pelos estudantes, de forma pejorativa, para acusar candidatos e partidos de oportunismo.

Neste ocorrido, há dois partidos acadêmicos, PRA e FAN, contrapondo-se em um processo eleitoral para o C.A., com a participação do CCC. Os dois partidos tinham, em sua composição, acusados de pertencerem ao CCC: Paulo de Lara (PRA) e Francisco Fraga (FAN).

Duas hipóteses se abrem: a primeira de que, caso estes estudantes não tenham feito parte do grupo, o CCC aparece se manifestando contra um processo eleitoral, de certa forma acusando um estudante de ter feito parte do grupo. A segunda é que, se confirmada a participação de ambos no grupo, conforme apontado pela revista *O Cruzeiro* (RJ), o evento evidencia as contradições que existiam entre seus integrantes, membros de partidos diferentes, por conta de disputas eleitorais e de poder dentro da faculdade.

Em 1973, Cassio Scatena, membro do CCC, retorna à cena estudantil, relacionado à divulgação de um panfleto referente ao Coral XI de Agosto, distribuído em 8 de junho de 1973. O panfleto atacava o maestro do Coral, senhor Roberto Eaidler, e seus

---

118 Em consulta ao dicionário Michaelis, o verbete bigorrilho remete à bigorrilha que, por sua vez, apresenta como significados: 1 – Pessoa vil, baixa, desprezível; joão-ninguém, pobre-diabo, zé-ninguém.; 2 – Indivíduo malvestido.; 3 – Reg (RS) Indivíduo fraco e covarde, porém metido a valentão. Este último, um regionalismo gaúcho. Disponível em: <https://michaelis.uol.com.br/moderno-portugues/busca/portugues-brasileiro/bigorrilha/>. Acesso em: 18 de agosto de 2020.

integrantes. O fato é objeto de um relatório arquivado no DEOPS, subscrito por Roberto Betti.

Roberto Betti, cujo nome será retomado a seguir, aponta[119] que Cassio Scatena não seria o autor de tais panfletos, mesmo que já tivesse, inclusive, editado jornais para combater o Coral. E essa informação partiu, segundo Betti, de "Celso do Nascimento Moura, ex-integrante do CCC, amigo do falecido Otávio[120], do DOPS". Não foi possível apurar as razões que motivaram o ataque de Cassio Scatena ao Coral XI de Agosto.

Fato curioso é que tanto o nome de Celso do Nascimento Moura quanto o de Roberto Betti não aparecem no sistema das Arcadas como ex-alunos. Todavia, Roberto Betti e Celso do Nascimento Moura frequentavam as Arcadas, assinavam e eram mencionados em manifestos estudantis. A partir do relatório em questão, supomos que Roberto Betti atuava como informante do aparelho repressivo, inclusive quando menciona, no início do relatório, o nome de outros "bons informantes e amigos do 3º ano diurno", Walter e Marco Antônio, e quando, ao final, indica o nome de pessoas "suspeitas a serem investigadas".

Roberto Betti foi mencionado em um documento do Movimento Acadêmico Renovador (MAR), partido que é criado nos anos 1970, figurando também como signatário, ao lado de Celso do Nascimento Moura e Clóvis de Carvalho Júnior, integrante da Frente Acadêmica Nacionalista, do manifesto[121] em oposição ao panfleto estudantil que havia criticado alguns professores, mencionado anteriormente.

O Movimento Acadêmico Renovador (MAR), citado acima, se destaca no final dos anos 1970. Quando vence a eleição para a gestão de 1976 do Centro Acadêmico XI de Agosto, o MAR manifesta

---

119 Relatório Ref: Panfleto – Coral XI de Agosto, 25/06/1973 (pasta OP1274, Arquivo Público do Estado de São Paulo).

120 Supõe-se se tratar de Octávio Gonçalves Moreira Júnior, delegado do DOI--CODI e apontado como integrante do CCC (LOPES, 2014, p. 88)

121 Posição indecorosa, 12/05/1972 (OP1274, Arquivo Público do Estado de São Paulo).

seu "Grito de Vitória"[122]. O manifesto, um rascunho escrito a caneta, o que faz pensar se este chegou a ser distribuído entre os acadêmicos, mesmo que alguns partidos assim o fizessem, explicita a "luta" dos "democratas" nas Arcadas "contra os abomináveis cavaleiros do Apocalipse, que só e sempre visaram a destruição e o caos".

O manifesto inicia destacando que, nos últimos 20 anos, "os ratos circulavam nos porões das Arcadas", que os ideais democratas dos signatários do manifesto estavam banidos do XI de Agosto e que a "esquerda maldita", representada, segundo o manifesto, pelo "hediondo Movimento 23 de Junho, se perpetuava nos assentos que foram de Álvares de Azevedo e Ruy Barbosa".

Mostrando que a "batalha por um ideal maior" dos signatários não começou naquele momento, faz questão de dizer que a "guerra (...) foi transmitida pelos nossos colegas mais velhos, de turma a turma, de amigo a amigo, de colega a colega", pelos "veteranos que formaram frentes de luta liberal contra a 'panelinha' dos vermelhos".

Além de aludir à colaboração dos veteranos, o manifesto cita os "movimentos gloriosos" que antecederam o MAR, mencionando o PRA (a sigla conhecida do Partido de Representação Acadêmica, muito embora, entre parênteses, a expliquem como "Partido Renovador Acadêmico"), a Frente Acadêmica Nacionalista, e o "inesquecível" Partido Acadêmico Monarquista[123] que, segundo o manifesto, era organizado por Walter Arruda Jr. e Roberto Betti[124].

O Movimento Acadêmico Renovador (MAR) dedica sua vitória, "um sabor de vingança à morte de um de nossos velhos líde-

---

[122] Grito de Vitória, 1975 (pasta OP1275, Arquivo Público do Estado de São Paulo).

[123] Foi localizado um documento produzido pelo Partido Acadêmico Monarquista (PAM), em que o partido, além de se opor à "esquerda festiva", declara que "querem romper as estruturas, fazer desabar o Kremlin que se construiu no Centro Acadêmico já há mais de década" (Proclama real – P.A.M – E eles defendem a democracia..., s/d, pasta OP1274, Arquivo Público do Estado de São Paulo).

[124] Grito de Vitória, 1975 (pasta OP1275, Arquivo Público do Estado de São Paulo).

res, o tão querido Otavinho[125]", que, de acordo com o manifesto, foi "assassinado covardemente em Copacabana pelos amigos dos ratos, facínoras foragidos da Justiça". Otavinho era o apelido de Octávio Gonçalves Moreira Júnior, delegado de polícia formado pelas Arcadas, apontado por Raul Nogueira de Lima (o Raul Careca), um dos integrantes mais famosos do grupo, como membro do CCC (SOUZA, 2000, p. 380)[126].

O manifesto menciona outros nomes, em agradecimento. Destes nomes, alguns podem ser relacionados ao CCC: "Paulo Lara" (supõe-se se tratar de Paulo Roberto Chaves de Lara, mencionado na reportagem de *O Cruzeiro* (RJ), de 9 de novembro de 1968, como integrante do CCC, e membro do Partido de Representação Acadêmica), "Acácio" (supõe-se se tratar de Acácio Vaz de Lima Filho, também mencionado na reportagem), "Fraga" (supõe-se se tratar de Francisco Antônio Fraga, mencionado na citada reportagem e membro da Frente Acadêmica Nacionalista), "Menin" (supõe-se se tratar de Francisco José Aguirre Menin, mencionado na mesma reportagem de *O Cruzeiro* (RJ) de 9 de novembro de 1968, partícipe na Batalha da Maria Antônia)[127], "Scatena" (supõe-se se tratar de Cassio Scatena, integrante do CCC, conforme assumido por ele, membro do Partido Acadêmico Renovador e, mais tarde, do Partido Universitário de Arregimentação), "Moura" (supõe-se se tratar de Celso do Nascimento Moura, apontado como integrante do CCC por Roberto Betti em relatório encaminhado ao DEOPS), "Gaminha" (supõe-se se tratar de Luís Antônio da Gama e Silva, diretor da Faculdade de Direito da USP de 1959 a 1962) e "Clóvis de Caparaó" (que supõe-se se tratar de Clóvis de Carvalho Júnior, integrante da Frente Acadêmica Nacionalista).

---

125 Octávio Gonçalves Moreira Júnior, o Otavinho, delegado do DOPS/SP. Morto, "justiçado", por uma ação armada de esquerda.

126 Raul Nogueira de Lima também é apontado pela revista *O Cruzeiro* (RJ) como membro do CCC (*O Cruzeiro* (RJ), Ano XL, Edição 45, "CCC ou o Comando do Terror", p. 19-23, 9/11/1968).

127 *O Cruzeiro (RJ)*, Ano XL, Edição 45, "CCC ou o Comando do Terror", p. 19-23, 9/11/1968.

Este manifesto ilustra como os ideais do CCC, criado em 1963, perpetuaram-se dentro das Arcadas. Em 1975, os integrantes que o compuseram quando de sua criação já não frequentavam a faculdade, mas os princípios do grupo ainda ecoavam naquele espaço. Como se verá no capítulo seguinte, enquanto as disputas seguiam dentro da Faculdade de Direito, com a sua participação explícita, como em 1971, ou implícita, como em 1975, a ideologia do grupo também reverberava na sociedade já que, a partir de 1968 e especialmente quando a transição política deu sinais de progresso, em meados de 1977, tornam-se presentes na cena nacional atos terroristas atribuídos ao CCC.

A documentação coletada permitiu identificar que o CCC, criado nas Arcadas em 1963, fez parte da política universitária da Faculdade de Direito da Universidade de São Paulo. Surgindo em meio aos partidos acadêmicos, congregou os estudantes anticomunistas em uma entidade terrorista com faceta estudantil, suprapartidária, que atuava de forma violenta contra estudantes e até contra professores.

A atuação violenta tinha lugar quando e se os partidos acadêmicos dos quais seus membros faziam parte não conseguiam pautar as reivindicações do grupo – como, por exemplo, quando o candidato relacionado ao CCC não ganhou as eleições para o C.A., ou quando o CCC se opunha a manifestações a favor do ensino gratuito ou contra a presença de determinadas figuras na Faculdade – ou, como no caso da agressão do professor Rocha Barros, em que a pauta do CCC era a violência e a intolerância a um docente progressista.

Seus integrantes podiam agir em seu próprio nome defendendo os interesses do grupo, como quando, em uma assembleia do C.A. XI de Agosto sobre a reestruturação das Arcadas, realizada em 20 de setembro de 1968, Cassio Scatena assume a defesa dos integrantes do Comando de Caça aos Comunistas (CCC)[128]. O documento não menciona as alegações de Scatena, mas, consi-

[128] Relatório sobre Cassio Scatena, s/d, pasta 52-Z-0-23070, Arquivo Público do Estado de São Paulo.

derando os ataques do grupo à ocupação das Arcadas feita pelo movimento estudantil, ocorrida em julho de 1968, em virtude das discussões sobre a reforma universitária, que será discutida no capítulo seguinte, pode-se inferir que Scatena teria defendido a posição de ataque do CCC.

O elemento unificador dos eventos é a atuação do grupo em nome do que eles chamavam de rumos da "revolução", atuando como censor no meio acadêmico, combatendo o movimento estudantil com o objetivo de extirpar da Academia o "perigo vermelho" com ações que iam desde a disputa por cargos no centro acadêmico até agressões e denúncias ao aparelho repressivo, conforme se discutirá no terceiro capítulo.

1.4 OS PARTIDOS ACADÊMICOS NA FACULDADE DE DIREITO DA UNIVERSIDADE DE SÃO PAULO

Quando o CCC se forma, em 1963, atuavam com mais evidência dois partidos acadêmicos: o Partido de Representação Acadêmica (PRA) e o Partido Acadêmico Renovador (PAR).

Além desses partidos, outros se destacaram nas Arcadas. Em 1964, a Frente Acadêmica Nacionalista (FAN) disputa as eleições por meio de seu candidato, Paulo Azevedo Gonçalves dos Santos, que era amigo de João Marcos Flaquer (LOPES, 2014). Só em 1970 volta a aparecer, defendendo as "medidas nacionalistas" do regime. Seu presidente era Francisco Fraga, acusado de ser integrante do Comando de Caça aos Comunistas (CCC).

A Vanguarda Nacionalista Revolucionária (VNR), cujo único manifesto encontrado é datado de 1968[129], defende a "revolução democrática" de 31 de março, ainda que reconhecesse, em seu manifesto, os erros do "Movimento de 31 de Março", sobretudo no campo da educação. Posiciona-se como anticomunista, além de

129 Colegas de Academia, 15/10/1968 (pasta OP1271, Arquivo Público do Estado de São Paulo).

criticar[130] a greve proposta pelo movimento estudantil contra a prisão de líderes universitários. Paulo F. Campos Salles de Toledo, aluno das Arcadas, ao se defender das acusações de ter feito parte do CCC[131], declara-se membro desse partido:

> Sempre fiz política, mas nunca concordei com o CCC; agora acabo de fundar um novo partido na faculdade, o Vanguarda Revolucionária, e sua primeira manifestação foi contra a violência (...) Depois, sempre fui respeitado pela turma de esquerda, na qual tenho muitos amigos.[132]

Não foi encontrado qualquer documento que evidencie o papel de Paulo F. Campos Salles de Toledo como protagonista na fundação do partido. Este partido é mencionado em uma reportagem do *Jornal do Brasil* (RJ) de 3 de novembro de 1968 sobre o CCC. A reportagem mencionava que a Vanguarda Revolucionária[133] havia sido criada para reagrupar os partidários da revolução, tendo em vista a rearticulação dos comunistas[134]. Isto destaca que, embora a tradição e a força dos partidos acadêmicos nas Arcadas sejam muito mais antigas que o CCC, estar ou fundar um partido acadêmico concede legitimidade à participação no movimento estudantil, e que o grupo em questão acabou também participan-

---

130 *O Estado de S. Paulo* (SP), "Vanguarda é contra greve", 22/10/1968 (pasta OP1271, Arquivo Público do Estado de São Paulo). A notícia nomeia o "novo partido" como Vanguarda Revolucionária. Todavia, a menção ao partido como um "novo partido criado na Faculdade de Direito da USP", tal como no manifesto da Vanguarda Nacionalista Revolucionária, de 15 de outubro de 1968, permite dizer que se trata do mesmo grupo.

131 *O Cruzeiro* (RJ), Ano XL, Edição 45, "CCC ou o Comando do Terror", p. 19-23, 9/11/1968.

132 *O Cruzeiro* (RJ), Ano XL, Edição 46, "O Cruzeiro na mira do terror", 16/11/1968, p. 31, apud LOPES (2007, p. 36 e ss.)

133 Apesar de o nome no manifesto localizado constar como Vanguarda Nacionalista Revolucionária, a aproximação entre as datas entre o documento que anunciava a organização do grupo e as notícias de sua formação permite dizer que se trata do mesmo agrupamento.

134 *Jornal do Brasil* (RJ), Ano 1968, Edição 00178, "CCC nasceu sob pancada e hoje aterroriza o país com bombas e mortes a Winchester", p. 23, 3/11/1968.

do do movimento universitário como foi possível, regulada pelos regimentos em vigor.

Com uma cisão do PRA[135], surge, em 1970, a Frente Acadêmica Democrática (FAD), fazendo oposição à gestão do C.A. XI de Agosto que, segundo o partido, queria prejudicar as estruturas brasileiras por meio de "críticas destrutivas". Defendem o governo militar, tecendo elogios às suas últimas conquistas e apoiando a censura[136].

Em maio do mesmo ano, a FAD denuncia a "onda hippie" que havia invadido as Arcadas: "a continuar assim, logo teremos advogados com longos cabelos à 'Ronnie-Von', ou à 'Chê-Guevara' (sic), de barbas piolhentas, pés enfiados em sandálias e correntes ao pescoço, em vez da 'gravata alienante', representativa da sociedade capitalista!"[137]. Pela documentação coletada da FAD, não foi possível identificar quem eram seus integrantes quando as manifestações acima foram feitas. Todavia, o discurso do partido se alinhava ao de outros grupos que atuavam nas Arcadas.

Dois elementos estão presentes: um desconforto com o fato de os grupos de oposição criticarem e se manifestarem contra o regime e um pretenso ataque aos valores da "Velha e sempre nova Academia" que, para alguns grupos, manifestava-se como intolerância a estudantes que não correspondessem a um certo ideal de juventude: estudiosa, ordeira e silenciosa. Uma carta assinada por estudantes acusados de serem integrantes do CCC, que será discutida no próximo capítulo, ressalta este elemento: de que os estudantes deveriam focar em seus estudos e esperar o momento certo de atuar, *quando chamados a isso*. Braghini (2010) discorre sobre essa questão em sua pesquisa, ao citar, entre outros pontos, o manifesto de um estudante em defesa do direito ao *silêncio*.

---

135 Exkalofra analisa eleições para o C.A. (pasta 1970 Curtis, Arquivo da Faculdade de Direito da Universidade de São Paulo).

136 O Brasil de ontem era de poucos... Hoje é de todos "Hora da Verdade", 04/1970 (pasta 1970 Curtis, Arquivo da Faculdade de Direito da Universidade de São Paulo).

137 A que ponto chega a insensatez e a mediocridade, 05/1970 (pasta 1970 Curtis, Arquivo da Faculdade de Direito da Universidade de São Paulo).

No caso específico do CCC, o que parece é que, enquanto se requer o silêncio de alguns, resguarda-se seu próprio direito de fala, já que seus integrantes almejavam ocupar espaços na Academia, além de fazer propaganda dos ideais do grupo fora dela.

1.5 O PARTIDO DE REPRESENTAÇÃO ACADÊMICA (PRA)

> *"O 'PRA' entende que esta é a hora das definições."*
>
> (Linha de Conduta do Partido de Representação Acadêmica, 10/1962) [138]

> *"(...) uma espécie de 'choque' do P.R.A."*
>
> (Sobre o CCC, em relatório do DEOPS[139])

Data de 1962 o primeiro documento do Partido de Representação Acadêmica (PRA), considerado como de tendência democrata[140] pelo regime. Em um "brado de alerta", repudiando o comunismo e o liberal-capitalismo, colocavam-se como anti-extremistas a favor das reformas que, no seu entender, o país merecia e que seriam alcançadas por meio do trabalho e da honestidade[141].

---

138 Linha de Conduta do Partido de Representação Acadêmica, 10/1962 (pasta 41 1962 Leo Pastori, Arquivo da Faculdade de Direito da Universidade de São Paulo).

139 Solenidade de Posse da nova diretoria do Centro Acadêmico XI de Agosto, da Faculdade de Direito da USP, 31/03/65 (pasta 20-C-11832, Arquivo Público do Estado de São Paulo). No documento, o relator menciona que o CCC seria a sigla para "Comando contra Comando". Todavia, entendemos se tratar do CCC, pois essa outra organização nunca apareceu nas documentações e por conta da relação com o PRA.

140 Relatório BR_DFANBSB_VAZ_0_0_16159, Fundo do Centro de Informações de Segurança da Aeronáutica, Arquivo Nacional).

141 Manifesto, s/d (pasta 41 1962 Leo Pastori, Arquivo da Faculdade de Direito da Universidade de São Paulo). O documento não apresenta data, mas o arquivamento na pasta de 1962 e a menção ao "florescente" PRA permite dizer que o documento é de 1962.

No mesmo ano, a chapa que disputou[142] as eleições do Centro Acadêmico XI de Agosto tinha como um de seus membros Caio Pompeu de Toledo, apontado como membro do Comando de Caça aos Comunistas pela imprensa do início dos anos 1980, acusações negadas por ele[143].

A "linha de conduta ideológica do partido"[144], datada de outubro de 1962, destacava as ideias nacionalistas, democratas e cristãs, muito próximas das palavras tão utilizadas pelo CCC. Ao lado disso, se colocavam a favor da liberdade, igualdade, da melhoria do nível de vida – pois, de acordo com o documento, a miséria da população serviria, segundo o partido, como caminho para que o comunismo internacional se instalasse. Apoiavam a reforma tributária, agrária e o direito ao voto, sempre fazendo questão de se afirmar absolutamente contrários ao comunismo[145]. Essa "oposição entre 'comunismo' e 'democracia'" dos anticomunistas foi discutida por Motta (2000, p. 306). Foi possível observar nos manifestos que os partidos e seus integrantes se denominavam democratas e a favor da democracia, reivindicando "reformas democráticas em lugar das reformas 'comunistas' atribuídas ao governo Goulart" (MOTTA, 2000, p. 306). O partido não deixa de destacar sua posição contrária a uma União Nacional dos Estudantes (UNE) que, segundo o partido, estaria sendo controlada, nos idos de 1962, por estudantes que estariam agindo em consonância aos interesses do dito esquema internacional comunista.

---

142 Chapa do Partido de Representação Acadêmica; 1962 (pasta 41 1962 Leo Pastori, Arquivo da Faculdade de Direito da Universidade de São Paulo).

143 A reportagem menciona que Caio Pompeu de Toledo teria sido um dos fundadores do CCC, o que ele nega na entrevista (*Jornal do Brasil* (RJ), Ano 1978, Edição 00225, "Pompeu acha que Pelé tem razão", p. 8, 19/11/1978). A reportagem menciona, entre outros pontos, que Caio Pompeu de Toledo foi apontado no passado como integrante do Comando de Caça aos Comunistas, o que é novamente negado por ele (*Jornal do Brasil* (RJ), Ano 1983, Edição 00322, "Montoro tem secretariado de conciliação", p. 3, 28/02/1983).

144 Linha de Conduta do Partido de Representação Acadêmica, 10/1962 (pasta 41 1962 Leo Pastori, Arquivo da Faculdade de Direito da Universidade de São Paulo).

145 As palavras "comunista" ou "comunismo" aparecem 6 vezes no documento: quer se deixar clara a posição do partido.

Um dos redatores do Estatuto[146] do partido é Luiz Salles, também acusado pela revista *O Cruzeiro* (RJ), de 9 de novembro de 1968, de integrar o CCC[147]. De acordo com o documento, são deveres do PRA o favorecimento da formação cultural, política e jurídica dos acadêmicos, realizando cursos, simpósios e fóruns de debate. Ficou consignada, também, a realização de assembleia ordinária a cada três meses. Muito embora não tenha sido encontrado nenhum documento indicativo de como isso se concretizava, considerando a acusação da Frente Acadêmica Nacionalista (FAN), outro partido acadêmico das Arcadas, de que o PRA realizaria suas convenções em "cervejarias do Jardim América" e que o partido, conforme menciona o universitário João Miguel, mesmo que se dissesse acadêmico, não se reunia na academia, mas sempre "fora dela"[148], pode-se supor que os encontros aconteciam, ainda que fora das Arcadas.

A reportagem de *O Cruzeiro* (RJ), de 9 de novembro de 1968, também aponta o encontro em bares como uma prática quando menciona as reuniões do CCC[149]. A circulação de ideias dentro da faculdade não impedia – e talvez fosse até preferível – que "a política, como pauta de discussão ou como motivo para atuação" fosse tratada em espaços que, embora não necessariamente acadêmicos, fossem frequentados pelos estudantes (BRAGHINI, 2010, pp. 166-167). Como exemplo, as cervejarias, como no relato acima, e os churrascos, convenções, coquetéis e festas organiza-

---

146 Estatuto do Partido de Representação Acadêmica, s/d (pasta 41 1962 Leo Pastori, Arquivo da Faculdade de Direito da Universidade de São Paulo).

147 Consta como redator do documento o aluno Luiz Salles. Em consulta à base de dados de alunos das Arcadas, que apresentou os nomes de alunos com os descritores "Luiz" e "Salles" e considerando a data de colação de grau, pode-se dizer que se trata de Luiz Corrêa Salles, acusado de ser integrante do grupo, mencionado como "Luis Correia Salles", na reportagem de *O Cruzeiro* (RJ), Ano XL, Edição 45, "CCC ou o Comando do Terror", p. 19-23, 9/11/1968.

148 Denúncia às Arcadas, s/d (caixa 5, Coleção Movimento Estudantil, Arquivo do CEDIC-PUC-SP). O documento não está datado. Todavia, tendo em vista a menção à formação do PRA, supõe-se que tenha sido elaborado em meados de 1962.

149 *O Cruzeiro* (RJ), Ano XL, Edição 45, "CCC ou o Comando do Terror", p. 19-23, 9/11/1968.

dos pelos diretórios das faculdades de Engenharia e Direito da Mackenzie, como se verá adiante.

João Miguel – que, em 1964, já presidente do C.A. XI de Agosto, seria perseguido pela Ditadura Civil-Militar – denuncia, em 1962, a formação de um novo partido em nome do anticomunismo e que, segundo o estudante, pretendia que a "luta anticomunista significasse democracia", fazendo referência ao PRA. No decorrer do manifesto, João Miguel menciona um "método de luta" utilizado pelo partido e "uma lista dos comunistas da faculdade" que o partido pretendia publicar. Mesmo que tais declarações tenham sido dadas no decorrer de uma disputa eleitoral, pode-se dizer que a denúncia de João Miguel se refere a muitas das ideias previstas na linha de conduta do partido e nos pressupostos e atos do CCC.

Em 1965, o PRA se manifesta afirmando que daria cumprimento à Lei Suplicy de Lacerda (Lei 4.464/64). Uma das medidas implementadas por esta lei era estabelecer um dia específico em que todas as entidades estudantis de cada instituição – cuja forma também sofreu alteração pela lei – deveriam realizar suas eleições. Os estudantes das Arcadas optaram por resistir à aplicação da lei até que, em 1968, o Ministério da Educação determina o fechamento do C.A. XI de Agosto, que só volta a legalidade no final dos anos 1970[150].

Na ocasião, o partido pretendia que as eleições para a Presidência e demais cargos do C.A. XI de Agosto se realizassem em 16 de agosto, conforme prevê a Lei Suplicy, contrariando a tradição das Arcadas de realizar eleições no final de outubro, com posse em março do ano seguinte[151]. O pretendido pelo PRA não se consolidou.

---

150 Verbete: Centro Acadêmico XI de Agosto. In: *Dicionário Histórico-Biográfico Brasileiro*. FGV/CPDOC, 2001. Disponível em: <http://www.fgv.br/cpdoc/acervo/dicionarios/verbete-tematico/centro-academico-xi-de-agosto>. Acesso em: 10 de janeiro de 2020. Durante a pesquisa, foi possível constatar que o C.A. XI de Agosto, ainda que com a ordem de fechamento do MEC, continuou a realizar suas eleições para a direção do centro acadêmico.

151 Boletim Extra do PRA, 03/08/1965 (pasta 20-C-11-684, Arquivo Público do Estado de São Paulo).

Em outubro de 1965, lança a chapa que concorreu às eleições para a gestão de 1966. Na carta de lançamento da candidatura, o PRA quer destacar a sua posição à Academia que, segundo o partido, estaria alicerçada na democracia, no nacionalismo, no reformismo e na justiça social. Esclarece que algumas medidas tomadas pelo partido – ainda que delas não se arrependa – foram tomadas em virtude do que o partido chamou de processo violento de radicalização ideológica[152]. Ao final, desafiam os outros candidatos a um debate sobre a reforma do ensino nas Arcadas. Estevam Augusto Santos Pereira, apontado como integrante do CCC pela revista *O Cruzeiro* (RJ)[153], fazia parte da diretoria de imprensa do PRA e subscreveu o manifesto.

Em 1970, convidando os calouros a se juntarem aos integrantes do partido, exaltam a importância da luta contra aqueles que defendem as "ideologias apátridas e escravizantes"[154] e se manifestam contrários à reforma universitária, não participando das eleições para a representação discente naquele ano[155], tendo recebido críticas por isso: "esse grupo reclama não ter participado da Reforma Universitária impingida pelo mesmo Governo que ajudou a constituir", alegaram seus adversários[156]. Acusados, *ironicamente*, de subversão, o PRA se defende alegando que, ao discordarem da reforma universitária, estavam tão somente contestando um ato administrativo[157]. Ou seja, para alguns gru-

152 Renato no XI, 14/10/1965 (pasta 43 Hélio Navarro 1965, Arquivo da Faculdade de Direito da Universidade de São Paulo).

153 A revista cita "Estêvão Augusto dos Santos Pereira" como membro do grupo (*O Cruzeiro* (RJ), Ano XL, Edição 45, "CCC ou o Comando do Terror", p. 19-23, 9/11/1968).

154 Caro colega, 26/02/1970 (pasta 1970 Curtis, arquivo da Faculdade de Direito da Universidade de São Paulo).

155 Uma farsa que não aceitamos, 18/09/1970 (pasta 1970 Curtis, arquivo da Faculdade de Direito da Universidade de São Paulo).

156 Os mártires da resistência, s/d (pasta 1970 Curtis, arquivo da Faculdade de Direito da Universidade de São Paulo). O documento não menciona data, mas a menção a outros eventos e o arquivamento na pasta de 1970 permite dizer que o documento é de 1970.

157 O quanto nos custa lutar por uma democracia, 23/09/1970 (pasta 1970 Curtis, arquivo da Faculdade de Direito da Universidade de São Paulo).

pos, a "subversão" só acontecia quando a crítica ao governo vinha de seus adversários.

O PRA não discorda do então Ministério da Educação, que diz que a "obrigação de estudante é a de estudar", embora afirme que o papel do estudante é mais que simples frequência às aulas e que "é participação", "é debate", "é luta", sem explicar o que entende por essa "luta estudantil"[158]. Como mencionado acima, era tênue a linha entre o que os partidos podiam entender como simples participação ou perigosa subversão.

Como dito, a relação entre os partidos acadêmicos era conflituosa. Havia uma movimentação, a cada eleição, em que se buscavam alianças que permitissem a vitória nas eleições para a presidência do C.A. XI de Agosto. Um dos maiores adversários do PRA era o Partido Acadêmico Renovador (PAR), especialmente pela força que possuía dentro da Academia.

1.6 O PARTIDO ACADÊMICO RENOVADOR (PAR)

> *"Às classes estudantis, paladinas da brasilidade, cidadelas inexpugnáveis de patriotismo, é que se entregam os futuros destinos da Pátria."*
>
> (Aos Renovadores, 14/10/1963)[159]

O Partido Acadêmico Renovador (PAR) se unia constantemente com outros partidos com o objetivo de fazer oposição ao Partido de Representação Acadêmica (PRA), não sem que ocorressem alguns contratempos, como nas prévias das eleições de 1965[160].

---

[158] Partido de Representação Acadêmica – Jornal dos Calouros da S. Francisco, 1970 (pasta 1970 Curtis, Arquivo da Faculdade de Direito da Universidade de São Paulo).

[159] Aos Renovadores, 14/10/1963 (pasta Oscarlino 1963, Arquivo da Faculdade de Direito da Universidade de São Paulo).

[160] Capítulo das Prévias e outras inutilidades s/d; Unidade de Conveniência, s/d; Dos donos da Política Acadêmica, 10/65; Aos Colegas de Academia, s/d; Renovação Renovadora 10/65; Aos Colegas Esclarecidos, s/d; Capítulos das Traições,

As posições, às vezes ambíguas, do partido – que teve em seus quadros membros relacionados ao CCC e membros que se opunham à ditadura – podem ser explicadas por essa disputa entre os dois partidos. O PAR, para se manter no poder, aliava-se a setores mais à esquerda do movimento estudantil das Arcadas, tal como em 1963, quando se manifestou pela unidade na Academia nas eleições para a gestão do C.A. XI de Agosto no ano de 1964. Todavia, essa "unidade" não impediu que, logo depois do golpe civil-militar, um membro da chapa eleita pelo PAR, Elício de Cresci Sobrinho, que muito embora não fosse, pelo que se apurou da documentação, integrante do CCC, tenha tomado a presidência do C.A. XI de Agosto e se manifestado a favor dos militares.

Após sair do Partido Acadêmico Renovador (PAR), Cassio Scatena, integrante do CCC, se tornou membro do Partido Universitário de Arregimentação, de linha "ultradireitista" e que assina um manifesto ao lado do CCC, conforme será tratado no capítulo seguinte.

1.7 MOVIMENTO ACADÊMICO RENOVADOR (MAR)

> *"Benditos sejam os nossos veteranos, que nos alertaram dos perigos da peste siberiana transmitida pelos ratos do porão."*
>
> (Grito de Vitória, 1975) [161]

O Movimento Acadêmico Renovador (MAR), que surge em meados de 1970 e ganha as eleições para a gestão de 1976, lança um manifesto em que agradece os "movimentos gloriosos" que o antecederam, além de mencionar diversos nomes ligados, por fontes diversas, ao Comando de Caça aos Comunistas (CCC).

---

s/d (pasta 43 Hélio Navarro 1965, Arquivo da Faculdade de Direito do Largo de São Francisco).

[161] Grito de Vitória, 1975 (pasta OP1275, Arquivo Público do Estado de São Paulo).

Na carta-programa do MAR[162], o partido apresenta como uma de suas propostas a revogação do Decreto-Lei nº 477/69. Propõe, entre outros pontos, a discussão sobre o monopólio estatal do petróleo, a defesa do trabalhador, dos marginalizados e dos "alienados pela poluição cultural e política". Isso evidencia que algumas pautas do MAR convergiam com as da "esquerda maldita"[163] que pretendiam eliminar das Arcadas.

Obviamente que, por se tratar de uma carta-programa, o objetivo principal era conquistar o eleitorado, o que eles conseguiram. Depois de eleitos, a gestão de 1976, presidida pelo Movimento Acadêmico Renovador (MAR), sofreu repúdio[164] por parte do Grupo de Teatro do XI de Agosto, uma vez que o MAR, conforme a acusação, teria se comportado de forma contrária à "tradição de lutas" do C.A. XI de Agosto. O Grupo de Teatro se desliga do C.A., porque, segundo o manifesto, o C.A. estaria, pela primeira vez, assumindo uma posição contrária ao movimento estudantil e aos interesses culturais da nação, e finaliza: "Não poderíamos compactuar com tal ato de traição". Não foi possível apurar quem fazia parte do Grupo de Teatro quando o documento foi emitido.

A Semana Nacionalista organizada pelo partido teve, entre os palestrantes, desde ministros de Estado do regime ditatorial, como Severo Gomes, que esteve envolvido no processo político-militar de derrubada de João Goulart, até o professor Barbosa Lima Sobrinho, crítico do governo, e Rouge Ferreira, ex-presidente da UNE e líder da campanha O Petróleo é Nosso.

Durante a solenidade de posse do C.A. XI de Agosto, Mario Renato B. de Miranda, cujo nome figura como subscritor no manifesto do Movimento Acadêmico Renovador (MAR) que *agradece* acusados de serem integrantes do CCC, quando questionado sobre o Decreto-Lei nº 477/69, disse que o decreto "faz prevalecer

162 Movimento Acadêmico Renovador, Carta Programa, s/d (pasta OP 1275, Arquivo Público do Estado de São Paulo).

163 Grito de Vitória, 1975 (pasta OP1275, Arquivo Público do Estado de São Paulo).

164 Manifesto do Grupo de Teatro do XI aos Colegas das Arcadas, 11/06/76 (pasta OP 1275, Arquivo Público do Estado de São Paulo).

interesse político sobre o justo" e que o compromisso contido nos estatutos do C.A. é a defesa à liberdade, à justiça e ao direito[165]. Caio Pompeu de Toledo, elemento acusado de ser integrante do CCC, participou da solenidade de posse.[166]

1.8 O MOVIMENTO ESTUDANTIL NA UNIVERSIDADE PRESBITERIANA MACKENZIE: LOCAL DE CRÉDITO AOS MILITARES

> *"A primeira Universidade que deu seu voto de crédito àquele processo revolucionário que se deflagrava em 1964."*
>
> (Francisco Eduardo Queluz, presidente, em 1970, do Centro Acadêmico Horácio Lane (C.A.H.L)) [167]

Em seguida a sua criação nas Arcadas, o CCC passou a contar com membros oriundos da Mackenzie. A Universidade Presbiteriana Mackenzie se torna, então, uma das bases de operação do Comando de Caça aos Comunistas (CCC), conforme apontado em relatório enviado para o DEOPS[168] e para o Serviço Nacional de Informações (SNI)[169], datado de 1971. De acordo com o relato, foi

---

[165] *Folha de S. Paulo* (SP), "C.A. XI de Agosto toma posse e defende Direito e Justiça", p. 23, 28/03/76 (pasta OP 1275, Arquivo Público do Estado de São Paulo).

[166] *Folha de S. Paulo* (SP), "Jânio visita faculdade de Direito", p. 4, 27/03/76 (pasta OP 1275, Arquivo Público do Estado de São Paulo).

[167] Francisco Eduardo Queluz, presidente do Centro Acadêmico Horácio Lane em 1970 (*Folha Mackenzista* (SP), "Entre greves, assembleias, política, guerras... um calouro em 1966". p. 6, 04/72, E37P08, Arquivo da Universidade Presbiteriana Mackenzie).

[168] Instituto Mackenzie – S. Paulo, 12/10/1971 (pasta OP1398, Arquivo Público do Estado de São Paulo).

[169] Na documentação que compõe o dossiê com o relatório, consigna-se que: "O Documento, cuja cópia é remetida em anexo, foi recebido na Chefia do SNI em outubro de 1971, desconhecendo-se a autoria. O remetente encaminhou cópia 'xerox'." Segundo consta neste documento, o chefe do SNI acatou o recebimento do documento e determinou que se investigassem as denúncias sobre subversão, não tecendo nenhum comentário sobre a questão relacionada ao CCC.

na Presbiteriana Mackenzie que o grupo desenvolveu de forma mais eficiente suas ações. O objetivo era a eliminação das "lideranças extremistas" da faculdade e a criação e fortalecimento das "lideranças democráticas", transformando-se, após a "Revolução, num dos maiores centros de resistência contra a subversão, na defesa do regime instaurado em março de 1964". Segundo o relatório, isso motivou o "assalto de que foi alvo, em outubro de 1968 (...) do qual o Mackenzie saiu fortalecido", fazendo referência à Batalha da Maria Antônia.

Foi como escola primária que, no final do século XIX, surge a Mackenzie, introduzida por missionários presbiterianos norte-americanos que atuavam no Brasil. No Estado Novo se torna universidade e, em 1960, era uma instituição educacional da Igreja Presbiteriana do Brasil (VILELA, 2014).

Conforme Vilela (2014, p. 125), a instituição era "reconhecida como espaço confessional e tradicional" e tinha em "seus corpos docente e discente considerável contingente de presbiterianos". Para alguns setores e lideranças da Igreja Presbiteriana, o golpe era uma espécie de salvação contra o comunismo (PAIXÃO JÚNIOR, 2008, p. 16). Paixão Júnior (2008), em sua pesquisa sobre a questão do autoritarismo na Igreja Presbiteriana do Brasil durante a ditadura, destaca o depoimento de Jaime Wright, ex-pastor presbiteriano, que ilustra o apoio da instituição ao regime.

> (...) o Mackenzie, na época, era conhecido como a sede do C.C.C. (Comando de Caça aos Comunistas), e os conflitos que havia na Rua Maria Antônia com a Faculdade de Filosofia da USP, que na época era do outro lado da rua do Mackenzie eram resultado disso. Era o Mackenzie que estava a favor do Regime Militar, a ponto de ter essa administração ali (Comando de Caça aos Comunistas), e se jogavam, se pinchavam uns aos outros (...) (PAIXÃO JUNIOR, 2008, p. 175)

(BR_DFANBSB_V8_MIC_GNC_AAA_72058764_d0001de0001, Fundo do Serviço Nacional de Informações, Arquivo Nacional).

Assim, mesmo não se podendo dizer que a maioria dos estudantes da Universidade Mackenzie fosse de tendência conservadora, alinhada à direita, pode-se dizer que aqueles que assim se apresentavam encontravam um ambiente propício para manifestação de suas ideias[170]. Ainda antes do golpe, em 1962, estudantes do quinto ano da Faculdade de Direito da Universidade Mackenzie articularam um movimento denominado Frente Acadêmica Democrática, cujo principal objetivo era propor "uma luta aberta e franca contra a infiltração comunista nos meios universitários"[171].

Na Universidade Presbiteriana Mackenzie, além dos partidos acadêmicos da Faculdade de Direito, que serão discutidos a seguir, havia os centros ou diretórios acadêmicos: o Diretório Acadêmico Eugênio Gudin (DAEG), da Faculdade de Ciências Econômicas que, em 1967, tinha como líder Rafi Kathlian e, em 1968, Flavio Caviglia, ambos indicados, pela revista *O Cruzeiro* (RJ), de 9 de novembro de 1968, como integrantes do CCC[172]; e o Centro Acadêmico Horácio Lane (C.A.H.L.), da Faculdade de Engenharia da Universidade Presbiteriana Mackenzie, que "sempre teve como dirigente pessoal da centro-direita"[173] e, no final dos anos 1970, tinha como aluno Fábio Fleming, acusado de ser ligado ao Comando de Caça aos Comunistas (CCC)[174]. De forma muito semelhante ao que ocorria nas Arcadas, era em meio à dinâmica partidária dentro do movimento estudantil que o CCC e seus integrantes agiam.

---

170 De toda forma, a situação na USP e nas Arcadas não era muito diferente, conforme Oliveira (2018).

171 *Diário da Noite* (SP), "Frente Acadêmica Democrática dos Estudantes de Direito do Mackenzie", 16/07/62 (pasta OP 1230, Arquivo Público do Estado de São Paulo).

172 A revista menciona "Raffi Kathlian" e "Flavio Caviglia" como membros do grupo (*O Cruzeiro* (RJ), Ano XL, Edição 45, "CCC ou o Comando do Terror", p. 19-23, 9/11/1968).

173 Observações Durante Eleições Estudantis Mackenzie, 30/10/1980 (pasta OP1234, Arquivo Público do Estado de São Paulo).

174 FLEMING, Fábio Eduardo Branca E/OU Fábio Fleming; Ficha Departamento de Comunicação Social nº DCSF01827, Arquivo Público do Estado de São Paulo.

1.9 O CCC NA MACKENZIE

Em novembro de 1963, o Centro Acadêmico Horácio Lane (C.A.H.L.), por meio do seu jornal *Folha Mackenzista*, denuncia: "Petrobras nas mãos de agentes do imperialismo soviético"[175]. Toda esta edição continha uma forte propaganda anticomunista.[176] Na reportagem "A educação sob um prisma", faz-se uma comparação entre os sistemas de ensino nos diversos regimes políticos e os "regimes comunizantes", nos quais, sob orientações de Stalin, "os professores devem usar a sala de aula como um arsenal de propaganda anticomunista". Em outra reportagem, o jornal menciona que o "comunismo é certamente um flagelo com que Deus castiga durante as apostasias a infidelidade de povos endurecidos ou tíbios"[177].

Em São Paulo, as primeiras reações de apoio ao golpe civil-militar foram feitas por estudantes mackenzistas em uma passeata pelas ruas da cidade (SANTOS, 2015, p. 141). Em 2 de abril de 1964, dia seguinte ao golpe, o presidente do Diretório Acadêmico da Faculdade de Direito da Mackenzie, Artur Motta, se dirige "Ao Povo do Brasil" e manifesta sua solidariedade às forças armadas[178].

No dia 13 do mesmo mês, junto com Elício de Cresci Sobrinho, presidente em exercício do C.A. XI de Agosto, das Arcadas, comunica à comunidade acadêmica a decisão pelo envio ao então presidente da República de "(...) votos de confiança e de lealdade ao Novo Governo que traça os destinos da nação nesta hora de dificuldade", solicitando que os centros acadêmicos brasileiros

---

175 *Folha Mackenzista* (SP), "Petrobras nas mãos de agentes do Imperialismo Soviético", 11/63 (pasta E37 P08, Arquivo da Universidade Presbiteriana Mackenzie).

176 *Folha Mackenzista* (SP), "Os Universitários e o Comunismo" (Artigo transcrito do La Prensa de Lima – Peru), p. 10, 11/63 (pasta E37 P08, Arquivo da Universidade Presbiteriana Mackenzie). *Folha Mackenzista* (SP), "A educação sob um prisma", p. 10, 11/63 (pasta E37 P08, Arquivo da Universidade Presbiteriana Mackenzie).

177 *Folha Mackenzista* (SP), "Resposta à Mobilização a Tirania das Maiorias (Agência Planalto)", p. 9, 11/63, pasta E37 P08, Arquivo da Universidade Presbiteriana Mackenzie).

178 Ao povo do Brasil, 04/1964 (pasta Diretório Acadêmico João Mendes Júnior, Arquivo da Universidade Presbiteriana Mackenzie).

cerrassem fileiras ao redor do "espírito de brasilidade" que havia norteado a "Revolução Democrática de 31 de Março"[179]. A dedicação dos "estudantes democratas" foi homenageada pela congregação da Faculdade de Direito da Universidade Presbiteriana Mackenzie (SANTOS, 2015, p. 143).

Em abril de 1964, após a "revolução", a edição da *Folha Mackenzista* dedicou suas páginas para a propaganda anticomunista, para exaltar a "revolução" e a vitória da democracia e da liberdade. Pode se dizer que, para estes grupos, "a 'democracia' não passava de um rótulo vazio de conteúdo, ou melhor, era apenas um designativo para demarcar o campo anticomunista" (MOTTA, 2000, p. 306).

Destaca-se a reportagem "A ordem era a subversão"[180], que menciona que, após a "revolução", é o momento de "destruir o esquema preparado pelos comunistas, desmantelar as células e impedir que continuem a fluir para o Brasil as águas da torrente da subversão". Para estes estudantes, tratava-se de um longo e árduo trabalho até que eles pudessem "purificar o Brasil".

Em agosto de 1964, Artur Motta, presidente do Centro Acadêmico João Mendes Júnior, homenageia o então general Menna Barreto, conclamando os generais que tomaram o poder para extinguirem o comunismo no Brasil a não esmorecerem na tarefa de manter firme os ideais "revolucionários", tecendo críticas aos caminhos tomados pela "revolução". As críticas se concentram, sobretudo, na necessidade de eliminação da corrupção administrativa e moral que, segundo ele, havia sido deixada de lado. O general Menna Barreto havia sido afastado da chefia dos Inquéritos Policiais Militares pois, segundo Arthur Motta, teria tido a coragem de apurar as irregularidades daqueles que se diziam ser "donos da revolução"[181].

---

179 Ofício nº 487 (pasta O. Marçal 1962, Arquivo da Faculdade de Direito da Universidade de São Paulo).

180 *Folha Mackenzista* (SP), "A ordem era a subversão", p. 7, 04/1964 (pasta E37 P08, Arquivo da Universidade Presbiteriana Mackenzie).

181 "Manifesto de uma Juventude Idealista", 21/08/1964 (pasta 50-J-000-1392, Arquivo Público do Estado de São Paulo).

O foco das investigações de Menna Barreto era o governador Adhemar de Barros. Adhemar de Barros era alvo de uma série de acusações de corrupção que deram origem ao termo "rouba, mas faz" (COTTA, 2008). Com o afastamento do general, o governador paulista se favorece (SAMPAIO, 1982, p. 105).

O documento que relata a cerimônia de homenagem ao general Menna Barreto menciona a presença de estudantes de diversos centros acadêmicos. Dentre eles, estaria presente Newton Russo[182], que mais tarde foi acusado de ter participado[183], em 25 de junho de 1968, junto com Fernando Forte, Cassio Scatena, Cícero Gubeissi, comandados por João Marcos Flaquer, acusados de integrar o CCC[184], da invasão às Arcadas durante uma ocupação organizada pelo movimento estudantil e que será discutida no capítulo seguinte. Uma das reportagens que noticiou a invasão do CCC às Arcadas, em 25 de junho de 1968, descreve-o, a partir do relato de outros estudantes, como uma "entidade que combate todo o movimento estudantil", mencionando a relação do grupo com o governo militar.

---

182 O documento menciona Lewgton Russo. Todavia, por não ter sido encontrado nenhum aluno com esse nome, supõe-se se tratar de Newton Russo, aluno das Arcadas, que também fez parte, junto com Caio Pompeu de Toledo e Dilermando Cigagna Jr., acusados de pertencer ao CCC, do Grupo Decisão, para concorrer às eleições do C.A. XI de Agosto, em 65 (Grupo Decisão, 05/65, Pasta 20-C-11832, Arquivo Público do Estado de São Paulo).

183 O jornal menciona Nilton Russo, todavia, conforme mencionado na nota acima, não foi localizado nenhum aluno nas Arcadas de nome Nilton Russo, tratando-se, provavelmente, de um erro de grafia, como no caso acima. Ademais, no prontuário em que consta o recorte com a reportagem, há um documento em que Newton Russo e Fernando Forte negam as acusações ("Arcadas: estudantes repelem invasão", *Última Hora*, 25/06/68, pág. 2, prontuário de Fernando Forte; Arquivo Público do Estado de São Paulo; "'Direitistas' atacam Arcadas e a Filosofia", *Diário Popular*, 26/06/68, pasta OP1271, Arquivo Público do Estado de São Paulo. O jornal menciona "João Marques Flaquer, da Faculdade de Direito".) O jornal *Última Hora*, que noticiou a tentativa de invasão e mencionou o nome de Newton Russo e Fernando Forte como participantes da invasão, publica, em 27/06/1968, um "esclarecimento", desmentindo a notícia. ("Esclarecimento", jornal *Última Hora*, 27/06/1968, pasta OP1271, Arquivo Público do Estado de São Paulo).

184 *O Cruzeiro* (RJ), Ano XL, Edição 45, "CCC ou o Comando do Terror", p. 19-23, 9/11/1968.

Quando decretada, a Lei Suplicy de Lacerda (4.464/64), de 9 de novembro de 1964, foi objeto de discussão dentro do movimento estudantil. Quando a União Estadual dos Estudantes (UEE) lança um plebiscito, em 1965, para que os estudantes pudessem se manifestar sobre a citada lei, alunos da Faculdade de Direito da Universidade Presbiteriana Mackenzie queimam a urna do local de votação na Mackenzie. Em manifesto escrito pelo seu presidente, Boris Casoy, o Partido Acadêmico Democrático (PAD) orientava os estudantes a ignorarem a consulta pública proposta pela UEE, uma iniciativa de "comunistas e contrarrevolucionários". Os estudantes da Faculdade de Direito da Mackenzie, embora criticassem, em parte, a Lei Suplicy, viam na legislação benefícios tais como a eliminação de "estudantes profissionais", já que a lei vedava a reeleição. Na ocasião, o Partido Acadêmico Realizador (PAR), da Faculdade de Direito da Universidade Mackenzie, se manifestou alegando, quanto à incineração da urna, que "era a única linguagem que os agitadores entendem" (SANTOS, 2015, p. 151).

Como dito acima, Boris Casoy era membro do Partido Acadêmico Democrático. Casoy foi acusado de fazer parte do Comando de Caça aos Comunistas (CCC) pela revista *O Cruzeiro* (RJ), de 9 de novembro de 1968[185]. Em relatório do DEOPS datado de 26 de outubro de 1964, consta que Boris Casoy, então presidente do PAD, atuou como locutor de uma emissora clandestina que funcionava nos arredores do bairro de Sumaré e que fazia propaganda do candidato do PAD, Manoel V. Poladian, para as eleições para a gestão do D.A. João Mendes Júnior[186].

Boris Casoy "teve papel destacado na Revolução de 31 de Março", quando, atuando na Rádio Eldorado, "comandou vibrantemente a cadeia de emissoras que compunham a Rede da Liberdade. No momento crítico da Revolução Democrática, sua voz

---

185 A revista aponta "Boris Cazoy ou Kassoy" como integrante do CCC (*O Cruzeiro* (RJ), Ano XL, Edição 45, "CCC ou o Comando do Terror", p. 19-23, 9/11/1968).

186 "Movimento Estudantil – Eleições", 26/10/1964 (pasta OP1230, Arquivo Público do Estado de São Paulo).

ecoava nos quatro cantos do país levando a todos os brasileiros a mensagem revolucionária."[187] Segundo Raul Nogueira de Lima, durante os conflitos ocorridos em 2 e 3 de outubro de 1968, que ficaram conhecidos como a Batalha da Maria Antônia, a ser discutida no próximo capítulo, Casoy "fez um manifesto de convocação dos mackenzistas. De cinco em cinco minutos, o Bóris convocava[188]."

Cassio Scatena relata que Boris Casoy "não era um membro efetivo do CCC, mas era um homem de direita, em 'concepção ideológica de universo'"[189]. Ao dizer que ele "não foi um membro efetivo", não nega que Boris Casoy tenha tido algum tipo de aproximação com o CCC, evidenciando que, mesmo não fazendo parte dos quadros do CCC, alinhava-se a suas ideias e práticas. O parlamentar Fernando Perrone (MDB) também afirmou que Casoy, apesar de conservador, não fazia parte do grupo (LOPES, 2014, p. 81-82).

Não foram encontrados indícios de que Boris Casoy tenha participado de algum ato terrorista do CCC. O que fica evidente é que, no plano ideológico, Boris Casoy e o grupo convergiam. Aliás, o exemplo de Boris Casoy serve para ilustrar toda uma situação de funcionamento dos movimentos estudantis de direita nas universidades apontadas.

Há muita ação dos partidos, dos grupos e dos centros acadêmicos. Grupos de estudantes se vinculavam às ações estudantis e aos manifestos universitários, se incorporaram como um grupo que defendia a mudança do regime político; calouros eram chamados tão logo entravam na Universidade Presbiteriana Mackenzie, por exemplo. Trata-se aqui de ver como grupos interagem diante de causas convenientes a sua ideologia; de como se afastam, por compromisso moral por ser contrários a certas práticas;

---

187 *O Democrata* (SP), "P.A.D tem novo Presidente: Boris Casoy", p. 8, 10/64 (pasta E41P08, Arquivo da Universidade Presbiteriana Mackenzie).

188 SOUZA, 2000, p. 381, relato fornecido por Raul Nogueira de Lima a Percival de Souza.

189 LOPES, 2014, p. 143, relato fornecido por Cassio Scatena.

e de como dão guarida e alimentam a força da violência, pela sua omissão.

Em 24 de setembro de 1964, quando foi eleito presidente do PAD[190], atuou ao lado de nomes como Alexandre Husni que, quando presidente do Diretório Acadêmico João Mendes Júnior, em 1967, atuava no esvaziamento de movimentos grevistas na universidade, ainda que veladamente, porque, como apontado em relatório do DEOPS, se preocupava com as eleições acadêmicas futuras, para que não fosse prejudicada a eleição de seus candidatos[191]. Em seu discurso de posse, Boris Casoy se posiciona como "radicalmente anticomunista":

> (...) não aceito o diálogo com os marxistas. Sou essencialmente democrata e, portanto, não posso dialogar politicamente com aqueles que procuram, das mais variadas maneiras, aniquilar a democracia. Não somente recuso-me ao diálogo, com os mesmos, como também combato-os com todas as minhas forças, sem esmorecer antes as ameaças constantes de um grupo que não mede meios para atingir seus objetivos totalitários.[192]

Em 1966, José Roberto Batochio, acusado[193] de ser integrante do CCC, concorre às eleições[194] para a gestão de 1967 do Diretório Acadêmico da Faculdade de Direito, perdendo para a chapa encabeçada por Alexandre Husni, colega de partido de Boris Casoy.

---

190 *O Democrata* (SP), "P.A.D tem novo Presidente: Boris Casoy", p. 8, 10/64 (pasta E41P08, Arquivo da Universidade Presbiteriana Mackenzie).

191 "Universidade Mackenzie", 25/05/67 (pasta OP 1498, Arquivo Público do Estado de São Paulo). Obs: O documento menciona Alexandre Yunes. Porém, o presidente do D.A. em 67 era Alexandre Husni. Tendo em vista a semelhança dos nomes, acredita-se se tratar de erro de grafia.

192 *O Democrata* (SP), "P.A.D tem novo Presidente: Boris Casoy", p. 8, 10/64 (pasta E41P08, Arquivo da Universidade Presbiteriana Mackenzie).

193 A revista acusa "José Roberto Batochio" de ser integrante do grupo (*O Cruzeiro* (RJ), Ano XL, Edição 45, "CCC ou o Comando do Terror", p. 19-23, 9/11/1968).

194 "Relatório das eleições estudantis 16 de agosto de 1966", 30/08/1966 (pasta OP 1498, Arquivo Público do Estado de São Paulo).

Conforme Lopes (2014), José Roberto Batochio fazia parte da "direita acadêmica" da Mackenzie. Participava das eleições e chegou a se envolver em um episódio noticiado pela imprensa em que, com o apoio da reitoria da Universidade Presbiteriana Mackenzie (LOPES, 2014, p. 89), Batochio, com mais dois estudantes "proclamaram-se, à revelia, membros de um pretenso e eventual triunvirato"[195] para dirigir o Diretório Acadêmico da Faculdade de Direito da Presbiteriana Mackenzie. Fazia oposição a José Roberto Batochio, à época, Lauro Pacheco de Toledo Ferraz, do movimento estudantil de oposição ao regime. Em relato cedido para a pesquisa de Lopes (2014), Batochio nega qualquer envolvimento com o Comando de Caça aos Comunistas (CCC). Destaca-se o seguinte trecho:

> Em resumo, não conheço e nunca tive qualquer tipo de contato com quem se afirma ser líder do CCC – João Marcos Flaquer, etc. Fui amigo do Caio Pompeu de Toledo sim. Era amigo do Caio, e reuníamos na Cervejaria München, na esquina da Alameda Santos com a Ministro Rocha Azevedo, para conversar amenidades, tomar chope, e só.[196]

Cassio Scatena também afirma que Batochio não fez parte do CCC[197]. O exemplo de José Roberto Batochio se aproxima do de Boris Casoy, mencionado anteriormente. A cervejaria mencionada em seu relato, Cervejaria München, tem o mesmo nome da citada na reportagem da revista *O Cruzeiro* (RJ), de 9 de novembro de 1968, como sendo um dos locais em que os integrantes do Comando de Caça aos Comunistas (CCC) se encontravam.

Quando José Roberto Batochio afirma ser amigo de Caio, mas não de João Marcos Flaquer, parece querer amenizar o tipo de ligação que possuía com os acusados de serem integrantes do

---

195 Mackenzie: Diretório vai processar depredadores, 02/11/1967 (pasta OP 1498, Arquivo Público do Estado de São Paulo).

196 LOPES, 2014, p. 186, relato fornecido por José Roberto Batochio.

197 LOPES, 2014, p. 143, relato fornecido por Cassio Scatena.

grupo – João Marcos Flaquer, que, em 1993, confirmaria sua participação no CCC[198], era um dos membros mais *violentos* do grupo. Se José Roberto Batochio não fazia parte do CCC, o que se pode dizer é que ele fazia uso de uma rede de relações das quais elementos relacionados ao CCC também faziam parte e que, pelo menos naquele momento, parecia ser interessante para as atividades de José Roberto Batochio.

Rafi Kathlian, aluno da Faculdade de Economia e ligado ao DAEG, foi apontado como um dos líderes do CCC na Mackenzie[199]. Em 1967, quando exercia a presidência do DAEG, chegou a propor o cancelamento de uma greve, posicionando-se contrariamente aos demais estudantes da escola de Economia durante uma assembleia estudantil[200]. A pauta da assembleia era levar ao conhecimento dos alunos os pontos tratados em uma reunião feita no dia anterior com o então presidente da República: a federalização da universidade, transformação em fundação e cobrança de anuidade, entre outros pontos.

Pela documentação encontrada, notou-se que, após a Batalha da Maria Antônia e a decretação do AI-5, em 1968, os atos do CCC e de seus integrantes arrefecem dentro da Mackenzie. Considerando que o CCC se colocava como opositor de qualquer prática que pudesse ser enquadrada como subversiva pelo grupo e que a extrema direita, ainda que minoritária na Mackenzie, contava com o "apoio notório da direção da Universidade" (RIDENTI, 1993, p. 142, em nota de rodapé), pode-se inferir que as manifestações dos estudantes ligados a movimentos de esquerda, se ocorressem, já sofriam um certo controle da instituição. Além disso, havia a repressão estatal.

Segundo Ferraz (1988, p. 223), o setor mais reacionário dos estudantes recebia "apoio explícito e direto da direção e reitoria

---

198 *Folha de S. Paulo* (SP), "Comando de Caça aos Comunistas diz como atacou 'Roda Viva' em 1968", p. 1, 17/07/1993.

199 A revista aponta "Raffi Kathlian" como membro do grupo (*O Cruzeiro* (RJ), Ano XL, Edição 45, "CCC ou o Comando do Terror", p. 19-23, 9/11/1968).

200 Assembleia de todos os alunos da Universidade Mackenzie, 18/05/67 (pasta OP 1230, Arquivo Público do Estado de São Paulo).

para atuar contra os setores mais avançados", o que se manifestava desde o apoio dado às organizações estudantis de direita até "fazer vistas grossas para as ações mais truculentas", que, conforme aponta, sempre ficaram impunes (FERRAZ, 1988, p. 223).

No contexto da reabertura democrática e com a reorganização estudantil em 1977, o movimento estudantil começa a se reorganizar também na Mackenzie e, como consequência, os atos do CCC recomeçam. No entanto, não se tratava mais do mesmo CCC formado em 1963. Nesse momento, a sigla já havia sido utilizada em diferentes locais do país por diversos grupos que, por uma aproximação ideológica, organizavam-se e praticavam seus atos sob o signo do CCC, ainda que não se possa desconsiderar um certo nível de orientação por parte de elementos como João Marcos Flaquer, por exemplo, conforme será discutido no capítulo seguinte.

O que se observa é que, assim como nas Arcadas, as ideias que basearam o grupo – anticomunismo, conservadorismo, autoritarismo, violência – continuaram a circular na Academia, com seus adeptos e defensores.

Em maio de 1978, o Diretório Acadêmico da Faculdade de Arquitetura (DAFAM) foi invadido por integrantes do CCC[201]. Para os membros do DAFAM, o ataque teria relação com o fato de o diretório estar envolvido nas mobilizações para as eleições da UEE, que foram posteriormente proibidas pela Mackenzie[202].

As aulas foram suspensas[203] e o diretório foi lacrado, o que gerou protestos por parte dos alunos[204]. A Mackenzie alegou – um ano após a sindicância aberta para apurar os fatos – que a invasão ocorrida na ocasião das eleições para a UEE tinha sido

---

201 *O Estado de S. Paulo* (SP), "Diretório do Mackenzie é invadido e depredado", 04/05/1978 (pasta E42P06, Arquivo da Faculdade Presbiteriana Mackenzie).

202 Observações no Campus da Universidade Mackenzie – Durante as eleições da UEE, 05/05/1978 (pasta OP1344, Arquivo Público do Estado de São Paulo).

203 Comunicado da Diretoria, 04/05/1978 (pasta OP1344, Arquivo Público do Estado de São Paulo).

204 Fechamento do DA gera greve na Mackenzie, 10/05/1978 (pasta OP1344, Arquivo Público do Estado de São Paulo).

simulada[205]. Esses fatos elucidam os conflitos entre os direitistas e as alas de esquerda da Mackenzie.

Em agosto de 1978, relatório do DEOPS destaca que o edifício da Faculdade de Arquitetura e Urbanismo foi alvo de mais vandalismo, com a pichação dos seguintes dizeres "CCC ALA 233", não tendo sido descobertos os autores de tal ato[206].

Tal pichação faz referência a uma lista de 233 (duzentos e trinta e três) torturadores[207], então recém-divulgada por um semanário, em que figuravam alguns elementos acusados de serem integrantes do Comando de Caça aos Comunistas (CCC).

A Universidade Presbiteriana Mackenzie convivia, segundo os estudantes, com invasão a diretórios e alunos andando armados dentro do campus[208]. Em maio de 1979, o Diretório Acadêmico da Faculdade de Arquitetura (DAFAM) sofreu um novo atentado a bomba[209]. A notícia sobre o atentado não menciona o grupo, mas recorda o atentado atribuído ao CCC cometido contra o mesmo diretório no ano anterior.

No mês de outubro, foi a vez do Diretório Acadêmico da Faculdade de Tecnologia (DATEM) ser invadido pelo CCC[210]. Segundo os estudantes que denunciaram a invasão, o ataque aconteceu em represália às críticas feitas pelo jornal do órgão estudantil du-

---

205 *O Estado de S. Paulo* (SP), "Mackenzie diz que invasão foi simulada", 24/11/1979 (pasta OP1344, Arquivo Público do Estado de São Paulo).

206 Observações no Campus da Universidade Mackenzie – Período Matinal, 05/08/1978 (pasta OP1344, Arquivo Público do Estado de São Paulo).

207 Listagem feita, em 1975, por 35 presos políticos, com nomes de 233 torturadores que participaram das sessões de tortura dos que os denunciavam ou dos quais a atuação tivesse sido testemunhada pessoalmente por eles (TELES, 2014). A divulgação do documento por um semanário, três anos depois, motivou ataques atribuídos ao grupo, conforme será explorado no segundo capítulo.

208 *Jornal da Tarde* (SP), "Pedido dos estudantes: segurança no Mackenzie", 20/11/1979 (pasta OP1344, Arquivo Público do Estado de São Paulo); *O Estado de S. Paulo* (SP), "Mackenzie: alunos vão a Portella", 20/11/1979 (pasta E42P06, Arquivo da Universidade Presbiteriana Mackenzie).

209 *Folha de S. Paulo* (SP), "Bomba em DA do Mackenzie", p. 7, 15/05/79 (pasta OP1345, Arquivo Público do Estado de São Paulo).

210 Denúncia, 26/10/1979 (pasta E54P04, Arquivo da Universidade Presbiteriana Mackenzie).

rante as eleições da UNE. No panfleto que divulgou a invasão, a denúncia de que se tratava de grupos que contavam com a conivência da administração e do Instituto Mackenzie.

De acordo com o jornal[211] que noticiou o ocorrido, os mackenzistas foram avisados pelo CCC que o grupo iria realizar a "operação Furação Branco", uma "limpeza" na universidade, em virtude da venda, pelo D.A., de livros que o grupo considerava subversivos.

No mesmo ano, Octávio Cesar Ramos, acusado pelos seus colegas[212] de fazer parte do CCC e de pertencer à extrema direita, arrebenta urnas da eleição da UNE e tumultua as eleições para o DCE da Mackenzie ao se manifestar a favor da chapa em que concorria Fábio Fleming. Octávio Cesar Ramos, dois anos antes, quando atuava como primeiro-tesoureiro do Partido Acadêmico Realizador (PAR), na gestão 77/78, clamava por "ordem" e "progresso" para que se retornasse ao "Estado de Direito", criticando "contestações inconsequentes, passeatas, rotulações e extremismos"[213].

Em 1981, nas eleições para o Diretório Central dos Estudantes (DCE), a chapa "Todo Mundo no DCE" foi acusada pela chapa concorrente de representar o CCC nas eleições[214]. Aquela foi a chapa vencedora nas eleições, presidida pelo estudante Fábio de Castro Ferreira e tinha como vice-presidente Fábio Fleming[215].

Na ficha de Fábio Fleming arquivada no Departamento de Comunicação Social da Secretaria de Segurança Pública do Estado de São Paulo, consta a menção à acusação feita pela chapa Nossa

---

211 *O Estado de S. Paulo* (SP), "No Mackenzie, o protesto contra invasão de diretório", 27/10/1979 (pasta E42P06, Arquivo da Universidade Presbiteriana Mackenzie).

212 *Jornal da República* (SP), "Até ovos podres na disputa do DCE-Mack", p. 12, 30/10/1979 (pasta OP1234, Arquivo Público do Estado de São Paulo). A reportagem menciona "Otávio Cesar Ramos" como agente das ações.

213 *O Gatom* (SP), "Ordem é Progresso", 1977 (pasta E54 P04, Arquivo da Universidade Presbiteriana Mackenzie).

214 Eleições para Diretórios/Centros Acadêmicos e DCE – Universidade Mackenzie, 29/10/1981 (pasta OP1345, Arquivo Público do Estado de São Paulo).

215 *Folha de S. Paulo* (SP), "Na Mackenzie, a situação mantém direção do DCE", 30/10/1981 (pasta OP1345, Arquivo Público do Estado de São Paulo).

Voz, sua oponente nas eleições estudantis de 1983, de que Fabio Fleming seria ligado a "grupos de extrema direita, tais como o Comando de Caça aos Comunistas (CCC)"[216].

Como candidato a vice-presidente do DCE, Fábio Fleming disse que, entre a situação das mulheres, dos homossexuais e dos negros na sociedade – pauta da chapa vencida – e as reprovações por faltas, sistema de avaliação e de notas, estes últimos eram prioridade[217]. Em 1976, Fleming figurava no corpo editorial da *Revista Análise*, órgão oficial do DCE. Em 1980, participa do jornal *O Picareta*, criticando a massificação do ensino, fenômeno que, segundo ele, prejudicava a formação de dirigentes para o país[218]. Em 1981, a chapa em que Fleming concorria como vice-presidente para a UEE de São Paulo, Todo Mundo na UEE/SP [219], recebeu o apoio de Caio Pompeu de Toledo[220].

Anos antes, Caio Pompeu de Toledo, ex-aluno das Arcadas, acusado de fazer parte do Comando de Caça aos Comunistas (CCC), participa do I Simpósio Jurídico Acadêmico, organizado pelo Diretório Acadêmico João Mendes Júnior (DAJMJ)[221].

---

216 Na ficha de Fábio Fleming, consta, com data de 27 de outubro de 1983, a menção a um recorte de jornal em que alguns integrantes da chapa Nossa Voz teriam feito as acusações em questão. (FLEMING, Fábio Eduardo Branca E/OU Fábio Fleming; Ficha Departamento de Comunicação Social nº DCSF01827, Arquivo Público do Estado de São Paulo). Na parte interna na ficha, no nome de Fábio Fleming, há uma rasura na primeira letra do sobrenome França, o que explicaria a razão de a ficha constar como Branca e não França. Todavia, as outras informações constantes na ficha, como o restante do nome e a indicação de que era estudante de Engenharia e a ligação com a Mackenzie, permitem dizer que se trata de Fábio Fleming, aluno da Mackenzie.

217 *Jornal da Tarde* (SP), "E, no Mackenzie, 14 mil escolheram o novo DCE", 29/10/1981 (pasta OP1345, Arquivo Público do Estado de São Paulo).

218 *O Picareta* (SP), "A antidemocracia da massificação do ensino", p. 10, 19/05/1980 (pasta E54P04, Arquivo da Universidade Presbiteriana Mackenzie).

219 Relatório sobre Fábio Eduardo França Fleming, s/d, pasta 20-C-44-19704 CO, Arquivo Público do Estado de São Paulo.

220 Relatório sobre Caio Pompeu de Toledo, s/d, pasta 52-Z-0 1284-1360 – 16, Arquivo Público do Estado de São Paulo.

221 Relatório sobre Caio Pompeu de Toledo, s/d, pasta 52-Z-0 1284-1360 – 16, Arquivo Público do Estado de São Paulo.

Este mesmo diretório, em 1982, por meio de seu jornal *Data Vênia*, divulga[222] o Projeto Rondon, uma iniciativa do regime que visava a participação de estudantes no processo de integração socioeconômica em locais remotos do país, prestando serviços com um certo viés assistencialista, o que, 15 anos depois de sua criação, ainda era divulgado nos jornais mackenzistas localizados. De certo modo, o Projeto Rondon mostra o entrelaçamento de diferentes posições políticas se comunicando mesmo em ações amplamente defendidas pelo governo.

O projeto foi criado em 1967, em um momento em que o movimento estudantil se reorganizava depois da desarticulação ocorrida com o golpe. Para os militares, era necessário estabelecer um programa apto a "cultivar e fomentar o civismo no seio da juventude universitária" (AMATO, 2019, p. 269), mobilizando-a em ações comunitárias que fomentassem um ideal de "juventude engajada". O Projeto Rondon, captando uma parte da juventude para ações de trabalho assistencial, criava uma "retórica cuja carga ideológica, ao circular pela opinião pública, buscava desmoralizar o movimento estudantil politicamente engajado nas universidades", mostrando que, enquanto existiam jovens em busca de uma ilusão utópica, a revolução socialista, havia jovens patriotas que trabalhavam pelo país para atender às populações em locais remotos (BRAGHINI, 2015, p. 269).

Por outro lado, como vemos em Amato (2019, p. 166), eram diversas as motivações dos estudantes que optavam por participar do Projeto Rondon. A participação não implicava, como regra, o apoio incondicional destes estudantes ao regime. Alguns, de fato, participavam "pela perspectiva de ajudar os habitantes do interior ou de ganhar experiência profissional". Alguns, inclusive, eram críticos do regime e considerados subversivos e, mesmo assim, inscreviam-se e participavam do projeto, o que causava constrangimento entre os coordenadores do projeto e a comunidade de informações (AMATO, 2019, p. 166).

---

222 *Data Vênia* (SP), "Projeto Rondon – Campus avançado de Irecê", 04/82 (pasta E54P04, Arquivo da Universidade Presbiteriana Mackenzie).

A mesma edição do jornal trazia uma matéria com Caio Pompeu de Toledo que, entre outros pontos, apresentava sua opinião sobre a educação básica, em que o entrevistado dizia que a solução para o ensino no país deveria ser "simples: sem sofisticação" e se colocava como defensor da "luta maior", que, para Pompeu de Toledo, significava a devolução da "democratização do Poder" ao "seu real proprietário, o povo". Anos antes, em 1970, sobre o ensino gratuito, afirmava que o governo não tinha condições de fornecê-lo, sugerindo que o estudante fosse financiado pelo governo, reembolsando os gastos posteriormente[223]. Caio Pompeu de Toledo estudou em universidade pública e não consta que ele tenha reembolsado o governo pelos seus estudos.

1.10 OS DIRETÓRIOS, CENTROS E PARTIDOS ACADÊMICOS NA UNIVERSIDADE PRESBITERIANA MACKENZIE

Na Universidade Presbiteriana Mackenzie, foi possível encontrar rastros da atuação do CCC em diferentes locais. O Centro Acadêmico Horácio Lane (C.A.H.L) da Faculdade de Engenharia, já em 1963, por meio de seus jornais, assume um discurso anticomunista. Logo após o golpe, o C.A.H.L apoia a "revolução". Ao final dos anos 1970, teve em seus quadros o estudante Fabio Fleming, acusado de ser ligado ao CCC.

Assim como nas Arcadas, a dinâmica dos partidos e centros acadêmicos envolvia conflitos entre posições diversas. Um dos jornais do C.A.H.L, que tinha uma posição mais marcadamente a favor do regime, defende, em junho de 1977, a atuação do movimento estudantil, sinalizando que a posição daquele jornal, mesmo que, até então, fosse um órgão oficial do centro acadêmico, divergia da posição do C.A.H.L. Um ano depois, em tom de pilhéria, este mesmo periódico do C.A.H.L utiliza a manchete "O C.C.C. ataca" para criticar o trote estudantil, utilizando a sigla

223 Relatório sobre Caio Pompeu de Toledo, s/d, pasta 52-Z-0 1284-1360 – 16, Arquivo Público do Estado de São Paulo.

para se referir a um "Comando de Caça aos Calouros"[224]. O que chama a atenção era que, em um momento em que o CCC vinha realizando uma série de ataques terroristas, um centro acadêmico não se intimida em utilizar o nome do grupo em seu jornal. Nesta mesma edição, um outro artigo trazia informações sobre a reorganização do movimento estudantil.

O que se notou é que havia uma disputa pela direção dos partidos e centros acadêmicos e que, muito embora certos órgãos tenham apresentado uma certa linearidade em seus posicionamentos, houve momentos em que alguns deles ou seus veículos de comunicação foram ocupados por grupos com posicionamento diverso.

Havia também uma movimentação social entre os estudantes. O C.A.H.L. mantinha um teatro desde 1960[225]. Além disso, havia o Clube Aeronáutico Horácio Lane, a Associação Atlética Acadêmica Horácio Lane, o Clube Automobilístico Horácio Lane e os departamentos, tais como a Comissão de Recepção aos Calouros e o Departamento Cultural. O Clube Aeronáutico do C.A.H.L. operava no Campo de Marte e, em 1966, mantinha 3 aviões[226]. Em 1966, o C.A.H.L promete uma série de atividades: sessões cinematográficas, feira do livro técnico, baile dos calouros e conferências de caráter técnico. Em 1971, por ocasião do 75º aniversário da Escola de Engenharia, o C.A.H.L. organiza[227] uma Gincana Automobilística. Em abril de 1976[228], organiza uma mostra de contos, poesias e cartuns. A Faculdade de Engenharia, sob a organização do centro acadêmico, mantinha escolas de alfabetização de adultos e uma de surdos.

---

224 *O Picareta* (SP), "O C.C.C. ataca", ano 18, nº 1, 04/1978 (pasta E54P04, Arquivo da Universidade Presbiteriana Mackenzie).

225 *Folha Mackenzista* (SP), "Teatro no C.A.H.L.", 1962 (pasta OP1230, Arquivo Público do Estado de São Paulo).

226 *O Picareta* (SP), ano 4, 1966 (pasta E54P04, Arquivo da Universidade Presbiteriana Mackenzie).

227 Memorando nº 107/71, 08/10/1971 (pasta OP1230, Arquivo Público do Estado de São Paulo).

228 *O Picareta* (SP), ano 16, p. 19, 04/1976 (pasta E54P04, Arquivo da Universidade Presbiteriana Mackenzie).

Em 1978, o C.A.H.L., com o apoio da Superintendência do Desenvolvimento do Nordeste (SUDENE), lança a Semana de Estudos do Nordeste[229]. Participaram das palestras o então governador do estado de São Paulo, Paulo Egydio Martins, o governador do Rio Grande do Norte, Tarcísio de Vasconcelos Maia, e o governador de Alagoas, Divaldo Suruagy, além de funcionários de alto escalão da SUDENE.

A "realização social máxima" do C.A.H.L. era o Baile dos Estados que, em 1962, aconteceu nos salões do Restaurante Fasano, em que "garbosos gentilhomens", envoltos em uma decoração inspirada no "realejo", aspiravam o retorno "às fontes originais em busca a pureza'"[230]. Um trecho do relato de Cassio Scatena, que não era aluno desta universidade, mas era integrante do CCC, ilustra essa autopercepção que alguns estudantes tinham sobre sua importância e suas "origens":

> Não acho isto um demérito, mas não tenho nenhuma raiz popular. De um lado eu descendo de estancieiros da fronteira, de austríacos e alemães que vieram no tempo da Guerra do Paraguai, e de outro lado de italianos com uma certa instrução[231].

A partir da documentação coletada, tem-se a impressão de que os integrantes do grupo se enxergavam como "donos do Brasil", a partir de uma percepção de si, da sua importância e do seu poder e do lugar que deveriam ocupar na sociedade. Scatena reforça a ideia de uma origem privilegiada – onde só existe branquitude –, o que se relaciona a um dos motivos que uniu os integrantes do grupo: a vontade de manter ou até de conquistar seus privilégios. Esse aspecto será retomado em outros momentos na pesquisa.

---

229 Observação na Universidade Mackenzie – Início do Segundo Semestre, 03/08/1978 (pasta OP1230, Arquivo Público do Estado de São Paulo).

230 *Folha Mackenzista* (SP), "Baile dos Estados", 06/1962 (pasta OP1230, Arquivo Público do Estado de São Paulo).

231 LOPES, 2014, p.134, relato fornecido por Cassio Scatena.

O Diretório Acadêmico Eugênio Gudin, da Faculdade de Economia, teve em seus quadros dois acusados de fazer parte do CCC, Rafi Kathlian e Flavio Caviglia. Como dito, a Faculdade de Economia rompe com a União Nacional dos Estudantes ainda antes do golpe.

A imprensa era um elemento muito explorado pelos estudantes mackenzistas: a Faculdade de Engenharia publicava os jornais *Horacinho*, *O Picareta* e *Folha Mackenzista*. A Faculdade de Economia publicava o jornal *Mackro*.

Na Faculdade de Direito, dois partidos se destacaram por apresentarem elementos que os relacionavam ao Comando de Caça aos Comunistas (CCC): o Partido Acadêmico Realizador (PAR), que teve em seus quadros José Roberto Batochio[232] e Octávio Cesar Ramos, acusados de serem integrantes do CCC, e o Partido Acadêmico Democrático (PAD), que teve como presidente Boris Casoy, também acusado de pertencer ao grupo. Apesar de se colocarem como rivais e se atacarem com frequência, as pautas são extremamente similares e estão alinhadas ao lema "nacionalismo e democracia".

Também para os partidos acadêmicos da Faculdade de Direito da Mackenzie a imprensa era um elemento importante: o PAR publicava o jornal *O Gatom*; o PAD publicava o jornal *A Mackina* e *O Democrata*. Em 1965, Alexandre Husni, então diretor do PAD, contrata um publicitário para editar uma revista do PAD[233]. Infelizmente, nenhum exemplar desta revista foi localizado. Nestes jornais, há a divulgação de seus ciclos de estudos e conferências, inclusive com a participação de membros do governo. Essa imprensa, tanto no caso dos Diretórios quanto no dos partidos

---

232 Em seu relato, José Roberto Batochio menciona ter feito parte do Partido Acadêmico Renovador. Todavia, não foi localizado nenhum partido com este nome na documentação relativa à Mackenzie, o que permite inferir que se trata do Partido Acadêmico Realizador (PAR), que atuava dentro da Faculdade de Direito da Mackenzie (LOPES, 2014, p. 179).

233 Registro nº 14084, Protocolo A17 do Livro H14, 2º Cartório de Registros de Títulos e Documentos de Pessoa Jurídica da Capital – São Paulo.

acadêmicos, era importante veículo de transmissão e divulgação de ideias e ações dos partidos.

Quando a atuação via partido não era suficiente, o CCC entrava em cena. Assim como fez Octávio Cesar Ramos, acusado de pertencer ao grupo, tumultuando eleições. O exemplo de Octávio é elucidativo: em 1977, quando já era membro do PAR, se coloca contra manifestações, tumultos e passeatas. Dois anos depois, não se constrange em arrebentar urnas, tumultuar eleições e ameaçar jogar ovos podres em colegas.

Tanto no que se refere aos estudantes das Arcadas quanto aos da Mackenzie, há outros nomes de estudantes que são mencionados nos documentos e relatos, mas cuja relação com os partidos acadêmicos não foi possível estabelecer. Ricardo Osni é um exemplo: mencionado por Cassio Scatena como integrante do CCC (LOPES, 2014, p. 143), era aluno da Presbiteriana Mackenzie, mas não se localizou nenhum documento que fizesse referência a ele nos diretórios acadêmicos. Assim como Raul Nogueira de Lima, integrante confesso do CCC, mas que não é mencionado nos documentos obtidos nas universidades.

1.11 O PARTIDO ACADÊMICO DEMOCRÁTICO (PAD)

> *"(...) Os verdadeiros democratas não negligenciam no cumprimento do dever. Caracterizam-se pela ação, jamais pela omissão."*
>
> (*O Democrata*, outubro/64)[234]

Em editorial[235] publicado em *O Democrata*, jornal do Partido Acadêmico Democrático (PAD), em outubro de 1964, o PAD se manifesta contra a decisão do Ministério da Educação de suspen-

---

234 *O Democrata* (SP), editorial, p. 2, 10/64 (pasta E41P08, Arquivo da Universidade Presbiteriana Mackenzie).

235 *O Democrata* (SP), editorial, p. 2, 10/64 (pasta E41P08, Arquivo da Universidade Presbiteriana Mackenzie).

der as eleições para os diretórios acadêmicos. Para o PAD, a corajosa e decisiva atuação dos mackenzistas que, segundo o jornal, haviam liderado os universitários de São Paulo no "movimento de libertação do país da ameaça bolchevista" se opunha à justificativa apresentada para impor a suspensão, que vigoraria até a Lei Suplicy de Lacerda (4.464/64). O motivo para a suspensão, segundo mencionado, centrava-se no fato de que haveria uma suposta ausência de representação dos "democratas" nas eleições estudantis, o que acabava por provocar a tomada dos centros acadêmicos pelas "minorias totalitárias".

Assim como nas Arcadas, era comum o estabelecimento de alianças entre os partidos em época de eleições. Participando, juntamente com o Partido Liberal Acadêmico (PLA) e o Partido Acadêmico Independente (PAI) das eleições para a gestão de 1965 do centro acadêmico[236], o PAD apresentou propostas como o incentivo à Associação Atlética, o fornecimento de apostilas grátis, grupo teatral e campanhas filantrópicas.

Ao mencionarem como propostas fórum de debates e conferências, não detalham o que seria objeto destes eventos[237]. As pautas focam em questões estudantis, tais como reestruturação do C.A., amparo ao curso noturno, reforma curricular e de estatutos. Muito embora se refira ao curso, a única questão que se pode dizer de caráter político se referia à campanha contra o exame da OAB, recentemente instituído e que o partido considerava um desprestígio para a categoria.

Dos 18 pontos mencionados pelo PAD, 9 se referiam a questões relacionadas ao aspecto cultural e social, tais como Grupo Teatral, Festival da Balança, Noite de Autógrafos e cursos de extensão cultural. Um evento tradicional era o Chá de Calouros do PAD, que, apesar de levar esse nome, servia uísque aos seus convidados[238].

---

[236] Eleições no Centro Acadêmico "João Mendes Júnior" (Mackenzie), 22/10/1964 (pasta OP 1230, Arquivo Público do Estado de São Paulo).

[237] *O Democrata* (SP), 10/64 (pasta E41P08, Arquivo da Universidade Presbiteriana Mackenzie).

[238] *A Mackina*, 05/76 (pasta E53P02, Arquivo da Universidade Presbiteriana Mackenzie).

Eventos como esse eram divulgados em uma espécie de coluna social do jornal do partido, que divulgava desde casamentos de alunos e ex-alunos até rumores de paqueras.

A Carta de Princípios do PAD, datada de maio de 1966, assevera a posição "eminentemente nacionalista e democrática", manifestando sua repulsa à "interferência indébita estrangeira nos assuntos nacionais internos", convocando os demais estudantes a se reunirem de forma desvinculada de "qualquer influência ideológica, ou de partidos políticos nacionais, ou de grupos ou blocos estudantis, ou da interferência indébita dos poderes constituídos"[239].

O PAD mantinha bons relacionamentos com o governo. Em 1969, quando da posse da nova diretoria do partido, membros do governo participaram e ressaltaram a importância do momento "ao ver que a renovação e a esperança continuam dando ao Brasil o direito da liberdade democrática"[240].

Um ano antes, em agosto de 1968, o PAD é acusado de participar da invasão à Faculdade de Filosofia da USP, no contexto das ocupações estudantis que serão discutidas adiante, juntamente com o Partido Acadêmico Independente e o Partido Acadêmico Realizador[241].

A essa época, faziam parte dos quadros do Diretório Acadêmico da Faculdade de Direito da Mackenzie os acadêmicos Valdir Toporcov e Odarcio O. Ducci que, segundo documento emitido pelo então delegado de Ordem Política, senhor Ítalo Ferrigno, teriam sido criticados por "elementos da esquerda" em virtude da organização de um curso[242] com a participação do major Charles

---

[239] Partido Acadêmico Democrático – Carta de Princípios, 05/1966 (Diretório Acadêmico João Mendes Júnior, Arquivo da Universidade Presbiteriana Mackenzie).

[240] *Jornal Notícias Populares* (SP), "Secretário fala aos estudantes", p. 6, 30/08/1969 (Diretório Acadêmico João Mendes Júnior, Arquivo da Universidade Presbiteriana Mackenzie).

[241] *O Estado de S. Paulo* (SP), "Mackenzie", 14/08/1968 (pasta OP1230, Arquivo Público do Estado de São Paulo).

[242] Curso Problemas Políticos da Atualidade, organizado pelo D.A. João Mendes Júnior, da Faculdade de Direito da Universidade Presbiteriana Mackenzie.

R. Chandler, que discorreria sobre a política norte-americana e o Vietnã[243]. Segundo Ítalo Ferrigno, universitários da Faculdade de Filosofia pretendiam tumultuar o evento. Neste documento consta, a caneta, uma marcação que indica que o ofício foi encaminhado ao doutor Alcides, que se supõe tratar-se do delegado Alcides Cintra Bueno Filho.

Em uma carta escrita à mão, enviada no dia anterior à conferência do major Charles R. Chandler, marcada para 26 de setembro de 1968 e que não chegou a acontecer, Valdir Toporcov, diretor do órgão estudantil e que, no ano seguinte, é eleito presidente do PAD, agradece as providências do delegado Alcides Cintra Bueno para a realização do evento, "pois parece que o pau vai quebrar mesmo"[244]. Esse evento foi mencionado durante as reuniões da Comissão Especial de Inquérito (CEI) aberta para apurar a Batalha da Maria Antônia, como será discutido no último capítulo.

O delegado Alcides Cintra Bueno Filho é citado no relatório da Comissão Nacional da Verdade por ter participado de emissão de documentos oficiais fraudulentos e por ter colaborado no encobrimento de casos de tortura, execução e ocultação de cadáver durante o período da ditadura[245]. Raul Nogueira de Lima, o Raul Careca, afirma que foi com o doutor Alcides que ele se dirigiu à rua Maria Antônia, na ocasião do conflito entre os estudantes, nos dias 2 e 3 de outubro de 1968[246]. Foi com o doutor Cintra Bueno que Esther de Figueiredo Ferraz, reitora da Mackenzie, entrou em contato quando do referido conflito[247].

---

243 Sem nome, 26/09/1968, pasta OP1230, Arquivo Público do Estado de São Paulo.

244 Bilhete Valdir Toporcov, s/d (pasta OP1230, Arquivo Público do Estado de São Paulo).

245 *Relatório da Comissão Nacional da Verdade*, 2014, Vol. 1, p. 856 e 876.

246 SOUZA, 2000, p. 381, relato fornecido por Raul Nogueira de Lima.

247 SÃO PAULO, 1968a, p. 188.

Em 1970, o PAD participa da organização da "Festa da Revolução no Instituto Mackenzie". Na foto da comemoração, faixa com a sigla PAD, do Partido Acadêmico Democrático[248], com uma mensagem de boas-vindas aos calouros. Na ocasião, estavam presentes autoridades como o coronel Luiz Maciel Júnior, representando o comando da 4ª Zona Aérea, que aproveitou para destacar que a "revolução foi feita especialmente com o ardor e a energia da juventude do Brasil".

Figura 1 – A Festa da Revolução no Instituto Mackenzie

Foto: A Festa da Revolução no Instituto Mackenzie, 3/4/1970, Jornal *Diário de São Paulo*, 1970 Curtis. Arquivo da Faculdade de Direito da Universidade de São Paulo.

Além de faixas como esta, era prática comum dos partidos acadêmicos entregar aos calouros, no começo do semestre letivo, panfletos convidando-os para reuniões. Em 1978, o Partido

---

248 *Diário de São Paulo* (SP), "A festa da Revolução no Instituto Mackenzie", 3/4/1970 (pasta 1970 Curtis, Arquivo da Faculdade de Direito da Universidade de São Paulo).

Acadêmico Realizador (PAR) coloca uma faixa[249] em frente à Faculdade de Direito saudando os universitários na volta às aulas, o que é criticado pelo Partido Acadêmico Democrático (PAD)[250].

Em abril de 1970, à frente do Diretório Acadêmico João Mendes Júnior da Faculdade de Direito, o PAD organizou o Ciclo de Estudos – A Realidade Nacional, que contou com a participação de diversos ministros de Estado, e que foi assistido por mais de 1.200 pessoas[251]. Para o encerramento, o evento contou com a presença do gal. Emilio Garrastazu Médici[252]. Em um contexto de perseguição ao movimento estudantil, mortes e desaparecimentos, não houve nenhum constrangimento em promover um evento que contaria com a presença daquele que governou durante os Anos de Chumbo.

---

249 Observação na Universidade Mackenzie – Início do segundo semestre, 03/08/1978 (pasta OP 1230, Arquivo Público do Estado de São Paulo).

250 Companheiros, Partido Acadêmico Democrático, 01/08/1978 (pasta OP 1230, Arquivo Público do Estado de São Paulo).

251 *Diário Popular* (SP), "Passarinho fala no Mackenzie", 23/05/1970 (pasta OP1230, Arquivo Público do Estado de São Paulo); Prezado Mackenzista, 10/04/1970 (pasta OP1230, Arquivo Público do Estado de São Paulo).

252 Prezado Mackenzista – A realidade nacional, 10/04/1970 (Diretório Acadêmico João Mendes Júnior, Arquivo da Universidade Presbiteriana Mackenzie).

Figura 2 – Panfleto do Ciclo de Estudos "A realidade nacional"

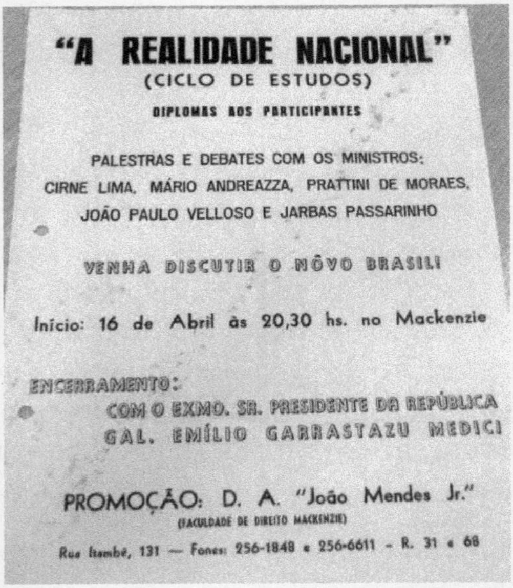

Fonte: Pasta OP1230, Arquivo Público do Estado de São Paulo.

Em 1976, por meio do Jornal *A Mackina*[253], então órgão oficial do partido, o PAD divulga reportagem em que um estudante curitibano transmite uma "mensagem de alerta" para que a juventude não fosse surpreendida e envolvida "nas malhas do comunismo", libertando-se dos "malditos tentáculos comunistas". O objetivo da reportagem era transmitir ao acadêmico mackenzista a imagem do comunista como um indivíduo que alicia, engana e mente enquanto agia como defensor da "liberdade democrática e dos interesses da Pátria".

[253] *A Mackina* (SP), "Estudante faz alerta contra o comunismo", p. 26, 05/76 (pasta E53P02, Arquivo da Universidade Presbiteriana Mackenzie).

1.12 O PARTIDO ACADÊMICO REALIZADOR (PAR)

> *"Não esqueçamos que a função do estudante é estudar, para que possa opinar e participar."*
>
> (*O Gatom*, "Carta aos Colegas", jun/75)[254]

> *"No PAR havia alguns componentes de orientação nazifascista, que eram e, dizia-se que eram, membros do CCC, porque, na realidade, ninguém podia dizer: 'Olha, aquele é membro do CCC'. Era uma organização compartimentada; não era aberto; atuava clandestinamente (...).* ***O PAR atuava a reboque do CCC."*** (grifo nosso)
>
> (LOPES, 2014, p. 174, relato fornecido por Renato Leonardo Martinelli) [255]

Meses depois do golpe, em agosto de 1964, o PAR organiza um Ciclo de Conferências sobre Temas Nacionais com a presença de personalidades como o então governador Adhemar de Barros, Carlos Lacerda e o deputado federal Ulisses Guimarães. Antes mesmo do golpe, o partido já se qualificava como "democrata", se colocando contra o movimento grevista que vinha sendo organizado pela UNE. Para o partido, a organização estudantil vinha sendo apoiada por "organismos ilegais, como a CGT, Pacto Sindical e outras (...)"[256].

Em outubro de 1967, juntamente com o Partido Acadêmico Independente, o Partido Acadêmico Realizador se posiciona contra

---

[254] *O Gatom* (SP), "Carta aos Colegas", p. 3, 06/75 (E53 P02, Arquivo da Faculdade de Direito da Universidade Presbiteriana Mackenzie).

[255] LOPES, 2014, p. 174, relato de Renato Leonardo Martinelli. No depoimento, Renato Leonardo Martinelli cita a sigla do PAR como Partido Acadêmico Renovador. Todavia, não foi localizado nenhum partido com este nome na documentação relativa à Mackenzie, o que permite inferir que se trata do Partido Acadêmico Realizador (PAR), que atuava dentro da Faculdade de Direito da Mackenzie.

[256] Manifesto, 16/09/1963 (Diretório Acadêmico João Mendes Júnior, Arquivo da Universidade Presbiteriana Mackenzie).

as "criminosas" eleições da "ilegal UEE", saindo em defesa dos estudantes que vandalizaram as eleições, o que "culminou com o espancamento sofrido pelo colega Henrique Meira e outros"[257]. Durante as eleições da UEE paulista naquele ano, Henrique Meira, apontado como integrante do CCC[258], é acusado de envolvimento no ataque ao processo eleitoral em curso[259].

Assim como os outros partidos e centros acadêmicos, o PAR mantinha seu lado social: Em 1975, o departamento social do partido realiza, entre os meses de abril e maio, três festas: a Noite do *Summertime*, em que uma "boite, totalmente tomada, ofereceu um ambiente dos mais alegres e descontraídos", o Cocktail dos Calouros e A Terceira Festa: duzentos e oitenta estudantes, que consumiram "48 litros de whisky, 75 quilos de gelo e 168 refrigerantes" em uma boite reservada aos mackenzistas[260].

Figura 3 – Festa do Partido Acadêmico Realizador (PAR)

Fonte: *O Gatom*, "Departamento Social", pág. 6, jun/75, pasta E53 P02, Arquivo da Faculdade de Direito da Universidade Presbiteriana Mackenzie.

---

[257] Aos colegas da Faculdade de Direito, 29/10/67 (pasta 20-C-11832, Arquivo Público do Estado de São Paulo).

[258] "Henrique Meira Castro" é acusado pela *O Cruzeiro* (RJ) de fazer parte do CCC (*O Cruzeiro* (RJ), Ano XL, Edição 45, "CCC ou o Comando do Terror", p. 19-23, 9/11/1968).

[259] *Folha da Tarde* (SP), "O Direito de Invasão", p. 7, 27/10/67 (pasta 1967 Aloysio Nunes Ferreira, Arquivo da Faculdade de Direito da Universidade de São Paulo).

[260] *O Gatom* (SP), "Departamento Social", p. 6, 06/75 (pasta E53 P02, Arquivo da Universidade Presbiteriana Mackenzie).

No ano seguinte, as festas se repetem: o "tradicional Cocktail de calouros do PAR", com caipirinha, batida, uísque e "outros drinks", mobilizando até colunistas sociais, o "José Tavares da Varanda". O início das férias também é comemorado no evento "Churrasco iniciando as férias", com "muita animação, muito chopp e um delicioso churrasco"[261]. A Noite dos Calouros, em 1976, foi realizada no salão do Círculo Militar[262]. Havia também convenções, ciclos de conferência e torneios esportivos. A Biblioteca Jurídica do Diretório Acadêmico João Mendes Júnior foi inaugurada em uma gestão do Partido Acadêmico Realizador.

Com a reorganização do movimento estudantil, retomam-se as outras pautas. Em 1977, o jornal do partido se manifesta[263] por meio de um texto assinado por Octávio Cesar Ramos, que mais tarde seria acusado de pertencer ao CCC, como já dito, contra a pauta da anistia aos presos políticos, criticando a "imprensa negativista", dizendo sentir a "infiltração do denominado 'fantasma comunista'", por meio de "uma esquerda oportunista", que utilizando a "máscara dos 'direitos humanos'", criaria nos jovens uma revolta "infundada" com o objetivo de causar intranquilidade e agitação no país.

Podemos ver que a ação do PAR variava entre fazer ações ligadas aos estudos nacionais, atividades e solenidades com autoridades do governo e variadas ações de entretenimento e socialização. Sendo assim, se fixava como mais uma força política na universidade, de maneira a criar um corpo social coeso em relação às suas ideias.

---

261 *O Gatom* (SP), "Churrasco", capa, 06/76 (pasta E53 P02, Arquivo da Universidade Presbiteriana Mackenzie).

262 *O Gatom* (SP), "Churrasco", capa, 06/76 (pasta E53 P02, Arquivo da Universidade Presbiteriana Mackenzie).

263 *O Gatom* (SP), "Ordem é Progresso", 1977 (pasta E54 P04, Arquivo da Universidade PresbiterianaMackenzie).

1.13 DOS SÍMBOLOS DO COMANDO DE CAÇA AOS COMUNISTAS (CCC)

Na documentação produzida pelo CCC, em seus manifestos e cartas, notou-se a presença constante de signos; alguns deles, de forma recorrente. Ainda que as caveiras dos famosos cartões de Natal enviados pelo CCC, que serão discutidos a seguir, tenham ficado muito famosas em virtude da divulgação constante de seus envios pela imprensa, outros símbolos também foram utilizados pelo grupo.

As imagens utilizadas pelo grupo trazem elementos relevantes para entender a dinâmica e o imaginário desta organização. Para esta análise, entende-se a imagem como uma "evidência histórica" (BURKE, 2004, p. 21) que permite que se alcance particularidades do passado que fontes distintas não permitiriam (BURKE, 2004, p. 233).

Abaixo, uma pichação com um símbolo que foi relacionado ao grupo, representado por uma forma triangular, indicativa de uma pirâmide.

Figura 4 – "CCC, MAC e FAC. Pirâmide: símbolo do terror"

Fonte: *O Cruzeiro* (RJ), 9/11/1968, p. 21.

Junto com a caveira dos cartões de Natal, esse foi o símbolo que mais representou o grupo. Além de representar o CCC, esta pirâmide era utilizada também de forma a relacionar a sua atuação a de outras organizações anticomunistas, como o Movimento Anticomunista (MAC) e a Frente Anticomunista (FAC). O formato triangular – trindade, três organizações – servia para mostrar a unidade entre três grupos distintos que atuavam em conjunto contra o que seus integrantes entendiam como "comunismo". Na documentação coletada, não foram encontrados elementos que evidenciassem como esses grupos atuaram de forma agregada.

Sobre a escolha da pirâmide para representar o CCC, um de seus integrantes, de nome Zélio[264], relata: "a pirâmide foi escolhida por causa da estrutura da organização. Um chefe no topo, que comanda setores cada vez maiores, à medida que a pirâmide vai crescendo e aumentando suas bases de apoio."[265]

Conforme se discutirá no segundo capítulo, à época da declaração de Zélio, havia uma crescente de ataques atribuídos ao grupo em diferentes estados, inclusive com a notícia da formação de outros comandos de caça aos comunistas em outros locais do país. Jornais noticiavam que o grupo vinha aumentando em quantidade de membros, e o imaginário de uma organização estruturada, forte e em crescimento era interessante ao grupo.

As letras CCC, de forma geral, e a utilização de formas triangulares, de forma particular, representavam estas organizações. Aos seus integrantes, proporcionava um sentimento de unidade, de ordem. A sigla marcava a existência do grupo como marca, e a relação dos atos à marca gerava medo, e os seus membros sabiam disso. O ato de jogar panfletos dizendo "C.C.C vai voltar" durante uma assembleia estudantil já era um fato notado, inclusive, pelos policiais infiltrados dentro das faculdades, que registravam essas ocorrências em seus relatos de observação. Era o grupo que estava lá.

---

264 Não foi possível identificar quem seria este integrante.

265 *O Cruzeiro* (RJ), Ano XL, Edição 45, "CCC ou o Comando do Terror", p. 22 e 23, 9/11/1968.

Já um outro símbolo, a caveira, aparece especialmente nos cartões de Natal enviados pelo CCC no final dos anos 1970 para pessoas em diferentes regiões do país, conforme será discutido no capítulo seguinte. Como se vê, a caveira, por si só um indicador ameaçador, aparece como ameaça a Neide de Azevedo Lima, presidente do Movimento Feminino pela Anistia no Paraná.

Figura 5 – Cartão de Ameaça do Comando de Caça aos Comunistas (CCC)

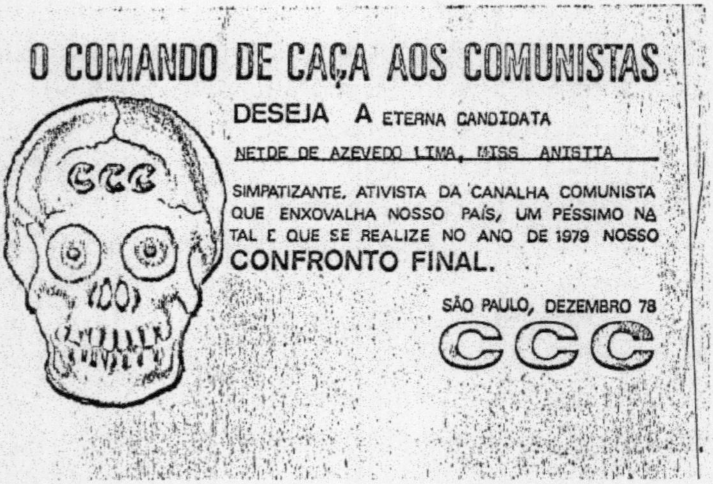

Fonte: *Dossiê Comando de Caça aos Comunistas*, DEAP Paraná, 1978.

Uma caveira sobre dois ossos cruzados também foi utilizada em um manifesto[266] que circulou nas Arcadas nos anos 1970.

266 A morte de um terrorista, s/d (pasta OP1274, Arquivo Público do Estado de São Paulo). O documento não tem data, mas, pela menção à morte de Alexandre Vanucchi Leme e por uma marcação, provavelmente da DEOPS, do ano de 1973, pode-se dizer que o documento foi emitido nesse ano.

Figura 6 – Símbolo do C.A.Q.E.P – Comitê de Advertência aos Que Estão em Perigo

Fonte: A morte de um terrorista, s/d, pasta OP1274, Arquivo Público do Estado de São Paulo.

O documento não era assinado pelo grupo, mas a utilização da caveira é sempre significativa já que, para além da costumeira representação de morte e perigo atrelada à imagem, destacava-se por ser um símbolo que seria utilizado pelo CCC anos depois. Ademais, porque uma outra organização, comandada por Sérgio Paranhos Fleury[267], que, por sua vez, era sujeito próximo a integrantes do CCC, também utilizou a caveira para marcar seus atos. Trata-se do Esquadrão da Morte, formado por policiais que tinham como objetivo atuar em uma "ofensiva contra o crime", torturando e matando civis e presos políticos[268].

---

267 Relatório da Comissão da Verdade do Estado de São Paulo. Relatório. Tomo I. Parte I – Repressão Política: Origens e Consequências do Esquadrão da Morte (2015, p. 2)

268 Relatório da Comissão da Verdade do Estado de São Paulo. Relatório. Tomo I. Parte I – Repressão Política: Origens e Consequências do Esquadrão da Morte (2015, p. 1)

Conforme será discutido no terceiro capítulo, Sérgio Paranhos Fleury fazia parte da rede de relações de membros do CCC. Além disso, ambos os grupos aparecem atuando juntos em um dos relatos de tortura. Isso é, a caveira era um referente de violência de grupos que, ainda que diferentes, atuavam em paralelo em ações de morte e terror. Vê-se na Figura 7 uma das vítimas do grupo, executada, com a marca do Esquadrão da Morte:

Figura 7 – Vítima do Esquadrão da Morte

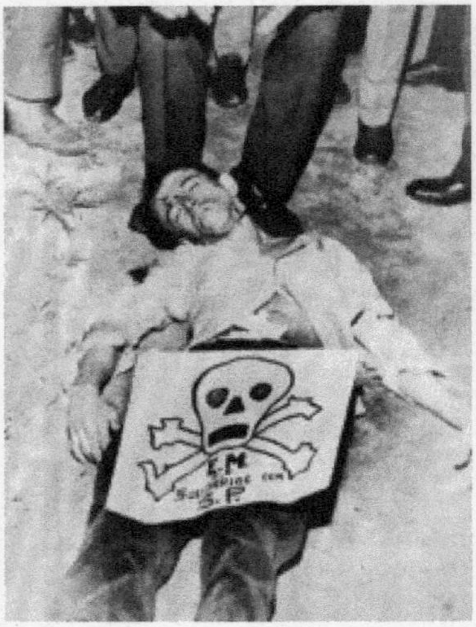

Fonte: *O Estado de S. Paulo*, 06/11/2014[269].

Além do triângulo/pirâmide e da caveira, outros símbolos eram divulgados como representativos do grupo. Em um documento que circulou em Santos, em 1980, a sigla do Comando de Caça aos Comunistas de Santos é inserida dentro de um símbolo que remetia ao formato de compasso e de um esquadro.

---

[269] *O Estado de S. Paulo* (SP), "Esquadrão da Morte 2.0 e a epidemia de violência no Pará", 06/11/2014. Disponível em: https://sao-paulo.estadao.com.br/blogs/sp-no-diva/esquadrao-da-morte-2-0-e-a-epidemia-de-violencia-no-para/

Figura 8 – Símbolo do Comando de Caça aos Comunistas de Santos (CCCS)

Fonte: *Tribuna de Santos* (SP), 04/08/1980, p. 4[270]

Este símbolo estereotipado do esquadro e do compasso apareceu somente neste manifesto. Mas, em outras ocasiões, vemos aproximações entre o triângulo/pirâmide, um centro irradiador e o compasso. Essa tentativa de logomarca se aproxima das simbologias da Maçonaria, e é possível que essa referência visual não seja apenas uma coincidência.

Era muito recorrente também que os manifestos e cartas do grupo não apresentassem nenhum signo específico, sendo identificados somente com o nome do grupo. A utilização da sigla, no entanto, era sempre lembrada. Abaixo, uma carta enviada pelo grupo ao estudante Vasco Parreira Duarte Júnior, de Passo Fundo/RS, no final dos anos 1980.

---

270 *Tribuna de Santos* (SP), "Grupos de Direita fazem ameaças", p. 4, 04/08/1980. O jornal *Tribuna de Santos* (SP) não faz parte do corpus da pesquisa, todavia optou-se por incluir esta reportagem tendo em vista a apresentação da imagem da carta e por se tratar de uma reportagem veiculada no local em que a carta foi distribuída ("Tempos negros da ditadura e do CCCS". Disponível em: <https://www.novomilenio.inf.br/santos/h0053a.htm>. Acesso em: 18 de junho de 2020.) A mesma circular é arquivada no relatório BR_DFANBSB_PA_0_0_0001_d, pertencente ao Fundo da Companhia Docas do Estado de São Paulo do Arquivo Nacional.

Figura 9 – Carta do Comando de Caça aos Comunistas – Passo Fundo/RS

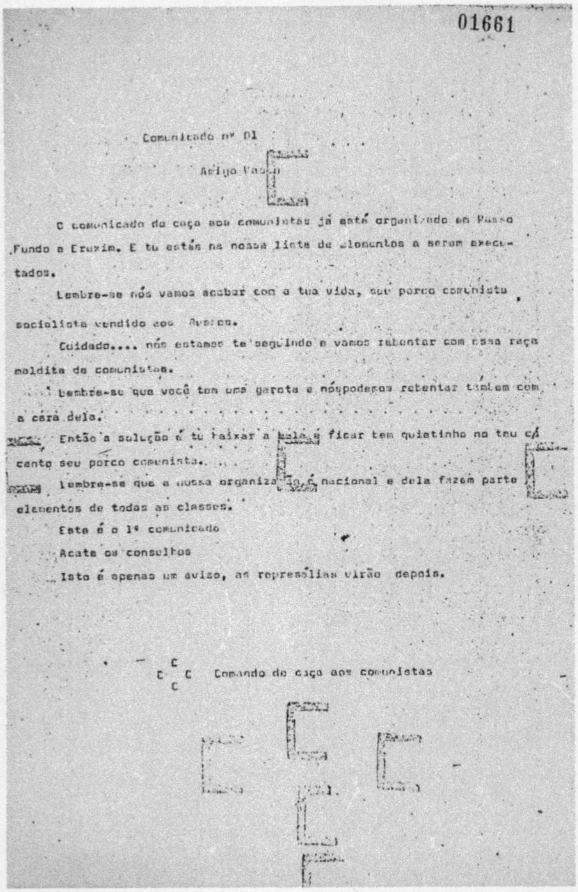

01661

Comunicado nº 01

Amigo Vasco

O comunicado do caça aos comunistas já está organizado em Passo Fundo e Erexim. E tu estás na nossa lista de elementos a serem executados.

Lembre-se nós vamos acabar com a tua vida, seu porco comunista socialista vendido aos Russos.

Cuidado.... nós estamos te seguindo e vamos retentar com essa raça maldita de comunistas.

Lembre-se que você tem uma garota e nóspodemos retentar tambem com a cara dela.

Então a solução é tu baixar a bola e ficar bem quietinho no teu cá canto seu porco comunista.

Lembre-se que a nossa organização é nacional e dela fazem parte elementos de todas as classes.

Este é o 1º comunicado

Acate os conselhos

Isto é apenas um aviso, as represálias virão depois.

C C C C Comando de caça aos comunistas

Fonte: Acervo do Serviço Nacional de Informações (BR DFANBSB V8.MIC, GNC. GGG.80001661).

Ao observar a forma como as letras designativas do grupo foram organizadas, sobretudo as que foram inseridas sobre o texto, nota-se que a intenção foi formar um triângulo. Na assinatura da carta, ao lado do nome do grupo, as letras, usadas em conjunto, tinham uma forma muito similar à imagem utilizada pelo Comando de Caça aos Comunistas de Santos. O que se vê nesses casos é uma tentativa de identificação visual de grupos em diferentes locais do país.

Os símbolos empregados pelo CCC se aproximam de símbolos utilizados por outras instituições tradicionais e seculares. Abaixo, a flâmula de um congresso organizado pela Maçonaria Paulista, em 1954, para mostrar algumas semelhanças entre este e os símbolos utilizados pelo CCC. A flâmula tem, por sobre o contorno do mapa do estado de São Paulo, o desenho de um triângulo formado por correntes.

Figura 10 – Flâmula Maçônica – Congresso da Maçonaria Paulista – 1954

Fonte: Museu Maçônico Paranaense[271].

O triângulo, símbolo presente dentro do simbolismo da Maçonaria, remete à ideia de harmonia, força e sabedoria (CARVALHO, 2016, p. 117). O CCC, pelos seus manifestos, se colocava em um lugar de detentor da verdade, sabedor dos desígnios e passos

[271] Disponível em <http://www.museumaconicoparanaense.com/MMPRaiz/imagens/iFlamulas/pages/Congresso_Paulista_1954_png.htm>. Acesso em: 30 de agosto de 2020.

que o país deveria dar, criticando até mesmo a "revolução" quando achava devido. Não se pode fazer uma relação direta entre essas instituições nesta pesquisa. Mas a suposição de que membros do CCC, composto por homens brancos, possam ser atuantes da Maçonaria não pode ser descartada para futuros trabalhos, dada a identificação visual reincidente em manifestos do CCC pelo país.

Tal como se apontou acima, quando se discutiu a utilização da imagem da caveira pelo CCC, pelo Esquadrão da Morte e por um grupo que se identificou como Comitê de Advertência aos Que Estão em Perigo (C.A.Q.E.P), houve um outro grupo que, em 1981, se apresentou por meio de um nome que remete à imagem do triângulo/pirâmide.

O Comando Delta foi um grupo terrorista de direita que, em 1981, é relacionado à autoria de um atentado à bomba, o Atentado do Riocentro, durante um show organizado no Rio de Janeiro. Pouco tempo depois, o Comando Delta encaminha à imprensa um manifesto negando a participação no atentado. Nesse manifesto, o CCC aparece como subscritor "expressando solidariedade"[272] ao Comando Delta. Outros manifestos são emitidos em conjunto. O delta, que inspirou o nome do grupo, é um outro símbolo que remete a símbolos utilizados pela Maçonaria e que, por sua vez, também possui formato triangular.

Na Figura 11, temos um exemplo que reúne a figura do delta e o "olho da providência", ou o "olho de Deus", que recebe o nome de "delta luminoso".

---

[272] *Tribuna da Imprensa* (RJ), Ano 1981, Edição 09672, "Comando Delta nega o atentado do Riocentro", p. 4, 25/05/1981.

Figura 11– O Delta Luminoso

Fonte: *Colunas de Piratininga* – O Delta[273]

O Delta Luminoso reúne o formato triangular utilizado pelo CCC em sua pirâmide do terror e a figura do centro irradiador. Carvalho (2016, p. 117) menciona que, "em muitos povos o triângulo com a ponta para cima é o símbolo do fogo e da força geradora masculina". A figura dentro do triângulo leva o nome de olho da providência e, segundo Carvalho (2016, p. 119), "é um símbolo de vigilância, zelo e presença, que leva aqueles que buscam evoluir a se tornarem homens melhores e perceberem que todas as nossas ações são observadas". Os raios que compõem a imagem representam a "expressão do poder divino" e podem aparecer juntamente com o triângulo ou com outras variações (CARVALHO, 2016, p. 116-117).

Raios partindo de um centro, como na imagem acima, vão aparecer em um distintivo divulgado pela revista *Veja* (SP) (Figura 12), em outubro de 1968, semanas após a Batalha da Maria Antônia.

---

273 Disponível em: <https://www.colunasdepiratininga.org.br/o-delta/>. Acesso em: 30 de agosto de 2020.

Figura 12 – Distintivo do CCC

Fonte: *Veja* (SP), 23/10/1968, p. 17.

O distintivo é graficamente diferente do padrão que vinha sendo utilizado pelo grupo à época, o triângulo. No entanto, remete ao "delta luminoso" e ao "olho da providência": imagem composta de um círculo de onde se emitem raios. Dentro destes raios, a sigla do grupo, como se o que se irradiasse fosse o CCC, mais especificamente os ideais do CCC. Além disso, traz a imagem de um grupo que permaneceria vigilante aos ideais da "revolução". Feito à mão, pode-se pensar que foi feito especialmente para a divulgação na revista, já que esta imagem não foi divulgada em outro veículo ou localizada em outro manifesto.

O compasso, que aparece na circular do Comando de Caça aos Comunistas de Santos, é outro símbolo característico na Maçonaria. A Figura 13 ilustra um selo com as insígnias do Grande Oriente do Brasil, uma das instâncias da Maçonaria no país:

Figura 13 – Selo Maçônico – Grande Oriente do Brasil

Gr.Or. do Brasil.

Fonte: Museu Maçônico Paranaense[274].

Na simbologia da maçonaria, o compasso remete à ideia de planejamento, projeto, inteligência, força criadora, justiça e verdade. O esquadro representa legitimidade, caráter, retidão e franqueza (CARVALHO, 2016, p. 111). A utilização do compasso e esquadro, atrelado à ideia de planejamento, projeto e criação, remete a falas do CCC como a de um manifesto[275] em que o grupo, em meados de 1971, se coloca como "organização interessada na construção da Pátria Maior, na defesa da ordem, da Democracia e da Liberdade."

Ao comparar os símbolos utilizados pelo CCC ao longo dos anos, temos um grupo que quis gerar medo da morte com suas caveiras, ao mesmo tempo em que se preocupava em passar uma imagem de harmonia, orientação e coesão, utilizando os triângulos em sua pirâmide do terror, mostrando à sociedade que não atuava sozinho. O compasso e o esquadro remetiam ao caráter de construtor da "Pátria Maior" aventado pelo grupo. O distintivo com seu centro irradiador era a representação de um grupo que

---

274 Disponível em: <http://www.museumaconicoparanaense.com/MMPRaiz/imagens/iSelos/pages/SEGOBGOB_JPG_jpg.htm>. Acesso em: 30 de agosto de 2020.

275 O Judas, s/d (pasta OP1273, Arquivo Público do Estado de São Paulo). O documento não tem data, porém, devido ao arquivamento, logo na sequência, do relatório do DEOPS mencionando a candidatura de Paulo de Lara, pode-se dizer que tenha sido elaborado em 1971.

acreditava deter o conhecimento da sabedoria e dos caminhos que deveriam ser tomados pelo país e que permaneceria vigilante para que eles fossem resguardados.

Além disso, ainda que os símbolos tenham suas aproximações, o fato de serem, de certa forma, diferentes, em um primeiro momento, parece mostrar que a organização tinha suas divisões e facções. A partir das imagens, especialmente o símbolo utilizado pelo Comando de Caça aos Comunistas de Santos, evidencia-se o fato de que grupos praticaram atos sob a sombra da sigla, enquanto se esmeravam em deixar as marcas particulares de suas facções.

Já em 1969 e depois em 1971, dois manifestos lançados em São Paulo são assinados com a inclusão de IV Regional e VI Regional junto ao nome do grupo. A opção por incluir estas menções pode se dever tanto ao fato de serem realmente divisões distintas do grupo quanto ao fato de o grupo querer passar uma ideia de ser maior do que era, o que não descarta a primeira hipótese. Se o núcleo original do grupo apresentou suas divergências, é de se esperar que suas ramificações também apresentassem seus conflitos.

1.14 "A ARMA DE ATAQUE AOS AVANÇOS QUE A ESQUERDA TENTA FAZER"[276]

Denominavam-se patriotas, "nacionalistas radicais de direita", "reformistas radicais", apesar de não esclarecerem as reformas pretendidas. Afirmando agir "com meios próprios, contra qualquer tentativa de sublevação da esquerda", o principal objetivo do grupo era atuar como censor da organização e movimentação de estudantes que seus integrantes classificavam como comunistas, o que era um espectro amplo e podia atingir indivíduos que, mesmo não sendo comunistas, se colocavam contra o regime.

[276] *Jornal da Tarde* (SP), "Um jovem conta como começou e como funciona o CCC", 08/10/1968 (pasta E42 P06, Arquivo da Universidade Presbiteriana Mackenzie).

Segundo um estudante e integrante do grupo, que não se identificou, a formação do grupo na Faculdade de Direito da Universidade de São Paulo se deu com "um primeiro núcleo, com 39 membros"[277], a que se juntaram alunos da Universidade Presbiteriana Mackenzie.

Tumultuavam eventos, como ocorrido em 1964, quando o ministro da Superintendência da Reforma Agrária, João Pinheiro Neto, foi impedido de discursar no Salão Nobre das Arcadas. Participavam de assembleias, como em 1966, em que lançaram panfletos avisando que o "C.C.C vai voltar"[278] na solenidade de posse da Diretoria do C.A. XI de Agosto.

Em 1967, interrompem a realização de ato público em favor da reestruturação do ensino e contra o acordo MEC-USAID. Colocavam-se contra eleições, como Henrique Meira, aluno da Presbiteriana Mackenzie, apontado pela revista *O Cruzeiro* como integrante do CCC[279], que foi acusado de tumultuar, em 1967, as eleições para a UEE que ocorriam na universidade[280].

A participação podia ser feita em nome do CCC ou pelos seus integrantes, como quando Cassio Scatena assume a defesa do CCC, em 1968, durante uma assembleia para a reestruturação das Arcadas. O documento não menciona os argumentos de Scatena, mas, considerando que o CCC havia atacado uma ocupação

---

277 *Jornal da Tarde* (SP), "Um jovem conta como começou e como funciona o CCC", 08/10/1968 (pasta E42 P06, Arquivo da Universidade Presbiteriana Mackenzie).

278 Solenidade de Posse da nova diretoria do Centro Acadêmico XI de Agosto, da Faculdade de Direito da USP, 31/03/65 (pasta 20-C-11832, Arquivo Público do Estado de São Paulo). No documento, o relator menciona que o CCC seria a sigla para "Comando contra Comando". Todavia, entendemos se tratar do CCC, pois essa outra organização nunca apareceu nas documentações e por conta da relação com o PRA. Importante assinalar também que o documento menciona a data de 1965, mas a menção a Sérgio Lazarini como novo presidente do C.A., a Hélio Navarro como ex-presidente e ao comparecimento de Amaury Kruel na solenidade, permite dizer que o evento ocorreu em março de 1966.

279 *O Cruzeiro* (RJ), Ano XL, Edição 45, "CCC ou o Comando do Terror", p. 22 e 23, 9/11/1968.

280 *Folha da Tarde* (SP), "O Direito de Invasão", p. 7, 27/10/67 (pasta 1967 Aloysio Nunes Ferreira, Arquivo da Faculdade de Direito da Universidade de São Paulo).

estudantil nas Arcadas, pode-se inferir que Scatena teria defendido a posição de ataque do CCC. Ou seja, os integrantes agiam tanto pela via partidária, dentro da praxe política acadêmica, como pela sigla.

Para combater o que eles entendiam como influência das ideias comunistas na universidade e por acreditar na necessidade de eliminação dos líderes de esquerda do movimento estudantil, seus integrantes não se intimidavam em andar armados[281]. Dias depois da Batalha da Maria Antônia, um dos fundadores do movimento, aluno das Arcadas, afirmou que, para atuar no grupo, os candidatos eram testados, investigados e preparados militarmente e que havia, em 1968, somente no estado de São Paulo, 5.000 (cinco mil) integrantes, cada um com suas armas próprias, "adquiridas em contrabando" [282]. Se esse número foi de fato atingido, não se sabe, mas a declaração mostra o ímpeto de se colocar como uma organização com amplitude de atuação: "Veja a reação à peça Roda-Viva, no Rio Grande do Sul. Fomos nós."

Era dentro desse movimento político acadêmico que o CCC surgiu e se movimentava. Envolviam-se nos processos eleitorais, seja por meio de estudantes acusados de pertencer ao grupo se candidatando a cargos nas diretorias e centros acadêmicos, seja se posicionando explicitamente contra candidaturas, como em 1971, quando o CCC rechaça a candidatura de Paulo de Lara. Na Mackenzie, em 1981, a chapa Todo Mundo no DCE foi acusada de representar o CCC nas eleições.

Mesmo com o AI-5, os estudantes continuaram a se organizar nas universidades, tanto à esquerda quanto à direita. Os partidos continuaram a se manifestar, e o CCC, a agir. Em 1973, estudantes das Arcadas se manifestam[283] contra o posicionamento do C.A.

---

[281] *Jornal do Brasil* (RJ), Ano 1968, Edição 00154, "Oitocentos Paulistas não saem das trincheiras", p. 4, 06/10/1968).

[282] *Jornal da Tarde* (SP), "Um jovem conta como começou e como funciona o CCC", 08/10/1968 (pasta E42 P06, Arquivo da Universidade Presbiteriana Mackenzie).

[283] A morte de um terrorista, s/d (pasta OP1274, Arquivo Público do Estado de São Paulo). O documento não tem data, mas, pela menção à morte de Alexandre

XI de Agosto[284], que decretou luto oficial pela morte de Alexandre Vanucchi Leme[285], mas que não se manifestou quando da morte do "tão querido Otavinho"[286]. Para os signatários do documento, o que se chama de opressão é o que "impede que se subverta a ordem estabelecida, que impede que se transforme a paz social e a arrancada econômica em caos apocalíptico".

Finalizam o documento afirmando que "é chegada a hora de soltar os freios dos caminhões e atropelar a todos esses nefandos proscritos". Ressalte-se que a versão do regime era a de que a morte de Alexandre Vanucchi Leme tinha sido decorrente de atropelamento por um caminhão, na tentativa de fuga dos agentes da repressão (IKEDO, 2008, p. 153). Ao fim, ameaçam dizendo que "cabeças vão rolar, e podem estar certos, colegas, de que NÃO SERÃO AS NÓSSAS..." (grifo no original). O documento não é assinado pelo CCC, e sim com o desenho de uma caveira à frente de uma cruz de ossos – semelhante ao desenho dos cartões de Natal enviados pelo CCC durante o processo de reabertura política, e com a sigla C.A.Q.E.P – Comitê de Advertência aos Que Estão em Perigo (Figura 6). A aproximação deste símbolo com o grupo e com outras organizações que atuaram durante o regime foi discutida anteriormente.

Em 1975, quando o Movimento Acadêmico Renovador (MAR) ganha as eleições para a gestão do Centro Acadêmico XI de Agosto de 1976 e homenageia acusados de fazerem parte do CCC relacionando-os aos "movimentos gloriosos" – os partidos

---

Vanucchi Leme e por uma marcação, provavelmente da DEOPS, do ano de 1973, pode-se dizer que o documento foi emitido nesse ano.

284 O C.A. XI de agosto publicou manifesto declarando luto, lamentando e questionando as circunstâncias em que se deu a morte de Alexandre Vanucchi Leme. (Colegas, 1973, pasta OP1274, Arquivo Público do Estado de São Paulo).

285 Alexandre Vanucchi Leme era estudante de Geologia da Universidade de São Paulo (USP) e militante da Ação Libertadora Nacional (ALN) quando foi assassinado, aos 22 anos, em 1973, após ser preso pelo DOI-CODI, em São Paulo. Alexandre Vanucchi Leme estava tentando reorganizar o Diretório Central dos Estudantes (DCE) da USP, ação ilegal na época.

286 Supõe-se se tratar de Otávio Gonçalves Moreira Júnior, delegado do DOI--CODI e apontado como integrante do CCC (SOUZA, 2000, p. 380).

acadêmicos – que antecederam o Movimento Acadêmico Renovador (MAR), ilustra-se, mais uma vez, que o CCC e seus integrantes atuaram na política universitária, fazendo parte dos partidos acadêmicos, e que seus atos deixaram marcas nas Arcadas.

A Figura 14 tem como objetivo ilustrar a dinâmica do CCC e dos estudantes acusados de pertencer ao grupo na política universitária. Não foram incluídos todos os atos em que os membros se envolveram, nem todos os acusados de fazer parte do grupo. Privilegiaram-se os nomes de universitários que, acusados de fazer parte do CCC, faziam parte dos partidos acadêmicos.

Figura 14 – A política universitária e o CCC

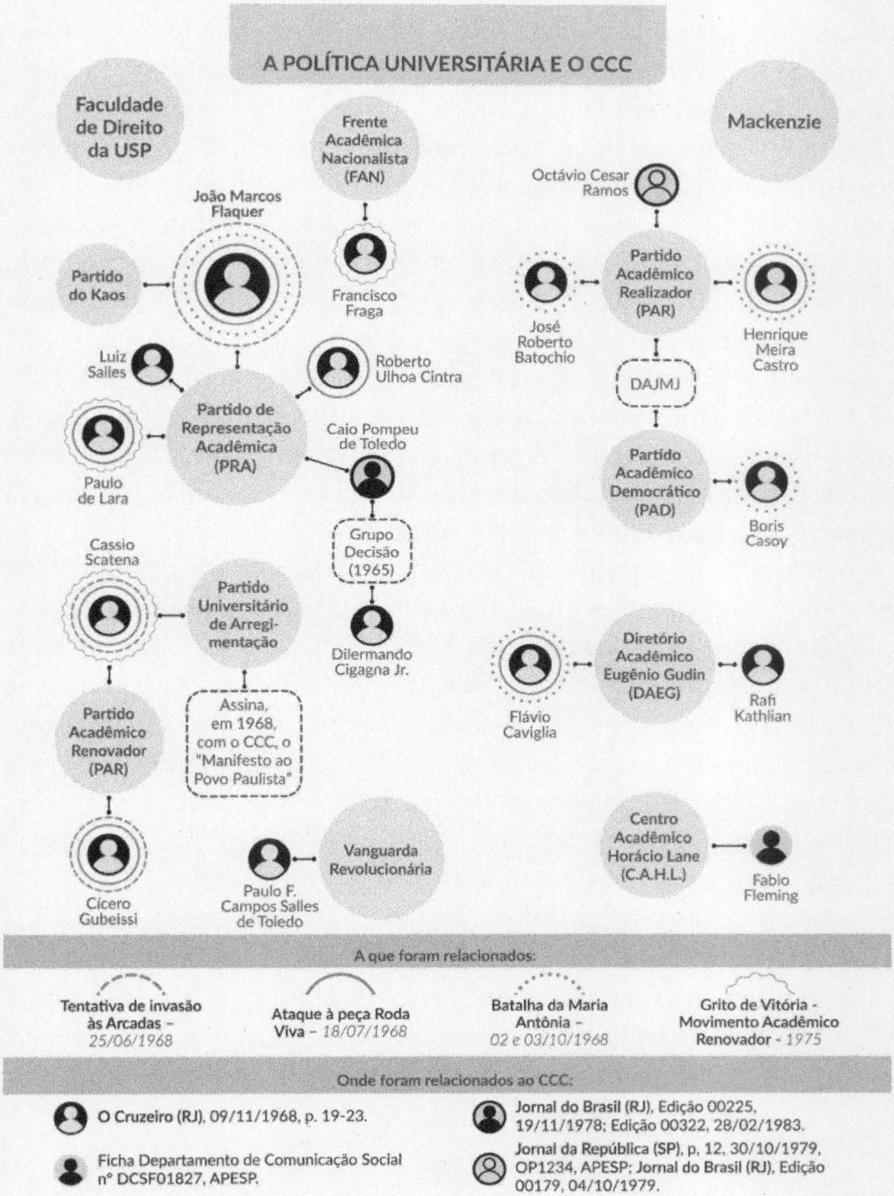

Fonte: Elaborado pela autora com base na documentação coletada durante a pesquisa.

À ideia de João Marcos Flaquer, dentro do partido do Kaos, vão se ligando outras pessoas, partilhando da vontade de pertencer ao grupo que atuaria como salvaguarda dos ideais conservadores da "revolução", antes mesmo de ela acontecer. Flaquer se uniu a Otavinho, das Arcadas, e a Raul Careca, da Mackenzie, que não pertenciam a nenhum partido – pelo que se pôde apurar da documentação –, mas que eram estudantes e policiais. A eles, uniu-se Cassio Scatena, que pertenceu a dois partidos acadêmicos dentro da Faculdade de Direito da USP e que exercia frequente atividade acadêmica. A esse núcleo do CCC foram se unindo outros estudantes.

A maior parte dos acusados de pertencer ao grupo é ligada ao Partido de Representação Acadêmica (PRA), das Arcadas, que, inclusive, é relacionado ao grupo pela imprensa. O CCC age como um duplo, que inclui tanto atuação dentro da dinâmica partidária quanto fora dela, com a prática de atos de violência.

Apresenta-se também a relação de acusados de pertencer ao grupo com alguns dos atos atribuídos à sigla. Flaquer, por exemplo, figura como acusado de ter participado do ataque à peça *Roda Viva*, da Batalha da Maria Antônia e da tentativa de invasão às Arcadas, em junho de 1968. Na Mackenzie, líderes de diferentes diretórios e partidos acadêmicos de três faculdades figuraram como acusados de pertencer ao grupo. Flavio Caviglia, do Diretório Acadêmico Eugênio Gudin, é acusado de participar do ataque à peça *Roda Viva* e da Batalha da Maria Antônia[287].

Não se tratava só de salvar o país das "ideologias apátridas e escravizantes", como se discutiu, mas não se pode ignorar que esse era o principal mote do grupo e que, a partir dele, agiu. O CCC foi o que uniu esses estudantes.

---

287 *O Cruzeiro* (RJ), Ano XL, Edição 45, "CCC ou o Comando do Terror", p. 19-23, 9/11/1968.

CAPÍTULO 2 – A ATUAÇÃO DO CCC SEGUNDO A IMPRENSA NACIONAL

O CCC se organizou nas Arcadas em 1963 e passou a agir em conjunto com os estudantes da Universidade Presbiteriana Mackenzie, atuando, como se discutiu no capítulo anterior, dentro do cenário estudantil. O grupo surge na imprensa em 1964 e retorna em 1967, mas foi a partir de 1968 que passou a ocupar com frequência as páginas dos jornais e revistas, quando passou a agir além dos muros da universidade.

De 1963 a 1980, o CCC foi mencionado em 475 (quatrocentos e setenta e cinco) reportagens, de diversos jornais de diferentes estados da Federação, e em 45 (quarenta e cinco) matérias de revista. Este capítulo analisa e problematiza essas reportagens, investigando os acontecimentos e pautando as ações do grupo. Eventualmente, outros documentos foram utilizados como fonte para esclarecer alguns acontecimentos relacionados ao grupo.

Atos praticados em diversos estados da Federação foram atribuídos à organização e divulgados pela imprensa. Sendo assim, a escolha por um corpus formado por diferentes jornais e revistas, de diferentes locais do país[288], foi feita para possibilitar um olhar amplo sobre estas ações, além de estabelecer as mudanças e permanências nas práticas de um grupo que se organiza em 1963 e que tem seus atos divulgados na imprensa até meados de 1980.

---

[288] A relação dos periódicos que compõem o corpus desta pesquisa, publicados no Acre, Amazonas, Distrito Federal, Minas Gerais, Pará, Paraná, Pernambuco, Rio de Janeiro, Rio Grande do Norte, Rio Grande do Sul e São Paulo, foi mencionada na introdução deste trabalho.

Sob a perspectiva dos relatos coletados na imprensa como fonte para discorrer sobre os atos do grupo, e por se tratar de jornais produzidos durante a ditadura, pensou-se a questão da censura, que se fez presente na imprensa desde o momento seguinte ao golpe de 1964, ainda que de maneira não uniforme e afetando de forma diferente os veículos de comunicação, a depender também do ramo do jornal ou revista (SOARES, 1989).

A princípio, ainda que o elemento censura estivesse presente – o que pode ser exemplificado pelo exemplo do jornal *Diário de Notícias* (RS) que, em 5 de outubro de 1968[289], ao noticiar o ataque aos atores da peça *Roda Viva*, mencionou o termo "Comando de Caça aos Contribuintes" ao invés de Comando de Caça aos Comunistas, talvez para evitar a utilização do termo comunistas, por conta da censura[290] –, a maior quantidade de reportagens aqui relacionada foi publicada antes da decretação do Ato Institucional nº 5, em 1968, e após o início do processo de reabertura democrática, em 1974.

Foi a partir do AI-5 que se deu início à supressão da divulgação de quaisquer temas políticos nos jornais[291]. Em 1970, foi criado o Decreto-Lei nº 1077/70 que "teoricamente (pois é discutível) instituiu a censura prévia" (AQUINO, 1999, p. 79; 117)[292]. Conforme

---

289 *Diário de Notícias* (RS), Ano 1968, Edição 00185, "Elenco do 'Roda Viva' apanha de cassetete", p. 1, 05/10/1968.

290 Brasil (2010, p. 67) observou esta questão em sua pesquisa, mencionando que a palavra comunistas tinha sido censurada em 1968.

291 Situação que perdura até meados de abril e maio de 1969, quando os censores militares foram retirados dos jornais e revistas. Ainda assim, a imprensa tratava de forma cautelosa assuntos relacionados à política (MOTTA, 2013, p. 80). Entre a decretação do AI-5 e o Decreto-Lei nº 1077/70, houve outras manifestações do governo com vistas a cercear a liberdade de imprensa, tais como o envio, em 7 de junho de 1969, por Paulo Fernandes Vieira, então secretário-geral do Ministério da Justiça, de recomendações a imprensa proibindo a publicação de diversos tipos de notícias e a decretação do Decreto-Lei nº 898, em 29 de setembro de 1969, que cominava pena para, por exemplo, o crime de "subversão da ordem", quando praticado pela imprensa (SOARES, 1989, p. 23).

292 Conforme Aquino (1999, p. 79), por meio do Decreto-Lei nº 1077/70, a censura poderia, ainda que de forma discutível, ser aplicada contra periódicos que atentassem à moral e aos bons costumes, o que era raríssimo nos periódicos

Motta (2013, p. 80), a censura à imprensa se deu, na prática, sem embasamento legal, informalmente.

O CCC volta a aparecer com frequência nos periódicos a partir de 1977, motivado, como se discutirá, pelo andamento do processo da abertura "lenta, gradual e segura" do regime. A esse tempo, já havia sido dado início ao processo de reabertura da imprensa; desde 1975, a censura prévia vinha sendo paulatinamente findada.

Destaca-se também que o CCC agiu de maneira mais incisiva nos momentos em que a violência e repressão estatais não estavam completamente institucionalizadas, justamente antes do AI-5 e a partir do início do processo de abertura política. De toda forma, pode-se dizer que os relatos da imprensa sobre o grupo, ainda que se considere de um lado a censura e de outro o sensacionalismo que envolve a publicação de notícias de atentados como os que serão relatados, apresentam um retrato do que foi o CCC nos anos de ditadura.

2.1 UM PANORAMA SOBRE O GRUPO NA IMPRENSA NACIONAL

Da primeira vez em que o grupo foi mencionado na imprensa, em 1964, até meados de 1968, os jornais dedicavam espaço para apresentar aos leitores a organização que surgia no cenário estudantil com o nome de Comando de Caça aos Comunistas (CCC), fornecendo dados como local de formação, quantidade e características de seus membros. Até o início do segundo semestre de 1968, o grupo era tratado pela imprensa como uma organização de estudantes que se opunha ao movimento estudantil: estudantes democratas que se organizavam para atuar no combate e dissolução de "qualquer congresso ou assembleia de estudantes considerados 'comunistas'"[293].

---

alvos, o que tornava necessário a ocultação de seus rastros. Para Aquino (1999, p. 80), não havia, "portanto, justificativa legal para imposição da censura prévia".

293 *Jornal dos Sports* (RJ), Ano 1967, Edição 12013, "'Comando de Caça aos Comunistas' é organização de estudantes que ajudam a polícia", p. 18, 01/11/1967.

Não se refuta o caráter estudantil do grupo que foi inclusive analisado no capítulo anterior; o que se contesta é que parte da imprensa, até meados de 1968, de certa forma legitimava a existência daquele grupo, a despeito de suas práticas violentas. O CCC era tratado como grupo de estudantes "democratas" que ajudava a polícia[294] e que, mesmo armado, atuava na retomada das faculdades que foram feitas de "quartéis generais" pelo movimento estudantil em junho de 1968[295], conforme será discutido a seguir. Retoma-se aqui o trabalho de Braghini (2010), o qual apontou que parte da imprensa, durante a ditadura, enaltecia uma juventude apoiadora do regime, enquanto mostrava contrariedade e antipatia pelos estudantes opositores ao golpe.

Na década de 1960, das 192 reportagens publicadas na imprensa mencionando o grupo, aproximadamente um terço delas (56) faz referência ao caráter terrorista do grupo. Foi em junho de 1968, quando as principais faculdades de São Paulo estavam ocupadas pelo movimento estudantil e os conflitos entre os estudantes "democratas" e aqueles que o CCC considerava como "subversivos" eram constantes, que ocorreu a primeira menção ao CCC, de forma isolada, como um "grupo terrorista de direita" [296] que intimidava o movimento estudantil exibindo suas metralhadoras[297].

As primeiras menções ao CCC como grupo terrorista foram feitas pelo jornal *Correio da Manhã* (RJ), que assumiu uma posição de crítica ao regime ainda que tivesse, anteriormente, apoiado a deposição de Goulart (MOTTA, 2016, p. 20). O que se nota não é a denúncia pura e simples ao CCC, mas sim a acusação quanto à

---

294 *Jornal dos Sports* (RJ), Ano 1967, Edição 12013, "'Comando de Caça aos Comunistas' é organização de estudantes que ajudam a polícia", p. 18, 01/11/1967.

295 *Jornal do Brasil* (RJ), Ano 1968, Edição 00066, "Paulistas mantém escolas ocupadas", p. 10, 26/06/1968; *Correio da Manhã* (RJ), Ano 1968, Edição 23075, "Paulistas decidem adiar para amanhã passeata – monstro", p. 3, 02/07/1968; *Realidade* (SP), Ano 1967, Edição 00018, "Eu vivi numa República de Estudantes", p. 90-94, 09/1967.

296 *Correio da Manhã* (RJ), Ano 1968, Edição 23076, "Terrorismo", p. 6, 03/07/1968.

297 *Correio da Manhã* (RJ), Ano 1968, Edição 23077, "Insegurança", p. 6, 04/07/1968.

diferença de tratamento dispensada a este grupo e ao movimento estudantil de resistência ao regime.

A partir do ataque à peça *Roda Viva*, em julho de 1968, o grupo passa a ser, paulatinamente, relacionado como organização terrorista, prática que se consolida a partir do conflito entre os estudantes da Faculdade de Filosofia, Ciências e Letras da Universidade de São Paulo e da Universidade Presbiteriana Mackenzie, a Batalha da Maria Antônia, ocorrido nos dias 2 e 3 de outubro de 1968.

Ao final de 1968 – quando o grupo estabelece sua caça a "comunistas" fora do âmbito estudantil –, o CCC deixa de ser visto somente como um grupo estudantil e passa a ser frequentemente denominado como: "grupo terrorista de direita", "organização radical de direita", "degenerados", "organização terrorista extremista", "grupo radical de direita", "organização clandestina", "terroristas", "arruaceiros", "bandidos", "agressores", "organização paramilitar" e "marginais". Ainda assim, entre os terroristas que se opunham ao regime e os que agiam para *preservá-lo*, havia uma distância que não era esquecida pela imprensa, conforme se verificou em uma matéria da *Veja* (SP) que será discutida a seguir.

Das 192 vezes em que o CCC é mencionado na imprensa na década de 1960, pensando em um recorte por anos, temos: 1 menção em 1964, 2 em 1967, 172 em 1968 e 17 em 1969. Os grandes atos praticados pelo CCC, nesta década, ocorreram em 1968. Em 1969, o destaque foi o assassinato do padre Henrique, em Recife, e a destruição do monumento em homenagem a García Lorca. A autoria de ambos os atentados foi relacionada ao CCC.

O CCC era notícia por assuntos diversos. Os jornais noticiavam desde as ações do CCC até pedidos de investigação, manifestações em defesa da organização e manifestos do grupo. Os gráficos 1, 2 e 3 apresentam uma classificação com base em categorias que foram estruturadas a partir da leitura de cada uma das reportagens.

Após a catalogação de cada reportagem em um banco de dados, cada uma delas foi classificada a partir do assunto geral tratado e de quem era o alvo do grupo na ocasião. Feita esta primeira etapa, alguns temas foram agrupados (como por exemplo, as categorias "ações contra o meio artístico" e "ações contra a Igreja"). Como exemplificação, no Gráfico 1, na categoria "ações contra o meio artístico", estão incluídos os atentados aos atores da peça *Roda Viva*, o sequestro da atriz Norma Bengell e a destruição do monumento em homenagem a García Lorca. Optou-se por essa forma de organização pois, neste momento, o objetivo é mostrar os assuntos relacionados ao grupo panoramicamente, já que as ações, em separado, serão discutidas oportunamente.

Havia também a publicação de reportagens em que se noticiava a prática de atentados pelo CCC, sem especificação. Até 1968, a imprensa dedicava espaço para, ainda que veladamente, anunciar o crescimento da organização, divulgando informações do grupo, como número e formas de recrutamento e treinamento de seus membros.

Na década de 1960, das 192 menções sobre o grupo, 73 se referem às ações do CCC contra o meio estudantil. Nesta categoria, estão inclusas as notícias sobre a Batalha da Maria Antônia, os atos do grupo contra as ocupações das universidades e aquelas que, ainda que não se referissem a uma ação em específico, noticiavam a oposição do grupo ao movimento estudantil. Pensando em termos quantitativos, nota-se que o foco de atuação do grupo, naquele momento, era a repressão aos estudantes.

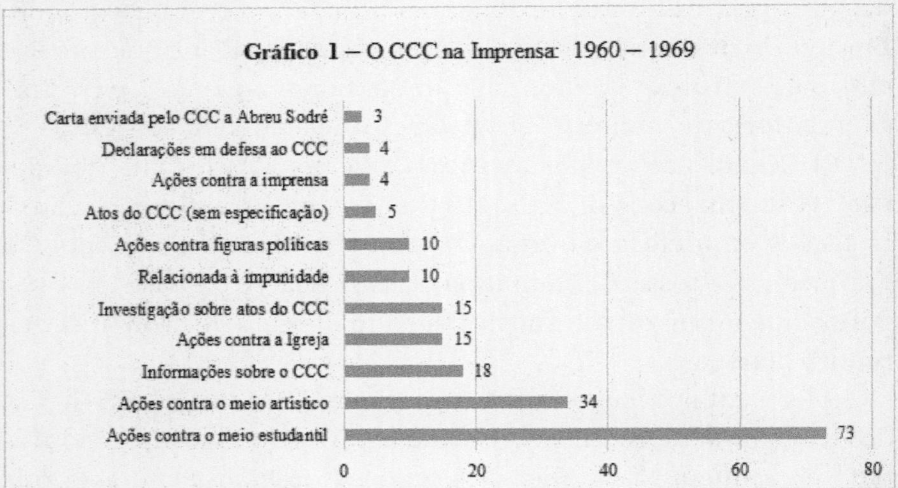

Fonte: Elaborado pela autora com base nas reportagens coletadas (1960 – 1969).

De fato, isso começa a mudar somente em julho de 1968, quando o CCC ataca os atores da peça *Roda Viva*, em parte por talvez se opor ao conteúdo da peça, mas também por enxergar no atentado uma oportunidade de fazer propaganda de suas ideias, como se discutirá a seguir. As menções às ações contra o meio artístico, encontradas em 34 reportagens, perdem em número apenas para as menções relacionadas ao contexto estudantil. Dentre estas reportagens estão o mais famoso atentado do grupo, o ataque aos atores da peça *Roda Viva*, primeiro em São Paulo e depois em Porto Alegre; o ataque à peça *O Burguês Fidalgo*; o sequestro da atriz Norma Bengell; e a destruição do monumento em homenagem a García Lorca, em São Paulo. Foi a partir deste momento que começaram a surgir na imprensa notícias em tom de denúncia à ausência de investigação sobre os atos do grupo, com pedidos de instauração de inquéritos. Essa tendência se eleva nas décadas seguintes. Ao final de 1968, os jornais noticiaram a instauração da CPI do Terrorismo, que é interrompida pela decretação do AI-5.

Membros da Igreja e políticos também foram alvos do CCC, especialmente a partir de outubro de 1968. No caso da Igreja, dom Hélder foi o primeiro religioso a ser atacado, mas a ação mais violenta atribuída ao grupo foi o assassinato do padre Henrique.

Na categoria "ações contra figuras políticas", há atos que iam desde pichações na Assembleia Legislativa até ameaças de sequestro a candidatos que chegaram a ser concretizadas e atribuídas ao CCC. Celeste Filho (2006), ao tratar da reforma universitária ocorrida ao final da década de 1960, mostra os debates que foram realizados na Câmara dos Deputados e como alguns parlamentares se posicionaram contra a violência do regime para com o movimento estudantil, em momentos em que ainda se pensava na "democracia renascente", com a recente posse de Costa e Silva à presidência. É possível, portanto, compreender uma das causas que levou o Comando de Caça aos Comunistas (CCC) a ameaçar alguns políticos.

Durante a década de 1970, o grupo – apesar de ainda atacar estudantes, escolas e professores – não é mais tratado pela imprensa como organização estudantil, e passa a ser visto, então, como "organização clandestina", "paramilitar" e de "extrema direita", que pratica terrorismo.

Gráfico 2 – O CCC na Imprensa: 1970 – 1979

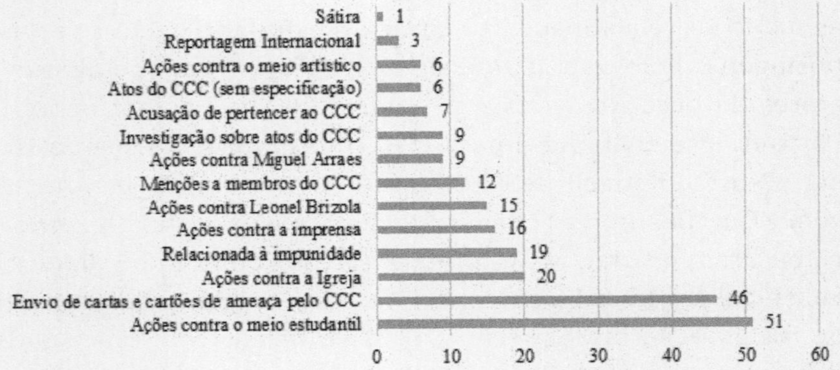

Fonte: Elaborado pela autora com base nas reportagens coletadas (1970 – 1979).

Das 220 reportagens publicadas durante os anos 1970, 199 se concentram nos anos finais da década (1977 a 1979), justamente durante o processo de abertura política, em que uma quantidade considerável de atentados atribuídos ao grupo foi praticada. Ainda que a política de modificação do regime tenha sido anunciada em agosto de 1974 por Ernesto Geisel, somente a partir de 1977, com a exoneração do então ministro do Exército Silvio Frota[298], que se opunha à abertura, é que medidas de distensão foram aceleradas. Somada a isso, a movimentação da sociedade civil para

[298] Ministro do Exército de 27 de maio de 1974 a 12 de outubro de 1977. Ao ser exonerado, divulgou uma carta em que, entre outros pontos, "denunciava energicamente o que considerava a complacência e a passividade do governo diante do comunismo". Em novembro de 1977, a imprensa divulgou uma lista com 97 nomes de "comunistas infiltrados em órgãos governamentais", enviada pelo ex-ministro ao Serviço Nacional de Informações (SNI) meses antes. In: *Dicionário Histórico-Biográfico Brasileiro*. (FGV/CPDOC, 2013. Disponível em: <http://www.fgv.br/cpdoc/acervo/dicionarios/verbete-biografico/silvio-couto-coelho-da-frota>. Acesso em: 10 de julho de 2020).

que se acelerasse o ritmo da abertura ocasionou uma reação da extrema direita. Um episódio envolvendo Silvio Frota é ilustrativo. Em 1979, o deputado Airton Soares (MDB), além de ter denunciado a volta do CCC, apontou que um dos discursos feitos pelo ex-ministro Silvio Frota estaria acompanhado da "reaglutinação de grupos paramilitares como o CCC"[299]. Um ano depois, após intensificar suas denúncias contra o grupo, o deputado sofre um atentado atribuído ao CCC[300]. Entre a denúncia e o ato contra o deputado Airton Soares, uma série de outros atentados foram atribuídos ao grupo no país.

O meio estudantil continuou a ser alvo do grupo: foram 51 reportagens sobre ações que tinham como alvo estudantes (27) ou professores (24). Nesta década, o CCC é relacionado ao sequestro de uma professora, Juracilda Veiga, e à perseguição e prisão de profissionais ligados a uma instituição educacional no sul do país.

O destaque no final da década foi o envio de cartas de ameaça (46) assinadas pelo Comando de Caça aos Comunistas (CCC) a diversas pessoas em diversos estados do país. A Igreja, que já havia sofrido um duro golpe em 1969 com o assassinato do padre Henrique, sofreu uma série de ameaças por parte do grupo no período. Em 1979, o retorno ao país dos políticos Miguel Arraes e Leonel Brizola foi alvo de ações de protesto atribuídas ao CCC.

Pedidos de investigação e menções à impunidade que envolviam os atos do grupo se tornam mais frequentes, especialmente por conta dos famosos cartões de Natal subscritos pelo grupo e que geraram uma grande movimentação na imprensa. No final da década, a imprensa começa a ser alvo do grupo, com bombas

---

299 *Diário de Pernambuco* (PE), Ano 1979, Edição 00242, "CCC volta a atuar", p. 20, 06/09/79.

300 À época, o Deputado Airton Soares era líder do PT em São Paulo. Seu escritório foi atacado a tiros durante a madrugada, "após ele ter denunciado, com fotos, a existência de uma força paramilitar atuando em São Paulo" e que essa força teria atuado, inclusive, na repressão à greve dos metalúrgicos ocorridas à época. (*Jornal do Brasil* (RJ), Ano 1980, Edição 00094, "Desconhecidos atacam a bala escritório do líder do PT em São Paulo", p. 2, 11/07/1980).

em sedes de jornais, livrarias e bancas de revista. Todavia, é em 1980 que este tipo de ataque passa a ser mais comum.

Em 1980, o "braço clandestino da repressão do Governo"[301] tem como principal alvo a imprensa, desde sedes de jornais até bancas.

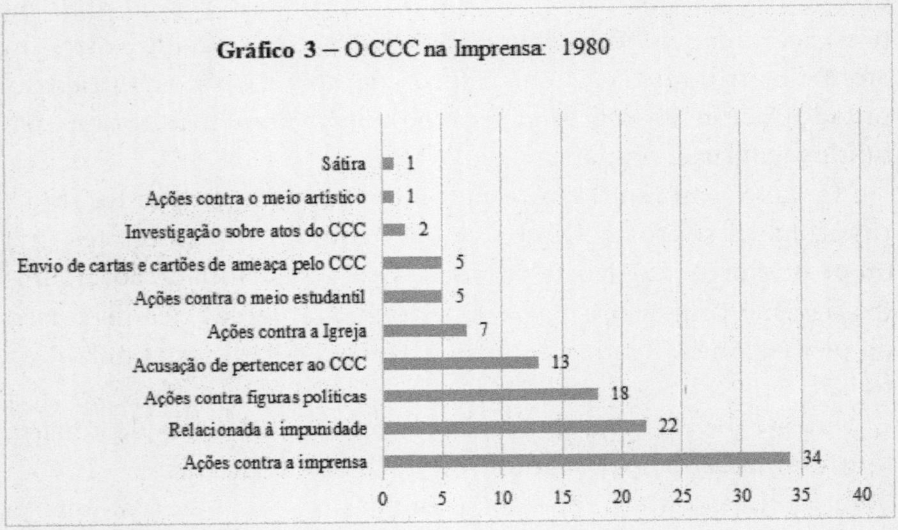

Fonte: Elaborado pela autora com base nas reportagens coletadas (1980).

Somente no ano de 1980, foram 108 reportagens mencionando o grupo. Como o cenário político estava se organizando, em vistas ao processo de abertura política, houve uma grande ofensiva do CCC a este movimento, consubstanciada em um crescente de ataques à imprensa, bancas de jornais, revistarias e livrarias, como uma forma de criar um sentimento de insegurança que justificasse um retrocesso no processo de abertura.

301 *Tribuna da Imprensa* (RJ), Ano 1980, Edição 09421, "'Os Vivos e os Mortos', o testemunho de uma ditadura", p. 9, 18/07/1980. (Expressão utilizada por uma das vítimas do CCC, o ex-deputado Afonso Celso Nogueira Monteiro, que relatou o seu sequestro, ocorrido em 1974, atribuído ao grupo. Durante o sequestro, ouviu, de um de seus algozes, que estava sendo entregue ao "braço clandestino da repressão do governo").

Em julho de 1980, o jurista e professor Dalmo de Abreu Dallari sofre um sequestro, e o CCC é apontado como um dos suspeitos. Professor Dallari teve destacada posição na oposição ao regime estabelecido com o golpe e, a partir de 1972, fez parte da organização da Comissão Pontifícia de Justiça e Paz da Arquidiocese de São Paulo.

Outras figuras políticas também foram ameaçadas pelo grupo, com ações que iam desde pichações até residências alvejadas a tiros. Algo que surgiu nesta década foi a prática de se acusar publicamente alguém de ser ou ter sido membro do grupo. De toda forma, não se via repercussão sobre estas acusações. Numérica e proporcionalmente, foi o período em que as denúncias à ausência de investigação se deram de forma mais incisiva. Este aspecto será discutido no capítulo seguinte.

2.2 CCC: "ORGANIZAÇÃO DE ESTUDANTES QUE AJUDAM A POLÍCIA"[302]

Foi a agressão que João Marcos Flaquer, o "comandante"[303] do CCC, cometeu contra uma estudante que panfletava durante a campanha para a eleição à presidência do C.A. XI de Agosto que inaugurou, em setembro de 1964, a participação do grupo na imprensa, um ano depois da sua criação. Segundo a notícia, o CCC era formado por "rapazes (...) geralmente grandes e fortes, conhecidos nos meios estudantis de São Paulo como os halterofilistas". O jornal menciona a ligação dos integrantes do CCC ao Partido de Representação Acadêmica (PRA)[304].

Após essa primeira menção, o CCC só volta à imprensa em 1967. Depois de ser brevemente citado, em setembro de 1967,

---

302 *Jornal dos Sports* (RJ), Ano 1967, Edição 12013, "'Comando de Caça aos Comunistas' é organização de estudantes que ajudam a polícia", p. 18, 01/11/1967.

303 LOPES, 2014, p. 96, relato de Paulo Azevedo Gonçalves dos Santos.

304 *Jornal do Brasil* (RJ), Ano 1964, Edição 00219, "A agressão", p. 13, 16/09/64.

pela revista *Realidade*[305], como "grupo organizado de oposição à UNE"[306], retorna à imprensa no final de outubro, no contexto das eleições da UEE, em virtude das manifestações do grupo contrárias ao pleito[307].

Naquele momento, a formação e atuação do CCC era relacionada à "crescente divergência" no meio universitário com destaque para a colaboração existente entre o grupo e a polícia[308]. O CCC era visto como um grupo formado por estudantes do "grupo dos 'democratas' – 'reacionários' para alguns" e que tinha como objetivo "combater e dissolver" inclusive com violência, congressos ou assembleias de estudantes que fossem "considerados 'comunistas'" (as aspas em comunistas são utilizadas pelo jornal). O crescimento do grupo, que, formado por 11 estudantes do C. A. XI de Agosto, já contaria, naquele momento, com 40 mil integrantes em todo o Brasil, foi mencionado.

Há de se destacar que muitos jornais apoiaram o golpe, o que, especialmente antes do AI-5, pode ter contribuído para algumas representações sobre o CCC, haja vista que parte da imprensa via a "revolução" como caminho para extirpar os males do país, dentre eles, o comunismo. *O Estado de S. Paulo* (SP), por exemplo, conforme aponta Motta (2013) em seu estudo sobre as represen-

---

305 Destaca-se que essa edição da revista *Realidade* apresentava uma coletânea de reportagens sobre a juventude. Uma das matérias divulgava uma pesquisa feita entre 20 mil jovens brasileiros que apontava, entre outros pontos, que "a juventude não pensa em revolução", que "seu papel é estudar, trabalhar e se preparar para o futuro" e que "estão mais a favor do que contra o governo, embora muitos nem se preocupem com isso". A juventude retratada pela revista se apresentava de forma conservadora. Faro (1999), que analisou as publicações desta revista entre 1966 e 1988, apresenta a frase de Ruy Galvão de Andrade Coelho para sintetizar o sentido apresentado pela pesquisa: "a *rebelião* dos jovens não tinha correspondência em suas atitudes individuais frente a muitos dos valores simbólicos da estabilidade burguesa" (1999, p. 141) (grifo no original).

306 *Realidade* (SP), Ano 1967, Edição 00018, "Eu vivi numa República de Estudantes", p. 90-94, 09/1967.

307 *Folha da Tarde* (SP), O Direito de Invasão, p. 7, 27/10/67 (pasta 1967 Aloysio Nunes Ferreira, Arquivo da Faculdade de Direito da Universidade de São Paulo).

308 *Jornal dos Sports* (RJ), Ano 1967, Edição 12013, "'Comando de Caça aos Comunistas' é organização de estudantes que ajudam a polícia", p. 18, 01/11/1967.

tações verbais e visuais na grande imprensa, "foi uma espécie de porta-voz da linha-dura", exigindo mais rigor contra os "'comunistas' e subversivos'" (MOTTA, 2013, p. 70).

O *Jornal do Brasil* (RJ) também apoiou a "revolução", e, conforme o autor, "a adoção da expressão 'revolução' (e eles não usavam aspas) revela o modo positivo como encararam o novo regime, que utilizava esse termo para obter legitimidade" (MOTTA, 2013, p. 67). Todavia, a imprensa prezava pelos valores que, supostamente, teriam motivado a "revolução" de 1964, mas não demonstrou apoio quando do endurecimento do regime em dezembro de 1968, ainda que houvesse acordo com relação ao anticomunismo. Segundo Motta (2013, p. 85), ao final, a maioria dos grandes jornais acaba por acomodar-se àquela situação política.

Assim, pode-se dizer que o próprio nome do grupo contribuía, de certa forma, para conferir legitimidade aos seus atos. Em um momento de anticomunismo exacerbado, parecia não ser de todo ruim que um grupo de estudantes – oriundos de grandes universidades de São Paulo – se organizasse para combater o mal que, no entender de muitos, assolava o país. Assim, a visão positiva sobre a "revolução" e a pauta anticomunista de boa parte da imprensa aproximavam-os e, pode-se dizer, justificavam uma certa simpatia para com a atuação do grupo, ao menos durante os primeiros anos do regime.

Em junho de 1968, as faculdades, especialmente a Faculdade de Filosofia, Ciências e Letras e a Faculdade de Direito da Universidade de São Paulo, estavam ocupadas pelos estudantes, e a imprensa noticiava os ataques que o CCC realizava às ocupações. Na Faculdade de Direito, durante a madrugada do dia 25, elementos do grupo tentaram, armados, invadir a Faculdade, sem sucesso[309].

Ao mesmo tempo, na Faculdade de Filosofia, Ciências e Letras da USP, os integrantes do CCC chegavam "em 3 carros, comandados por um Galaxie que, segundo os estudantes, era dirigido

309 *Jornal do Brasil* (RJ), Ano 1968, Edição 00066, "Paulistas mantêm escolas ocupadas", p. 10, 26/06/1968.

pelo bacharel Cícero Gubeisse (sic)"[310]. Cícero Gubeissi, como já indicado, acusado pela revista *O Cruzeiro* (RJ), de 9 de novembro de 1968, de ser integrante do CCC e de ter participado do ataque aos atores da peça *Roda Viva*[311], era membro de um dos partidos acadêmicos das Arcadas, tendo atuado na política acadêmica, conforme discutido no capítulo anterior.

Novamente, o Partido de Representação Acadêmica (PRA) aparece relacionado ao CCC na imprensa. O PRA é mencionado como um apoiador dos "elementos considerados 'endinheirados'" do CCC em uma nova tentativa de "retomada" da Faculdade de Direito da USP, em 1 de julho de 1968[312]. Os atos do CCC eram tratados como atos de "retomada" das faculdades para devolução às autoridades, denotando que, até aquele momento, as ações do grupo eram vistas mais como ações de um grupo de estudantes democratas que se opunha aos subversivos do que como atos de violência, ainda que se mencionassem a utilização de armas e disparo de tiros contra as faculdades ocupadas.

2.3 A OCUPAÇÃO DAS ARCADAS EM 1968 E O "MANIFESTO AO POVO PAULISTA"[313]

As discussões sobre a reforma universitária, que ocorriam desde o início dos anos 1960, chegam a seu auge em 1968. O tema

---

310 *Jornal do Brasil* (RJ), Ano 1968, Edição 00066, "Paulistas mantêm escolas ocupadas", p. 10, 26/06/1968.

311 *O Cruzeiro* (RJ), Ano XL, Edição 45, "CCC ou o Comando do Terror", p. 19-23, 9/11/1968.

312 *Correio da Manhã* (RJ), Ano 1968, Edição 23075, "Paulistas decidem adiar para amanhã passeata – monstro", p. 3, 02/07/1968.

313 Manifesto Ao Povo Paulista, 1968 (pasta OP 1498, Arquivo Público do Estado de São Paulo). O documento não menciona data, todavia, a menção à ocupação, à morte do estudante no Xingu, aliado ao depoimento de Cassio Scatena (LOPES, 2014, p. 139-140) e o fato de que o Manifesto foi noticiado pelo jornal *O Estado de S. Paulo* (SP), em 27/06/1968 ("'Comando' acusa ação subversiva", Edição 28592, p 22), permite dizer que o documento é de 1968.

era discutido pelos professores, dentro das universidades, e pelos parlamentares, no Congresso.

A rebeldia estudantil vinha em uma crescente desde 1967. Neste período, a principal pauta do movimento estudantil era a "denúncia da desnacionalização da educação implicada nos acordos MEC-Usaid" (MOTTA, 2014, p. 95). Nas paredes das Arcadas, em 1968, foi pichada a frase "Usaid, mas não A. Buzaid" (MOTTA, 2014, p. 110), em uma dupla referência ao acordo e ao diretor das Arcadas.

Atrelado a isso, havia a questão dos excedentes. Os excedentes eram os estudantes que, embora tivessem tirado as notas mínimas para ingressar no curso superior, não conseguiam se matricular por insuficiência de vagas, situação que se intensifica a partir de 1967. Em março de 1968, o assassinato do estudante Edson Souto, dentro de um restaurante estudantil, no Rio de Janeiro (RJ), pela repressão, faz eclodir a tensão entre regime e movimento estudantil.

Em 23 de junho de 1968, a Faculdade de Direito do Largo de São Francisco foi ocupada por estudantes que tinham como pauta a luta pela reestruturação das Arcadas. Como mencionado acima, durante a ocupação, o CCC tentou invadir a faculdade para interromper o movimento[314]. Além da Faculdade de Direito, a Faculdade de Filosofia da Universidade de São Paulo também foi ocupada.

A ocupação das Arcadas, que mais tarde originou o Movimento 23 de Junho, fazia parte das lutas estudantis envolvendo os embates sobre a reforma. Uma das pautas do movimento era a formação de uma comissão paritária – representação em igual número de professores e alunos –, que estudaria a reforma universitária e, especificamente, a reestruturação da Faculdade de Direito da Universidade de São Paulo[315]. Além disso, os estudantes

314 Aos colegas, 27/10/1970 (pasta 1970 curtis, Arquivo da Faculdade de Direito da Universidade de São Paulo).

315 Jornal do XI, Reestruturação, A ocupação da Faculdade de Direito, p. 3 (pasta OP 1271, Arquivo Público do Estado de São Paulo).

reivindicavam a modernização e a democratização do ensino, a manutenção da sua gratuidade e um remodelamento na forma de relacionamento entre aluno e professor[316].

O então diretor da Faculdade de Direito da Universidade de São Paulo, professor Alfredo Buzaid, ajuizou ação de reintegração de posse contra os estudantes que participavam da ocupação. Com seu deferimento, os alunos foram obrigados a desocupar as Arcadas. Havia professores contra e a favor da ocupação. Dentre os professores contrários ao movimento de ocupação, a reportagem da *Folha de S. Paulo*, de 14 de julho de 1968, menciona, não exaustivamente, os professores Alfredo Buzaid (diretor da faculdade), Geraldo de Ulhôa Cintra, Miguel Reale, Basileu Garcia, Washington de Barros Monteiro, José Pinto Antunes, José Cretela Junior, Carneiro Maia, Vicente Marota Rangel e Paulo da Costa Junior[317]. Ao todo, dos 79 (setenta e nove) professores das Arcadas em 1968, 37 eram contra a ocupação[318]. A estes professores, configuravam uma agressão ao magistério as pretensões dos estudantes.

Da data da ocupação até a reintegração, o C.A. XI de Agosto elaborou três propostas sobre a reestruturação que apresentavam, em resumo, solicitação de formação das paritárias para a discussão sobre a reforma universitária e maior representação dos alunos nas demais instâncias da faculdade. Alfredo Buzaid as desconsiderou[319].

Em 9 de julho, Alfredo Buzaid se manifesta esclarecendo que não aceitaria a formação das comissões paritárias nos moldes pretendidos pelos alunos[320]. Buzaid alegava que o C.A. XI de

---

316 *Diário da Noite* (SP), "A Faculdade é um estopim", 26/06/1968 (pasta OP 1271, Arquivo Público do Estado de São Paulo).

317 *Folha de S. Paulo* (SP), "Enterro do professor saiu das Arcadas", p. 1, 14/07/1968 (pasta OP1271, Arquivo Público do Estado de São Paulo).

318 *Folha de S. Paulo* (SP), "Manifestos mostram crise nas Arcadas", p. 1, 10/07/1968 (pasta OP1271, Arquivo Público do Estado de São Paulo).

319 *Diário Popular* (SP), "Faculdade de Direito em vias de ser desocupada", 16/07/1968 (pasta OP1271, Arquivo Público do Estado de São Paulo).

320 *Folha de S. Paulo* (SP), "Manifestos mostram crise nas Arcadas", p. 1. 10/07/1968 (pasta OP1271, Arquivo Público do Estado de São Paulo).

Agosto pretendia escolher os professores das comissões, mas a proposta dos estudantes era que cada classe da faculdade elegeria seus professores representantes e que, a partir daí, a comissão seria formada, ou seja, a escolha não seria determinada pelo C.A. XI de Agosto[321].

Buzaid também não aceitava a proposta de que a comissão que viesse a ser formada tivesse caráter deliberativo, ou seja, que, após as definições encaminhadas pela comissão, esta deveria ter competência para aplicá-las: a preocupação dos alunos era de que, formada a comissão, ela não conseguisse realizar a reestruturação pretendida.

Havia, em parte dos docentes, o receio de que as comissões paritárias – a principal pretensão dos estudantes –, possibilitassem uma aproximação entre movimento estudantil e professores que eram favoráveis às reformas educacionais e institucionais; atrelado a isso, a preocupação de que paritárias abolissem a hierarquia dentro da instituição, o que seria uma afronta para alguns docentes, ainda que não fosse essa a pretensão dos estudantes (CELESTE FILHO, 2006, p. 148). O que se almejava, de fato, era uma flexibilização nas relações entre professores e alunos.

O movimento estudantil vinha discutindo a reestruturação da universidade desde 1957, quando promoveu o I Seminário Nacional de Reforma do Ensino, tendo aprofundado as discussões com a realização do I Seminário Nacional de Reforma Universitária da UNE, em 1961 (SANTANA, 2015, p. 39; 47). A reforma universitária era umas das reformas de base de Goulart. Logo no início de seu mandato, Goulart estabeleceu, por meio da Lei de Diretrizes e Bases da Educação de 1961, as diretrizes que deveriam ser observadas no processo de reestruturação universitária. O golpe paralisou as discussões e providências que vinham sendo tomadas para a reorganização do ensino superior brasileiro, tendo sido estas retomadas em 1965 (CELESTE FILHO, 2017, p. 203-204).

---

[321] *Folha de S. Paulo* (SP), "Buzaid refuta estudantes", 12/07/1968 (pasta OP1271, Arquivo Público do Estado de São Paulo).

O movimento estudantil não estava totalmente alinhado aos projetos de reforma universitária então em curso no âmbito federal, embora houvesse, conforme aponta Motta (2014), alguns pontos de concordância entre movimento estudantil e governo, como a reestruturação da carreira docente, o fim das cátedras e o estímulo à pesquisa. Todavia, opunham-se frontalmente ao que entendiam como "filosofia tecnicista e privatista, presa aos ditames do governo americano" e aos "métodos autoritários e a tutela militar" (MOTTA, 2014, p. 97).

Conforme Celeste Filho (2017), no âmbito da Universidade de São Paulo, o Conselho Universitário afastou, em uma votação com diferença de quatro votos, as propostas de inovação da universidade que planejavam a integração universitária, com institutos que fossem interdependentes e hierarquicamente iguais. Após o AI-5, efetivou-se a aposentadoria compulsória dos professores que vinham discutindo a reforma, incluindo o reitor responsável pela condução da reestruturação (CELESTE FILHO, 2017, p. 227-228). Ao final, a reestruturação que vinha sendo planejada foi "bloqueada, revertida e interrompida", podendo ser "resumida na extinção das cátedras e no desmembramento da sua Faculdade de Filosofia, Ciências e Letras para a formação de institutos básicos" (CELESTE FILHO, 2017, p. 228).

O jornal *O Estado de S. Paulo* (SP), em 10 de julho de 1968[322], publica manifesto dos professores que apoiavam a ocupação feita pelos alunos, assinado pelos seguintes professores: Antônio Ferreira Cesarino Junior, Joaquim Canuto Mendes de Almeida, José Carlos de Ataliba Nogueira, Goffredo da Silva Telles Júnior, Alberto Moniz da Rocha Barros, Dimas de Oliveira Cesar, Caio Prado Júnior, Renato Cirell Czerna, Oto de Sousa Lima, Nair Lemos Gonçalves, Dalmo de Abreu Dallari, José Ignácio Botelho de Mesquita, Tomás Francisco de Madureira Pará Filho, Jorge Ignácio Penteado da Silva Telles, Fábio Konder Comparato e Marly Antonieta Cardone. Estes professores chamavam a atenção para

322 *O Estado de S. Paulo* (SP), "Ainda a Faculdade de Direito", 10/07/1968 (pasta OP1271, Arquivo Público do Estado de São Paulo).

a "pouca sensibilidade" de certos docentes para as demandas atinentes à reformulação da universidade, que se manifestava na resistência em considerar a participação dos alunos nas discussões.

Os estudantes envolvidos na ocupação denunciaram a depredação do C.A. XI de Agosto quando da desocupação, acusando a diretoria da Faculdade de Direito da Universidade de São Paulo e o CCC pelo ocorrido, "porque vários elementos foram vistos saindo do centro acadêmico. O único problema é saber como eles conseguiram a chave do local"[323]. Não foram encontrados documentos que comprovassem o alegado pelos estudantes, todavia, o Livro de Atas do C.A. XI de Agosto do ano de 1964 faz parte da documentação de um dos dossiês do Arquivo do Estado de São Paulo, oriundo do acervo do DEOPS, com uma anotação mencionando "reintegração"[324].

A repercussão na imprensa foi significativa. A realização de ocupações estudantis era uma nova forma de manifesto do movimento estudantil (HUERRE; PAGAN-REYMOND; REYMOND, 2000). A primeira ocupação estudantil, no Brasil, apontada pela imprensa, ocorreu em 1961 em Recife. Na ocasião, os estudantes da Faculdade de Filosofia, Ciências e Letras da USP, não obstante tivessem manifestado solidariedade aos colegas quando da desocupação da Faculdade de Recife, disseram ter sentido uma "estranheza" para com a atitude de ocupação feita "indevidamente" junto aos "bens pertencentes ao Estado" (BRAGHINI, 2015, p. 101). Sete anos depois, a Faculdade de Direito e a Faculdade de Filosofia, Ciências e Letras da USP também estariam ocupadas.

Quinhentos estudantes manifestaram, em um abaixo assinado, seu repúdio à invasão e depredação da Faculdade de Direito da USP[325]. Os alunos que participaram da ocupação foram acusados de danificarem a faculdade durante o movimento.

---

323 *Folha de S. Paulo* (SP), "Alunos recebem XI de Agosto; há estragos; Estudantes venceram", 25/07/1968 (pasta OP 1271, Arquivo Público do Estado de São Paulo).

324 Livro de Atas do Centro Acadêmico XI de Agosto, 1964 (pasta OP1272, Arquivo Público do Estado de São Paulo).

325 *Diário de São Paulo* (SP), "Direito estuda reformas", 27/07/1968 (pasta OP 1271, Arquivo Público do Estado de São Paulo).

Em defesa, alegaram que os policiais, durante a reintegração, causaram a maior parte dos danos[326].

A ocupação também gerou revolta nos integrantes do CCC, que se manifestaram em um documento intitulado "Manifesto ao Povo Paulista". Embora não conste no documento, este foi escrito por Cassio Scatena, conforme ele próprio afirma (LOPES, 2014, p. 139-140). Tendo assumido a escrita do manifesto, acusado pela imprensa de tentar invadir as Arcadas nos dias seguintes à ocupação[327] e criticando-a em seu relato, é curiosa a menção, em relatório do DEOPS, de que havia tomado "parte da segurança da ocupação, a fim de evitar que policiais e elementos do CCC nela entrassem"[328].

A presença de Cassio Scatena na ocupação das Arcadas feita pelo Movimento 23 de Junho também foi mencionada no relato de Percival Menon Maricato, estudante das Arcadas e membro do movimento estudantil de oposição à ditadura:

> (...) numa noite em que dormia na faculdade ocupada, fui acordado com o Cassio Scatena apontando uma Lugher 45 para a minha cabeça; não me perturbei e virei para o outro lado e continuei a dormir; não sei porque logo intui que aquilo era uma brincadeira – e era mesmo; os colegas tinham posto o Cassio para dentro; a faculdade tinha dessas coisas; mas se fosse o Otavinho, Flaquer ou o Raul Careca, eu saberia que estava em péssima situação.[329]

---

326 *Diário Popular* (SP), "Arcadas: Buzaid atribui os danos aos estudantes", 20/07/1968 (pasta OP 1271, Arquivo Público do Estado de São Paulo).

327 *Folha da Tarde* (SP), "Arcadas: estudantes repelem invasão", pág. 2, 25/06/68 (prontuário de Fernando Forte; Arquivo Público do Estado de São Paulo; "Direitistas" atacam Arcadas e a Filosofia, *Diário Popular*, 26/06/68, pasta OP1271, Arquivo Público do Estado de São Paulo).

328 Relatório Reservado, 24/03/1970 (Relatório sobre Cassio Scatena, s/d, pasta 52-Z-0-23070, Arquivo Público do Estado de São Paulo.)

329 LOPES, 2014, p. 153, relato de Percival Menon Maricato.

O relato de Percival evidencia as nuances e contradições que existiam entre os integrantes do CCC. Ainda que Cassio Scatena fosse do grupo, Maricato, que era do movimento estudantil de esquerda, entendia que, naquele momento, sua vida não corria risco, ainda que ameaçada por uma "brincadeira" de mau gosto, o que seria diferente caso se tratasse de outro integrante do CCC.

Sob a perspectiva de Cassio Scatena, essa diferenciação nas práticas também existia: ele se posicionou de forma contrária ao atentado à peça *Roda Viva*, não julgava correta a violência a um teatro (LOPES, 2014, p. 147), ainda que tivesse sido acusado pela revista *O Cruzeiro* (RJ) de participação no ocorrido. De toda forma, isso mostra também que havia gente disposta a mais violência.

A ocupação teve como causa primeira a reforma universitária pretendida pelos estudantes. Talvez, em um primeiro momento, Cassio Scatena tenha defendido a ocupação por julgar que eram justas suas motivações. Quando, anos depois, fala do ocorrido, destaca a questão da destruição do patrimônio. Se em um primeiro momento a preocupação de Cassio Scatena era preservar as Arcadas da invasão da polícia e do CCC, com o desenrolar dos fatos e os supostos danos causados – pelos estudantes, pela polícia, pelo CCC; não se sabe ao certo quem causou o quê e em que medida – Cassio Scatena se coloca contrário ao movimento.

O "'Comando' acusa ação subversiva" é o título da notícia em que o jornal *O Estado de S. Paulo* (SP)[330] divulga trechos do manifesto que, segundo o periódico, havia sido entregue à imprensa por um militar, no Quartel-General do II Exército. O grupo não assina o manifesto sozinho. Com o CCC, estão o Comando Revolucionário Estudantil 31 de Março[331] e o Partido Universitário de Arregimentação (Arcadas), um partido ultradireitista[332] formado

---

330 *O Estado de S. Paulo* (SP), "'Comando' acusa ação subversiva", Edição 28592, p. 22, 27/06/1968.

331 Não foram localizadas informações sobre o grupo Comando Revolucionário Estudantil 31 de março.

332 Relatório BR_DFANBSB_VAZ_0_0_16159 (Fundo do Centro de Informações de Segurança da Aeronáutica, Arquivo Nacional).

na Faculdade de Direito da USP em meados de 1965 e que, em 1967, tinha Cassio Scatena como presidente[333].

O Partido Universitário de Arregimentação é mencionado, como participante – representado por Cassio Scatena – de assembleia realizada em 29 de agosto de 1967, no C.A. XI de Agosto, em que se debatia a Carta Política e o Plano de Luta da UNE.

Neste manifesto, os membros do CCC se colocam como estudantes democratas de São Paulo "profundamente revoltados". O manifesto procura, logo de início, passar a imagem de um movimento estudantil entreguista e avesso a diálogo com o governo militar: antidemocrático, falso, "canalha", formado por "agitadores" que não apresentavam projetos ou algo de concreto, não discutiam e deturpavam a verdade. Justificavam os atos do governo sob a alegação de que os "comunistas" pretendiam que o governo "nacionalista" de Costa e Silva fizesse em "um dia o que eles não fizeram em 33 anos, quando a calhorda vermelha afundou a pátria numa longa noite de ditadura e anarquia". Para os autores do manifesto, o golpe de 1º de abril de 1964 foi uma "revolução" de cunho nacionalista e democrático que "veio pôr um ponto final na baderna".

Para o grupo, o movimento estudantil se opunha à reforma em curso por desejar que, sem o "progresso e prosperidade" que a reforma alcançaria, fosse possível implantar a "baderna e anarquia" que a "revolução" extirpou. A oposição do movimento estudantil ao regime, no geral, e a discordância do movimento estudantil com as propostas governamentais, a pauta dos excedentes e as comissões paritárias, em particular: para o CCC, todas eram manifestações "pretensamente reivindicatórias". Quando se tratava de estudantes, os chamavam "profissionais", "falsos", e os artistas eram "pseudoartistas": somente ao CCC era reservada a detenção do que era *a verdade*.

---

333 Relatório sobre Cassio Scatena, s/d, pasta 52-Z-0-23070, Arquivo Público do Estado de São Paulo.

Dois anos depois, o Movimento 23 de Junho relembrava que o CCC havia tentado invadir a faculdade durante a ocupação para acabar com o movimento pela reforma universitária[334]. Se não se pode afirmar que o CCC estava plenamente de acordo com os planos propostos pelo governo para a reforma universitária, pode-se dizer que o CCC não concordava com o fato de o movimento estudantil reivindicar sua pauta. Em última linha, incomodava a manifestação estudantil em si.

Esta imagem do movimento estudantil propalada pelo CCC converge com o que boa parte da imprensa noticiava. Braghini (2010) discorre, por exemplo, sobre a ideia de uma "subversão juvenil" divulgada pela imprensa educacional. Da mesma forma que o manifesto do CCC falava em "um esquema nacional de subversão" subordinado a um "plano de rebelião mundial", a imprensa educacional publicava "textos repletos de 'vazios', como, por exemplo, um texto retirado de *O Globo*, que poderia levar os leitores a acreditar na 'subversão estudantil' como um verdadeiro perigo" ao fazer diversas acusações ao movimento estudantil sem quaisquer provas (BRAGHINI, 2010, p. 89). Da mesma forma, adjetivos como canalha, falso, agitadores, e traidores também eram correntemente relacionados, pela imprensa, ao movimento estudantil (BRAGHINI, 2010).

Huerta (2018), ao tratar da representação feita sobre o movimento estudantil na imprensa de 1968, destaca que:

> (...) salvo algumas e pouco destacadas exceções (...) jovens universitários apresentaram-se como um grupo revolucionário, organizado, pouco razoável e violento, cooptado e controlado por células comunistas infiltradas, aliado à oposição que operava desde o exílio, definitivamente, como uma ameaça para a ordem e paz sociais instauradas após a "revolução de 64" (HUERTA, 2018, p. 66).

---

334 Aos colegas, 27/10/1970 (pasta 1970 curtis, Arquivo da Faculdade de Direito da Universidade de São Paulo).

O Estado de S. Paulo (SP) deixa transparecer a visão negativa sobre a ocupação "com suas portas fechadas por tijolos, óleo espalhado pelas suas dependências e com uma única entrada, a da rua Riachuelo, sob constante vigilância", o que haveria, inclusive, motivado uma visita de sete ex-presidentes do C.A. XI de Agosto em caráter de vistoria. Ao mesmo tempo, menciona que "reina calma" na Faculdade, dando a entender que a preocupação dos estudantes com os ataques do CCC contra a ocupação era inócua[335].

Ainda que não se pudesse chamar de positiva a imagem propagada pela maior parte da imprensa sobre o movimento estudantil, o CCC acusava a imprensa, no geral, de comunista e de agir em colaboração com o movimento estudantil, que demagogicamente estaria se aproveitando de situações que eram, conforme o grupo, criadas pelos estudantes[336].

Além de desqualificar o movimento estudantil, o CCC exalta as ações do governo que, para o grupo, levavam o país a uma "nova era de prosperidade e justiça social". Quando falam nas propostas do governo militar, as denominam autênticas, quando se trata das reformas de base de João Goulart, são demagógicas.

Para o CCC, a morte de Edson Souto[337], ocorrida em 28 de março de 1968, não era de responsabilidade do regime, mas do governo do "cinzento Negrão de Lima". Nisso, culpam o povo por tê-lo eleito: "se há de se apurar responsabilidades o único responsável seria o povo que elegeu tão triste e indefinido governador". Negrão de Lima pertencia à oposição ao regime quando eleito governador em 1965. Enfrentou a eclosão do movimento estudantil na Guanabara após a morte de Edson Souto, com dois eventos

---

335 *O Estado de S. Paulo* (SP), Ano 89, Edição 28592, "Direito-Usp é vistoriada", p. 22, 27/06/1968.

336 Manifesto Ao Povo Paulista, 1968 (pasta OP 1498, Arquivo Público do Estado de São Paulo).

337 Edson Luís de Lima Souto foi um estudante secundarista assassinado durante uma manifestação estudantil, em 28 de março de 1968. O assassinato foi cometido por policiais militares que invadiram o restaurante Calabouço, no Rio de Janeiro, onde ocorria a manifestação.

marcantes: a Sexta-Feira Sangrenta[338] e a Passeata dos Cem Mil, conforme será discutido a seguir[339].

Todavia, o manifesto conclui dizendo que a grande responsabilidade foi do movimento estudantil e que ninguém lamentou a morte do estudante da operação Rondon, "herói tombado nas barrancas do Xingú"[340]. A morte de Edson Souto mobilizou a opinião pública contra a ditadura, parlamentares se manifestaram no Congresso contra o ocorrido, questionando a violência do governo contra o movimento estudantil (CELESTE FILHO, 2006), o que, de certo, motivou a menção do CCC sobre a morte do estudante, tentando, primeiro, atribuí-la ao povo que elegeu o governador e, em um segundo momento, atribuí-la ao movimento estudantil.

Quando o manifesto foi lançado, a ocupação já havia sofrido uma tentativa de invasão por parte do CCC. Se o CCC não conseguiu impedir a ocupação pelos meios institucionais, ou seja, pelos partidos acadêmicos dos quais os seus integrantes faziam parte, restava atacar a ocupação usando a força. Meses depois do ocorrido, em uma assembleia que tratava da reestruturação acadêmica das Arcadas, a principal pauta da ocupação, Cassio Scatena defende a atuação do CCC[341].

---

338 Confronto entre movimento estudantil – com a participação de populares -– e polícia, ocorrido em 21 de junho de 1968, no Rio de Janeiro, "com um saldo de 28 mortos, segundo informações dos hospitais — ou três, segundo a versão oficial —, centenas de feridos, além de mil prisões." (*Dicionário Histórico Biográfico Brasileiro pós 1930*. 2. ed. Rio de Janeiro: Ed. FGV, 2001. Disponível em: <http://www.fgv.br/cpdoc/acervo/dicionarios/verbete-tematico/passeata-dos-cem-mil>).

339 *Dicionário Histórico Biográfico Brasileiro pós 1930*. 2. ed. Rio de Janeiro: Ed. FGV, 2001. Disponível em: <https://cpdoc.fgv.br/producao/dossies/JK/biografias/Negrao_de_Lima>.

340 O manifesto não menciona o nome do estudante morto na operação Rondon. Supõe-se se tratar de Augusto Tortolero Araújo, morto em 26 de janeiro de 1968, vítima de afogamento ao cair de uma embarcação nas águas do Rio Acre (*Correio da Manhã*, Ano 1968, Edição 22951, "Morre no Acre estudante do Plano Rondon", p. 3, 30/06/1968).

341 Relatório sobre Cassio Scatena, s/d, pasta 52-Z-0-23070, Arquivo Público do Estado de São Paulo.

No manifesto do CCC, não há nenhuma menção específica às propostas do movimento estudantil ou do CCC sobre a reestruturação das Arcadas. Pode-se dizer que, para os membros do CCC, a ocupação não era somente uma invasão, com vandalismo ao "templo do direito" e prejuízo ao povo, ou um movimento que visava atacar o regime e que, por isso, merecia ser combatido. Também incomodava os membros do CCC o ataque à "Velha e sempre Nova Academia", o "baluarte" das "mais caras tradições" do grupo.

Os estudantes que organizaram a ocupação às Arcadas tinham como objetivo a constituição das paritárias para a discussão da reestruturação do ensino, com vistas também à alteração nas relações de poder entre professor e aluno na universidade. Ao CCC era impensável que estudantes quisessem alterar o *status quo* do ambiente estudantil. Não se tratava de uma defesa do CCC aos professores – até porque, quando o grupo julgava necessário, professores eram agredidos – , mas sim a defesa da manutenção de um sistema posto e um incômodo com o fato de que os estudantes, para protestar, tomassem aquele espaço e pretendessem ditar as regras daquele lugar. Necessário retomar que, anos antes, estudantes anticomunistas já haviam se colocado contra essa "concepção de luta de classes" dentro do ambiente estudantil e contra a extinção da cátedra vitalícia.

De fato, na ocupação das faculdades desenhou-se a tentativa de implementar um "ideal comunitário da paridade" (ADUSP, 2004, p. 41) que, meses depois, foi destruído – simbólica e materialmente – pela violência da repressão, com a participação do Comando de Caça aos Comunistas (CCC), no conflito que ficou conhecido como a Batalha da Maria Antônia, ocorrido em 2 e 3 de outubro, evento que marca o início, em 1968, do desmonte do movimento estudantil.

Dias depois, em 12 de outubro, os participantes do XXX Congresso da UNE são presos. Comandou a Operação Ibiúna, contra o Congresso, o então delegado José Paulo Bonchristiano, que tinha ligações próximas com elementos do Comando de Caça aos Comunistas (CCC), como será discutido no próximo capítulo. Mas, antes disso, outro ato do grupo marcaria o ano de 1968.

2.4 O CCC COMO GRUPO TERRORISTA: A PROPAGANDA DE UMA IDEIA[342]

A partir de 1967, a oposição começou a se organizar e se movimentar mais intensamente, enxergando um contexto mais propício para derrotar a ditadura (MOTTA, 2018, p. 199). Em agosto de 1967, foi criada a Frente Ampla, uma coalizão que tinha como objetivo centralizar esforços contra o regime com membros de diferentes espectros políticos. A Frente Ampla sinalizou apoio ao movimento estudantil dias antes de ser declarada ilegal, em abril de 1968 (DE PAIVA DELGADO, 2013).

De acordo com Celeste Filho (2006), a "democracia renascente"[343] estava em jogo: havia um *antes* autoritário, com a figura de Castelo Branco, que havia ocupado a presidência até março de 1967, e a possibilidade de um *depois* democrático, com Costa e Silva. Conforme aponta o pesquisador, a Lei nº 5.540, de 28 de novembro de 1968, que estabelece as diretrizes para a reformulação do ensino superior brasileiro, é aprovada duas semanas antes da decretação do AI-5, o que mostra que, ao passo que as propostas de reforma universitária eram discutidas pelos parlamentares e pelo movimento estudantil, o regime recrudescia (CELESTE FILHO, 2006).

De fato, parte da sociedade que antes apoiava o golpe começava a mostrar sinais de descontentamento com o regime. Como exemplo, a Igreja Católica: se o golpe havia atendido aos anseios de boa parte da hierarquia da Igreja, assim que constatou a prática de tortura por parte do Estado, parte do clero que antes se mantinha neutra ou apoiava o regime começa a denunciar a violência da ditadura a partir de 1967[344].

---

342 Atos terroristas funcionando como propaganda são discutidos por Laqueur (2016), que menciona a expressão "propaganda pelo ato" (no original "*propaganda by deed*") criada por Paul Brousse, pautado na ideia de que atos eram mais abrangentes do que propagandas teóricas quando o objetivo era divulgar uma ideia (LAQUEUR, 2016, p. 49, tradução nossa).

343 Expressão utilizada pelo parlamentar Cid Rocha (ARENA/PR), em um dos seus pronunciamentos na tribuna do Congresso (CELESTE FILHO, 2006).

344 Relatório da Comissão Nacional da Verdade, 2014, vol. II, p. 396.

A morte do estudante Edson Luís, em março de 1968, causada pela polícia dentro de um restaurante estudantil, provocou uma reação da opinião pública. A questão estudantil fomentada desde 1967 se intensificava, com faculdades ocupadas e parlamentares se opondo, inclusive alguns aliados do governo, à violência do regime contra o movimento estudantil, exigindo do recém-eleito presidente, marechal Costa e Silva, que ele fizesse jus ao discurso conciliador que apresentou quando da sua eleição (CELESTE FILHO, 2006).

A oposição começava a se organizar, percebendo uma possibilidade de derrubar o regime. A UNE, em agosto de 1967, realiza, de forma clandestina, o seu 29º Congresso. O Congresso, que aconteceu em Valinhos, interior de São Paulo, terminou com um Comício Relâmpago, na Sé, centro da cidade de São Paulo[345]. Em fevereiro de 1968, profissionais da área artística protestam contra a censura imposta pelo regime[346].

Em 26 de junho de 1968, a Passeata dos Cem Mil, no Rio de Janeiro, promovida pelo movimento estudantil, recebeu manifestações de solidariedade de diversos setores da sociedade civil, tais como clero, Organização dos Advogados do Brasil, artistas, jornalistas, servidores, professores, mães de alunos, reunindo cerca de cem mil pessoas (VALLE, 1997, p. 73). Por pressão da opinião pública, a passeata não sofreu repressão policial (ANTUNES; RIDENTI, 2008, p. 82).

Os operários também se organizaram e deflagraram greve em Osasco, cidade da região metropolitana de São Paulo, em julho de 1968, e em Contagem, cidade da grande Belo Horizonte, em abril e em outubro do mesmo ano (ANTUNES; RIDENTI, 2008, p. 79). Esses movimentos grevistas "tinham um claro sentido de confronto, tanto à ditadura militar que cerceava a liberdade e autonomia sindicais, quanto à sua política econômica fundada

---

345 *Folha de S. Paulo* (SP), "Une diz que encerrou Congresso", p. 1, 11/08/1967. Disponível em: <http://almanaque.folha.uol.com.br/brasil_11ago1967.htm>.

346 *Correio da Manhã* (RJ), Ano 1968, Edição 22963, "Teatro pede nova Lei de Censura", p. 1, 13/02/1968.

na superexploração do trabalho" (ANTUNES; RIDENTI, 2008, p. 84).

Os integrantes do CCC, atentos a isso, precisavam agir, já que, para o grupo, a organização da sociedade contra a ditadura, em 1968, já abalada do ponto de vista de parcela da imprensa, significava a iminência de uma luta armada e de uma "ditadura marxista". Foi quando João Marcos Flaquer, o "comandante" do CCC, organizou o ataque aos atores da peça *Roda Viva*. O objetivo do CCC não era tão somente o ataque aos atores e à peça que o grupo julgava "subversiva", mas atuar como propagandista de uma ideia com dois objetivos: forçar o regime a retomar os caminhos da "revolução" e mobilizar parte da opinião pública para o perigo dessa "ditadura marxista".

O ataque aos atores da peça *Roda Viva*, no dia 18 de julho de 1968, foi extremamente violento, e teve como *palco* o Teatro Ruth Escobar, na cidade de São Paulo (SP), que foi atacado e depredado pelo Comando de Caça aos Comunistas (CCC). Contrários às "obscenidades em teatro", o grupo organizou seu atentado, em que atores foram agredidos, atrizes despidas, o teatro destruído[347]. Os "rapazes" que entraram no teatro assistiram à peça e, chegado o momento do ato, se dividiram em grupos com funções específicas[348]. A Figura 15 nos mostra parte da fachada de um outro teatro em São Paulo, onde foi pichada a sigla do grupo. Na sequência, a parte interna do camarim do Teatro Ruth Escobar, que foi atacado pelo grupo:

---

[347] *Jornal do Brasil* (RJ), Ano 1968, Edição 00087, "Artistas querem processar Abreu Sodré pela agressão ao elenco de Roda Viva", p. 18, 20/07/1968.

[348] *O Cruzeiro* (RJ), Ano 1968, Edição 0031, "São Paulo-68: depois das bombas, o terror cultural", p. 26, 03/08/1968.

Figura 15 – Fachada do Teatro Municipal de São Paulo

Fonte: Revista *O Cruzeiro* (RJ), 09/11/1968, p. 23.

Figura 16 – Camarim do Teatro Ruth Escobar, após o ataque do CCC

Foto: *Folha de S. Paulo* (SP) (Acervo Folha), 18/07/2018, p. 1[349].

---

349 *Folha de S. Paulo* (SP), "1968: Atores de 'Roda Viva' são agredidos, e teatro é depredado". Disponível em <https://acervofolha.blogfolha.uol.com.br/2018/07/18/1968-atores-de-roda-viva-sao-agredidos-e-teatro-e-depredado/>. Acesso em: 23 de agosto de 2020.

Roda Viva foi escrita por Chico Buarque em 1967, e sua primeira apresentação foi no Rio de Janeiro, sob a direção de José Celso Martinez Corrêa. O enredo conta a história de um cidadão comum, Benedito da Silva, e sua trajetória como ídolo musical[350]. Caetano Veloso, sobre a peça: "*Roda Viva* não explicitava considerações políticas. Seu escândalo nascia da selvageria de sua linguagem cênica." (VELOSO, 1997, p. 385).

O atentado foi cuidadosamente planejado. Os membros do grupo analisaram o teatro por cinco semanas, e a compra dos 90 ingressos foi feita de forma a não levantar suspeitas. Para Flaquer, era importante que a integridade do público fosse garantida e que os atores recebessem apenas um susto.

A realização de atos violentos funcionando como propaganda de ideias de grupos como o CCC está exemplificada na fala de João Marcos Flaquer que, em entrevista à *Folha de S. Paulo* (SP), anos depois, se referiu ao ato como "a ação maior do CCC" e destacou: "Atingimos nossa meta (...) Não houve feridos graves e fizemos barulho." Quando João Marcos Flaquer diz que a meta foi atingida, que o "barulho" foi causado sem "feridos graves", evidencia-se que um dos objetivos dos atentados do grupo era provocar a opinião pública por meio da divulgação nos meios de comunicação. Ser chamado de "terrorista" não era de todo ruim, se com isso os ideais do grupo e, sobretudo, a força da organização fossem divulgados.

Para Dayan (2009), atos terroristas não existiriam sem que houvesse publicidade, já que o "recurso à violência terrorista não consiste apenas em ferir e matar, mas também em significar" (DAYAN, 2009, p. 21). Nas palavras de João Marcos Flaquer, "o objetivo era realizar uma ação de propaganda para chamar a atenção das autoridades sobre a iminência da luta ar-

---

350 RODA Viva. In: ENCICLOPÉDIA Itaú Cultural de Arte e Cultura Brasileiras. São Paulo: Itaú Cultural, 2021. Disponível em: <http://enciclopedia.itaucultural.org.br/evento405843/roda-viva>. Acesso em: 03 de maio de 2021. Verbete da Enciclopédia.

mada, que visava a instauração de uma ditadura marxista no Brasil"[351].

Pelos depoimentos dos contemporâneos de Flaquer, havia outras questões que motivaram a criação e manutenção do grupo. Para Paulo Azevedo Gonçalves dos Santos, amigo de Flaquer, o CCC foi "uma tentativa daquela geração chegar ao poder com uma proposta ultrapassada, equivocada, baseada no catolicismo primitivo, em uma visão escravagista da sociedade que permeia até hoje. Eram quatrocentões..."[352] Ainda segundo este amigo de Flaquer, ele era "fino e frequentava as festas da alta sociedade de São Paulo"[353].

Percival Menon Maricato, em um trecho de seu relato ao pesquisador Gustavo Lopes, diz que alguns integrantes faziam parte do grupo por "ideologia política e outros por vacuidade mental ou gosto pelo desgosto dos outros (...)", o que já mostra que, ao menos para quem acompanhou os eventos, as razões para participar do grupo eram várias. Para Maricato, seus integrantes se preocupavam não só com a esquerda e grupos armados, mas também com liberais e democratas quando se estabelecia qualquer tipo de atividade ou discussão política porque "pouco ou nada tinham a dizer a não ser da existência do 'perigo vermelho'"[354].

Todavia, ao que parece, a ameaça de que alguém os retirasse da posição privilegiada que detinham, ou que almejavam, também preocupava Flaquer e seus colegas. Àqueles que ainda não pertenciam à elite paulista, o CCC acenava como uma oportunidade de ascensão, já que "ser do CCC era a forma de acesso a banqueiros, generais, grandes empresários que sustentavam e acobertavam a extrema direita" [355], conforme aponta Maricato. Em alguns, havia uma preocupação de que a esquerda pudesse ameaçar suas conquistas.

---

351 *Folha de S. Paulo* (SP), "Comando de Caça aos Comunistas diz como atacou 'Roda Viva' em 1968", p. 1, 17/07/1993.

352 LOPES, 2014, p. 116, relato fornecido por Paulo Azevedo Gonçalves dos Santos.

353 LOPES, 2014, p. 102, relato fornecido por Paulo Azevedo Gonçalves dos Santos.

354 LOPES, 2014, p. 149, relato fornecido por Percival Menon Maricato.

355 LOPES, 2014, p. 151, relato fornecido por Percival Menon Maricato.

No manifesto mais conhecido do grupo, veiculado pela revista *O Cruzeiro* (RJ), que será discutido a seguir, o CCC reforça sua intenção de lutar contra os "privilégios" daqueles que se consideram "donos do Brasil"[356]. Meses antes, um de seus integrantes, em uma entrevista a um jornal, faz questão de afirmar que o grupo não tinha "mentalidade burguesa"[357]. Talvez uma acusação nesse sentido tenha motivado a declaração. Seu criador, João Marcos Flaquer, pertencia à elite paulista, e, quanto aos demais, estudantes das Arcadas e da Mackenzie, salvo exceções, se não eram da elite paulista, tampouco viviam na pobreza.

A afirmação do CCC de que lutaria contra os que se consideram "donos do Brasil"[358] diz mais sobre o grupo do que sobre seus adversários. Ao refletir nos seus supostos adversários seus desejos e preocupações, a declaração mostra que os integrantes do grupo não conviviam bem com a ideia de que a sociedade que sempre os serviu fosse alterada.

Ato realizado, publicado pela imprensa, objetivo atingido. Em 1968, depois do ataque aos atores da peça *Roda Viva*, o CCC apareceu 162 vezes na imprensa. É como se, de julho a dezembro, o CCC aparecesse todos os dias nos jornais. Destas reportagens, 44 delas relacionavam o grupo à prática de terrorismo.

Armados de revólveres, cassetetes, socos-ingleses e martelos, espancaram o elenco e depredaram o teatro. A atriz Marília Pêra, ao discorrer sobre o ocorrido, em meio à descrição sobre a violência sofrida e a inércia da polícia, mencionou que o grupo dizia que fazia aquilo por acreditar que os atores eram imorais[359]. A partir daquele momento, o grupo tinha como objetivo, além de caçar os colegas "comunistas", atacar os "teatros subversivos".

---

356 *O Cruzeiro* (RJ), Ano XL, Edição 46, "O Cruzeiro na mira do terror", p. 30-34, 16/11/1968, apud LOPES (2014, p. 61 e ss.).

357 Jornal da Tarde (SP), Um jovem conta como começou e como funciona o CCC, 08/10/1968 (pasta E42 P06, Arquivo da Universidade Presbiteriana Mackenzie).

358 *O Cruzeiro* (RJ), Ano XL, Edição 46, "O Cruzeiro na mira do terror", p. 30-34, 16/11/1968, apud LOPES (2014, p. 61 e ss.).

359 *Jornal do Brasil* (RJ), Ano 1968, Edição 00087, "Artistas querem processar Abreu Sodré pela agressão ao elenco de Roda Viva", p. 18, 20/07/1968.

Todavia, além do dito interesse em mostrar a urgência de caçar os comunistas, evitando, na concepção dos integrantes do grupo, a instauração de uma ditadura marxista no Brasil, a defesa de uma suposta moralidade e o sentimento de um ataque pessoal motivou alguns integrantes do grupo. A ação gerou discordância entre os seus integrantes. Cassio Scatena, em relato a Gustavo Lopes (2014):

> 'Isso é uma brincadeira, uma palhaçada. Onde vocês querem ir? O que temos a ver com um teatro que pôs uma Nossa Senhora vestida de não sei o quê, minissaia? O que nós temos com isso? Estamos lutando contra quem? Quem vocês são? Defendem o integralismo, a TFP, o anticomunismo, ou vocês querem um Brasil melhor?' Virou um saco de gato, como a esquerda. (...) Não aceitei que se quebrasse um teatro. Até minhas palavras textuais na época eram: 'vocês vão bater em veado, mulher e artista, e isso não se faz. Isso é uma tremenda covardia, e isso eu não aceito. Então, vão brigar com os comunistas na escola, que eu até aceito. Porrada, nada de tiro. Não aceito isso.'[360]

Quando se contrapõem as palavras de Cassio Scatena às de Raul Nogueira de Lima, tem-se uma dimensão do conflito de opiniões:

> Sim, resolvemos baixar o cacete na turma do Roda Viva. Naquele tempo o CCC era forte, estruturado, com muita gente da cúpula militar, noventa por cento eram do Exército. Todos Oficiais. Por que foi feito aquilo? Ora, eles estavam querendo nos ridicularizar. A peça tinha um ator fazendo xixi num capacete militar. Ridicularizava a família e a plateia, chamando todo mundo de burguês que precisava tirar a bunda da cadeira. Depois, convidavam: 'Suba ao palco e

---

[360] LOPES, 2014, p. 144-147, relato fornecido por Cassio Scatena.

venha fazer a revolução conosco'. Assistimos à peça e decidimos fazer uma ação relâmpago.[361]

Como dito no capítulo anterior, Cassio Scatena era aluno das Arcadas. Depois de formado, foi exercer a advocacia. Raul Nogueira de Lima, o Raul Careca, estudante da Mackenzie e policial, manteve sua firme atuação defendendo o regime ditatorial. Dentro desse grupo, notou-se que eles assumiram posições diferentes.

A Raul Nogueira, incomodava a peça agredir a imagem dos militares. Tratava-se, para ele, de um desrespeito, utilizando a figura dos militares e seus objetos em uma peça *imoral*. Ainda que ele mencione a questão da família, o que parece incomodar, de fato, era a agressão aos valores militares e da "revolução". A razão de Raul era voltada ao aspecto censor e moralista do ato, o que, provavelmente, era a motivação de tantos outros que participaram.

Ainda que Flaquer, o idealizador do atentado, tenha dito anos depois que a escolha em realizar o atentado contra a peça, que estava em evidência, guardava relação com a oportunidade de causar uma comoção pública, para aqueles jovens a manutenção de uma sociedade tradicional, conservadora, sem espaço para apresentações que, na visão deles, atentassem contra os valores da religião e da família, também era algo a ser preservado.

Sob o aspecto da divergência entre seus integrantes, não se descarta que Cassio Scatena tenha dado este depoimento sobre o ocorrido em parte para tentar diminuir sua participação nos eventos; seu relato a Gustavo Lopes é eivado de tentativas de diminuir a importância do CCC na ditadura. Raul Nogueira, por sua vez, não menciona Scatena em seus relatos sobre a atuação do grupo, mostrando que havia ali algum conflito entre as percepções quanto às formas de atuação do CCC.

Importante trazer um elemento mencionado por Motta (2014) que, ao analisar a posição da universidade durante a ditadura, cita

[361] SOUZA, 2000, p. 380, relato fornecido por Raul Nogueira de Lima.

que os que comandaram o golpe "se uniram em torno de uma pauta negativa: estavam juntos para lutar contra o que não queriam". Segundo o autor, esse "consenso negativo" não era suficiente para estabelecer pautas do governo (MOTTA, 2014, p. 65). Pode-se dizer que, no que se refere ao CCC, ocorreu situação parecida.

O primeiro grande ato do grupo, o ataque aos atores da peça *Roda Viva*, quer pela forma como foi realizado, quer pelos seus objetivos – ou parte deles –, elucida o que Laqueur (2016) menciona como "propaganda pelo ato", uma expressão criada pelo francês Paul Brousse, pautada na ideia de que atos eram mais abrangentes do que propagandas teóricas quando o objetivo era divulgar uma ideia (LAQUEUR, 2016, p. 49, tradução nossa). Foi a partir desse momento que o grupo passou a ser mencionado como organização terrorista e ser alvo de uma atenção maior da imprensa. O terrorismo e a mídia estão intrincados, pois, além do dano em si, o terrorista quer passar uma mensagem por meio da violência praticada.

Para Lopes (2014, p. 21), o CCC foi um dos "germes da estruturação" de práticas terroristas durante a ditadura. Na sua pesquisa, o autor qualifica os atos do CCC como "ensaios de terrorismo", um "gangsterismo" fruto de um "espírito juvenil reacionário, delinquente" (LOPES, 2014, p. 33). Essa perspectiva do autor leva em conta as ações do grupo no ano de 1968, ainda voltadas essencialmente à repressão ao movimento estudantil. A partir do ataque à peça *Roda Viva*, o caráter terrorista do grupo se evidencia.

A ação terrorista do CCC deve ser entendida a partir de sua relação com o aparelho estatal. Para Silva Filho (2011, p. 50), se o terrorismo é costumeiramente associado à ação de grupos não estatais, é da ação estatal que ele se origina. O Estado pode atuar como agente apoiador do terrorismo (ROTHE, 2009, p. 38, tradução nossa), tal como ocorreu com o CCC, que agia dentro dos parâmetros desta ação estatal que "apoiava" o grupo ao garantir a impunidade aos seus agentes e por meio dos relacionamentos diretos e indiretos dos membros com os militares. Neste contexto, o CCC atuava com uma organização terrorista privada, de caráter paraestatal.

Sobre a relação entre Estado e terrorismo, é emblemático o caso da ditadura argentina. Conforme D'Antonio e Eidelman (2019), durante a ditadura do país, o governo argentino publicou, em 1980, a obra *El terrorismo em la Argentina*. Na obra, as Forças Armadas argentinas são apresentadas como legítimas combatentes dos "delinquentes terroristas", "depreciadores dos direitos humanos" que faziam apologia à "ideologia da morte" (D'ANTONIO; EIDELMAN, 2019, p. 365, tradução nossa).

Ainda de acordo com os pesquisadores, "a violência do Estado sobre a sociedade foi justificada por uma necessidade de força maior para acabar com o 'flagelo do terrorismo'" (D'ANTONIO; EIDELMAN, 2019, p. 365, tradução nossa). O conceito de terrorismo, então, era usado pelo Estado para qualificar seus opositores e justificar sua perseguição, enquanto organizações e parentes de desaparecidos denunciavam que o governo atuava "com uma metodologia particular sustentada na existência de uma ampla rede de centros clandestinos de detenção onde se praticava a sequência de sequestro, tortura, desaparecimento e assassinato" (D'ANTONIO; EIDELMAN, 2019, p. 368, tradução nossa).

O conceito de Estado Terrorista foi criado por Eduardo Duhalde (FEIERSTEIN, 2011, p. 576), a partir da experiência argentina. Para Duhalde (2013, p. 17, tradução nossa), o Estado Terrorista se ampara em um modo de ação de caráter duplo, feito de forma permanente e paralela: de um lado, a atividade do Estado se faz de maneira pública e submetida às leis; de outro, se faz clandestina, "à margem da legalidade formal, com o crime massivo e o terror como método fundamental". Ainda segundo o autor, este modelo de Estado "exigia uma arquitetura complexa" já que devia ter a aparência de um Estado democrático, inclusive perante outros países, enquanto em suas fronteiras sua face clandestina operava baseada no desaparecimento forçado e na operação de centros clandestinos de detenção e extermínio (DUHALDE, 2013, p. 19, tradução nossa).

No caso brasileiro, Bauer (2014, p. 43) aponta que o modo com que foi tratado o processo de abertura política, que será abordado adiante, cooperou para que a figura do terrorismo de Estado não se tornasse presente na memória social brasileira, sendo, por vezes, deslegitimada. Segundo a autora, isso justifica a resistência ao uso do termo terrorismo de Estado para se referir e classificar a ditadura brasileira, ainda que ele seja constantemente utilizado pelos pesquisadores.

O exemplo acima mostra que o termo terrorismo foi utilizado de maneiras diversas a depender do contexto histórico e do interesse dos envolvidos. Laqueur (2016, p. 6) menciona, por exemplo, que os jacobinos, durante a Revolução Francesa, usaram o termo com uma conotação positiva para se referir a si mesmos em sua atuação contra os opositores da nova ordem. A partir da análise do fenômeno sob uma perspectiva histórica, nota-se que o terrorismo já esteve relacionado a diferentes grupos, com motivações e ideologias diversas (LAQUEUR, 2016). Isso ocorreu também durante a ditadura, em que atos de opositores e apoiadores do regime eram classificados como terrorismo.

Isso se deve também ao fato de não haver um consenso sobre a definição do termo. Segundo Walter Laqueur, "nenhuma definição de terrorismo pode abranger todas as variedades de terrorismo que surgiram ao longo da história" (LAQUEUR, 2016, p. 7, tradução nossa).

O exercício de formular um conceito foi feito por Schmid e Jongman (2005), a partir de um estudo que se baseou na análise de 109 definições acadêmicas e estatais coletadas. A definição apresentada pelos autores é:

> O terrorismo é um método estimulador de ansiedade a partir de repetidas e violentas ações, empregado por indivíduos (semi) clandestinos, atores ou grupos estatais, por razões idiossincráticas, criminais ou políticas, pelas quais – em contraste com o assassinato – os alvos diretos da violência não são os principais alvos. As vítimas humanas imediatas da violência são geralmente escolhidas aleatoriamente (alvos de oportunidade) ou seletivamente (alvos representativos ou simbólicos) de uma população-alvo e servem como geradores de mensagens. Os processos de

> comunicação são baseados em ameaças e violência entre os terroristas (organização) e as vítimas de terrorismo (em perigo), e os objetivos principais costumam ser manipular o(s) público(s) alvo, transformando-o em alvo do terror, de exigências ou de atenção, dependendo se a busca é por intimidação, coerção ou propaganda. (SCHMID; JONGMAN, 2005, p. 28, tradução nossa).

A definição é abrangente. Essa amplitude do termo permite que grupos distintos, com motivações distintas sejam denominados como terroristas. A partir da definição acima, os constantes ataques ao movimento estudantil, o ataque aos atores da peça *Roda Viva*, em São Paulo e Porto Alegre; o assassinato de padre Henrique, que foi cometido dentro de uma série de ameaças e atentados feitos a membros da Igreja; o envio de cartas de ameaça a destinatários em todo o país; e os atentados à bomba, cometidos pelo Comando de Caça aos Comunistas (CCC), são atos terroristas.

Em termos de previsão legal, no caso brasileiro, a palavra terrorismo foi utilizada, pela primeira vez, na legislação de 1967 sobre a segurança nacional (art. 25 do Decreto-Lei nº 314/67). Depois, foi novamente mencionada no art. 25 do Decreto-Lei nº 510/1969, no art. 28 do Decreto-Lei nº 898/1969, no art. 26 da Lei nº 6620/78 e no art. 20 da Lei nº 7.170/83. Sem nenhuma definição específica, o termo era relacionado a outros, tais como saquear, roubar, sequestrar, incendiar, depredar ou praticar atentado pessoal. A única ressalva é que seriam considerados crimes aqueles que tivessem "finalidades atentatórias à Segurança Nacional", no que, para os comandantes do regime, não se enquadrariam os atos do CCC, afinal, o CCC, com seus atos, perseguia os rumos da "revolução".

À época, artistas se manifestaram condenando o atentado. Ruth Escobar acusava a polícia de ter encoberto os agressores[362]. "Terroristas" diz o jornal carioca *Correio da Manhã*, ao relatar

---

[362] *Jornal do Brasil* (RJ), Ano 1968, Edição 00087, "Artistas querem processar Abreu Sodré pela agressão ao elenco de Roda Viva", p. 19, 20/07/1968.

que "trinta degenerados" invadiram e depredaram o teatro, agredindo espectadores e artistas[363]. Marília Pera, sobre o ataque:

> Quando abri a porta, vi uns rapazes correndo em direção ao meu camarim. Nisso, Margot apareceu e tratamos de trancar a porta. Do lado de fora começaram a bater e a gritar para que abríssemos. Quando ela foi arrombada, pularam como loucos em cima da gente. Tiraram todas as nossas roupas e, enquanto apertavam nosso corpo, gritavam: – Isso é que é revolução, isso é que é revolução... Depois, nua como estava, foram me batendo com cassetetes em direção à rua...[364]

O CCC comporia a "central de terrorismo" junto com o Movimento Anticomunista e outras organizações de extrema direita. A participação de militares fazendo parte dessas organizações é mencionada pela primeira vez na imprensa[365].

Ainda que o CCC passasse a ser atrelado ao conceito de terrorismo, é necessário consignar que as alcunhas de terrorista e subversivo recaíam com muito mais ênfase e frequência sobre os movimentos de oposição ao regime (NOGUEIRA, 2014, p. 60). Conforme ABREU (2000, p. 25):

> (...) segundo o depoimento do jornalista Alberto Diones, editor-geral do jornal do Brasil [entrevista concedida em abril de 1992, no Rio de Janeiro], a partir do AI5 o governo recomendou aos principais jornais que classificassem de terrorismo todas as ações armadas praticadas por guerrilheiros.

---

363 *Correio da Manhã* (RJ), Ano 1968, Edição 23091, "Terroristas", p. 6, 20/07/1968.

364 *O Cruzeiro* (RJ), Ano 1968, Edição 0031, "São Paulo-68: depois das bombas, o terror cultural", p. 26, 03/08/1968.

365 *Correio da Manhã* (RJ), Ano 1968, Edição 23095, "FAC", p. 2, 25/07/1968.

Pouco tempo depois do ataque à peça *Roda Viva*, no auge dos atentados atribuídos ao grupo e dias depois da Batalha da Maria Antônia, o CCC envia uma carta ao então governador Abreu Sodré se defendendo das acusações feitas pela imprensa. A condução de alguns jornais na divulgação da carta, sobretudo da revista *Veja* (SP), é ilustrativa. Esse evento será detalhado a seguir, mas é importante consignar que, ainda que a revista colocasse o CCC dentro de uma reportagem sobre terrorismo, ponderava-se, de forma implícita, os motivos e objetivos do CCC e dos grupos de oposição ao regime que eram contrapostos ao grupo. Se não se podia deixar de mencionar o caráter terrorista do CCC, restava, então, justificá-lo.

A partir desse atentado, as críticas à postura do regime perante os atentados se intensificam. Parlamentares do MDB apresentaram requerimento de instauração de Comissão Parlamentar de Inquérito (CPI) para apurar o "terrorismo cultural"[366]. A CPI deveria apurar as origens, finalidades, objetivos e a existência do CCC e do MAC (Movimento Anticomunista). A imprensa noticiou que ela havia sido constituída em 10 de dezembro de 1968, dias antes da instauração do AI-5 e que o ato complementar nº 38, que decretou o recesso do Congresso Nacional, teria impedido o seu prosseguimento[367]. Todavia, o acervo histórico da Câmara dos Deputados informou que a CPI não chegou a ser instalada de fato[368].

O fato de a Comissão Parlamentar de Inquérito para apurar o "terrorismo cultural" não ter sido sequer instalada se alinha a um elemento que une os relatos sobre o atentado: a alegação quanto à ausência de investigação do atentado terrorista em questão e a menção a um sentimento de desamparo com relação à proteção que o Estado deveria prestar.

---

366 *O Jornal* (RJ), Ano 1968, Edição 14362, "Oposição pede CPI contra terrorismo", p. 3, 24/07/1968.

367 *Veja* (SP), Edição 15, "O Governo, os assaltos e o terrorismo", p. 23, 18/12/1968.

368 Conforme informações da Câmara dos Deputados a "CPI destinada a apurar as origens e responsabilidades relativas a manifestações de terrorismo cultural, criada pelo Requerimento s/no, de 23-7-1968 (DCN-I, 15-8-1968, p. 5168), não foi instalada".

Raul Nogueira de Lima, em seu relato a Percival de Souza, menciona uma sindicância aberta pela Secretaria de Segurança do Estado de São Paulo para apurar os atos do grupo. A documentação desta sindicância não foi localizada, mas, pelo relato de Raul Nogueira, é possível imaginar seu desfecho:

> A sindicância não deu em nada porque nós nos reunimos na Operação Bandeirante e de lá um de nós telefonou para a Secretaria da Segurança para deixar um recado ao secretário Hely Meirelles. Ao mesmo tempo, os motores das viaturas foram ligados e ficamos acelerando ao máximo. Aquele ronco era um recado. Ao telefone, o aviso: "Depende do senhor..."[369]

Quando, por pressão política e social, os atos eram investigados, as investigações não tinham conclusões satisfatórias – isso quando concluídas. Isso porque o CCC agia acobertado por um aparelho estatal de um regime político que via o mundo separado entre dois lados, sendo um deles o comunismo, que deveria ser combatido com fim de resguardar a segurança nacional. O CCC era um braço nesse combate que, muito embora se pretendesse clandestino, com um duplo em que, ao mesmo tempo em que seus agentes atuavam às ocultas por trás da sigla, praticando seus atos impunemente, os atos eram e tinham que ser exaltados. O CCC atuava protegido por um aparato que garantia sua impunidade, e seus elementos eram conhecidos até mesmo pelo governo. Esse aspecto da atuação do CCC será analisado no capítulo seguinte.

A escalada da violência e a impunidade eram factíveis e, em outubro de 1968, desta vez no Rio Grande do Sul, mais uma vez o elenco da peça *Roda Viva* sofre um atentado atribuído ao CCC. Os atores da peça foram surrados de forma violenta por homens armados com cassetetes. Trinta homens armados surpreenderam o elenco que caminhava para o hotel em que estavam

---

369 SOUZA, 2000, p. 380, relato fornecido por Raul Nogueira de Lima a Percival de Souza.

hospedados, saltando de automóveis e espancando-os. Tendo corrido até o hotel, os atores, agredidos, deixaram o hall marcado com o sangue da violência sofrida[370]. Em Porto Alegre, dois atores foram raptados pelo grupo. A atriz Elisabete Gasper relata o ocorrido:

> Sofremos uma verdadeira guerra de nervos. Depois de rodar por quase toda a cidade, paravam em lugares afastados e nos faziam ameaças de morte. Pararam num lugar bem deserto e mandaram que começássemos a representar. Quando eu disse que não havia condições, mandaram que eu cantasse.[371]

Assim como no atentado em São Paulo, os artistas denunciaram a postura da polícia. A presença de somente dois policiais na frente do hotel e cinquenta outros nas ruas próximas, que nada fizeram, dá mostras do descaso. No dia anterior ao atentado, na noite de estreia, foram distribuídos panfletos do CCC: "Ou vocês deixam a cidade ou morrem" [372]. Depois da estreia, outras ameaças: "Hoje preservamos a integridade física dos atores: amanhã, não" [373]. Diante das ameaças, foram à polícia solicitar proteção, que foi negada pelo secretário de Segurança do estado, general Ibá Ilha Moreira. Não tendo obedecido a ordem do CCC, e não recebida a proteção policial, foram "massacrados violentamente"[374]. Mesmo depois de toda a violência, o telefone do hotel continuou recebendo ligações de ameaças ao elenco sem que nenhuma providência fosse tomada pela polícia. A única medida tomada foi

---

370 *Diário de Notícias* (RS), Ano 1968, Edição 00185, "Elenco do 'Roda Viva' apanha de cassetete", p. 1, 05/10/1968.

371 *Jornal do Brasil* (RJ), Ano 1968, Edição 00155, "Atores de 'Roda Viva' vão encenar a peça em S. Paulo mesmo com veto da censura", p. 13, 08/10/1968.

372 *Jornal do Brasil* (RJ), Ano 1968, Edição 00155, "O ofício mais difícil", p. 13, 08/10/1968.

373 *Jornal do Brasil* (RJ), Ano 1968, Edição 00155, "Atores de 'Roda Viva' vão encenar a peça em S. Paulo mesmo com veto da censura", p. 13, 08/10/1968.

374 *Diário de Pernambuco* (PE), Ano 1968, Edição 00233, Massacre a artistas no R.G.S, p. 1, 06/10/1968.

a escolta dos atores no momento do embarque a São Paulo por aproximadamente 50 policiais[375]. A fachada do teatro foi pichada pelos agressores:

Figura 17 – Fachada do Teatro Leopoldina, no Rio Grande do Sul

Fonte: *GZH*, Porto Alegre (RS), "O dia em que o espetáculo Roda Viva, de Chico Buarque, foi reprimido em Porto Alegre", p. 1, 23/10/1968[376].

Além do discurso costumeiro contra a subversão, a pichação traz dois elementos: coloca a pornografia como subversão – e esse aspecto moralista será trabalhado pelo CCC nos atentados à banca, no final dos anos 1970 – e traz a tentativa de pautar o tipo de arte que deveria ser produzido e tolerado.

O CCC também foi relacionado ao rapto da atriz Norma Bengell, em 8 de outubro de 1968. Inicialmente ameaçada por telefone, a violência se consumou quando foi levada por um carro, com

375 *O Jornal* (RJ), Ano 1968, Edição 14426, Surrados no Sul artistas da peça de Chico Buarque, p. 10, 06/10/1968;

376 *GZH Porto Alegre* (RS), "O dia em que o espetáculo Roda Viva, de Chico Buarque, foi reprimido em Porto Alegre". Disponível em: <https://gauchazh.clicrbs.com.br/porto-alegre/noticia/2016/03/o-dia-em-que-o-espetaculo-roda-viva-de-chico-buarque-foi-reprimido-em-porto-alegre-5292884.html>. Acesso em: 23 de agosto de 2020.

cinco homens armados, capturada quando saía de um hotel em que estava hospedada. Antes do rapto, recebeu telefonemas de ameaça, exigindo que deixasse o elenco da peça que encenava. O tema da peça encenada pela atriz, *Cordélia Brasil*, que relatava os pormenores da vida íntima de um casal, não era "político, mas tem 'palavrões'", o que, segundo a jornal que noticiou o rapto, afrontava a "maneira de pensar dos elementos do CCC, que compõem o já célebre Comando de Caça aos Comunistas"[377].

Dois dias após o rapto, o *Jornal do Brasil* (RJ) noticia que a atriz havia sido "raptada pela polícia paulista" e que a prisão havia sido decorrente de um "pedido do Exército, que desejava ouvi-la sobre seus últimos pronunciamentos". Norma já havia sido liberada, e o mesmo jornal dá conta de que outros artistas atribuíam o sequestro à "represália às críticas de Norma à Censura e às Forças Armadas"[378]. O caso de Norma talvez tenha sido precursor de uma prática relatada por outros presos políticos, após o AI-5: membros do CCC realizavam prisões ilegais, eventualmente encaminhando os presos aos órgãos oficiais.

Outro atentado às artes foi a destruição ao monumento a García Lorca. Em 26 de julho de 1969 – data da Revolução Cubana – o CCC foi acusado de destruir a estátua que havia sido construída em homenagem ao poeta e dramaturgo espanhol García Lorca[379], então localizada na praça das Guianas, local nobre da cidade de

---

377 *Diário de Pernambuco* (PE), Ano 1968, Edição 00235, "Norma Benguel raptada pelos anti-comunistas na capital bandeirante", p. 1, 9/10/1968.

378 *Jornal do Brasil* (RJ), Ano 1968, Edição 00157, "Polícia trouxe Norma ao Rio para Exército interrogá-la", p. 20, 10/10/1968.

379 Federico García Lorca, "poeta e dramaturgo espanhol, foi morto na cidade de Granada, Espanha, em 1936, por ordem de oficiais da ditadura do General Francisco Franco" (*Veja* (SP), 24 abr 2015. Disponível em: <https://veja.abril.com.br/entretenimento/garcia-lorca-foi-morto-pela-ditadura-de-franco-comprova-documento/>). Foram realizados esforços para reconstruir o monumento, ainda que os moradores do entorno da praça entendessem que a obra deveria ficar como estava, somente com a parte inferior, para mostrar ao CCC que ela persistiu mesmo depois do vandalismo (*Jornal do Brasil* (RJ), Ano 1969, Edição 00099, "Monumento a Lorca será reerguido", p. 10, 01/08/1969). Dez anos depois, o monumento foi colocado no vão livro do Museu de Arte de São Paulo (*Jornal do Brasil* (RJ), Ano 1979, Edição 00081, "Orvalho Imortal", p. 9, 28/06/1979).

São Paulo. "Mais de 20 elementos" fecharam as ruas vizinhas e, com serras e martelos, destruíram a estátua e escreveram, na calçada, em tinta vermelha: "O CCC está de volta, fora comunistas". Ao lado do monumento destruído, o grupo deixou um manifesto, assinado pela VI Regional de São Paulo do CCC, com os seguintes dizeres:

> Não podemos permitir um monumento que glorifica um poeta homossexual e comunista; neste lugar deveria estar perpetuada a homenagem ao brasileiro que, no cumprimento do dever, foi o primeiro a tombar ferido pela canalha comunista aliada aos subversivos e cassados nesta guerra revolucionária que atualmente se desenvolve em nossa Terra. Às estações de televisão atingidas, às indústrias destruídas, ao comércio abalado, à burguesia apática e reacionária, ao prefeito e ao Governador coniventes cabe o dever de remover e melhor aproveitar os restos da pseudoescultura. Mas sobretudo, a todos estes retronomeados, se quiserem subsistir, evitando o desenvolvimento da guerra insurrecional, incumbe o dever cívico de erigir marco lembrando às gerações futuras o valor, a virilidade e a bravura do nacionalista. Esquecidas as injúrias assacadas por aqueles que defendemos – civis e militares – o Comando de Caça aos Comunistas, coeso e unido em torno de seus ideais e de seus comandantes, volta revigoroso à luta no dia em que é comemorado o *chinfrim* cubano. É tempo de dizer basta a tudo isso nos têrmos propostos pela violência da provocação. Este é um ato de repulsa e advertência.[380]

García Lorca não era cubano. Não tinha ligação com partidos políticos, embora se posicionasse como antifascista e, no contexto de sua morte, fosse tido como uma ameaça para o exército franquista (ALVES, 2011). O elemento central que motivou o

---

380 *Jornal do Brasil* (RJ), Ano 1969, Edição 00095, "CCC destrói em SP monumento a García Lorca", p. 35, 27/07/1969.

ataque era a preservação da ideia de *virilidade* que o grupo defendia. Mostrar que era "macho"[381] estava no rol de motivos para pertencer ao grupo, que não podia permitir que uma estátua de um homem gay[382] ficasse presente em um espaço reservado aos valores da elite paulista. Contrapor a presença do monumento a García Lorca com "indústrias destruídas" e o "comércio abalado" se mostra como uma tentativa de atribuir a responsabilidade pelas falhas do regime à *insistência* de alguns grupos em defender os valores rechaçados pelo CCC.

Além disso, ao eleger seu monumento como alvo e trazer à tona a sexualidade do autor, o CCC também explicita o seu interesse em pautar a ideia de arte que deveria ser aceita, tal como ocorreu com o atentado à peça *Roda Viva*. A censura que seria fortemente imposta pelo regime foi *ensaiada* pelo CCC, usando a expressão de Lopes (2014).

O ataque aos atores da peça *Roda Viva*, primeiro em São Paulo e depois em Porto Alegre, o sequestro da atriz Norma Bengell e a destruição do monumento a García Lorca têm em comum, além da violência e do interesse em manifestar a importância e urgência de "caçar" os comunistas, a defesa de uma suposta moralidade e de valores conservadores que eram caros a membros do grupo.

Para a lógica terrorista, é representativo atacar alvos em evidência, peças com grande público, atrizes famosas e monumentos em locais nobres. Todavia, mais representativo ainda era colaborar na destruição de um dos símbolos da resistência estudantil: a Faculdade de Filosofia da Universidade de São Paulo, a Maria Antônia.

---

381 LOPES, 2014, p. 152, relato fornecido por Percival Menon Maricato.

382 Talvez os ideais do grupo neste ataque não estivessem tão distantes dos ideais da juventude que viveu o período. Dois anos antes, dos 20 mil jovens que participaram de uma pesquisa realizada pela revista Realidade, 42% disseram que "homossexualismo" era uma doença; para 32%, um vício (*Realidade* (SP), Ano 2, Edição 00018, "A juventude brasileira, hoje", p. 18-30, 09/1967).

2.5 O "APLAUSO OFICIAL AO TERRORISMO"[383]: A BATALHA DA MARIA ANTÔNIA

O conflito entre os estudantes da Universidade Presbiteriana Mackenzie e da Faculdade de Filosofia, Ciências e Letras da Universidade de São Paulo, que ficou conhecido como a Batalha da Maria Antônia, teve como estopim a realização de um "pedágio", na manhã do dia 2 de outubro de 1968 por estudantes secundaristas, para angariar fundos para a realização do XXX Congresso da União Nacional do Estudantes (UNE). Os alunos da Mackenzie, incomodados, tentaram impedir o trânsito dos veículos pela rua Maria Antônia, de modo a que não se concretizasse o recolhimento de fundos.

A Universidade Mackenzie, um dos palcos do conflito, era tida como o "principal reduto"[384] do CCC. Segundo Raul Nogueira de Lima, o Raul Careca, Ricardo Osni da Silva Pinto, membro do CCC[385], contestou o pedágio feito pelos alunos da Filosofia. Raul Careca e Ricardo Osni eram alunos da Mackenzie, além de membros do grupo.

Não tendo conseguido realizar o bloqueio dos carros, os estudantes da Universidade Mackenzie começaram a jogar ovos nos estudantes. Os alunos da Faculdade de Filosofia, Ciências e Letras saíram em defesa dos secundaristas. Após o evento, deu-se início ao violento conflito entre as duas instituições que prosseguiu até o dia seguinte. Sobre o pedágio, a imprensa noticiou que o objetivo era angariar fundos para o XXX Congresso da União Nacional dos Estudantes (LIVRO BRANCO SOBRE OS ACONTECIMENTOS..., 2018, p. 55)[386]. Santos (2015, p. 170), apresenta o mesmo entendimento.

---

383 *Diário do Paraná* (PR), Ano 1968, Edição 03975, "Cassação", p. 3, 10/10/1968.

384 *Jornal do Brasil* (RJ), Ano 1968, Edição 00154, "Oitocentos Paulistas não saem das trincheiras", p. 4, 06/10/1968.

385 "O Ricardo Osni da Silva Pinto, amigão do Gaminha [os dois voltaram juntos de Brasília depois que foi decretado o AI-5], era do CCC" (SOUZA, 2000, p. 380-381, relato fornecido por Raul Nogueira de Lima). Supõe-se que Gaminha seja Luis Antonio da Gama e Silva.

386 (LIVRO BRANCO SOBRE OS ACONTECIMENTOS..., 2018, p. 55). O *Livro Branco Sobre os Acontecimentos da Rua Maria Antônia*, 2 e 3 de Outubro de 1968, é uma obra datada de 6 de novembro de 1968 e composta de documentos

Durante a Comissão Especial de Inquérito (CEI) instaurada pela Assembleia Legislativa para apurar o ocorrido, foi mencionado que os estudantes almejavam angariar fundos para a União Paulista de Estudantes Secundários[387]. A CEI será discutida no capítulo seguinte.

Houve uma pequena trégua, em que estudantes da Faculdade de Filosofia penduraram faixas com os dizeres "CCC, FAC e MAC = Repressão. Filosofia e Mackenzie contra a Ditadura[388]". A faixa foi arrancada pelos mackenzistas, sinalizando a recusa à mencionada unidade. A batalha é retomada. Na tarde do segundo dia de conflito, o estudante José Guimarães, aluno do colégio paulista Marina Cintra, é morto durante a batalha entre os estudantes, com um tiro na cabeça. A Batalha da Maria Antônia chega ao fim.

O estopim daquele conflito foi o "pedágio" dos secundaristas. Mas o rastilho de pólvora das explosões que destruíram o prédio da Maria Antônia – "o modo como a Faculdade de Filosofia era identificada com o nome da rua onde estava situada" (CARDOSO, 2018, p. 17) naqueles dias vinha de antes. Em 1964, o CCC invadiu a Faculdade de Filosofia, Ciências e Letras da USP, quebrou móveis e espancou estudantes[389]. Depois, em 1967, durante as eleições da UEE, mais invasões. Em agosto de 1968, o prédio da Maria Antônia foi pichado com inscrições como "CCC voltou!", "Agora é pra valer", "Fora o comunismo", "CCC derrota o comunismo" (LIVRO BRANCO SOBRE OS ACONTECIMENTOS..., 2018, p. 55).

Quando se discutiu a questão da ocupação das Arcadas, ficou evidente o descontentamento do CCC, que lançou manifesto em protesto na ocasião. As Arcadas e a Faculdade de Filosofia foram ocupadas praticamente no mesmo dia. Na madrugada do dia 25, os integrantes do CCC tentaram invadir a ocupação, tendo sido

---

e relatórios, elaborados por uma Comissão de professores nomeada pela Congregação da então Faculdade de Filosofia, Ciências e Letras (FFCL), sobre o conflito envolvendo os estudantes da Universidade Mackenzie e alunos da instituição. Foi publicado, em segunda edição, em 2018.

387 SÃO PAULO, 1968a, p. 216.

388 *Veja* (SP), Edição 5, "A incrível batalha dos estudantes", p. 14-21, 09/10/1968.

389 *Veja* (SP), Edição 5, "A incrível batalha dos estudantes", p. 14-21, 09/10/1968.

repelidos pelo movimento estudantil: "houve troca de tiros, vidros de janelas quebrados e muitos gritos."[390]

Além dessas duas instituições, havia mais quatro faculdades ocupadas em São Paulo. Além de forma de protesto ao regime, as ocupações tinham como pauta a reestruturação da universidade, no contexto das discussões sobre a reforma universitária, dos excedentes e das comissões paritárias, conforme já discutido.

A Maria Antônia era considerada a mais organizada politicamente. A ocupação das Arcadas havia sido desfeita, em meados de julho, por obra de Alfredo Buzaid, enquanto a ocupação da Maria Antônia resistiu[391]. Havia, conforme apontado por Cardoso (2018, p. 26), um "sentido político do objetivo de destruição da instituição simbolizada pelo edifício de nº 294".

Apoiar ou não o regime era a representação de mundos diferentes que separavam aqueles estudantes. Não se pretende com isso dizer que todos os estudantes da Universidade Presbiteriana Mackenzie ou da Faculdade de Filosofia, Ciências e Letras da USP tivessem posturas e ideologias semelhantes – o que iria contra ao pressuposto de uma juventude heterogênea. O que se quer dizer é que grupos daquelas duas universidades se contrapunham ao ocupar espaços diversos na sociedade e ter diferentes ideias e formas de pensar o mundo e o momento político. O então diretor da Faculdade de Filosofia, Eurípedes Simões de Paula, menciona a divisão entre "meninos ricos e pobres" nas duas escolas:

> Agora, os atritos entre o pessoal das duas faculdades é (sic) comum até (...) uma é considerada escola de meninos ricos e a outra não, é oficial; então as meninas do Mackenzie chamam as outras de comunistas, e é ovo vai e ovo vem; já houve vários conflitos, muitos mesmo. Isso é até rotina quase.[392]

---

390 *Realidade* (SP), Ano 3, Edição 00029, "Estudantes", p. 48-61, agosto/1968.

391 Segundo o professor Antonio Candido, em depoimento no Inquérito da Batalha da Maria Antônia: "A escola foi ocupada pelos estudantes creio que nos últimos dias de junho até os últimos dias de julho. Mais ou menos por um mês." (SÃO PAULO, 1968a, p. 78).

392 SÃO PAULO, 1968a, p. 123-124.

Foi discutido anteriormente que os "meninos ricos" do CCC tinham, como uma de suas preocupações, agir contra a esquerda que ameaçaria seus privilégios ao pretender realizar mudanças estruturais na sociedade. Não foi à toa que o processo de derrubada de Goulart se acelerou após seus discursos sobre as reformas de base.

Os protestos do movimento estudantil eram incômodos pois se dirigiam ao regime que, para o grupo antagonista, era o defensor da sociedade que eles almejavam. Ao defender com tanto ardor seu patrimônio de uma suposta *invasão* pelos estudantes da Maria Antônia, os grupos direitistas que estavam na Mackenzie transformam em símbolo a gana de defender o espaço que eles ocupavam ou pretendiam ocupar na sociedade. Portanto, não era permitido ceder.

Frisa-se aqui um argumento apresentado em uma carta que acusados de pertencerem ao grupo enviaram a um jornal, e que será discutida adiante: enquanto os grupos da Faculdade de Filosofia, Ciências e Letras da USP eram subversivos, os estudantes da Mackenzie eram jovens que estudavam e se preparavam para o futuro, para estarem prontos para quando fossem chamados a participar da sociedade. Ao que parece, chamados a *tomar* os espaços de uma sociedade que manteria seus privilégios. De fato, para uma parcela dos estudantes, não era preciso lutar, já que o que eles almejavam estava posto. Exceto se isso fosse ameaçado.

Durante a ocupação da Faculdade de Filosofia, Ciências e Letras da USP, as comissões paritárias movimentavam o dia a dia dos estudantes e professores. Os alunos pediam que os professores mudassem as técnicas de ensino, permitindo maior debate entre professor e aluno. Para o professor Antonio Candido:

> (...) essa comissão paritária fez um trabalho muito interessante. Professores e alunos estudaram muito a fundo o problema da reforma universitária, o que os estudantes desejavam, o que era o mais importante. Nisso trabalhamos muito, e houve uma série de muita colaboração. Havia teses

> mais radicais, teses menos radicais, até que fomos chegando mais para o fim de 1968, em uma esfera bastante interessante. Trabalhávamos todos dias na Faculdade. Havia as aulas, os seminários e as reuniões da comissão paritária. Era uma atmosfera bastante boa, mas já se notava uma certa hostilidade vinda do lado do Mackenzie.[393]

A Faculdade de Filosofia era um centro irradiador dos movimentos de resistência à ditadura. Tanto é que as paritárias[394] da Faculdade de Filosofia repercutiram em outros lugares, como na USP de Ribeirão Preto e na Universidade Estadual de Campinas (MOTTA, 2014, p. 97). Ao mesmo tempo em que o prédio da Maria Antônia era destruído, a Faculdade de Filosofia, Ciências e Letras da USP era dissolvida no interior da estrutura universitária, em meios aos debates sobre a reforma universitária em curso (CARDOSO, 2018, p. 26; 29).

O conflito não tinha acabado de fato, e os jornais já noticiavam que quatro jovens haviam sido feridos com ácido sulfúrico no conflito entre os alunos de ambas as faculdades[395]. Além da morte do secundarista José Guimarães, o confronto deixou outros feridos[396].

A participação do CCC no conflito foi noticiada e, mal terminada a batalha na Maria Antônia, o grupo já se organizava para uma nova investida, já que, com o término do conflito, o movimento estudantil se dirigiu para a Cidade Universitária da USP. Com isso, os membros do Comando de Caça aos Comunistas passaram a ameaçar os estudantes que estavam no Conjunto Residencial da USP (CRUSP) e, na madrugada do dia 5 de outubro, junto às

---

393 LOPES, 2014, p. 234, relato de Antonio Candido.

394 A formação das Comissões Paritárias na USP não teve uma boa repercussão na imprensa e não foram um consenso na Faculdade de Filosofia, Ciências e Letras da USP (CELESTE FILHO, 2006, p. 142-143).

395 *Jornal do Brasil* (RJ), Ano 1968, Edição 00151, "Briga de Estudantes fere 4 em São Paulo", p. 14, 03/10/1968.

396 *Tribuna da Imprensa* (RJ), Ano 1968, Edição 05642, "Estudantes Paulistas saem às ruas de novo", p. 8, 05/10/1968.

barricadas montadas pelo movimento estudantil, fizeram disparos de revólver, fugindo em seguida[397].

O *Jornal do Brasil* (RJ), o mesmo jornal que noticiara o ataque do CCC ao CRUSP, informou que o grupo foi organizado para combater o comunismo nos meios universitários e que seus membros andavam armados, eram militarmente preparados e acreditavam que era necessária a "eliminação física" – um eufemismo para matar – de líderes do movimento estudantil que atuava na resistência ao regime. Três dias antes, José Guimarães havia sido baleado na cabeça durante a Batalha da Maria Antônia.

A atitude da polícia, que se postou ao lado dos estudantes da Mackenzie, e a riqueza de recursos utilizados no conflito chamou a atenção para a organização do CCC e para um possível financiamento externo da organização[398]. Os cinco andares do prédio da Faculdade de Filosofia, Ciências e Letras da USP foram atingidos, tamanha a violência empreendida[399]. Os bombardeios mais intensos, com bombas incendiárias, coquetéis molotovs e rojões foram iniciados pelo grupo.

Havia, dentro da Mackenzie, um movimento de resistência ao CCC, organizado pelos estudantes das faculdades de Direito, Arquitetura, Filosofia, Engenharia e Economia, que divulgou, em 19 de outubro de 1968, um manifesto denunciando o Comando de Caça aos Comunistas (CCC) como um instrumento de repressão e intimidação contra os movimentos de resistência, dando destaque para a omissão do Estado e a defesa da polícia aos atos do grupo. Para os estudantes, durante o conflito, houve apoio de professores do Curso Técnico e da Faculdade de Engenharia,

---

397 *Jornal do Brasil* (RJ), Ano 1968, Edição 00154, "Oitocentos Paulistas não saem das trincheiras", p. 4, 06/10/1968; *Jornal dos Sports* (RJ), Ano 1968, Edição 12342, "Estudante morto em São Paulo", p. 11, 04/10/1968.

398 *Correio da Manhã* (RJ), Ano 1968, Edição 23156, "SP: Choques matam 2 estudantes", p. 1, 04/10/1968; *O Jornal* (RJ), Ano 1968, Edição 14424, "Batalha mata Estudante; Desfile depois da morte", p. 5, 04/10/1968.

399 *Tribuna da Imprensa* (RJ), Ano 1968, Edição 05642, "Estudantes Paulistas saem às ruas de novo", p. 8, 05/10/1968.

por meio do preparo de bombas de ácido sulfúrico e coquetel molotov[400].

O conflito repercutiu entre parlamentares. David Lerer (MDB), então deputado federal, se pronunciou: "Os acontecimentos de quarta e quinta-feira em São Paulo têm raízes e motivações muito mais profundas que as de um simples conflito entre estudantes universitários rivais"[401].

Dias depois, o deputado acusa o CCC de matar e depredar sem que sofresse punição, "enquanto o diretor do DOPS, sr. Ítalo Ferrigno, de São Paulo, justifica o fato de o CCC e existir e usar pistolas 45"[402] por lutar contra a subversão. 45" é o calibre de uma das balas encontradas dentro da Faculdade de Filosofia depois do término da Batalha da Maria Antônia.

O grupo de estudantes democratas que retomava faculdades ocupadas para devolvê-las às autoridades e lutava contra o comunismo nas universidades já havia sido esquecido. O CCC era, então, organização terrorista, armada e empenhada em espalhar a intranquilidade em São Paulo e diversas capitais[403]. A repercussão foi tamanha que o jornal *Correio da Manhã* (RJ) leva o assunto para seu editorial, denunciando o CCC como mandante dos ataques à Maria Antônia, acusando a "organização terrorista" de ter usado os estudantes da Mackenzie como "massa de manobra" e de terem acuado a juventude[404].

---

[400] *Jornal do Brasil* (RJ), Ano 1968, Edição 00166, "Alunos da Mackenzie contra CCC", p. 18, 20/10/1968; *Jornal do Commercio* (AM), Ano 1968, Edição 19935, "CCC ameaça sublevar todo o País contra ação dos comunistas", p. 1, 22/10/1968.

[401] *Diário de Notícias* (RS), Ano 1968, Edição 00185, "Agitação continua em São Paulo", p. 1, 05/10/1968.

[402] *Diário do Paraná* (PR), Ano 1968, Edição 03975, "Cassação", p. 3, 10/10/1968.

[403] *Jornal do Commercio* (RJ), Ano 1968, Edição 00009, "Império da Anarquia", p. 2, 10/10/1968; *Jornal dos Sports* (RJ), Ano 1968, Edição 12344, "CCC e MAC também no Rio", p. 19, 06/10/1968; *Tribuna da Imprensa* (RJ), Ano 1968, Edição 05642, "Estudantes Paulistas saem às ruas de novo", p. 8, 05/10/1968.

[404] *Correio da Manhã* (RJ), Ano 1968, Edição 23156, "Até quando?", p. 6, 04/10/1968.

Dias após a Batalha, por conta da repercussão e das críticas à violência realizada pelo grupo durante o conflito, este envia uma carta aberta ao então governador Abreu Sodré, em que chama todos os brasileiros para a organização na luta contra o comunismo, se defendendo da alcunha de grupo terrorista. A carta não foi publicada na íntegra em nenhum periódico[405]. Abaixo, o maior trecho publicado:

> O Comando de Caça aos Comunistas, CCC, vem, por meio desta, esclarecer ao Governo paulista e ao povo nossa verdadeira posição, tão deturpada por uma imprensa sensacionalista e facciosa. Somos um órgão que congrega universitários brasileiros verdadeiramente democratas que, preocupados com a crescente agitação comunista em nosso País, vem tomando medidas em defesa do regime estremecido por uma minoria de extremistas e marginais cujo único objetivo é tumultuar, subverter e perturbar a paz do honesto e trabalhador povo brasileiro. Não somos, como costuma afirmar a falecida União Nacional dos Estudantes, uma minoria fascista à serviço da ditadura, ou um grupo terrorista que quer usurpar o poder.
>
> Nossa posição, na verdade, é revolucionária. Defendemos o nacionalismo radical como única forma de marcharmos para o desenvolvimento econômico e progresso tecnológico, o que transformará o Brasil em uma grande e próspera nação. Nossos ideais permanecem puros, são aqueles que se efetivaram na heróica jornada de março, pondo fim à anarquia e corrupção que então imperava. O Governo Costa e Silva, iniciando as reformas de base, assim como o Governo de V. Exa., no campo educacional, prometem cumprir mais uma etapa da nossa revolução. Mas os comunistas continuam agindo e com mais força. A subversão

405 N.A.: Considerando a base utilizada para esta pesquisa.

> atingiu tal limite que exige uma providência mais eficaz de nossas autoridades, para que seja dado um fim a esta era de intranquilidades. O terrorismo cultural, que a esquerda alega ser arma do Governo, ficou demonstrado que parte desta caterva, que toma faculdades, depreda em vandalismo brutal seus estabelecimentos, agride professores, tudo isso acobertado por uma imprensa que se diz democrática, mas que admite em seu meio uma maioria esmagadora de estudantes profissionais vendidos à causa comunista. [406]

Para o grupo, era necessário que medidas mais "eficazes" fossem tomadas pelo regime contra a subversão. De fato, menos de dois meses depois, o pedido do grupo foi atendido.

A imprensa tão criticada pelo CCC, por ser, segundo seus integrantes, tendenciosa, sensacionalista e culpada pela repercussão negativa do conflito e pela visão que se tem do grupo, divulgou sua carta aberta sem emitir nenhuma crítica a respeito. "CCC faz manifesto convidando à luta[407]", "CCC ameaça sublevar todo o País contra ação dos comunistas[408]", "O CCC sabe o que vai fazer com os caçados[409]" foram as chamadas utilizadas pelos jornais que divulgaram a carta. Os jornais que não publicaram a carta também não fizeram críticas à divulgação.

O CCC aparece como uma organização *salvadora*, que, congregando todos os brasileiros à luta, livraria o país do comunismo. O "grupo de comando; formado por um grande grupo de patriotas que querem para o Brasil uma verdadeira democracia; pautada de nacionalismo de reformas sociais" atuava em defesa ao

---

406 *Diário de Notícias* (RJ), Ano 1968, Edição 14085, "CCC faz manifesto convidando à luta", p. 2, 19/10/1968. O trecho final da reportagem, com o final do manifesto, está ilegível.

407 *Diário de Notícias* (RJ), Ano 1968, Edição 14085, "CCC faz manifesto convidando à luta", p. 2, 19/10/1968.

408 *Jornal do Commercio* (AM), Ano 1968, Edição 19935, "CCC ameaça sublevar todo o País contra ação dos comunistas", p. 1, 22/10/1968.

409 *Veja* (SP), Edição 7, "Terror e Reação; O CCC sabe o que vai fazer com os caçados", p. 17, 23/10/1968.

"regime estremecido por uma minoria extremista"[410]. É esse o trecho destacado por um jornal amazonense.

Destaca-se, entretanto, a condução da revista *Veja* (SP) nos desdobramentos da Batalha da Maria Antônia, a começar pelo trecho divulgado da carta, semanas após o conflito:

> Se as nossas autoridades calarem, se demonstrarem omissão ante o perigo iminente, o CCC não será um número de patriotas apenas, mas sim todo o povo brasileiro, civis e militares, a trilharem novamente os caminhos de março, para expurgar de nossa terra os comunistas, inimigos e traidores do Brasil.[411]

O trecho da carta é divulgado dentro de uma reportagem sobre o terrorismo, em que o CCC é apresentado pela revista em contraponto à "esquerda clandestina" que "só fala do que não faz". Apresentando uma fala de Carlos Marighella, militante comunista e líder guerrilheiro que seria assassinado pela repressão no ano seguinte, em que ele repudia atos de banditismo contra o povo em um contexto de guerrilha contra o regime, a revista acusa o seu grupo de ser, segundo os meios policiais, o principal responsável pelos atentados terroristas. A esquerda tinha rosto – uma foto de Marighella ilustrava a reportagem – e nomes de militantes e partidos políticos; aliás, segundo a revista, o Brasil era o país que tinha "mais partidos comunistas no mundo inteiro", justificando sua afirmação elencando "partidos comunistas" espalhados pelo país: o Partido Comunista do Brasil, o Partido Comunista Brasileiro Revolucionário e o Partido Operário Comunista.[412]

---

410 *Jornal do Commercio* (AM), Ano 1968, Edição 19935, "CCC ameaça sublevar todo o País contra ação dos comunistas", p. 1, 22/10/1968.

411 *Veja* (SP), Edição 7, "Terror e Reação; O CCC sabe o que vai fazer com os caçados", p. 17, 23/10/1968.

412 *Veja* (SP), Edição 7, "Terror e Reação; A esquerda clandestina só fala do que não faz", p. 16, 23/10/1968.

Independentemente de quem fossem os autores dos atentados em curso, para a revista importava o *objetivo* que cada lado apresentava quando realizava seus atentados. Enquanto a esquerda protestava contra a *ordem* vigente, era justificada a ação da direita radical, que agia para advertir o governo de seu desacordo com as medidas repressivas à "subversão" dos estudantes e padres. Nesse contexto, o CCC agia. Foi nessa edição que o distintivo do CCC, feito à mão, foi divulgado, conforme discutido no primeiro capítulo.

Os sete rapazes, de 20 a 28 anos, entrevistados pela revista não tiveram seus nomes revelados. O CCC "sabe o que vai fazer com os caçados": era uma organização estruturada para dar apoio ao "movimento revolucionário", atuante nas grandes capitais, como São Paulo, Rio de Janeiro, Porto Alegre e Brasília, e que agia, quando necessário, em conjunto com outras organizações. Tinha metas claras: "expurgar de nossa terra os comunistas, inimigos e traidores do Brasil".

Os atos do grupo eram justificados com base no que seus elementos entendiam como omissão do regime contra o terrorismo, dentro do que eles denominavam de "obra patriótica de saneamento"[413]. O CCC atuava como uma das forças que, em 1968, pressionavam o regime a reagir contra a oposição, já que não sentiam, no governo, a força para reprimir a oposição[414].

A edição de 9 de outubro da revista[415], após a Batalha da Maria Antônia, teve como capa "A incrível batalha dos estudantes". Tratando o conflito como uma luta entre as ideias de duas universidades, atribui sua violência à falta de liderança do movimento estudantil. No mapa ilustrativo da localização das universidades, a revista coloca os estudantes feridos somente ao lado da Mackenzie, omitindo, na imagem, que José Guimarães, morto no conflito,

---

413 *Veja* (SP), Edição 7, "Terror e Reação; O CCC sabe o que vai fazer com os caçados", p. 17, 23/10/1968.

414 *Veja* (SP), Edição 6, "Guerra aos Extremismos", p. 19, 16/10/1968.

415 *Veja* (SP), Edição 5, "A incrível batalha dos estudantes", p. 14-21, 09/10/1968.

lutava ao lado dos estudantes da Faculdade de Filosofia, Ciências e Letras da Universidade de São Paulo.

Figura 18 – Mapa da rua Maria Antônia

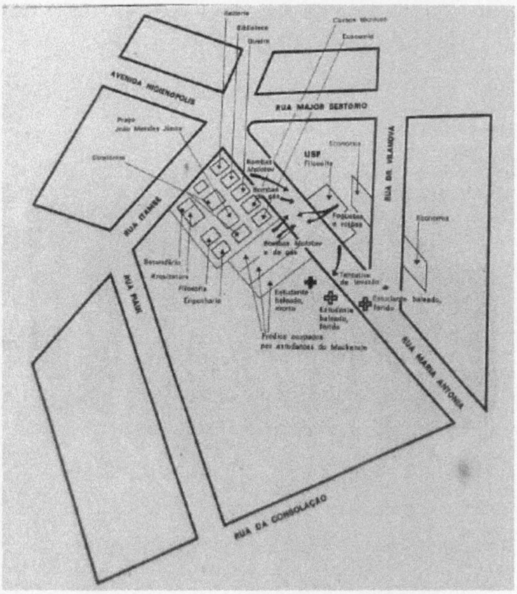

Fonte: *Veja* (SP), 09/10/1968, p. 16.

Enquanto do prédio da Mackenzie saíam "bombas" e os estudantes "ocupavam" prédios, da Faculdade de Filosofia saíam "foguetes e rojões" e eram feitas "tentativas de invasão", com uma seta que parece indicar os estudantes mortos e feridos; ainda que a mesma revista divulgue uma foto em que um estudante da Mackenzie apontava a arma para um fotógrafo, isso não foi relacionado à morte do estudante.

A *Veja* (SP) menciona que membros do CCC estudavam na Mackenzie[416]. Todavia, o único estudante relacionado ao grupo mencionado pela revista[417] foi João Parisi Filho, aluno da

416 *Veja* (SP), Edição 5, "A incrível batalha dos estudantes", p. 16, 09/10/1968.
417 *Veja* (SP), Edição 5, "A incrível batalha dos estudantes", p. 19, 09/10/1968.

universidade, em virtude da sua detenção pelos estudantes que defendiam a Faculdade de Filosofia, Ciências e Letras da USP. Antes de dizer que ele era um "presumível agente" do CCC, destaca que se tratava de um desenhista, que "teve trabalhos expostos na última Bienal de São Paulo" e que o revólver que portava foi tomado.

A omissão do governo na condução do ocorrido foi timidamente mencionada. Quando fala da morte de José Guimarães, a *Veja* (SP) sequer menciona a possibilidade de o tiro vir do prédio da Mackenzie. Ao contrário, diz: "Quem atirou? Ninguém sabe"[418]. O que a revista afirma era que a morte seria utilizada pelo movimento estudantil como um "caso político"[419].

Anos depois, a Comissão Nacional da Verdade aponta como autor dos disparos Ricardo Osni, aluno da Faculdade Presbiteriana Mackenzie, membro do CCC e policial do Departamento Estadual de Ordem Política e Social (DEOPS)[420].

A Batalha da Maria Antônia foi um golpe para os estudantes que se organizavam e lutavam contra o regime. Mas dois eventos ainda aconteceriam naquele outubro de 1968 e afetariam o movimento estudantil: a prisão dos 720 estudantes, incluindo os principais líderes do movimento estudantil, que participavam do Congresso da UNE, em 12 de outubro (VALLE, 1997, p. 151). No mesmo dia, é assassinado a tiros de metralhadora o capitão do Exército dos EUA, Charles Rodney Chandler. A morte de Chandler foi um dos motivos para a célebre frase do CCC: "para cada democrata morto, mataremos cinco comunistas"[421].

---

418 *Veja* (SP), Edição 5, "A incrível batalha dos estudantes", p. 19, 09/10/1968.
419 *Veja* (SP), Edição 5, "A incrível batalha dos estudantes", p. 21, 09/10/1968.
420 Relatório da Comissão Nacional da Verdade, 2014, Volume III, p. 248.
421 *Veja* (SP), Edição 7, "Terror e Reação; O CCC sabe o que vai fazer com os caçados", p. 17, 23/10/1968.

2.6 CCC: "NASCEU SOB PANCADA E HOJE ATERRORIZA O PAÍS COM BOMBAS E MORTES"[422]

Cassio Scatena alega que, após a criação do grupo, muitos dos atos atribuídos ao CCC não guardavam relação direta com a organização do grupo formado ainda por Flaquer, Raul Careca e Otavinho (LOPES, 2014).

Quando se menciona que, em 1967, o grupo, que foi formado a partir da reunião de 11 estudantes, já contava com 40 mil membros[423], se tem ideia de que, naquele momento, ele era tido como uma organização com amplitude de atuação, com diversos núcleos que, ainda que não tivessem a mesma cúpula diretiva, se agrupavam em torno de um objetivo comum: caçar todo aquele que não apoiasse, que dificultasse ou criticasse a dita "revolução", colocando-se contra os interesses da pátria defendidos pelo CCC – o que era um espectro bem amplo.

Com efeito, a partir de 1968, os atos terroristas atribuídos ao CCC tomaram uma grande proporção. Já não eram vistos somente em São Paulo e não tinham mais como alvo somente estudantes e o meio artístico. Se eram pessoalmente dirigidos pelo mesmo grupo das Arcadas, não se pode afirmar. Todavia, a ideia de caçar quem fosse comunista, no entender de um determinado conjunto de pessoas, se disseminou: o Comando de Caça aos Comunistas (CCC) virou uma ideia para além do grupo formado pelos estudantes das Arcadas em 1963.

Essa percepção é ilustrada quando, em agosto de 1968, em Fortaleza, o deputado Mosslair Cordeiro Leite (MDB) denuncia a criação de uma organização radical de direita, um comando de caça aos comunistas, CCC, com o objetivo de realizar "terrorismo psicológico e até a eliminação de algumas pessoas acusadas de

---

422 *Jornal do Brasil* (RJ), Ano 1968, Edição 00178, "CCC nasceu sob pancada e hoje aterroriza o país com bombas e mortes a Winchester", p. 23, 03/11/1968.

423 *Jornal dos Sports* (RJ), Ano 1967, Edição 12013, "'Comando de Caça aos Comunistas' é organização de estudantes que ajudam a polícia", p. 18, 01/11/1967.

adesão ao comunismo"[424]. Segundo o deputado, o grupo formado no Ceará tinha como objetivo implantar o terrorismo, "radicalizando" a repressão contra religiosos progressistas da região, líderes estudantis e políticos que os apoiassem. A segunda etapa, conforme o parlamentar, seria o assassinato de quem o CCC considerasse comunista. Menos de dois meses depois, em 7 de setembro de 1968, estudantes da Faculdade de Filosofia do Ceará acusavam o CCC de ter tentado invadir o prédio da faculdade[425].

Não foi só no Brasil que isso ocorreu. Nos primeiros meses de 1970, um comando de caça aos comunistas é formado na Argentina[426], e tinha como alvo qualquer militar, religioso ou civil que seguisse a ideologia comunista ou aqueles que o apoiassem ou colaborassem com "facções revolucionárias de caráter esquerdista"[427]. Os anos iniciais da década de 1970 estavam permeados de conflitos e crises políticas. A Triple A (a Aliança Anticomunista da Argentina – A.A.A.), organização de extrema direita, divulgava listas de pessoas que deveriam "ser executadas imediatamente onde elas se encontrem" (SERVETTO, 2008, p. 445, tradução nossa). Depoimento de Ednaldo Alves Silva, sobre os acontecimentos relacionados à sua prisão pelo regime em 30 de setembro de 1975, associa o CCC à Triple A:

> Perguntou-me [o interrogador] se eu sabia o que era o CCC, respondi-lhe que escutara falar ou lera nos jornais sobre o Comando de Caça aos Comunistas, em 1968, mas que nunca me envolvera com tal organização. O interrogador afirmou-me que eu estava sequestrado (foi o termo usado) pelo CCC, que por sua vez tinha ligação com o A.A.A. (Aliança

---

[424] *Jornal do Brasil* (RJ), Ano 1968, Edição 00110, "Deputado cearense foge após denunciar criação de órgão radical de direita", p. 18, 16/08/1968.

[425] *Jornal do Brasil* (RJ), Ano 1968, Edição 00129, "Policiais do DOPS invadem Faculdade no Ceará", p. 12, 07/09/1968.

[426] *Jornal do Brasil* (RJ), Ano 1970, Edição 00304, "Terror Argentino volta à ação", p. 8, 02/04/1970.

[427] *Correio da Manhã* (RJ), Ano 1970, Edição 23605, "Terror Mobiliza direita e esquerda Argentina; Direita promete luta", p. 15, 31/03/1970.

Anticomunista da Argentina) e que não sairia vivo de onde estava.[428]

Este depoimento, que menciona a participação do CCC no aparato repressivo, o que será discutido no capítulo seguinte, mostra também que a organização criada nas Arcadas em 1963 e que *inspirou* a criação de uma homônima, em outro país, associava-se – ou pretendia estar associada – a uma outra organização de extrema direita organizada na Argentina que recebia apoio material e financeiro de setores ligados ao governo argentino e que, assim como o CCC, tinha como um dos alvos o movimento estudantil (FAGUNDES, 2013).

Em Brasília, dias após o conflito na Maria Antônia, estudantes denunciavam a formação de grupos direitistas, ligados ao CCC, na Universidade de Brasília[429]. A Faculdade de Medicina da USP também foi alvo de atentados do CCC. "Isso é guerra psicológica da direita organizada", fala uma aluna. Segundo ela, uma das motivações dos ataques era o fato de o curso de medicina ter vencido a Universidade Mackenzie em um torneio esportivo[430].

O Colégio Brasílio Machado, no bairro da Liberdade, na capital de São Paulo, vinha recebendo ameaças de bombas, e a suspeita era de que tais ameaças estavam ligadas ao CCC, ao MAC (Movimento Anticomunista) e ao FAC (Frente Armada Anticomunista)[431].

Após pesquisas relacionadas a essa instituição, de modo a entender o que teria motivado as intimidações, já que somente este colégio apareceu relacionado às ameaças de bomba, chegou-se à informação de que nele estudou Antônio Guilherme Ribeiro Ribas que, em 1967, foi eleito Presidente da União Paulista de Estudantes Secundaristas – UPES. Três dias antes da imprensa noticiar

---

428 *Brasil: Nunca Mais*. Projeto A. Tomo I, "O Regime Militar"; Tomo V, vol. 1, "A Tortura" (12), p. 787.

429 *Jornal do Brasil* (RJ), Ano 1968, Edição 00159, "Manifestação", p. 11, 12/10/1968.

430 *Diário da Noite* (RJ), Ano 1968, Edição 13235, "Uma invasão misteriosa", p. 2, 14/10/1968.

431 *Tribuna da Imprensa* (RJ), Ano 1968, Edição 05670, "Prisões em SP dão em passeatas", p. 8, 10/09/1968.

as ameaças contra o colégio, Antônio Guilherme Ribeiro Ribas foi preso por participar de uma passeata contra a presença de Costa e Silva em ato comemorativo à data da Independência. Em 1973, Ribeiro Ribas, que também era militante do Partido Comunista do Brasil, desaparece na Guerrilha do Araguaia[432]. Também estudou neste colégio Massafumi Yoshinaga, que foi eleito, em 1967, vice-presidente da União Paulista dos Estudantes Secundaristas e que dirigia, no ano das ameaças, o jornal do colégio[433], tornando-se, em seguida, militante da Vanguarda Popular Revolucionária (VPR).

Em meados de outubro de 1968, o Centro Acadêmico Cândido de Oliveira, da Faculdade de Direito da Universidade Federal do Rio de Janeiro, foi invadido e pichado por membros do Comando de Caça aos Comunistas (CCC) e do Movimento Anticomunista (MAC)[434]. A Faculdade Nacional de Direito, no Rio de Janeiro, também foi alvo do CCC[435]. Dias antes, a explosão de bombas em outras faculdades da Universidade Federal do Rio de Janeiro, as ameaças de bomba contra a Faculdade de Letras, a invasão e depredação dos Diretórios Acadêmicos da Pontifícia Universidade Católica carioca e a explosão de bombas em teatros fizeram com que fosse noticiada a abertura de uma "sucursal" do CCC no Rio de Janeiro[436]. Também no Rio de Janeiro, um estudante de engenharia da Universidade Federal Fluminense que, segundo outros estudantes, era membro do CCC, atropelou intencionalmente três estudantes da universidade durante manifestações estudantis[437].

---

432 *Dossiê dos mortos e desaparecidos políticos a partir de 1964*. Recife: Companhia Editora de Pernambuco, 1995, p. 208.

433 BRASIL. Secretaria Especial dos Direitos Humanos. Comissão Especial sobre Mortos e Desaparecidos Políticos, 2007, p. 419-420.

434 *Diário de Natal* (RN), Ano 1968, Edição 08277C, "Polícia confirma prisão de 712 estudantes: Ibiúna", p. 1, 16/10/1968.

435 *Tribuna da Imprensa* (RJ), Ano 1968, Edição 05651, "Terror Invade Faculdade", p. 7, 16/10/1968.

436 *Jornal dos Sports* (RJ), Ano 1968, Edição 12344, "CCC e MAC também no Rio", p. 19, 06/10/1968.

437 *Jornal dos Sports* (RJ), Ano 1968, Edição 12363, "Medicina da UFF decreta greve branca", p. 11, 25/10/1968.

E, assim, atos atribuídos ao grupo foram se espalhando pelo Brasil: Em Maceió, a imprensa noticiou o início das atividades do CCC a partir da invasão da Faculdade de Filosofia, quando, em 21 de outubro de 1968, dez elementos, com porretes, invadiram a faculdade, destruíram cartazes e picharam o local com a sigla CCC[438]. A notícia apontava que um dos integrantes do grupo, de nome Keitel, era filho do professor Vanilo Galvão, diretor da Patrulha Nacional Cristã de Maceió e, segundo a reportagem, simpatizante do nazismo. Na ocasião, o secretário de Segurança do estado, coronel Adauto Barbosa, disse que coibiria qualquer atuação do CCC desde que esta fosse comprovada e que somente interviria na Universidade se isso fosse requerido por seus diretores. Na prática, requerer a intervenção da polícia nas universidades era abrir os portões para a repressão.

Como dito acima, não se pode afirmar que os atos praticados no país e atribuídos ao CCC tenham sido coordenados pelo grupo que o formou nas Arcadas. Mas, ainda que não tenha havido uma relação direta e material, houve uma espécie de relação ideológica que pode ser percebida pelos alvos escolhidos e pela forma de atuação. Caso fosse confirmado que o filho do líder da Patrulha Nacional Cristã teve participação em um ato realizado sob a sigla do CCC, estaríamos diante de um exemplo de aderência da sigla a grupos que já apresentavam discurso anticomunista e conservador.

O exemplo acima apresenta, também, a forma com que o Estado colaborava, de certa maneira, para que os atos fossem praticados sem dificuldade pelo grupo. O CCC só sofreria repressão se sua atuação fosse comprovada, mas como seria comprovada, se sequer era investigada?

Em 24 de outubro de 1968, houve uma tentativa de incendiar a Universidade Federal de Pernambuco, e o CCC foi apontado como

---

438 *Jornal do Brasil* (RJ), Ano 1968, Edição 00167, "Invasão da Filosofia foi o início do Comando de Caça aos Comunistas em Maceió", p. 7, 22/10/1968.

suspeito[439]. Ataques feitos por "terroristas" bem municiados, portando arma de fogo, cassetetes, baldes de gasolina e máscaras, à Universidade Católica, à Faculdade de Educação e à Escola de Engenharia da Universidade Federal de Pernambuco foram atribuídos "à nova organização extremista da Direita, o CCC"[440].

Na ocasião, o deputado Maurílio Ferreira Lima (MDB/PE) denuncia a participação de integrantes da aeronáutica no CCC. Foi encontrado no local dos atentados "um cassetete partido, pintado de branco, com as letras M. AER, inscrição própria do Ministério da Aeronáutica"[441]. Esses ataques foram objeto de uma correspondência enviada pela embaixada norte-americana no Brasil a Washington, indicando que os atos do grupo eram acompanhados pelos órgãos oficiais, como será discutido no capítulo seguinte.

No início de novembro, foi a vez de a Universidade Federal Rural de Pernambuco sofrer atentados atribuídos ao grupo. Foram destruídas máquinas de escrever, mimeógrafos e a Casa do Estudante foi alvejada por tiros[442]. Em Recife, a residência de dom Hélder é metralhada, dias depois de ser pichada, sendo os atos atribuídos ao Comando de Caça aos Comunistas (CCC)[443].

Em Sergipe, as atividades do CCC começam em 1968. Depois do deputado Rosendo Ribeiro anunciar a criação do CCC no estado[444], em meados de outubro, um estudante é sequestrado. O estudante foi forçado a entrar em um veículo, interrogado, submetido

---

439 *O Jornal* (RJ), Ano 1968, Edição 14441, "Sete pernambucanos tentaram incendiar", p. 14, 24/10/1968.

440 *Diário de Pernambuco* (PE), Ano 1968, Edição 00248, "Católica em oficial lamenta polícia não prenda terroristas", p. 3, 24/10/1968.

441 *Diário de Notícias* (RJ), Ano 1968, Edição 14093, "Parasar", p. 3, 29/10/1968. (Um trecho da reportagem está ilegível).

442 *Correio Braziliense* (DF), Ano 1968, Edição 02726, "CCC ataca e metralha a Universidade", p. 3, 03/11/1968; *Diário do Paraná* (PR), Ano 1968, Edição 03996, "Grupo de Mascarados invade a Universidade Federal Rural de Pernambuco", p. 3, 03/11/1968.

443 *Correio da Manhã* (RJ), Ano 1968, Edição 23178, "CCC ataca Arcebispo outra vez", p. 12, 30/10/1968.

444 *Correio da Manhã* (RJ), Ano 1968, Edição 23165, "Parlamentar quer o CCC em Sergipe", p. 2, 15/10/1968.

a maus tratos, com o objetivo de que o estudante denunciasse colegas que apoiavam o Congresso da UNE[445].

No início de novembro de 1968, as ameaças chegaram aos estudantes do Paraná[446]. "Aguardem, o CCC vai entrar em ação" foi a frase inscrita sobre os murais das faculdades de Curitiba. Especialmente na Universidade Federal do Paraná, havia uma maior quantidade de escritos, acrescidos do emblema do CCC. Dias antes das pichações, um manifesto do grupo foi lançado na cidade.

Neste crescente de violência, parlamentares também foram alvos de atentados por parte do grupo, tal como o ocorrido contra a Assembleia Legislativa do Rio de Janeiro, em outubro de 1968, que teve suas paredes pichadas acusando os deputados Aloisio Caldas, Alberto Rajão, Ciro Kurtz e Fabiano Vilanova[447] de serem comunistas[448].

Os deputados Marcio Moreira Alves[449] e Hermano Alves[450] recebiam telefonemas anônimos ameaçando-os de sequestro e morte pelo Comando de Caça aos Comunistas (CCC)[451]. O deputado

445 *Diário de Pernambuco* (PE), Ano 1968, Edição 00255, "Rapto de estudantes dá início às atividades do CCC em Sergipe", p. 10, 01/11/1968.

446 *Diário da Tarde* (PR), Ano 1968, Edição 21481, "CCC inicia ameaça contra estudantes", p. 6, 08/11/1968.

447 Não foram localizadas maiores informações sobre estes parlamentares. Sabemos apenas que os dois primeiros eram membros do MDB.

448 *Jornal do Brasil* (RJ), Ano 1968, Edição 00156, "Assembleia apareceu pichada no Rio", p. 3, 09/10/1968.

449 Marcio Moreira Alves, advogado e jornalista. Deputado federal pelo MDB (1967-1968), teve ação destacada no Congresso quando dos debates da reforma universitária, além de também se posicionar constantemente, na plenária, contra os desmandos da ditadura. Além disso, foi personagem central de um dos ocorridos mais emblemáticos de 1968 quando, às portas do AI-5, se posicionou veementemente contra o regime. Em função disso, passou a tramitar na Câmara um pedido de licença para que ele fosse processado em virtude de suas declarações (CELESTE FILHO, 2000).

450 Hermano Alves, jornalista, deputado federal pelo MDB (1967 – 1971), teve seu mandato cassado em face do AI-5.

451 *Tribuna da Imprensa* (RJ), Ano 1968, Edição 05647, "Novas ameaças a Márcio aumentam a crise", p. 3, 05/11/1968.

Aloisio Caldas foi ameaçado, por meio de um telefonema anônimo, de sequestro[452].

Em São Paulo, o candidato a vereador pelo MDB, José Antônio Oliveira Laet, foi sequestrado e, para os familiares do político, o CCC estaria envolvido no crime[453]. Quando libertado, o candidato prestou um depoimento que sumiu "de forma misteriosa"[454].

Atentados em todo o país sendo atribuídos ao grupo e, um mês após a Batalha da Maria Antônia, o *Jornal do Brasil* (RJ), dias antes da famosa publicação de *O Cruzeiro* (RJ), leva o grupo para as manchetes da primeira página do seu jornal sob o título: "CCC – terror paramilitar"[455]. Segundo a reportagem:

> "Acertei um, acertei um" – grita eufórico, erguendo sua Winchester, um estudante do terceiro ano de Engenharia da Mackenzie, do alto do telhado de um dos prédios da Universidade Mackenzie, quando o secundarista José Guimarães tomba morto na Rua Maria Antônia, com um tiro na cabeça. Nas paredes da Faculdade de Filosofia da USP, um lembrete: "Cuidado esquerdinhas, CCC já voltou." (...) uma organização clandestina com treinamento paramilitar, constituída por membros da elite paulistana (...) [com] o objetivo de neutralizar a atuação de grupos de esquerda, defendendo inclusive a necessidade de eliminação física da "minoria internacionalizante" (...)[456]

---

452 *Correio da Manhã* (RJ), Ano 1968, Edição 23163, "Na mira do CCC", p. 2, 12/10/1968; *O Jornal* (RJ), Ano 1968, Edição 14431, "CCC ameaça Deputado", p. 3, 12/10/1968.

453 *Jornal do Brasil* (RJ), Ano 1968, Edição 00158, "Governo investiga o terrorismo de direita", p. 1, 11/10/1968.

454 *Jornal do Commercio* (RJ), Ano 1968, Edição 00012, "Some o depoimento de candidato sequestrado", p. 3, 13/10/1968.

455 *Jornal do Brasil* (RJ), Ano 1968, Edição 00178, "CCC – terror paramilitar", p. 1, 3/11/1968.

456 *Jornal do Brasil* (RJ), Ano 1968, Edição 00178, "CCC nasceu sob pancada e hoje aterroriza o país com bombas e mortes a Winchester", p. 23, 3/11/1968.

A primeira menção à pichação "CCC já voltou" nos muros da Faculdade de Filosofia da USP foi em agosto de 1968, na sequência das ocupações estudantis, no contexto das discussões sobre a reforma universitária e da efervescência da resistência estudantil ao regime. Apesar de ter mantido sua atuação entre os muros da universidade, como se discutiu no capítulo anterior, da sua criação até 1968, uma maior movimentação estudantil contra o regime exigiu que o grupo marcasse sua posição para além das Arcadas e da Mackenzie.

Além de relacionar o CCC à morte do estudante, a reportagem traz o nome de Raul Nogueira de Lima, o Raul Careca, como membro do grupo e agente do Serviço Nacional de Informações (SNI), qualificando-o como um dos principais chefes e responsável pela triagem dos candidatos a ingressarem no grupo. Um agente do Estado fazia parte de um grupo acusado de diversos atentados, incluindo a morte de um estudante, e nenhuma providência foi tomada pelo governo. Raul Nogueira segue sua atividade profissional – no aparelho repressivo e no CCC. Em 1976, envolve-se em um caso de homicídio de um soldado[457].

O CCC já era conhecido em todo o país. Mais que conhecido: grupos em diferentes locais praticavam atos utilizando sua sigla. A evidência sob a qual o grupo foi posta a partir do atentado aos atores da peça *Roda Viva* foi fortalecida após a Batalha da Maria Antônia. Foi após isso que o repórter Pedro Medeiros, da revista *O Cruzeiro* (RJ), após semanas acompanhando o grupo, publica a reportagem que viria a ser a mais conhecida sobre o grupo, alcançando uma grande repercussão: na reportagem "CCC ou o Comando do Terror"[458], foi divulgada, pela primeira vez, uma lista com nomes e fotos de acusados de pertencerem ao grupo.

O Cruzeiro (RJ) foi um periódico semanal publicado de novembro de 1928 até julho de 1975. Foi a primeira revista de circulação

---

457 *Movimento: Cena Brasileira: Subúrbio Carioca* (RJ), Ano 1979, Edição 00200, "O Delegado no Banco dos Réus", p. 11, abr/79.

458 *O Cruzeiro* (RJ), Ano XL, Edição 45, "CCC ou o Comando do Terror", p. 19-23, 9/11/1968.

nacional do Brasil e tinha como intuito, quando da sua criação, se apresentar como "revista síntese de uma época da história da imprensa brasileira" (BARBOSA, 2002, p. 1), apostando em um visual gráfico inovador e em reportagens que apresentassem diferentes regiões do país. Ao lado das grandes reportagens, publicava matérias sobre política, literatura, esporte e teatro (MENDES, 2017, p. 40).

Marialva Barbosa (2002) destaca a constituição da revista como uma espécie de porta-voz de uma "determinada história da nação":

> a revista é lida por milhares de leitores. Milhares de leitores que vêm na publicação reportagens não apenas do domínio do excepcional, mas que procura registrar – no momento mesmo do acontecimento – instantes fundamentais para a construção de uma determinada história da nação. A revista constrói-se como testemunha de uma época, reproduzindo, com o apoio sempre da fotografia, momentos que são apresentados como unívocos (BARBOSA, 2002, p. 15).

A revista se alinhou aos movimentos que intentavam a deposição de Goulart e repercutiu a "ruptura constitucional de forma positiva, destacando a grande aceitação popular e o papel desempenhado por civis no processo, em uma edição especial publicada em 10 de abril de 1964". Durante o regime, teve, de forma geral, uma postura de apoio aos militares (MENDES, 2017, p. 48-50).

Nas conversas entre o repórter e membros do CCC publicadas na edição de 9 de novembro de 1968, temas que iam desde o surgimento do grupo a partir de estudantes do Colégio Mackenzie e do Largo de São Francisco até os motivos da escolha de uma pirâmide, símbolo que costumava ser pichado em muros, como uma marca do grupo, representando a figura de "um chefe no topo, que comanda setores cada vez maiores, à medida que a pirâmide vai crescendo e aumentando suas bases de apoio"[459] (Figura 4) .

---

459 *O Cruzeiro* (RJ), Ano XL, Edição 45, "CCC ou o Comando do Terror", p. 19-23, 9/11/1968.

No primeiro encontro, o repórter teria furtado um caderninho de telefones de um dos integrantes. Ligação após ligação, conseguiu a senha que o levou a outro encontro do grupo. Segundo o repórter:

> Aos poucos, com o passar dos dias, eu ia recolhendo mais material. Eram nomes que escapavam nas conversas com o pequeno grupo em que eu era o *Amigão*, eram comentários sobre a personalidade de cada, suas atividades quotidianas e sua atuação nos choques políticos. Consegui fazer um fichário com vários nomes e dados pessoais sobre cada um. (grifo no original).[460]

Dos encontros surge a lista de acusados de pertencer ao CCC, que causou uma ruidosa repercussão, especialmente por se tratar de uma lista e de uma reportagem sobre um grupo que esteve envolvido, no mês anterior, em um conflito que terminou com a morte de um estudante, José Guimarães, e que mobilizou a opinião pública, a imprensa e algumas figuras políticas.

O deputado Fernando Perrone, por exemplo, que fazia parte da Comissão Especial de Inquérito (CEI) que tramitava na Assembleia Legislativa do Estado de São Paulo e que investigava o ocorrido, mencionou a reportagem em uma das suas falas na comissão e solicitou a juntada da revista aos autos do inquérito. O *Correio da Manhã* (RJ) e o *Jornal* (RJ) mencionaram a reportagem da revista *O Cruzeiro* (RJ), especialmente por conta das ameaças feitas pelo grupo à revista[461].

Na famosa lista, os dados dos jovens acusados não iam muito além de informações sobre as faculdades em que estudavam, o fato de andarem armados, ou, de forma sumária, o local em que

---

460 *O Cruzeiro* (RJ), Ano XL, Edição 45, "CCC ou o Comando do Terror", p. 19-23, 9/11/1968.

461 *Correio da Manhã* (RJ), Ano 1968, Edição 23179, "CCC ameaça imprensa com terror", p. 11, 31/10/1968; Ano 1968, Edição 23185, "O Cruzeiro recebe ameaça do CCC e DOPS monta guarda", p. 11, 07/11/1968; *O Jornal* (RJ), Ano 1968, Edição 14452, "'O Cruzeiro' dá subsídio à punição de terroristas", p. 9, 06/11/1968.

moravam ou trabalhavam. No geral, focava-se em dizer o quanto seriam violentos – como no caso de Francisco Antônio Fraga, que a revista menciona ser "bastante agressivo, chega à histeria", e de João Parisi Filho, que "age com uma violência de espantar os colegas mais duros"[462].

Da lista publicada pela revista, alguns integrantes, mais tarde, assumiriam a participação no grupo, tais como Cassio Scatena, Raul Nogueira de Lima e João Marcos Flaquer. Os demais negaram quando da divulgação da reportagem e continuaram afirmando que não tiveram envolvimento com o grupo. Na semana seguinte, a revista deu sequência ao tema, noticiando os protestos contra ela – inclusive ameaças de bomba – feitos por elementos que se diziam membros do grupo.

Em 16 de novembro de 1968, *O Cruzeiro* (RJ) divulga um manifesto do grupo, ao qual teria tido acesso:

> Vítima de insidiosa e permanente campanha de difamação através de vários veículos da imprensa, o CCC (COMANDO DE CAÇA AOS COMUNISTAS) sente-se no dever de dar uma satisfação à opinião pública de nossa terra, que queremos livre, e, por isso mesmo, corretamente informada.
>
> Isto fazemos na convicção de estarmos contribuindo para atingir um dos nossos objetivos, que é o de alertar nosso povo para os inimigos de fora e de dentro que incansavelmente, maquinam contra sua tranquilidade e a sua dignidade. Dentre esses inimigos, um dos que se tem revestido de maior virulência nestes últimos tempos é MÁQUINA DE DESINFORMAÇÃO E DISTORÇÃO instalada na maioria dos jornais, revistas, estações de rádio e TV. Através dela se tem procurado dissolver a família, corromper a juventude, aviltar a religião e extinguir o patriotismo. E tudo isso de maneira perfidamente sorrateira à base de maciça inocula-

[462] *O Cruzeiro* (RJ), Ano XL, Edição 45, "CCC ou o Comando do Terror", p. 19-23, 9/11/1968.

ção dos germes da decomposição na simples e generosa de um povo que merece melhor sorte.

Como não poderia deixar de ser, essa máquina, lubrificada com fartos recursos de procedência não raro espúria, voltou-se com especial ímpeto contra o CCC, pois aos que comandam e aos que a servem não interessa que se preserve e se reavive os valores pelos quais nos batemos.

Dizem-nos "nazistas", "fanáticos", "radicais", "antidemocratas", e quantos mais adjetivos encontram em disponibilidade no farto vocabulário que o Comunismo Internacional conseguiu transformar em muletas, das quais se servem os espíritos incapazes de caminhar sob o impulso soberano da luz da própria razão.

No entanto, se nos insurgimos contra algo, é contra um estado de coisa marcado pela injustiça, pela miséria, pelos privilégios, pela subserviência, pela baderna, pela imoralidade e por todas outras mazelas que andam de mãos dadas com uma ideologia apátrida, que já sufocou a liberdade de inúmeros povos e de milhões de pessoas em todo o mundo.

O fato de sermos contra isso implicitamente demonstra a favor do que somos.

Somos por um Brasil livre e próspero, por justiça para todos os brasileiros, pela retomada do desenvolvimento econômico, pela punição para os corruptos e corruptores, pela ordem em contraposição à anarquia de irresponsáveis baderneiros de qualquer matiz, pela moralização dos costumes através de ampla campanha de civismo, pelo corajoso combate à subversão, pelo respeito aos autênticos princípios cristãos que plasmaram a nacionalidade, a fim de que pelo esforço de todos se possa construir uma Nova Pátria que, engrandecida, queremos transmitir aos nossos descendentes.

Por isso, a denominação com que passou a ser conhecido o nosso movimento não pode ser confundida com uma simples afirmação de violência negativa. Não somos apenas pela repressão. Se o combate ao GRANDE INIMIGO se insinuou irresistivelmente em nosso lema, isso se deveu às condições históricas diante das quais tivemos de situar-nos quando em nós despertou a consciência da necessidade de uma atuação pronta para conter as hordas adversárias. Com o Comunismo Internacional maquiavelicamente preparando o seu bote definitivo, graças à inconsciência e, não raro, à conivência daqueles a quem – fardados ou não – caberia zelar pelos sagrados interesses da pátria, a missão mais urgente e inadiável consistia em opor uma barreira a esse exército subterrâneo de traidores. "Caça aos Comunistas" não significa mais do que um brado de alerta para o despertar das consciências diante do perigo mais imediato, que viria representar a consolidação de tudo o de ruim que não desejamos para o nosso povo: a supressão da liberdade, dominação estrangeira, "terrorismo cultural" institucionalizado, esmagamento da dignidade humana, nivelamento da massa na miséria, dominação de oligarquias burocratas. Quem for contra o isso é contra o Comunismo.

E quem for contra o Comunismo é contra as condições que propiciam o seu florescimento, tais como: inépcia governamental, "entreguismo" político ou econômico, ausência de desenvolvimento, envenenamento da juventude e da opinião pública em geral pelo marxismo encastelado nas cátedras, na imprensa e nos púlpitos.

Nossa luta, portanto, não é apenas de denúncia dos comunistas, grupos de pessoas a serviço da subversão. Não é nem mesmo apenas contra as ideias deletérias de que uns e outros são portadores. Isso tudo tem caráter apenas episódico. A nossa verdadeira luta é pela instauração de um autêntico poder revolucionário, imbuído dos mais altos ideais de patriotismo e que seja capaz de enfrentar com coragem e decisão o desafio das velhas estruturas residuais garantidoras dos privilégios dos "donos do Brasil" que, pelo seu poderio econômico, castigam a sociedade principalmente nos setores de mais reduzidos recursos, fazendo do salário um furto e da economia uma ilusão; que seja capaz de renovar os critérios políticos, implicar o povo neles, reforçar os valores espirituais que caracterizam a nossa civilização, impulsionar o progresso mediante uma visualização ampla de todos os problemas dentro de um escalonamento prioritário consoante à tecnologia de nosso tempo. Estes são os objetivos que a Nação tem em vista e ansiosamente espera.

COMANDO DE CAÇA AOS COMUNISTAS
S. Paulo, Rio de Janeiro, B. Horizonte, P. Alegre[463]

O Cruzeiro (RJ) comentou que o manifesto do grupo deixava "transparecer sua irritação" com a reportagem da revista[464]. Apesar de não ser o único manifesto assinado pelo grupo, foi o que, pela ocasião, teve mais atenção do público e repercussão. A imprensa, à época do manifesto, já vinha tecendo críticas contra a atuação do CCC, o que gera protestos do grupo. Os jornais, que há bem pouco tempo se referiam ao CCC como um grupo formado por estudantes que atuava na defesa do regime, ao assistirem a escalada do regime e a impunidade garantida ao CCC mesmo após o ataque aos atores da peça *Roda Viva* e a Batalha da Maria Antônia, começaram a se posicionar contra o grupo – ainda que com algumas exceções. Não se tratava exatamente de um posicionamento da imprensa contra a ditadura, mas, sim, de um desacordo com as práticas do CCC, que colocavam em risco a estabilidade do regime e poderiam causar seu fechamento.

---

463 *O Cruzeiro* (RJ), Ano XL, Edição 46, "O Cruzeiro na mira do terror", p. 30-34, 16/11/1968, apud LOPES (2014, p. 62 e ss, grifos no original).
464 *O Cruzeiro* (RJ), Ano XL, Edição 46, "O Cruzeiro na mira do terror", p. 30-34, 16/11/1968, apud LOPES (2014, p. 62 e ss).

As cartas-resposta de acusados pela *O Cruzeiro* (RJ) de serem membros do CCC foram publicadas na edição de 30 de novembro de 1968 da revista, que introduziu seu conteúdo sob o título "Ninguém é do CCC"[465]. Enviaram manifestações à revista: Henri Penchas, Douglas Grazzini, Dilermando Cigagna Jr., Henrique Meira de Castro, Souvenir Assumpção Sobrinho, Antônio Salvador Súcar, Lionel Zaclis, Pedro José Liberal, Jan Koudella, Paulo F. Campos Salles de Toledo, Percy Eduardo Eckmann, Boris Casoy, Augusto Florestano, Roberto de Ulhôa Cintra e Silvio Salvo Venosa.

Nas manifestações encaminhadas à revista, alguns acusados apresentam justificativas as mais diversas para comprovar que não eram ligados ao grupo. Percy Eduardo Eckmann fez questão de afirmar que não andava armado e que, na verdade, gostava de velejar e jogar tênis[466]. Boris Casoy fez questão de ressaltar que vivia "exclusivamente dedicado ao jornalismo e ao serviço público"[467]. Sílvio Salvo Venosa reafirma seu caráter de "estudante devotado aos estudos e ao trabalho"[468]. Douglas Grazzini e Dilermando Cigagna Jr. afirmaram não pertencer ao CCC, mas, segundo a revista, indicaram outras pessoas como pertencentes ao grupo[469].

A relação com a política acadêmica também foi mencionada pelos estudantes em suas manifestações em repúdio às acusações. Segundo a revista, Percy Eduardo Eckmann, teria mencionado "simpatizar" com o Partido de Representação Acadêmica (PRA), mas teria dito que não tinha ligação com o CCC. Paulo F. Campos Salles de Toledo, por sua vez, disse que tinha fundado

---

465 *O Cruzeiro* (RJ), Ano XL, nº 48, "Ninguém é do CCC", p. 132-133, 30/11/1968, apud LOPES (2014, p. 67 e ss).

466 *O Cruzeiro* (RJ), Ano XL, Edição 46, "O Cruzeiro na mira do terror", p. 30-34, 16/11/1968, apud LOPES (2007, p. 36 e ss.).

467 *O Cruzeiro* (RJ), Ano XL, Edição 46, "O Cruzeiro na mira do terror", p. 30-34, 16/11/1968, apud LOPES (2014, p. 68 e ss.).

468 *O Cruzeiro* (RJ), Ano XL, Edição 46, "O Cruzeiro na mira do terror", p. 30-34, 16/11/1968, apud LOPES (2007, p. 36 e ss.).

469 *O Cruzeiro* (RJ), Ano XL, Edição 46, "O Cruzeiro na mira do terror", p. 30-34, 16/11/1968, apud LOPES (2014, p. 62 e ss.).

recentemente um novo partido acadêmico, além de afirmar sua discordância em relação ao CCC[470].

Outro grupo de acusados enviou sua carta-resposta diretamente ao jornal *O Estado de S. Paulo*: João Marcos Monteiro Flaquer, Francisco Antônio Fraga, Luiz Correa Salles, Araken Testa, Fernando Forte, Acácio Vaz de Lima Filho, Francisco José Aguirre Menin, João Parisi Filho, Raul Nogueira de Lima, Cassio Scatena, Cícero A. J. Gubeissi, Paulo Roberto Chaves de Lara, Paulo F. Campos Salles de Toledo, Dilermando Cicagna[471], Lionel Zaclis, Estevam Augusto dos Santos Pereira e José Antônio de Oliveira Machado. Os acusados negaram a participação no CCC, mas lembraram aos leitores que o grupo foi criado para "se opor à implantação do regime comunista no Brasil". Quanto aos atos dos quais foram acusados, como a participação no ataque à peça *Roda Viva*, os signatários negaram a participação, mas declararam sua revolta contra a peça "pornográfica, imoral, deletéria e subversiva" e a criticaram por conta de seu desrespeito à família, à sociedade, à religião e às forças armadas.

Além de negar a participação na Batalha da Maria Antônia, os signatários da carta alegaram que não houve ataque à Faculdade de Filosofia, Ciências e Letras da USP; os atacados teriam sido os mackenzistas, que professam a "democracia no seu sentido mais puro" e se dedicam a seus estudos, não participando "da agitação e da subversão, pois deseja preparar-se convenientemente para conduzir o Brasil a seu verdadeiro destino", enquanto o grupo da Faculdade de Filosofia é responsável pelas agitações estudantis.

Na carta, os jovens *defenderam* o CCC das acusações de participação no conflito entre os estudantes. Para os signatários, imputar o ato ao CCC era uma tentativa de esconder que a maioria

---

470 *O Cruzeiro* (RJ), Ano XL, Edição 46, "O Cruzeiro na mira do terror", p. 30-34, 16/11/1968, apud LOPES (2007, p. 36 e ss.).

471 Na documentação, o sobrenome de Dilermando aparece grafado de duas maneiras: "Cigagna", que é o sobrenome que consta na lista de alunos das Arcadas, e "Cicagna", que é a forma grafada utilizada pela revista *O Cruzeiro* (RJ), de 9 de novembro de 1968, em que o estudante é acusado de pertencer ao CCC (*O Cruzeiro* (RJ), Ano XL, Edição 45, "CCC ou o Comando do Terror", p. 19-23, 9/11/1968).

dos estudantes também se opunha "aos desígnios impatrióticos dos que querem colocar o Brasil sob o tacão do comunismo internacional"[472].

A última reportagem da série sobre o CCC feita pela revista foi uma entrevista de João Parisi Filho, um dos acusados de fazer parte do grupo, publicada em 6 de dezembro de 1968. João Parisi Filho era aluno da Universidade Presbiteriana Mackenzie, artista plástico e, segundo a revista "jovem paulista que desde 1961 vem tornando monótona a conquista de prêmios em bienais e salões de arte, negando-se, contudo, a vender seus quadros em galerias".

Na entrevista, dá suas declarações sobre o que pensa sobre arte. Entre outras declarações, para ele, "a arte deve ser arma de combate". Além disso, relata o sequestro sofrido quando foi feito prisioneiro do movimento estudantil durante a Batalha da Maria Antônia. Mesmo minucioso, o relato não menciona o processo de resgate organizado por integrantes do CCC, que envolveu a troca de João Parisi Filho por outros estudantes sequestrados para esse fim pelo grupo, conforme relato de Cassio Scatena ao pesquisador Gustavo Lopes[473].

O discurso contra a imprensa utilizado pelo CCC é retomado no trecho da entrevista de João Parisi Filho que segue abaixo. Ao final, manifesta-se sobre o grupo:

> (...)
>
> Existe uma verdade que deve ser dita. Os veículos de informação são, quase em sua totalidade, órgãos de esquerda. As redações de jornais, as cátedras universitárias, os púlpitos, os bastidores de teatros abrigam em suas fileiras uma minoria ativista que impõe suas normas e ameaça subverter o regime.

---

472 *O Estado de S. Paulo* (SP), "Uma reportagem de 'O Cruzeiro'", 07/11/1968 (pasta E42P06, Arquivo da Universidade Presbiteriana Mackenzie).

473 LOPES, 2014, p. 146-147, relato fornecido por Cassio Scatena.

Eu creio realmente que uma elite organizada de traidores toma conta da chamada imprensa livre.

(...)

Vivemos hoje, no Brasil, o macartismo às avessas. Quem for anticomunista não tem vez no mundo artístico, se bem que mundo artístico deve ser escrito entre aspas. E se o artista faz média, vira Caetano Veloso, cuja arte, dando a impressão de ser vanguardista, tem por única finalidade o faturamento grosso.

(...)

Ora, na verdade tomei conhecimento do CCC pelos muros pichados. Depois, pelos jornais. A primeira ideia que tive foi a de um organismo terrorista de direita. A máquina de esquerda teria distorcido a imagem? Mas dois manifestos vieram a público. Gostaríamos de resumi-los: "Lutamos por um Brasil livre e próspero, por justiça para todos os brasileiros, pela retomada do desenvolvimento econômico, pela extinção do favoritismo, pela punição dos corruptos e dos corruptores, pela ordem em contraposição à anarquia de irresponsáveis baderneiros de qualquer matiz. E a nossa verdadeira luta é pela instauração de um autêntico poder revolucionário, imbuído dos mais alvos ideais de patriotismo e que seja capaz de enfrentar com coragem e decisão o desafio das velhas estruturas residuais, que garantem os privilégios dos 'donos do Brasil'."

– Ora, se isto é CCC, acho que todo o Brasil deve se unir num só e imenso CCC e marchar em direção aos verdadeiros caminhos que deveria ter trilhado a Revolução de 31 de Março.[474]

---

474 *O Cruzeiro* (RJ), Ano XL, Edição 49, "Um pintor da extrema-direita", p. 132-134, 6/12/1968, apud LOPES (2007, p. 53 e ss).

Além do julgamento à imprensa, João Parisi Filho critica os rumos da "revolução". Aos elementos do CCC, a "revolução" não marchava no caminho correto. Parisi corrobora a crítica do grupo aos "corruptos", e esse mote vai sustentar a criação, por João Parisi Filho, de uma outra organização nos anos 1970, a Cruzada Nacionalista. Sua atuação no CCC, aliás, é mencionada em um informe do Serviço Nacional de Informações (SNI)[475].

O ano de 1968 findando, o AI-5 é decretado, e, embora os atentados tenham diminuído, não deixaram de ocorrer. Se, por um lado, os partidários da sigla achavam necessário ver a consolidação da repressão por parte do governo para que pudesse deixar de ver a ameaça da "ditadura marxista" que rondava o país, por outro, o endurecimento do regime legitimava ainda mais os seus atos.

O que se observa é que, a partir de meados de 1968, já não se tratava mais de um único grupo; eram vários comandos de caça aos comunistas espalhados pelo país, como modos de operação e alvos muito similares. Como dito, não se descarta a possibilidade de que houvesse alguma direção por parte dos membros do grupo das Arcadas. O que se evidencia é que a ideia de João Marcos Flaquer, gestada nos bancos das Arcadas em 1963, percorreu o país pelas mãos e bombas de muitos outros.

Após a repercussão dos atos do CCC na capital paulista, a sigla se torna conhecida em todo o país. A reorganização da oposição no ano de 1968 exigiu um maior esforço por parte dos apoiadores do regime para manter a "revolução" em seus trilhos. Outros agrupamentos, identificando-se ideologicamente com o grupo e com sua forma de atuação, apropriam-se da sigla para praticar seus atos. Isso foi possível porque havia uma aderência das ideias do grupo no tecido social da época. Em muitas pessoas havia um medo real do que o comunismo representava, portanto a existência de um grupo que caçava os tais comunistas talvez não fosse de todo ruim.

---

475 Relatório BR_DFANBSB_V8_MIC_GNC_EEE_81005663 (Fundo Serviço Nacional de Informações, Arquivo Nacional).

Uma diferença no formato dos atentados atribuídos à sigla se viu no Recife[476]. Era um CCC com características muito mais policialescas e violentas. Em abril de 1969, Cândido Pinto de Melo, estudante de engenharia, presidente da União dos Estudantes de Pernambuco (UEP), foi "vítima de uma emboscada do CCC. Caçado nas ruas do Recife, por um bando de mascarados armados"[477], foi alvejado e, por conta disso, ficou paraplégico[478]. No ataque à Universidade Federal Rural de Pernambuco, os membros do grupo também estavam mascarados.

Dias depois, a Cúria Metropolitana de Recife foi metralhada durante a madrugada do dia 28, e o ato atribuído ao Comando de Caça aos Comunistas (CCC)[479].

Tudo isso no contexto da escalada do Ato Institucional nº 5, que se expressava no cerco cada vez mais fechado aos movimentos que se opunham ao regime e legitimava a repressão e a violência. Todavia, haveria ainda uma ação, dias depois, que fecharia este ciclo de ações do CCC, que tinha como objetivo passar uma mensagem a dois setores alvo do grupo: a Igreja e o movimento estudantil.

2.7 O CCC EM RECIFE E O ASSASSINATO DE PADRE HENRIQUE

Em 1969, o CCC é relacionado à morte violenta do padre Antônio Henrique Pereira Neto. Na noite de 26 de maio de 1969, o padre Henrique é sequestrado e barbaramente torturado antes de

---

476 Sem especificar detalhes ou o período exato em que isso ocorreu, o relatório da Comissão Especial sobre Mortos e Desaparecidos Políticos relata que o estudante de medicina da Universidade Federal de Pernambuco, Umberto de Albuquerque Câmara Neto, sofria ameaças do CCC (BRASIL. Secretaria Especial dos Direitos Humanos. Comissão Especial sobre Mortos e Desaparecidos Políticos, 2007, p. 354).

477 *Correio da Manhã* (RJ), Ano 1969, Edição 23335, "Tensão nas Universidades", p. 4, 14/05/1969.

478 Relatório da Comissão Nacional da Verdade, 2014, Volume 1, p. 132-133.

479 *Diário de Pernambuco* (PE), Ano 1969, Edição 00097, "Saraivada na fachada do Juvenato", p. 1-8, 29/04/1969.

ser assassinado, na madrugada do dia 27 de maio. O cadáver, com marcas de bala, facadas e uma corda no pescoço, foi deixado no terreno da Cidade Universitária[480], uma mensagem clara e dupla, ao clero e ao movimento estudantil.

Padre Henrique era coordenador da Pastoral da Arquidiocese de Olinda e Recife, exercia seu ministério diretamente com a juventude, e era próximo de dom Hélder Câmara. Alguns setores da Igreja, sobretudo os ligados à Teologia da Libertação[481], eram alvos da repressão do regime por exercerem papel relevante junto aos movimentos de resistência à ditadura. Como exemplo, além de dom Hélder, os freis Betto, Tito, Ivo e Fernando foram alvos da repressão, presos e torturados. Frei Tito, em virtude da violência sofrida, se suicida tempos depois.

Padre Henrique, em abril de 1968, celebrou uma missa em memória de Edson Luiz de Lima Souto, estudante morto a tiros por policiais no restaurante universitário Calabouço, no Rio de Janeiro, em 28 de março de 1968. Brasil (2010, p. 82) aponta esse fato como a causa que deu início às ameaças do Comando de Caça aos Comunistas (CCC) ao sacerdote.

Apesar da violência do ato, a censura impingida à imprensa se fez notar na quantidade das reportagens publicadas por conta do assassinato de padre Henrique. Foram somente sete reportagens publicadas em todo o ano de 1969. A imprensa local foi impedida

---

480 BRASIL. Secretaria Especial dos Direitos Humanos. Comissão Especial sobre Mortos e Desaparecidos Políticos, 2007, p. 96.

481 Uma corrente da Igreja Católica que, a partir de um olhar crítico sobre o Evangelho, defende, em suma, a necessidade de transformações econômicas e políticas como forma de superar a pobreza e desigualdade social. Para Bittencourt (2012, p. 34), Gustavo Gutiérrez é o "'Pai' da Teologia da Libertação", pois "a partir de seus posicionamentos derivaram-se os primeiros rumos de uma teologia que apelava para a libertação". Segundo a autora, "Gustavo Gutiérrez, em vinda ao Brasil no ano de 1969, encontrou o país atravessando grandes crises, era a fase da ditadura militar. Nessa época teve contato com estudantes, militantes da Ação Católica, e com muitos padres, cujos testemunhos de vida trouxeram grandes contribuições para as suas reflexões teológicas, com grande repercussão na sua obra fundamental – Teologia da Libertação." (BITTENCOURT, 2012, p. 37). No Brasil, a Teologia da Libertação teve como maior representante o frei Leonardo Boff, que publicou o livro *Jesus Cristo Libertador*, em 1972.

de publicar qualquer notícia sobre o ocorrido (ALVES, 1979, p. 185). O caso volta à imprensa nos anos seguintes, por conta dos desdobramentos do inquérito aberto por conta do homicídio, inconclusivo e sem que ninguém fosse punido pelo crime.

Em julho de 1969, a Comissão Judiciária de Inquérito formada para apurar o ocorrido apontou como suspeito Rogério Matos do Nascimento[482], estudante de Economia, que negou participação no crime, sem deixar de afirmar que o assassinato teve motivação política[483]. Antes do assassinato, o padre Henrique havia recebido ameaças assinadas pelo Comando de Caça aos Comunistas (CCC)[484]. Durante o depoimento nas investigações do assassinato de padre Henrique, o irmão marista Orlando Cunha Lima destaca as ameaças recebidas, oriundas do CCC, que mencionavam também dom Hélder Câmara[485]. Sobre a sequência de ameaças, dom Hélder declara:

> Houve, primeiro, ameaças escritas em edifícios, acompanhadas, por vezes, de disparos de armas de fogo. (...) Vieram, depois, ameaças telefônicas, com o anúncio de que já estavam escolhidas as próximas vítimas. A primeira foi o estudante Cândido Pinto de Melo. (...) A segunda foi um jovem sacerdote, cujo crime exclusivo consistiu em exercer apostolado entre os estudantes. (...) Que o holocausto do padre Antônio Henrique obtenha de Deus a graça da

---

482 No inquérito aberto no Tribunal de Justiça de Pernambuco para apurar o atentado, além de Rogério Matos do Nascimento, também foram acusados como responsáveis pelo sequestro, tortura e morte do padre Henrique: o delegado Bartolomeu Gibson, o investigador de polícia Cícero Albuquerque, o tenente José Ferreira dos Anjos, da PM, Pedro Jorge Bezerra Leite, José Caldas Tavares e Michel Maurice Och (BRASIL. Secretaria Especial dos Direitos Humanos. Comissão Especial sobre Mortos e Desaparecidos Políticos, 2007, p. 96).

483 *Diário de Pernambuco* (PE), Ano 1969, Edição 00174, "Rogério afirma que homicídio foi político", p. 8, 31/07/1969.

484 *Correio da Manhã* (RJ), Ano 1969, Edição 23380, "Comissão já tem suspeito na morte de Padre Henrique", p. 6, 06/07/1969.

485 *Correio da Manhã* (RJ), Ano 1969, Edição 23436, "Marista diz que dez padres irão morrer no Recife", p. 6, 10/09/1969.

> continuação do trabalho pelo qual doou a vida e a conversão dos seus algozes. (Declaração do Arcebispado de Recife e Olinda, em 27 de maio de 1969, sobre o assassinato do padre Antônio Henrique Pereira Neto in KUCINSKI; TRONCA, 2013, p. 174-175).

O processo tramitou, de forma inconclusiva e, em 1972, o CCC voltou a ser relacionado com o assassinato. O desembargador Agamenon Duarte apontou a existência de provas da participação do CCC no ocorrido, referindo-se ao grupo como "entidade responsável pelo assassinato do padre Antônio Henrique Pereira Neto"[486]. Além disso, apontou a Central Intelligence Agency (CIA), o serviço secreto norte-americano, como um possível envolvido no crime[487]. Anos antes, estudantes já apontavam a ligação entre a CIA e o CCC[488].

Seis anos depois do assassinato, a mãe do padre Henrique contestou a maneira lenta com a qual o inquérito tramitava e solicitou que constasse em seu depoimento no caso que o crime havia sido provocado por motivos políticos, em virtude das ameaças realizadas pelo CCC dias antes de sua morte[489].

Em 1978, Sérgio Longman, advogado, ex-aluno do padre Antônio Henrique e, à época, candidato a deputado estadual pelo MDB, deu uma declaração sobre o caso, afirmando que o processo só teria andamento correto com o retorno do Estado de Direito no país[490].

---

486 *Diário de Pernambuco* (PE), Ano 1973, Edição 00241, "Agamenon explica seu voto", p. 32, 07/09/1973.

487 *Jornal do Brasil* (RJ), Ano 1972, Edição 00040, "Desembargador aponta CCC e CIA como implicados na morte do Padre Henrique", p. 29, 25/05/1972; *Diário de Pernambuco* (PE), Ano 1972, Edição 00131, "Supostos matadores do Padre enfrentarão Justiça Comum", p. 28, 08/06/1972.

488 *Jornal do Brasil* (RJ), "Alunos da Mackenzie contra CCC", p. 18, 20/10/1968.

489 *Diário de Pernambuco* (PE), Ano 1975, Edição 00299, "Caminhos sinuosos da SSP", p. 12, 05/11/1975.

490 *Diário de Pernambuco* (PE), Ano 1978, Edição 00140, "Denunciada impunidade do assassínio de padre", p. 4, 26/05/1978.

A Comissão Nacional da Verdade (CNV), que investigou o assassinato, concluiu, em 2014, que o padre Antônio Henrique Pereira Neto foi torturado e executado por agentes do Estado brasileiro, mais especificamente, membros do CCC e agentes policiais do estado de Pernambuco. Os estudantes Newton Jerônimo Gibson Duarte Rodrigues e Rogério Matos do Nascimento, vinculados ao CCC, tiveram participação no ocorrido[491].

2.8 A REAÇÃO À ABERTURA: ÚLTIMOS GOLPES DA "LUTA SEM TRÉGUA À CANALHA VERMELHA"[492]

Após a decretação do AI-5, os atentados do CCC vão deixando de ocupar as páginas dos jornais, o que se relaciona tanto à censura imposta à imprensa quanto ao aumento da repressão institucional, já que o regime passa a perseguir mais duramente os movimentos que eram alvos do grupo, e o "braço clandestino" da repressão pode atuar em outras frentes, como será discutido no capítulo seguinte. Ainda assim, em 1969, o CCC aparece na imprensa por conta do assassinato do padre Henrique e dos atentados a dom Hélder Câmara. A última notícia de 1969 traz a condenação de um estudante, Antônio Rangel Torres Bandeira, por organizar um esquema de proteção ao Diretório Acadêmico da Faculdade de Direito da Universidade Federal do Rio de Janeiro contra o CCC, enquanto os integrantes do grupo permaneciam impunes[493].

Em 1970, divulga-se a criação de um CCC na Argentina e, então, o primeiro atentado à imprensa: em maio de 1970, uma bomba de efeito moral explodiu no jardim do local em que funcionava

---

491 Relatório da Comissão Nacional Da Verdade, 2014, vol. 1, p. 916 e 924; vol. 3, p. 301-303.

492 Trecho de um manifesto do grupo que será discutido neste item (Relatório BR DFANBSB V8.MIC, GNC.AAA.77109398 – Fundo do Serviço Nacional de Informações, Arquivo Nacional).

493 *Correio da Manhã* (RJ), Ano 1969, Edição 23495, "Um ano para Rangel", p. 6, 18/11/1969.

a redação do semanário *Pasquim*[494], na Guanabara. A inscrição da sigla CCC nos muros do imóvel indicava a autoria[495]. O semanário vinha, desde março de 1970, sofrendo censura.

Um mês depois, a criação[496], por João Parisi Filho, da Cruzada Nacionalista (CRUNA), uma organização que teria o objetivo de combater a corrupção e a subversão, leva novamente o grupo para os jornais. Acácio Vaz de Lima Filho, outro acusado de fazer parte do CCC[497], compõe a diretoria da organização criada por João Parisi Filho[498].

Ecos dos atentados cometidos ainda reverberam, e, de 1971 a 1975, o grupo apareceu na imprensa 11 vezes, pelas lembranças da destruição do monumento em homenagem a García Lorca e nas notícias sobre as inconclusivas investigações sobre o assassinato do padre Henrique.

Somente ao final de 1976 que novos atentados começam a ser noticiados. Quando a sede da Associação Brasileira de Imprensa (ABI) sofreu um atentado, em agosto de 1976, o líder do governo na Câmara Federal, José Bonifácio, se apressou a apontar os comunistas como responsáveis e a dizer que o CCC "não passa de invenção", haja vista que "anticomunista é toda a sociedade brasileira, não havendo uma organização que possa realizar atos

---

494 O jornal semanal *Pasquim* circulou entre 26 de junho de 1969 e 11 de novembro de 1991 e foi um dos maiores representantes da chamada "imprensa alternativa" que se opôs à ditadura. A Hemeroteca da Biblioteca Digital Nacional, no aniversário de 50 anos do lançamento do semanário, publicou um dossiê sobre a revista que inclui a disponibilização de todas as suas edições digitalizadas. O dossiê está disponível em: <https://bndigital.bn.gov.br/dossies/o-pasquim/apresentacao-o-pasquim/>.

495 *Diário da Noite: Edição Matutina* (SP), Ano 1970, Edição 13630, "Pasquim", p. 20, 12/05/1970.

496 *Jornal do Brasil* (RJ), Ano 1970, Edição 00059, "São Paulo cria cruzada Nacionalista", p. 7, 16/06/1970.

497 *O Cruzeiro* (RJ), Ano XL, Edição 45, "CCC ou o Comando do Terror", p. 19-23, 9/11/1968.

498 Relatório sobre Acácio Vaz de Lima Filho, s/d (pasta 50-J-0-2427, Arquivo Público do Estado de São Paulo).

terroristas"[499]. O atentado foi atribuído à Vanguarda de Caça aos Comunistas (VCC) um grupo que atuava de forma muito similar ao CCC (BRASIL, 2010, p. 95).

O retorno do CCC à imprensa, todavia, se torna mais evidente a partir de 1977. Com o retorno do movimento estudantil às ruas, o CCC reage. Em março, a invasão e depredação do Centro Acadêmico das Faculdades de Física e Matemática da USP é relacionada ao CCC, e os estudantes reclamaram da inércia das autoridades para apurar o ocorrido[500]. As paredes e objetos foram pichados com as siglas do grupo. Já para o jornal *O Estado de S. Paulo* (SP), os estudantes *duvidavam* que a invasão poderia ser atribuída ao CCC[501].

Meses depois, na invasão ocorrida na PUC-SP, em 22 de setembro de 1977, as paredes da universidade, além do vandalismo ocorrido na invasão, foram pichadas com a sigla designativa do Comando de Caça aos Comunistas (CCC)[502].

Ainda que o processo de reabertura tivesse sido anunciado em 1974, pelos próximos três anos, a tortura e assassinato da oposição continuariam a fazer parte do dia a dia do aparelho repressivo. O que ocorre é uma alteração na estratégia: aumenta-se o número de casos de desaparecimento forçado de presos políticos, para que diminuísse a emissão de notas divulgando os falsos atropelamentos, suicídios e as tentativas de fuga[503].

A manutenção do ritmo da repressão, provavelmente, fez com que o Comando de Caça aos Comunistas (CCC) não visse a necessidade de retornar à ativa logo que a transição "lenta,

---

499 *O Fluminense* (RJ), Ano 1976, Edição 22386, "José Bonifácio acusa comunistas", p. 2, 20/08/1976; *Jornal do Commercio* (RJ), Ano 1976, Edição 00267, "Explosão de bomba na ABI repercute em todo o país", p. 12, 20/08/1976.

500 *Jornal do Brasil* (RJ), Ano 1977, Edição 00341, "CCC e MAC depredam Diretório", p. 34, 20/03/1977.

501 *O Estado de S. Paulo* (SP), Ano 98, Edição 31288, "Invadido centro da Física", p. 37, 20/03/1977.

502 *Jornal do Brasil* (RJ), Ano 1977, Edição 00169, "Rezende justifica repressão", p. 17, 24/09/1977.

503 BRASIL. Secretaria Especial dos Direitos Humanos. Comissão Especial sobre Mortos e Desaparecidos Políticos, 2007, p. 27.

gradual e segura" começou a ser discutida. Todavia, a partir de 1977, o cenário começa a se alterar.

De acordo com Adriano Codato (2005), o processo de reabertura se devia mais a um movimento dos militares para ajuste de questões internas do que a "uma súbita conversão democrática de parte do oficialato" (CODATO, 2005, p. 83). O grupo de militares que assumiu o poder em março de 1974, com a posse do general Geisel, foi o grupo que foi afastado das decisões políticas quando o general Costa e Silva assumiu a presidência em 1967. Com a retomada do poder, este grupo agiu com o fito de atingir dois objetivos: o primeiro, político, para proporcionar maior estabilidade às instituições dentro do regime ditatorial; o segundo, militar, restabelecendo a ordem e a estrutura do estabelecimento militar (CODATO, 2005).

Ao fim, o objetivo não era precisamente um retorno à "democracia", mas ajustar a ditadura de forma que esta fosse menos conservadora sob o ponto de vista político (CODATO, 2005, p. 84). Um dos exemplos da dissonância e discordância entre os setores militares durante o processo de "reabertura democrática" foi o atentado do Riocentro, ocorrido em maio de 1981. O CCC foi relacionado a esse atentado especialmente por figurar como subscritor em manifestos do grupo que chegou a assumir o atentado, o Comando Delta. Os procedimentos investigativos abertos para apurar o ocorrido serão discutidos no capítulo seguinte.

Conforme apontado por Diniz (1986, p. 2), o processo de "abertura política" pode ser entendido a partir da confluência de dois fatores: as dinâmicas de "negociação e de pacto conduzida pelas elites", que se esforçam para preservar seu poder, e as dinâmicas de pressão e resistência da sociedade civil. A partir desta afirmação, Codato (2005, p. 96) aponta que, enquanto o primeiro fator estabelecia as características, a forma e conteúdo, o segundo definia o ritmo. O procedimento de distensão deveria ser feito, como repetido tantas vezes, de forma "lenta, gradual e segura", de forma que não fosse contestado pela extrema direita, militar e civil (CODATO, 2005, p. 94).

Todavia, a sociedade civil se organizava, procurando acelerar o ritmo da abertura. O movimento pela anistia avançava, o movimento sindical se intensificava e o movimento estudantil se reorganizava. Além disso, organizações profissionais como a Ordem dos Advogados do Brasil (OAB) e Sociedade Brasileira para o Progresso da Ciência (SBPC) atuavam na oposição à ditadura; e o CCC reagiu.

Em 1977, alguns intelectuais que estavam no exílio começam a retornar ao país, o que causou o descontentamento da ala mais radical do regime. Em 29 de setembro de 1977, o CCC emite seu primeiro manifesto depois da decretação do AI-5 e dos longos anos de chumbo. No "Manifesto ao Povo Paulista"[504], os "integrantes do verdadeiro C.C.C. – Comando de Caça aos Comunistas, profundamente revoltados com a atitude covarde de certas autoridades" e incomodados com as manifestações de estudantes, artistas, intelectuais, juristas, se colocam contra as manifestações estudantis em curso, por serem "produto de um esquema nacional de subversão" que estaria, segundo o manifesto, subordinado a um plano de rebelião mundial contrário à democracia e ao nacionalismo. Para o grupo, as "falsas lideranças estudantis" queriam destruir o país, vendendo-o a forças estrangeiras e extinguindo o nacionalismo, com o objetivo de aniquilar a liberdade, as famílias, fragmentando a "Nação em um mar de sangue".

---

504 Esse manifesto não foi localizado na base da imprensa utilizada nesta pesquisa, fazendo parte da documentação coletada no fundo do Serviço Nacional de Informações (SNI). Tendo em vista a organização da pesquisa, optou-se por apresentar esse documento neste capítulo, haja vista que faz parte do contexto dos atentados praticados e que foram atribuídos à sigla durante o processo de reabertura democrática. O manifesto faz parte de um relatório do SNI sobre o retorno ao Brasil de "intelectuais comprometidos com a subversão". Destaca-se o último parágrafo do documento introdutório do relatório: "Resultara um desapontamento, no tocante ao combate ao comunismo, daqueles que mais de perto acompanham a subversão no País e, em especial; daqueles democratas que, direta ou indiretamente, conhecem a vinculação dos retornados com o MCI". Supõe-se que MCI seja Movimento Comunista Internacional (BR DFANBSB V8.MIC, GNC. AAA.77109398 – Fundo do Serviço Nacional de Informações, Arquivo Nacional).

Segundo Müller (2010), o ano de 1977 foi marcado pelo retorno dos estudantes às ruas. No início do ano, estudantes entraram em greves em algumas universidades, como na Faculdade de Medicina da Universidade Estadual do Rio de Janeiro (UERJ) e da Universidade Estadual de São Paulo (UNESP), reivindicando mais verbas para o hospital. Em 29 de março, na PUC-Rio, aproximadamente 8.000 estudantes entraram em greve por conta da suspensão de quatro alunos e do aumento da anuidade, além de reivindicarem a revogação da multa por atraso no pagamento de mensalidades. A PUC-SP também entrou em greve (MÜLLER, 2010, p. 139-140). Em 29 de março, mais de 2.000 alunos fizeram uma passeata da USP até o Largo de Pinheiros, em que estudantes empunhavam cartazes com os dizeres "'Mais verbas para educação", "Pelo ensino público e gratuito", entre outras reivindicações (MÜLLER, 2010, p. 140).

O fechamento do Congresso Nacional, em abril de 1977, agitou ainda mais o movimento estudantil. Jovens que estavam panfletando por ocasião do 1º de maio foram presos. Em 3 de maio, um ato público na PUC-SP reuniu cerca de 4.000 pessoas. Junto com outras faculdades da capital e do interior, foi organizada uma greve com a participação de mais de 80.000 estudantes. Em 5 de maio, outra passeata, com 10.000 pessoas (MÜLLER, 2010, p. 141-142). Os atos dos estudantes repercutiram nacionalmente, e faculdades em outros locais do país também se manifestaram. Em 1977, o movimento estudantil exigia o "fim do regime" (MÜLLER, 2010, p. 145).

Foi criado um "Dia Nacional de Luta", e, em 19 de maio, estudantes de todo o país se manifestaram, não sem sofrer repressão do governo, como ocorrido em Brasília. Houve um segundo e um terceiro "Dia Nacional de Luta", um em 15 de junho e outro em 23 de agosto. Além disso, a reorganização da UEE e da UNE estava na pauta do movimento estudantil (MÜLLER, 2010, p. 145-152). Ainda conforme Müller (2010), depois de uma tentativa frustrada, a primeira na Faculdade de Medicina de Belo Horizonte e a segunda na USP – na verdade, uma espécie de manobra para despistar o policiamento organizado pelo coronel Erasmo Dias –, a realização do III Encontro Nacional dos Estudantes termina com a invasão da PUC-SP, em 22 de setembro, com uma violenta repressão ao movimento estudantil (MÜLLER, 2010, p. 170). Uma semana depois, o CCC se manifesta.

Este manifesto apresenta semelhanças surpreendentes com o lançado em 1968, quando o movimento estudantil deu início às ocupações nas universidades. Os primeiros parágrafos apresentam as mesmas estruturas e construções argumentativas, e o último parágrafo é praticamente idêntico. Além disso, o vocabulário empregado é muito similar. Ou se tratou, realmente, dos "integrantes do verdadeiro CCC" escrevendo esse segundo manifesto, ou algum grupo, quase dez anos depois, resgatou o manifesto de 1968 e usou a mesma estrutura utilizada por Cassio Scatena em 1968 – que não mencionou essa questão em seu relato a Gustavo Lopes (LOPES, 2014).

A utilização do termo "verdadeiro CCC" pelos signatários mostra que, para o CCC das Arcadas, era evidente a existência de vários grupos de pessoas que, sob a ideia gerada em 1963, se uniam para caçar, ameaçar e aterrorizar pessoas que se colocassem contra o regime ou que não o apoiassem. Provavelmente, o grupo queria evidenciar que, naquele momento, o CCC das Arcadas retornava para se opor à "situação caótica" em que se encontrava o regime, para *novamente*, empreender a "luta sem trégua à canalha vermelha". Em 1977, além da canalha vermelha, o CCC prometia lutar contra os "homens públicos corruptos e complacentes" que golpeavam a "revolução".

O manifesto utiliza, além de "verdadeiros" o termo "antigos coordenadores do C.C.C", deixando em aberto a possibilidade de que tenha havido, não se sabe em que grau, uma coordenação feita pelos elementos do CCC das Arcadas dos demais comandos de caça aos comunistas.

Em dezembro de 1977, após o "Manifesto ao Povo Paulista", noticiou-se a rearticulação do grupo na imprensa. A essa altura, o CCC já teria enviado mais de 200 cartas ameaçadoras a estudantes, jornalistas, políticos e sacerdotes de Curitiba. Era a primeira remessa das cartas enviadas para diversos destinatários e que iriam ocupar as páginas dos periódicos até meados de 1980.

O sequestro do padre Joacyr Grandi, pároco em Curitiba, que, tal como padre Henrique, desenvolvia trabalhos junto à juventude, foi envolto em mistério, assim como outros atos relacionados ao grupo. Depois de 23 dias desaparecido, compareceu à delegacia para prestar depoimento, declarando que havia sido proibido pelos sequestradores de relatar detalhes sobre o ocorrido. A suspeita de autoria do sequestro do padre Joacyr Grandi é atribuída ao CCC por outro sacerdote, que já havia recebido três cartas de ameaça assinadas pelo grupo.

Como registram os trechos das cartas de ameaça, o CCC se rearticulou para:

> Empreender luta sem trégua contra a canalha vermelha e os homens públicos corruptos e complacentes, que traiçoeiramente golpeiam a revolução de 31 de março e a Pátria brasileira (...) profundamente revoltados com a atitude covarde de certas autoridades (...) a atitude destrutiva dos agitadores, estudantes profissionais, pseudoartistas, intelectuais, juristas, etc. (...) À insídia vermelha e à corrupção responderemos com a resistência nacionalista radical. A violência será respondida com a violência da Pátria indignada e estremecida.[505]

As cartas continham trechos idênticos ao "Manifesto ao Povo Paulista" discutido acima. Ou a escrita foi feita pelo mesmo grupo, ou alguém se apropriou do documento que, repita-se, não foi localizado durante a pesquisa na imprensa, o que indica que ele não era de fácil acesso.

Receberam as cartas assinadas pelo chamado CCC, os deputados estaduais do MDB Deni Lineu Schwartz, Trajano Bastos e Nilson Sguarezi, o bispo auxiliar de Curitiba, dom Albano

505 *Jornal do Brasil* (RJ), Ano 1977, Edição 00251, "Sacerdote da CNBB aponta ação da extrema-direita no sequestro do Padre Grandi", p. 17, 15/12/1977.

Cavalin, membros da Igreja, estudantes, jornalistas e profissionais liberais. Uma estudante da Universidade Católica do Paraná recebeu a seguinte ameaça: "você será a próxima"[506]. Até um evento organizado em Londrina, denominado 3º Semana de Atualidades, com conferências de Eduardo Suplicy[507], Alceu Colares[508] e Teotônio Vilela[509], foi alvo de ameaças do grupo. A ameaça de bomba foi feita por telefone, por um "integrante de um comando de caça aos comunistas, enviado especialmente de Porto Alegre para acabar com a degustação de ideias indesejáveis"[510].

No ano seguinte, a imprensa reflete a rearticulação iniciada em 1977: das 220 vezes em que o grupo é mencionado na década de 1970, 103 são em 1978. As cartas de ameaça que vinham sendo

---

[506] *Diário do Paraná* (PR), Ano 1977, Edição 06769, "Para agência, foi a extrema-direita", p. 20, 15/12/1977.

[507] Eduardo Suplicy tinha recém iniciado sua carreira política, com sua filiação ao partido oposicionista Movimento Democrático Brasileiro (MDB), em 1977. Em 1978, seria eleito deputado estadual no estado de São Paulo (*Dicionário Histórico-Biográfico Brasileiro*. FGV/CPDOC, 2013. Disponível em: <http://www.fgv.br/cpdoc/acervo/dicionarios/verbete-biografico/eduardo-matarazzo-suplicy>. Acesso em: 29 de agosto de 2020).

[508] À época do evento, Alceu Colares, que antes do golpe era filiado ao Partido Trabalhista Brasileiro (PTB) e, com o bipartidarismo, se filiou ao Movimento Democrático Brasileiro (MDB), tendo exercido diversos mandatos políticos, vinha tecendo críticas ao modelo econômico do regime, segundo ele, "concentrador de renda e elitista (...)" que "buscava limitar a liberdade de expressão e de organização dos trabalhadores" (*Dicionário Histórico-Biográfico Brasileiro*. FGV/CPDOC, 2013. Disponível em: <http://www.fgv.br/cpdoc/acervo/dicionarios/verbete-biografico/alceu-de-deus-colares>. Acesso em: 29 de agosto de 2020).

[509] Teotônio Vilela quando do golpe, teve uma postura de apoio aos militares que atuaram na derrubada do presidente João Goulart, convencido de que ele "pretendia continuar no poder golpeando as instituições democráticas". Atuou no partido situacionista, ARENA. Em 1967, em um discurso, já ocupando o cargo de Senador, tece sua primeira crítica pública ao regime. A partir de 1974, Vilela, ainda na ARENA, se posiciona como crítico do governo militar, levando em conta, especialmente, o processo de abertura política, o que foi reforçado com o "pacote de abril" imposto pelo regime (*Dicionário Histórico-Biográfico Brasileiro*. FGV/CPDOC, 2013. Disponível em: <http://www.fgv.br/cpdoc/acervo/dicionarios/verbete-biografico/teotonio-brandao-vilela>. Acesso em 29 de agosto de 2020).

[510] *Diário do Paraná* (PR), Ano 1977, Edição 06690, "Cardápio Indigesto", p. 2, 11/09/1977.

enviadas desde o ano anterior pelo CCC a estudantes, políticos, parlamentares, jornalistas, sociólogos, professores, advogados e religiosos ocuparam as páginas dos jornais.

As ameaças, em 1978, começam contra o bispo Agostinho Sartori, de Palmas/PR, integrante da Comissão de Pastoral Rural e militante pela reforma agrária[511]. Um mês depois, o sequestro da jornalista e professora Juracilda Veiga, em Curitiba, que havia recebido, antes do sequestro, três cartas de ameaça do CCC enviadas por conta da sua participação no movimento estudantil, ocupou as páginas dos jornais[512].

Dois dias depois do sequestro, foi noticiado que se tratava de uma prisão, ainda que ilegal, mas que não se sabia nada sobre seu paradeiro[513]. A professora Juracilda Veiga foi mantida em cárcere por três dias e, quando em liberdade, Juracilda Veiga responsabilizou o CCC pelo seu sequestro e tortura. A vítima alegou que as pessoas que a sequestraram se apresentaram como policiais e que os locais em que ela foi interrogada "tinham características de dependências da polícia"[514].

No mesmo período, o CCC é relacionado à acusação de subversão contra duas escolas de Curitiba: as organizações Associação de Estudos Educacionais (AED – Oficina) e Centro de Pesquisa de Avaliações Educacionais (CEPAED/Oca)[515]. O Serviço Nacional de Informações acompanhou o caso[516] investigando a "infiltração

[511] *Diário do Paraná* (PR), Ano 1978, Edição 06821, "Bispo prega a reforma", p. 10, 17/02/1978.

[512] *Jornal do Brasil* (RJ), Ano 1978, Edição 00340, "Jornalista do Paraná é sequestrada", p. 24, 18/03/1978; *Diário do Paraná* (PR), Ano 1978, Edição 06846, "Jornalista sumiu no carro policial", p. 10, 18/03/1978.

[513] *Diário do Paraná* (PR), Ano 1978, Edição 06847, "Detidos incomunicáveis", p. 16, 19/03/1978.

[514] *Jornal do Brasil* (RJ), Ano 1978, Edição 00348, "Jornalista sequestrada acusa CCC", p. 9, 26/03/1978.

[515] *Jornal do Brasil* (RJ), Ano 1978, Edição 00348, "Piaget em Julgamento – Subversivo em Curitiba, oficial no Rio de Janeiro", p. 2, 26/03/1978.

[516] Relatório BR DFANBSB V8.MIC, GNC.AAA.78111001 (Fundo do Serviço Nacional de Informações, Arquivo Nacional).

comunista na educação", e, nos relatórios[517], não há informações sobre contribuições do CCC ao ocorrido.

Na nota da Polícia Federal sobre as 11 prisões efetuadas em decorrência das acusações às instituições, o órgão afirma que as crianças eram "doutrinadas dentro dos princípios marxistas" e que a escola negaria valores como a religião, a família e a tradição histórica.

Conforme divulgado pela imprensa, a escola Oca se manifestou em resposta à nota, ressaltando que era uma "escola democrática, aberta e transparente" e que "acolhe qualquer criança independente das posições econômicas, religiosas, políticas e sociais de seus pais"[518].

Um dos acusados alegou que a investigação contra a escola funcionou como um pretexto para prender pessoas ligadas à oposição democrática. Uma das acusadas recebeu uma carta do CCC, avisando da reorganização do grupo por conta da "onda de subversão" que se implantava no país[519].

Essa série de ataques levou várias instituições, tais como a Comissão Regional de Justiça e Paz, Movimento Feminino pela Anistia, Diretório Regional do MDB, Associação dos Professores do Paraná, Sindicato dos Jornalistas do Paraná e diversas escolas e centros acadêmicos, a denunciarem os atos do grupo e, sobretudo, a inércia das autoridades, exigindo a apuração dos atos do Comando de Caça aos Comunistas (CCC)[520].

Dá-se início, então, aos ataques contra imprensa. Em 24 de julho de 1978, a sucursal do jornal *Em Tempo*, em Curitiba, foi invadida e teve suas paredes, janelas, portas, sofás e mesas pichadas com a inscrição "CCC – Ala dos 233", fazendo referência a uma

---

517 Relatório BR DFANBSB V8.MIC, GNC.NNN.82003043 (Fundo do Serviço Nacional de Informações, Arquivo Nacional).

518 *Diário do Paraná*, 21/03/1978 (Relatório BR DFANBSB V8.MIC, GNC.AAA.78111001, Fundo do Serviço Nacional de Informações, Arquivo Nacional).

519 *O Fluminense* (RJ), Ano 1978, Edição 02452, "Presos políticos liberados em Curitiba dão entrevista", p. 2, 26/03/1978.

520 Relatório BR DFANBSB V8.MIC, GNC.AAA.78111001 (Fundo do Serviço Nacional de Informações, Arquivo Nacional).

publicação do jornal que havia denunciado 233 torturadores de todo o país[521].

Na publicação com a lista dos torturadores, eram mencionados os seguintes elementos, que, de acordo com a revista, eram ligados ao CCC: delegado de polícia Otávio Gonçalves Moreira Júnior, o "Otavinho"; delegado de polícia Raul Nogueira, o "Raul Careca"; e o soldado da Aeronáutica Roberto, o "Padre" ou "Bento"[522].

A publicação da lista causou represálias ao semanário. Um dos mencionados na lista, o "soldado da Aeronáutica Roberto", não foi identificado. Trata-se de mais um agente estatal acusado de atuar em uma organização clandestina terrorista e praticando crimes. A relação entre os elementos do CCC e o aparelho repressivo será discutida no capítulo seguinte.

Pelo fato de os representantes do *Em Tempo* não terem apresentado queixa, o jornal foi acusado de tentar empreender um "golpe publicitário"[523]. Um dos colaboradores do jornal recebeu uma carta-ameaça do CCC e uma ameaça de sequestro[524]. Outras sucursais do jornal foram invadidas por outras organizações anticomunistas, como o MAC e o GAC. Ao todo, o jornal foi alvo de três atentados, em diferentes sucursais do periódico[525].

No relatório da Comissão da Verdade em Minas Gerais, Afonso de Araújo Paulino, proprietário do *Jornal de Minas*, é apontado como suspeito de ter pertencido ao CCC e de ter participado dos atentados contra o jornal *Em Tempo*. O relatório, se apoiando no depoimento do então deputado federal Genival Tourinho, do MDB, menciona que Afonso de Araújo Paulino também seria

---

521 *Jornal do Brasil* (RJ), Ano 1978, Edição 00108, "CCC invade 'Em Tempo' em Curitiba", p. 17, 25/07/1978; *Diário do Paraná* (PR), Ano 1978, Edição 06951, "Comando de Caça aos Comunistas invade sucursal", p. 1, 25/07/1978.

522 *Em Tempo*, Número 17, "Presos Denunciam 233 torturadores", p. 6-7, 26/06/1978.

523 *Diário do Paraná* (PR), Ano 1978, Edição 06953, "CCC: divulgação boa, sem queixas", p. 10, 27/07/1978.

524 *Diário do Paraná* (PR), Ano 1978, Edição 06877, "Terroristas do CCC são líricos, afirma Alcindo", p. 12, 24/08/1978.

525 *Jornal do Brasil* (RJ), Ano 1978, Edição 00138, "'Em Tempo' ganha moção", p. 5, 24/08/1978.

suspeito de ser um dos "chefes da Máfia Mineira" e de manter relações, desde os anos iniciais da década de 1970, com o DOI-CODI de Belo Horizonte[526].

Foi no sul do país que, a princípio, se concentraram os atos dessa retomada do grupo, o que fez o diretor do semanário *Em Tempo* dizer que Curitiba era o "bolsão de extrema direita do país, pelas ações de sequestros, ameaças e outros fatos estranhos que vêm ocorrendo"[527]. Para o jornalista Tibério Canuto, a intensa movimentação do grupo no Paraná era resultado de uma suposta transferência de policiais do DOI-CODI paulista para o estado, "remanescentes de uma luta pelo poder (...)" que teriam optado, segundo Canuto, pelo terrorismo. O fato de as cartas enviadas em Curitiba terem a estrutura tão parecida com o "Manifesto ao Povo Paulista", publicado meses antes, parece corroborar com o alegado por Canuto.

Em pouco tempo, os atentados do CCC já não eram mais circunscritos ao sul do país. Desde maio de 1978, cartas de ameaça eram enviadas aos centros acadêmicos das Faculdades de Medicina e Direito da USP. No mesmo período, o grupo é relacionado à depredação do Centro Acadêmico da Faculdade de Arquitetura da Universidade Presbiteriana Mackenzie[528].

Em agosto de 1978, consolida-se uma nova etapa nos envios. São alvos professores membros da Associação dos Professores do Paraná, o presidente da Comissão de Justiça e Paz do Estado, o advogado Wagner d'Angelis e o deputado Deni Schwartz (MDB)[529].

---

526 Comissão da Verdade em Minas Gerais: Relatório / Governo do Estado. Belo Horizonte: COVEMG, 2017, volume 4, p. 212.

527 *Diário do Paraná* (PR), Ano 1978, Edição 06952, "Curitiba é bolsão de extrema direita", p. 1-10, 26/07/1978; *Jornal do Brasil* (RJ), Ano 1978, Edição 00241, "Advogado quer comissão da OAB para levantamento de atuação do CCC em Curitiba", p. 8, 05/12/1978.

528 *Veja* (SP), Edição 505, "A volta da UEE", p. 27, 10/05/1978.

529 *Jornal do Brasil* (RJ), Ano 1978, Edição 00121, "Professores decidem em uma reunião se aderem à greve em 24 cidades do Paraná", p. 13, 07/08/1978; Ano 1978, Edição 00122, "CCC faz ameaças por carta", p. 9, 08/08/1978.

Dias depois, o Diretório Central dos Estudantes da Universidade de Londrina foi pichado com as iniciais CCC, GAC e MAC[530].

As cartas à "canalha comunista que enxovalha nosso país" com o "confronto final"[531] prometido pelo grupo guardam relação com uma certa aceleração no ritmo da abertura, já que o AI-5 seria revogado pela emenda constitucional nº 11, promulgada em 13 de outubro de 1978, que entraria em vigor em 1º de janeiro do ano seguinte. Nesta nova fase de remessa, um número maior de pessoas, em diferentes locais do país, foi ameaçado. Entre os destinatários, a presidência do Comitê Feminino pela Anistia do Paraná e vários jornalistas de Curitiba, além de quatro bispos: dom Albano Cavalim, dom Domingos Gabriel Wisnieski, dom Pedro Alberti e dom Agostinho Sartori; e os padres Natalício Weschenfelder e Igino Mazzuck. No caso dos membros da Associação dos Professores do Paraná, a carta não é divulgada, mas as ameaças foram feitas durante a organização do movimento grevista que vinha sendo organizado no estado reinvindicando melhorias salariais para a classe[532].

As cartas tinham selo de São Paulo. Como remetente, Evaristo Asno e o endereço rua Vlado, nº 24, Caçador, São Paulo[533]. O Comitê Brasileiro pela Anistia – RJ respondeu à carta de ameaça enviada pelo CCC, desejando que, de fato, o confronto final acontecesse e a anistia ampla, geral e irrestrita ocorresse.[534] O deputado Nilso Sguarezzi, que também foi um dos destinatários das cartas, formalizou pedido para que os parlamentares

530 *Jornal do Brasil* (RJ), Ano 1978, Edição 00126, "Governador quer enquadrar professores em greve no Paraná na Lei de Segurança", p. 8, 12/08/1978.

531 *Jornal do Brasil* (RJ), Ano 1978, Edição 00237, "Cartas do Comando de Caça aos Comunistas prometem 'confronto final' em 1979", p. 8, 1/12/1978.

532 *Jornal do Brasil* (RJ), Ano 1978, Edição 00121, "Professores decidem em uma reunião se aderem à greve em 24 cidades do Paraná", p. 13, 07/08/1978.

533 *Tribuna da Imprensa* (RJ), Ano 1978, Edição 08923, "Emedebista também é ameaçado pelo CCC", p. 2, 05/12/1978.

534 *Jornal do Brasil* (RJ), Ano 1978, Edição 00265, "CBA-RJ dá resposta ao CCC", p. 8, 30/12/1978.

lutassem pela extinção do CCC[535]. Foi aberto um inquérito criminal, no Paraná, para apurar o envio dos cartões. As conclusões do inquérito serão discutidas no capítulo seguinte.

Uma das cartas atribuídas ao grupo, enviada ao advogado gaúcho Ivo Signor, ameaçando-o de morte caso não retirasse um determinado processo que tramitava na comarca em que ele trabalhava, difere um pouco do costumeiro ataque à "canalha vermelha"[536]. Apesar de, como costumeiro, acusar o destinatário de comunista, o mote da carta era um fato que, a princípio, não tinha a ver com "subversão".

No Rio de Janeiro, em dezembro de 1978, dois juízes foram alvo das correspondências assinadas pelo CCC, que chamaram a atenção por terem sido emitidas com papel timbrado do Tribunal de Justiça[537]. Suspeitou-se que os autores dos cartões fossem pessoas envolvidas com as fraudes contra o INPS denunciadas pelos juízes ameaçados.[538] No início de janeiro do ano seguinte, os magistrados receberam uma segunda carta assinada pelo CCC[539].

Os dois exemplos acima elucidam como a sigla designativa do CCC poderia ser – como talvez tenha sido o caso – utilizada por elementos que não tinham relação com o grupo, mas que a utilizavam cientes e se aproveitando do terror que ela causava. Ainda que houvesse, como no caso dos cartões de ameaça que foram objeto de inquérito, uma ação organizada que indicava um planejamento, isso não excluía o fato de que qualquer pessoa ou grupo pudesse se apropriar da sigla para ameaçar e implantar o terror.

---

535 *Diário do Paraná* (PR), Ano 1978, Edição 07062, "Nilso e o CCC", p. 3, 06/12/1978.

536 Relatório BR_DFANBSB_V8_MIC_GNC_GGG_80001851_d0001de0001 (Fundo do Serviço Nacional de Informações, Arquivo Nacional).

537 *Jornal do Brasil* (RJ), Ano 1978, Edição 00265, "Canalha Comunista", p. 9, 30/12/1978.

538 *O Fluminense* (RJ), Ano 1978, Edição 02683, "Funcionário do INAMPS calculava as fraudes", p. 2, 30/12/1978.

539 *O Fluminense* (RJ), Ano 1979, Edição 02686, "Contador do INPS que fraudava já intimado", p. 2, 03/01/1979.

Neste sentido, ocorria de a imprensa divulgar atentados denotando que já não havia um grupo do CCC, mas sim vários grupos que se autodenominavam dessa forma, tal como em 1979, quando "um grupo do Comando de Caça aos Comunistas" atacou o Centro Acadêmico da Fundação Getúlio Vargas, destruindo máquinas, móveis e roubando documentos. Segundo o jornal, o grupo deixou um desenho de um revólver em uma máquina de escrever.[540]

Com a Lei da Anistia, promulgada em 28 de agosto de 1979, o retorno ao Brasil de políticos exilados causa uma reação do CCC. Quando Leonel Brizola sinaliza seu retorno ao país, passa a ser alvo de ameaças: "Leonel Brizola pisará no território brasileiro, mas por poucos momentos, pois aqui não ficará vivo". Para o grupo, o momento era de acerto de contas com Brizola, segundo eles, um "violador da lei" que havia subvertido a mente de "estudantes, trabalhadores e políticos"[541].

Da mesma forma, Miguel Arraes, ex-governador de Pernambuco, também foi alvo de ameaças do grupo. Em Belém, o CCC fez uma série de ataques na madrugada do dia 18 de novembro, atacando igrejas e residências, quebrando vidraças e fazendo pichações[542]. Durante o tempo em que os atentados foram praticados, a cidade toda ficou sem energia elétrica (BRASIL, 2010, p. 96). Nos locais, foram deixados folhetos em que se lia "Arraes, pelego comunista, está sendo apoiado por outros pelegos comunistas, Luiz Maklouf, Raimundo Jinkings, Frei Luis e Carlos Augusto Sampaio. Traidores, subversivos, vendilhões do povo brasileiro."[543]

Raimundo Jinkings, proprietário da Livraria Jinkings e vice-presidente da Sociedade Paraense de Defesa dos Direitos Humanos, participou da organização da visita de Arraes a Belém.

---

540 *Jornal da República* (SP), Ano 1979, Edição 00066, "Um novo ataque do CCC", p. 8, 12/11/1979.

541 *Jornal do Brasil* (RJ), Ano 1979, Edição 00142, "CCC faz ameaça de morte", p. 5, 28/08/1979.

542 *Tribuna da Imprensa* (RJ), Ano 1979, Edição 09218, "CCC faz quatro ações em Belém; Terrorismo de direita tenta intimidar Arraes", p. 1 e 5, 19/11/1979.

543 *Jornal do Brasil* (RJ), Ano 1979, Edição 00227, "Polícia investiga ação do CCC", p. 8, 21/11/1979.

Os demais não tinham ligação com o retorno de Arraes. Raimundo Jinkings e frei Luis Pinto Azevedo sofreram atentados imputados ao CCC. O primeiro teve sua livraria tiroteada, o segundo, a fachada da casa pichada. Frei Luis, a respeito dos atentados:

> Interessante é que o Governo, com um aparelho montado de informação e combate ao terrorismo, tanto é assim que conseguiu acabar com o de esquerda, não realizou nenhuma ação investigadora ou repressiva aos grupos de direita. A gente fica achando que direta ou indiretamente há um apoio.[544]

As ameaças do grupo, por meio de telefonemas anônimos, dirigiram-se, inclusive, à empresa de ônibus que transportaria os que receberiam Arraes em outra cidade, dois meses antes[545]. Um vereador, de nome Braz Batista, apoiou os atos do CCC contra a presença de Miguel Arraes na cidade. Para o vereador arenista, "o CCC paraense manifestou o repúdio de todo o povo de Belém à presença insólita do líder esquerdista (...)"[546]. Para Arraes, os atentados refletiam o desespero de grupos minoritários radicais que desejavam tumultuar o processo de abertura política em curso[547].

Atentados e ameaças a políticos, anistiados ou não, sempre fizeram parte das práticas do CCC, com ajustes nos modos de operação. Nos anos finais da década de 1960, assembleias pichadas, ameaças de sequestro. Nos anos 1970, as cartas de ameaça, e, por fim, em 1980, as bombas.

---

544 *Jornal do Brasil* (RJ), Ano 1979, Edição 00227, "Polícia investiga ação do CCC", p. 8, 21/11/1979.

545 *Diário de Pernambuco* (PE), Ano 1979, Edição 00250, "Crato vive clima de plena normalidade", p. 3, 15/09/1979.

546 *Diário de Pernambuco* (PE), Ano 1979, Edição 00315, "Braz solidário com atos terroristas", p. 4, 20/11/1979.

547 *O Estado de S. Paulo* (SP), Ano 100, Edição 32112, "Arraes Ignora as ameaças", p. 2, 20/11/1979.

A residência do vereador Antônio Carlos de Carvalho (MDB), que vinha recebendo cartas de ameaça do CCC, foi invadida[548]. O vereador atuou em defesa das liberdades democráticas, lutou pela anistia e apoiou os estudantes contra a demolição do prédio da União Nacional dos Estudantes, na praia do Flamengo, em junho de 1980[549].

Dez meses depois de ter sua casa invadida, o vereador foi vítima de um atentado à bomba, enviada à Câmara dos Vereadores do Rio de Janeiro. No mesmo dia, 27 de agosto de 1980, uma bomba enviada à sede da OAB no Rio de Janeiro mata a funcionária Lida Monteiro da Silva. Este atentado ocorreu semanas após movimento empreendido pela Organização dos Advogados do Brasil, visando à apuração dos responsáveis pelo sequestro de Dalmo de Abreu Dallari, que havia ocorrido em 2 de julho de 1980, em São Paulo[550]. Os atentados contra Antônio Carlos de Carvalho e contra a sede carioca da OAB não foram atribuídos ou assumidos por nenhuma organização, mas o editorial da *Folha de S. Paulo* (SP), da edição que os noticiou, ressalta que eles tinham como objetivo comprometer o processo de abertura política.[551]

Tal como ocorreu no dia 1º de abril de 1964, em que a sede da União Nacional dos Estudantes (UNE), na praia do Flamengo, no Rio de Janeiro, foi incendiada[552], em novembro de 1979 a sede da União Estadual dos Estudantes (UEE), em São Paulo, sofreu um

---

548 *Jornal do Brasil* (RJ), Ano 1979, Edição 00198, "Grupo nazista faz ameaça por telefone às famílias de advogado e cientista", p. 9, 23/10/1979.

549 Projeto de Decreto Legislativo nº 61/1993 que concede o título de Cidadão Honorário *post morten* do município do Rio de Janeiro a Antônio Carlos Nunes de Carvalho. Disponível em: <https://mail.camara.rj.gov.br/Apl/Legislativos/scpro0711.nsf/bc2dfa6000b5ba5d03257acc006b0e96/272b2574bbb13a97032576a20074f439?OpenDocument>. Acesso em: 15 de julho de 2020.

550 *Jornal do Commercio* (AM), Ano 1980, Edição 23139, "Dallari: OAB pede fotos", p. 15, 10/07/1980; *Jornal do Brasil* (RJ), Ano 1980, Edição 00116, "OAB quer ver as fotos em São Paulo", p. 9, 02/08/1980.

551 *Folha de S. Paulo* (SP), [s/p], 28/08/1980. Disponível em: <http://almanaque.folha.uol.com.br/brasil_28ago1980.htm>. Acesso em: 6 de junho de 2020.

552 Conforme apontado por Brasil (2010, p. 48), para os autores da obra *Brasil: Nunca mais* (1985, p. 132), o incêndio foi promovido por elementos ligados ao Comando de Caça aos Comunistas. Cassio Scatena, integrante do grupo, nos

atentado atribuído ao CCC. A sede foi depredada, documentos foram roubados e todo o equipamento gráfico foi quebrado[553]. Para o deputado Goro Hama (MDB), esse atentado representava a "escalada da direita" se opondo ao processo de abertura[554]. Um mês antes, a imprensa noticiou que um aluno da Mackenzie, Octávio Cesar Ramos, apontado como membro do CCC, destruiu duas urnas durante a votação para a Diretoria da UNE. Octavio negou fazer parte do CCC, definindo a lembrança que a esquerda tinha do grupo como "uma nostalgia romântica e lírica"[555].

Janeiro de 1980 começa com a denúncia, pelo Comitê Brasileiro pela Anistia no Rio de Janeiro, de uma nova remessa de cartas de ameaça enviadas a integrantes de movimentos pelos direitos humanos e opositores ao regime. Segundo a *Tribuna da Imprensa* (RJ), por conta da cor amarelada, os cartões pareciam fazer parte de uma coleção antiga[556].

O texto do cartão também não era diferente do anterior, desejando, ao "ativista da canalha comunista que enxovalha nosso país, um péssimo Natal e que se realize no ano de 1980 nosso confronto final". As cartas de ameaça tiveram como alvo a diretora do Comitê Brasileiro pela Anistia/RJ, Iramaya Benjamim Queiroz, o então deputado estadual José Eudes, o ex-preso político Paulo Roberto Jabur e os ex-exilados Nélson Levi, Apolônio de Carvalho e Bruno Dauster Magalhães e Silva.

---

relatos fornecidos ao pesquisador Gustavo Lopes (2014, p. 141), nega a autoria do atentado.

553 *Tribuna da Imprensa* (RJ), Ano 1979, Edição 09213, "Estudantes fazem reunião de entidades", p. 9, 13/11/1979.

554 *Diário de Natal* (RN), Ano 1979, Edição 10889, "'Escalada da Direita' preocupa", p. 15, 14/11/1979.

555 *Jornal do Brasil* (RJ), Ano 1979, Edição 00179, "Eleição é calma em todo o país", p. 16, 04/10/1979; *Jornal da República* (SP), Ano 1979, Edição 00035, "'Destruí as urnas como um legalista'", p. 3, 05/10/1979. O *Jornal da República* (SP) menciona "Otavio Celso Ramos". Todavia, a menção ao pleito da UNE, à acusação de pertencer ao CCC, aliada à reportagem do *Jornal do Brasil* (RJ), que faz referência a "Otavio Cesar Ramos", permite dizer que se trata do mesmo estudante.

556 *Tribuna da Imprensa* (RJ), Ano 1980, Edição 09265, "Caçadores de comunistas ainda tentam amedrontar", p. 3, 15/01/1980.

Quando a ameaça não chegava por carta, era feita por telefone, tal como o ocorrido com o bispo da Diocese do Marajó, dom Ângelo Rivatto, por conta de sua atuação nos problemas fundiários no município de Cachoeira do Arari/PA, no final de janeiro. A Secretaria de Segurança Pública do Pará abriu inquérito para apurar as ameaças, e não há notícias de sua conclusão[557]. As ameaças contra o bispo também vinham de outras fontes: conforme o noticiado, o religioso alegou que também havia sido ameaçado pessoalmente de morte pelo promotor da comarca de Belém, José Melo da Rocha[558]. O caso do bispo, assim como dos juízes cariocas e do advogado Ivo Signor, é outro exemplo de como a sigla poderia ser usada por terceiros que, não tendo ligação com o grupo, motivado por razões outras, se apropriam dela para causar terror.

Em Pernambuco, não houve aviso: o seminarista Manoel Francisco Neto foi espancado por três homens que se diziam pertencer ao CCC, por ter se referido a questões relativas às migrações em seus sermões[559]. Não se descarta que o CCC de Recife, que matou padre Henrique, tenha voltado a atuar. Todavia, considera-se a hipótese de que elementos descontentes com os sermões do seminarista, para acobertar seus atos, usaram a sigla de uma organização que, agindo desde antes do golpe, nunca foi punida.

Começam, então, os atentados à bomba que marcaram o ano de 1980. Quando a sede da Convergência Socialista[560], organização

---

557 *O Estado de S. Paulo* (SP), Ano 101, Edição 32168, "Inquérito em Belém", p. 8, 26/01/1980.

558 *Jornal do Brasil* (RJ), Ano 1980, Edição 00293, "Envolvimento em questões de terra no Pará provoca ameaças de morte a Bispo", p. 16, 28/01/1980.

559 *Diário de Pernambuco* (PE), Ano 1980, Edição 00079, "Seminarista espancado", p. 3, 22/03/1980.

560 "Organização política de orientação socialista criada em 28 de janeiro de 1978, em São Paulo. Uma das correntes atuantes dentro do Partido dos Trabalhadores (PT) desde a fundação deste em 1980 até sua expulsão do partido em 1992, deixou de existir em 1994, quando seus membros passaram a integrar o Partido Socialista dos Trabalhadores Unificados (PSTU)." (*Dicionário Histórico-Biográfico Brasileiro*. FGV/CPDOC, 2013. Disponível em: <http://www.fgv.br/cpdoc/acervo/dicionarios/verbete-tematico/convergencia-socialista>. Acesso em: 27 de julho de 2020).

política de orientação socialista constituída em 1978, sofreu dois atentados atribuídos ao grupo, em março e maio de 1980, ocorridos no Rio de Janeiro e em Santo André/SP, o ministro da Justiça recebeu representantes da Convergência Socialista e o deputado Antonio Carlos (PT/MT).

Não obstante o CCC ter sido apontado pela imprensa como acusado de ter participado do ataque e o Ministro da Justiça ter recebido os membros do grupo, não há indicativo de apuração de autoria na documentação[561] sobre os atentados arquivada junto ao Serviço Nacional de Informações (SNI). O ataque ocorreu no contexto das movimentações grevistas dos operários em São Paulo em que líderes sindicais, como José Maria de Almeida e Luís Inácio Lula da Silva, haviam sido presos. Lula também foi alvo de ameaças do Comando de Caça aos Comunistas (CCC), por conta de sua atuação no movimento sindical em 1980.

O foco do grupo era atacar os movimentos políticos que se destacavam no processo de abertura política. Começando por Rondônia, em maio de 1980, um dos organizadores do partido político de Leonel Brizola na região, Samuel Sales Saraiva, foi ameaçado:

> Samuel, seu patife, é bom deixar de estar de lado do povão e com mentira. Estamos na tua pista. Já te avisamos mais de uma vez. Se continuares nesta esquerda comunista te encheremos de bala de qualquer jeito até o fim do mês. (...) Comando de Caça aos Comunistas. Já com muitas cabeças[562].

Dias depois, o carro de Saraiva foi incendiado[563]. Em Belém, no mês seguinte, Raimundo Jinkings, que, à época, era membro

561 Relatório BR DFANBSB V8.MIC, GNC.AAA.80009466 (Fundo do Serviço Nacional de Informações, Arquivo Nacional).

562 *Jornal do Brasil* (RJ), Ano 1980, Edição 00051, "CCC faz ameaças em Porto Velho", p. 4, 29/05/1980.

563 *Jornal do Brasil* (RJ), Ano 1980, Edição 00058, "CCC queima carro de brizolista", p. 8, 05/06/1980.

da Sociedade Paraense de Defesa dos Direitos humanos e ex-líder sindicalista, teve seu carro incendiado, e a autoria foi assumida pelo CCC. Não era o primeiro ataque sofrido por Jinkings: no ano anterior, sua livraria havia sido metralhada quando da visita de Miguel Arraes a Belém. No mesmo contexto do ataque a Raimundo Jinkings, a Comissão Pastoral da Terra (CPT), no Pará, foi ameaçada pelo grupo. "Os extremistas", como menciona o jornal, ameaçaram assassinar os membros da CPT que atuavam nos movimentos de defesa dos posseiros:

> Queremos comunicar-lhe que é para você deixar de lado essa história de posseiros, esses caras são uns trapaceiros e você, se continuar, terá a sorte de muita gente que está tombando por causa dessas brigas de terra. Se você continuar a dar conta de problemas de terras, nós, os amigos do povo, daremos conta de você e olhe e ouça o que estamos dizendo: essas viagens por interior poderão ser fatais para você. Vocês da CPT são um bando de comunistas, pensam que estão demonstrando força, vocês estão é sendo marcados para morrer e isso pode ser muito em breve. Avise os seus comparsas dessa vontade de implantar o comunismo. Citamos os nomes para que não restem dúvidas a respeito de quais são: Felisberto, Paulo de Tarso e Sebastião, o agitador do Gurupi com a mulher dele. Não façam escândalo que vocês estão acostumados a fazer, publicar em jornal e outras bobagens todas, senão podemos adiantar o dia de vocês. Abraços do Comando de Caça aos Comunistas – CCC.[564]

Se o ataque à livraria de Raimundo Jinkings pode ser relacionado à ligação de seu proprietário com Arraes, também havia casos em que a motivação estava supostamente conectada à circulação de materiais "subversivos" nos estabelecimentos, como no caso da Livraria Capitu, em São Paulo/SP, que, em abril de 1980,

564 *Jornal do Brasil* (RJ), Ano 1980, Edição 00061, "CCC queima carro de livreiro", p. 30, 08/06/1980.

teve sua fachada alvejada a tiros, ato que, segundo o jornal, foi assumido pelo CCC[565]. Essa *motivação* vai aparecer com mais frequência nos atentados às bancas na segunda metade do ano.

Em Porto Alegre, José Carlos de Oliveira, à época ex-presidente do Setor Jovem do MDB e proprietário da livraria da Editora Combate Socialista, recebeu uma carta assinada por "CCC. Facção Porto Alegre, agente 0584":

> Parabéns. Em nome da democracia e contra os fantoches do comunismo internacional, seu estabelecimento ou seu covil de subversivos foi escolhido para em ser (sic) o exemplo. Será explodido dentro de 3 dias se não deixar de receber e ofertar esta (sic) suas revistas e publicações comunistas. Não estamos brincando, continue e verá, já temos o mapa de seu covil e não queremos que aconteçam (sic) vítimas, somente os boletins e publicações comunistas devem desaparecer, estamos vigiando seus passos. Duvide e verás, nossos parabéns, CCC pela morte aos comunistas traidores pátria (sic).[566]

O jornal dava mais destaque à "série de erros de português" do que ao fato em si. Dias depois, o secretário de Segurança Pública gaúcho, coronel João Leivas Job, declarou que "grupos extremistas de direita desencadearam uma ofensiva no interior gaúcho". Casas de apoiadores do Partido Democrático Trabalhista (PDT) em São Leopoldo e Novo Hamburgo foram pichadas. Segundo o jornal, cinco pessoas foram alvo de ameaças em cartas assinadas pelo Comando de Caça aos Comunistas, entre elas o vereador Argeu Santarém (PDT) e o jornalista Valdino Tasca. A reportagem traz trechos da carta enviada ao senhor Argeu Santarém, ressaltando, novamente, os erros de português:

---

565 *Correios de Notícias* (PR), Ano 1980, Edição 00828, "Quando a polícia é indiferente", p. 2, 18/04/1980; *Jornal do Brasil* (RJ), Ano 1980, Edição 00149, "Em Sigilo", p. 9, 04/09/1980.

566 *Jornal do Brasil* (RJ), Ano 1980, Edição 00114, "Nova Carta", p. 9, 31/07/1980.

> Não somos bonzinhos e vamos acabar com a raça dos comunista, socialista (sic), petebistas, agitadores, contestadores, anarquistas. (...) Tu tá na nossa lista de indivíduos a serem executados e é bom lembrar que tem família, e quem pode sofrer é tua mulher.[567]

É em agosto de 1980 que os conhecidos ataques a bancas de jornais começam a ocorrer. Primeiro, as ameaças. O Comando de Caça aos Comunistas de Santos ameaça os distribuidores de jornais e revistas e as livrarias santistas que vendem jornais alternativos e revistas eróticas. A circular estendia suas ameaças à comercialização de grandes editoras, como a Abril Cultural e a Bloch Editores. Para um livreiro santista, a menção a revistas eróticas tinha como objetivo ganhar a adesão de setores conservadores da sociedade, já que a explosão e o incêndio de bancas não eram bem vistos pela população[568]. Alguns jornais publicaram a íntegra da carta, outros, apenas trechos. O jornal *Tribuna de Santos* (SP)[569] divulgou a imagem da carta, que segue abaixo:

---

567 *Jornal do Brasil* (RJ), Ano 1980, Edição 00116, "Secretário admite que direita ameaça no interior gaúcho", p. 9, 02/08/1980.

568 *Jornal do Brasil* (RJ), Ano 1980, Edição 00118, "Distribuidores também são ameaçados", p. 5, 04/08/1980.

569 *Tribuna de Santos* (SP), "Grupos de Direita fazem ameaças", p. 4, 04/08/1980. O jornal *Tribuna de Santos* (SP) não faz parte do corpus da pesquisa, todavia optou-se por incluir esta reportagem tendo em vista a apresentação da imagem da carta e por se tratar de uma reportagem veiculada no local em que a carta foi distribuída ("Tempos negros da ditadura e do CCCS". Disponível em: <https://www.novomilenio.inf.br/santos/h0053a.htm>. Acesso em: 18 de junho de 2020.) A mesma circular é arquivada no relatório BR_DFANBSB_PA_0_0_0001_d, pertencente ao Fundo da Companhia Docas do Estado de São Paulo do Arquivo Nacional.

Figura 19 – Carta do Comando de Caça aos Comunistas de Santos (CCCS)

pn

BM C CCS

SENHOR DISTRIBUIDOR
ou LIVREIRO:

O COMANDO DE CAÇA AOS COMUNISTAS DE SANTOS - CCS - unido e coeso aos nobres ideais da FALANGE PÁTRIA NOVA e das BRIGADAS MORALISTAS, já identificou o senhor e a sua empresa em nosso Index como I N O C E N T E S   U T E I S dos vermelhos e dos imorais!

O CCS adverte ao Senhor, com a sua responsabilidade de proprietário de empresa distribuidora e/ou vendedora de periódicos que, talvez sem saber, vem colaborando para o aumento da propaganda comunista e da literatura erótico-pornográfica em nosso país, distribuindo ou vendendo à população desta cidade (que um dia ensinou à Pátria a LIBERDADE e a CARIDADE), revistas obcenas e jornais marxistas-leninistas.

Outras entidades patrióticas, semelhantes a nossa, estão tambem enviando um alerta semelhante a este, advertindo as pessoas para o clima de subversão política e de afronta à ordem moral da Familia Brasileira. Algumas, fazem incorretamente, pois apenas advertem aos jornaleiros de bancas, simples revendedores economicamente mais fracos, quando os grandes responsáveis, na realidade, são os editores e o grandes distribuidores/vendedores como o senhor e a sua empresa.

Assim, para o bem da nossa cidade, do nosso querido Brasil e do seu próprio, E X I G I M O S que a sua empresa pare imediatamente de distribuir e/ou vender em SANTOS e nos municípios da Baixada Santista as seguintes publicações:

JORNAIS:

COOJORNAL
PRETO NO BRANCO
HORA DO POVO
EM TEMPO
PASQUIM
MOVIMENTO
VOZ DA UNIDADE
VOZ OPERÁRIA
REPÓRTER
LUTA OPERÁRIA
CONVERGÊNCIA SOCIALISTA
LAMPIÃO
JORNAL DO GAY

REVISTAS:

ELE E ELA
PLAYBOY
LUI
STATUS
HOMEM
CLOSE
PRIVÊ
ROSE
PERSONAL
CONFISSÕES
EROS
FIESTA
EXCLUSIVE

e demais revistas que tratem de assuntos eróticos sexuais.-

ESPERAMOS CONTAR COM A SUA PATRIÓTICA COLABORAÇÃO. NÃO ADVERTIREMOS MAIS ! CASO CONTRÁRIO TOMAREMOS ATITUDES DRÁSTICAS

Comando CCS

Fonte: *Tribuna de Santos* (SP), 04/08/1980, p. 4.

A carta foi enviada para proprietários de livrarias e de firmas distribuidoras de jornais e revistas. A maioria dos proprietários de bancas e livrarias da baixada santista optou por suspender a venda dos jornais da imprensa alternativa e de "revistas de nus", afirmando a ausência de condições de segurança para o comércio das publicações, ainda que, segundo a reportagem, o DOPS tivesse adotado policiamento perto das bancas[570].

Dezessete anos depois, a sigla criada nas Arcadas ainda era utilizada por grupos espalhados no país para gerar terror. Em Passo Fundo/RS, os jornaleiros suspenderam a venda de jornais alternativos por conta das ameaças[571]. No Rio Grande do Sul, a primeira banca incendiada é de um ex-vereador da ARENA, João Carlos Batista dos Santos. Antes do atentado, o proprietário da banca havia recebido uma carta em que o CCC "ameaçava queimar a banca se continuasse a vender *O Pasquim*, *Movimento* e *Hora do Povo*: 'É o único e último aviso. Depois... ação'"[572].

Atentados a bancas de jornal não relacionados ao CCC também eram registrados em outras cidades do país, como em Belém, Belo Horizonte, Brasília, Curitiba, Porto Alegre, Rio de Janeiro e São Paulo[573]. Eram um problema nacional. O então ministro da Justiça, Ibrahim Abi-Ackel, divulgou a manifestação do general João Batista Figueiredo de repúdio e preocupação com a escalada de atentados. Para o ministro, os atentados eram um revide ao processo de abertura e um ataque à autoridade do presidente da República[574].

---

570 *Tribuna da Imprensa* (RJ), Ano 1980, Edição 09437, "Livrarias também não querem vender nanica", p. 5, 06/08/1980.

571 *Jornal do Brasil* (RJ), Ano 1980, Edição 00118, "Carta do CCC intimida jornaleiros", p. 5, 04/08/1980.

572 *Jornal do Brasil* (RJ), Ano 1980, Edição 00127, "'É o único e último aviso', disse o CCC", p. 8, 13/08/1980.

573 *O Estado de S. Paulo* (SP), Ano 102, Edição 32563, "Os atos terroristas desde 1980", p. 28. 10/05/1981.

574 *Jornal do Brasil* (RJ), Ano 1980, Edição 00119, "Figueiredo repudia escalada de atentados a bancas de jornais", p. 8, 05/08/1980.

Ainda que as bancas tenham ficado na mira dos atentados na segunda metade de 1980, as ameaças assinadas pela sigla ainda eram direcionadas a vários setores da sociedade. Nos primeiros dias de agosto, trinta estudantes gaúchos receberam cartas ou ameaças telefônicas do CCC[575]. As ameaças de bomba chegam ao reitor da Universidade Metodista de Piracicaba, Elias Boaventura, quando, em setembro de 1980, sinaliza a cessão do campus da universidade para a realização do Congresso da UNE. O CCC ameaça, por meio de telefonemas de pessoas que diziam integrar o grupo, explodir "uma bomba em cada sala de aula" em virtude da realização do Congresso[576]. No final de 1980, a OAB, seção da Bahia, recebe uma ameaça de bomba do grupo pelo fato do então vice-presidente do órgão, Marcelo Duarte, ter comparecido à inauguração da sucursal do periódico *Voz da Unidade*, que, segundo o jornal que noticiou o ocorrido, era um "órgão oficioso do PCB"[577].

A Figura 20 nos mostra a carta ameaçando uma "celebridade" do PMDB. A carta destoa por conta do formato e por não ter um destinatário específico[578].

---

575 *Jornal do Brasil* (RJ), Ano 1980, Edição 00127, "'É o único e último aviso', disse o CCC", p. 8, 13/08/1980.

576 *Jornal do Brasil* (RJ), Ano 1980, Edição 00159, "Reitor vai a Ministro para comunicar que congresso da UNE será em Piracicaba", p. 25, 14/09/1980.

577 *Diário de Pernambuco* (PE), Ano 1980, Edição 00310, "OAB da Bahia sofre ameaça", p. 3, 13/11/1980.

578 *Diário da Tarde* (PR), Ano 1980, Edição 23276B, "Comando ameaça político do PMDB", p. 2, 15/08/1980.

Figura 20 – Carta do Comando de Caça aos Comunistas aos políticos do PMDB (1980)

Fonte: *Diário da Tarde* (PR), 15/08/1980, p. 2.

A Bancada do PMDB decide solicitar às autoridades providências em relação às ameaças dirigidas pelo Comando de Caça aos Comunistas (CCC) a parlamentares da oposição[579]. Todavia, não havia apuração. As denúncias de impunidade se avolumam.

Os mapas nas figuras 21 e 22 procuram apresentar os atos praticados pelo grupo e divulgados na imprensa, de 1963 a 1980. Destacaram-se, em negrito, os atos que, após análise dos documentos, podem ser atribuídos ao CCC formado nas Arcadas. Quanto aos demais, seriam atos praticados por grupos diversos que, coligados ideologicamente, se apropriaram da sigla, da ideia, para extravasar sua ânsia de perseguição aos que se opunham ao regime ou a seus ideais conservadores. De toda forma, como mencionado anteriormente, não se pode afirmar se houve ou não algum tipo de coordenação dos atos praticados a nível nacional por parte dos integrantes que formaram o grupo em 1963. A segunda imagem, de caráter complementar, apresenta uma legenda dos atos organizados cronologicamente.

---

579 *Diário do Paraná* (PR), Ano 1980, Edição 07577, "PMDB contra o CCC", p. 3, 20/08/1980.

Figura 21 – Atos praticados pelo CCC e divulgados na imprensa – 1963 a 1980

Fonte: Elaborado pela autora com base na documentação coletada.

Figura 22 – Atos praticados pelo CCC e divulgados na imprensa – 1963 a 1980

LEGENDA

(64) *SETEMBRO*
01. Fac. de Direito da Universidade de São Paulo (SP)

(67) *OUTUBRO*
02. Eleições UEE (SP)

(68) *JUNHO*
03. Fac. de Direito da Universidade de São Paulo (SP)
04. Fac. de Filosofia, Ciências e Letras da USP (SP)

- JULHO
05. Peça Roda Viva - Teatro Ruth Escobar (SP)

- AGOSTO
06. Formação do CCC – Fortaleza (CE)

- SETEMBRO
07. Faculdade de Filosofia (CE)
08. Colégio Brasílio Machado (SP)

- OUTUBRO
09. Faculdade de Filosofia - Maceió (AL)
10. Formação do CCC – Brasília (DF)
11. Universidade Federal de Pernambuco (PE)
12. Universidade Católica (PE)
13. Residência de D. Hélder - Recife (PE)
14. UFF (RJ)
15. PUC-RJ (RJ)
16. Universidade Federal do Rio de Janeiro (RJ)
17. C.A. Cândido de Oliveira – Fac. de Direito da Universidade Federal do Rio de Janeiro (RJ)
18. Faculdade Nacional de Direito (RJ)
19. Formação do CCC – Rio de Janeiro (RJ)
20. Assembleia Legislativa do Rio de Janeiro (RJ)
21. Peça Roda Viva - Teatro Leopoldina (RS)
22. Fac. de Filosofia, Ciências e Letras da USP (SP)
23. Faculdade de Medicina da USP (SP)
24. Atriz Norma Bengell (SP)
25. Parlamentar (SP)
26. Formação do CCC - Sergipe (SE)

- NOVEMBRO
27. Parlamentares (DF)
28. Universidade Federal do Paraná (PR)
29. Universidade Federal Rural de Pernambuco (PE)
30. Estudante em Sergipe (SE)

(69) *ABRIL*
31. Cândido Pinto de Melo - Recife (PE)
32. Cúria Metropolitana de Recife (PE)

- MAIO
33. Padre Henrique - Recife (PE)

- JULHO
34. Monumento em homenagem a Garcia Lorca (SP)

(70) *MAIO*
35. Semanário Pasquim (RJ)

(74)
36. Parlamentar (SP)

(77) *MARÇO*
37. C.A. Faculdades de Física e Matemática da USP (SP)

- SETEMBRO
38. 3° Semana de Atualidades - Curitiba (PR)
39. PUC-SP (SP)

- DEZEMBRO
40. Curitiba (PR)
41. Padre Joacyr Grandi - Curitiba (PR)

(78) *FEVEREIRO*
42. Bispo Agostinho Sartori - Curitiba (PR)

- MARÇO
43. Escolas OCA/Oficina - Curitiba (PR)
44. Professora Juracilda Veiga - Curitiba (PR)

- MAIO
45. C.A. Faculdades de Medicina e Direito da USP (SP)
46. C.A. Faculdade de Arquitetura da Mackenzie (SP)

- JULHO
47. Jornal Em Tempo - Curitiba (PR)

- AGOSTO
48. Curitiba (PR)
49. DCE - Universidade de Londrina (PR)
50. Rio de Janeiro (RJ)
51. Rio Grande do Sul (RS)
52. Santa Catarina (SC)
53. São Paulo (SP)

- SETEMBRO
54. Minas Gerais (MG)

- DEZEMBRO
55. Rio de Janeiro (RJ)

(79) *AGOSTO*
56. Retorno de Leonel Brizola (RS)

- OUTUBRO
57. Vereador Antônio Carlos de Carvalho (RJ)

- NOVEMBRO
58. Retorno de Miguel Arraes - Belém (PA)
59. C.A. Fundação Getúlio Vargas (SP)
60. União Estadual dos Estudantes - UEE (SP)

(80) *JANEIRO*
61. D. Ângelo Rivatto (PA)
62. Rio de Janeiro (RJ)

- MARÇO
63. Seminarista Manoel Francisco Neto (PE)
64. Convergência Socialista (RJ)

- ABRIL
65. Livraria Capitu (SP)

- MAIO
66. Samuel Sales Saraiva (RO)
67. Samuel Sales Saraiva (RO)
68. Convergência Socialista (SP)

- JUNHO
69. Comissão Pastoral da Terra (PA)
70. Raimundo Jinkings - Belém (PA)

- JULHO
71. Editora Combate Socialista (RS)
72. Parlamentar (SP)

- AGOSTO
73. PMDB (DF)
74. Brasília (DF)
75. Minas Gerais (MG)
76. Rio Grande do Sul (RS)
77. Passo Fundo (RS)
78. Rio Grande do Sul (RS)
79. Rio Grande do Sul (RS)
80. Rio Grande do Sul (RS)
81. Santos (SP)

- SETEMBRO
82. Universidade Metodista de Piracicaba (SP)

- NOVEMBRO
83. OAB (BA)

Fonte: Elaborado pela autora com base na documentação coletada.

Em meados de 1979, o repórter Antônio Carlos Fon menciona, em um depoimento à Comissão Justiça e Paz de São Paulo, que João Marcos Flaquer, com quem, segundo o repórter, mantinha uma relação de respeito desde a época em que fazia cobertura das movimentações estudantis, havia lhe dito que estava intercedendo junto aos demais integrantes do CCC para dissuadi-los de um atentado que vinha sendo planejado contra Antônio Carlos Fon àquela época[580]. Se o que Flaquer disse era verdade ou não, não se pode afirmar. Se foi, não se pode dizer se Flaquer, passado o tempo, ainda tinha controle sobre o grupo. Paulo Azevedo afirmou que, ao final da vida, seu colega João Marcos Flaquer teria se arrependido de ter "liderado" o CCC (LOPES, 2014).

A Comissão da Verdade em Minas Gerais (2017), ao analisar os atentados terroristas promovidos por grupos paramilitares da extrema direita no estado, conclui, entre outros pontos, que:

> Os atentados gozaram e se beneficiaram de uma convivência promíscua com os órgãos estatais na área da segurança pública e políticos de partidos conservadores, tal como fica explícito na estranha presença anterior de policiais em locais atingidos e na relação de alguns suspeitos com a estrutura do DOPS-MG, bem como a ausência das autoridades de então, quando convidadas, às CPIs organizadas na ALMG em 1980 e na Câmara Municipal de Belo Horizonte em 1995.[581]

A perspectiva sobre os atentados ocorridos em Minas Gerais pode ser estendida ao que ocorreu no restante do país. As ameaças eram desconsideradas pelos órgãos policiais, e os atentados permaneceram impunes, nenhuma providência era tomada. Como se

---

580 *Projeto Brasil: Nunca Mais*. Comissão de Justiça e Paz 19710416\19780223 (1), p. 2 e 3.

581 Comissão da Verdade em Minas Gerais: Relatório / Governo do Estado. Belo Horizonte: COVEMG, 2017, volume 4, p. 218.

discutirá, o CCC atuava dentro de uma estrutura que legitimava e acobertava suas práticas, contando, inclusive, com a participação de membros no aparelho estatal.

CAPÍTULO 3 – O COMANDO DE CAÇA AOS COMUNISTAS E AS GRAVES VIOLAÇÕES AOS DIREITOS HUMANOS DURANTE A DITADURA: INVESTIGAÇÕES E IMPUNIDADE

O Comando de Caça aos Comunistas (CCC), desde sua formação, contribuiu para a violência do regime, com formas de atuação e organização diferentes em cada período. Atuando como um braço da repressão, participou das violações aos direitos humanos cometidas durante a ditadura.

Em regimes ditatoriais, fica evidente o quanto os direitos são frutos de embate. De um lado, os que cometem os desmandos e suprimem direitos; de outro, os que lutam por eles, opondo-se aos regimes e aos desmandos autoritários, reivindicando, por meio da luta, os direitos que haviam sido suprimidos. Foi neste contexto que o Comando de Caça aos Comunistas (CCC) atuou, reprimindo grupos e violentando os que se opunham à ditadura. Todavia, para que o CCC pudesse agir desta forma, havia um aparato estatal que legitimava estas ações.

Os direitos humanos são oriundos das lutas que se travam na história e que provocam transformações sociais (BOBBIO, 1992, p. 20). Quando se fala em direitos humanos, não se deve pensar em direitos de um homem em abstrato, eterno, e sim em um homem que vive e luta na história; esses direitos não são infalíveis e fixos (BOBBIO, 1992, p. 20)[582]. Os direitos humanos são um

---

582 Conforme Bobbio (1992, p. 12 e ss), no decorrer da história, três concepções diferentes têm sido utilizadas para fundamentar os direitos humanos. A primeira parte da ideia de que os direitos do homem se fundamentam na natureza humana; a segunda entende estes direitos como verdades em si mesmas. A terceira

constructo social (ARENDT, 2013), conquistados em circunstâncias específicas, frutos da história, passado e presente da sociedade, a partir de contextos de luta e ação social (PIOVESAN, 2005, p. 44).

O relatório produzido pela Comissão Nacional da Verdade (CNV) apresenta as seguintes modalidades de grave violação de direitos humanos ocorridas durante a ditadura: a prisão (ou detenção) ilegal ou arbitrária; tortura; execução sumária, arbitrária ou extrajudicial e outras mortes imputadas ao Estado; e o desaparecimento forçado, no que se considera a ocultação de cadáveres, conforme o caso[583]. Durante o regime, foram 434 mortes e desaparecimentos de vítimas[584]. No que se refere à prática de tortura, a estimativa é de que cerca de 20 mil brasileiros tenham sido submetidos a ela durante a ditadura.[585]

A despeito das evidências, era importante criar uma capa de democracia para o Estado ditatorial. Cita-se como exemplo a instalação do Conselho de Defesa dos Direitos da Pessoa Humana (CDDPH). Este órgão, que foi criado antes do golpe, mas instalado posteriormente, "possuía autonomia para investigar violações

---

corrente, adotada por Bobbio, entende os direitos do homem como produto de um acordo da sociedade, apontando a Declaração Universal de 1948 como exemplo de momento em que a humanidade se reuniu em torno de valores comuns.

583 Relatório da Comissão Nacional da Verdade, 2014, vol. 1, p. 280.

584 Relatório da Comissão Nacional da Verdade, 2014, vol. 1, p. 963. De acordo com o relatório "a CNV teve condições de confirmar 434 mortes e desaparecimentos de vítimas do regime militar, que se encontram identificados de forma individualizada no Volume III deste Relatório, sendo 191 os mortos, 210 os desaparecidos e 33 os desaparecidos cujos corpos tiveram seu paradeiro posteriormente localizado, um deles no curso do trabalho da CNV. Esses números certamente não correspondem ao total de mortos e desaparecidos, mas apenas ao de casos cuja comprovação foi possível em função do trabalho realizado, apesar dos obstáculos encontrados na investigação, em especial a falta de acesso à documentação produzida pelas Forças Armadas, oficialmente dada como destruída. Registre-se, nesse sentido, que os textos do Volume II deste Relatório correspondentes às graves violações perpetradas contra camponeses e povos indígenas descrevem um quadro de violência que resultou em expressivo número de vítimas." (2014, Vol. 1, p. 963)

585 Relatório da Comissão Nacional da Verdade, 2014, vol. 1, p. 350.

aos direitos humanos, contudo, funcionou unicamente para o estabelecimento da retórica neste sentido" (CAMPOS, 2019, p. 339).

Gama e Silva, o redator do AI-5, o instrumento que inaugurou os anos de chumbo da ditadura, apresentou um discurso favorável a iniciativas como a instalação do Conselho de Defesa dos Direitos da Pessoa Humana (CDDPH). Durante a instalação oficial do Conselho, em 1968, Gama e Silva declarou:

> É este ato uma resposta eloquente e afirmativa de que vivemos num Estado de Direito, sob o império da Constituição e das leis, onde o respeito à vida, à liberdade, à segurança e à propriedade são plenamente assegurados, sem prejuízo de outros direitos e garantias essenciais decorrentes do regime e dos princípios inscritos em nossa Lei Maior. E porque estamos num Estado de Direito, que tem na defesa da Constituição, das leis e da ordem uma de suas essenciais finalidades, é que o Poder Público age e atua, quando necessário, para manter a tranquilidade e o bem-estar de todos ainda que muitas vezes sua energia, nem sempre honestamente compreendida seja apontada como violadora daqueles direitos. E porque estamos num Estado de Direito é que este Conselho passa a ser o mais alto órgão fiscalizador da ação dos poderes públicos e dos particulares, promovendo e estimulando o respeito aos direitos do homem e às liberdades fundamentais de todos e denunciando suas violações, onde quer se manifestem, em defesa dessa mesma liberdade e da dignidade da pessoa humana.[586]

Conforme Campos (2019), Gama e Silva, desde 1967, sinalizava para uma suposta instalação da CDDPH, sem que isso de fato se efetivasse. Até que, em 1968, as constantes denúncias na imprensa, inclusive internacional, de violações aos direitos humanos no Brasil serviram de motivação ao então ministro. As denúncias

---

586 *Correio da Manhã* (RJ), Ano 1968, Edição 23174, "Gama fala em Império da Lei", p. 2, 25/10/1968.

preocupavam mais que os fatos em si. A partir de setembro, Gama e Silva passou a dar mais declarações sobre a instalação do CDDPH, ao mesmo tempo em que tomava medidas autoritárias, tais como a cassação da Frente Ampla e a proibição da realização de manifestações (CAMPOS, 2019, p. 343-345).

A primeira reunião do conselho ocorreu em 29 de novembro de 1968. Em 6 de dezembro, o órgão entrou em recesso. Uma semana depois, o AI-5 era editado. Contrariando o próprio regimento do órgão, que previa reuniões ordinárias duas vezes por ano, Gama e Silva não convocou mais nenhuma reunião (CAMPOS, 2019, p. 348).

O CDDPH retorna ao final de 1969, para ser controlado pelas mãos do parceiro de Gama e Silva, Alfredo Buzaid. Poucas e irregulares reuniões foram realizadas. Para Campos (2019, p. 361), "durante a autoridade de Alfredo Buzaid, do ponto de vista racional, a atuação do CDDPH não pode ser compreendida de outra forma senão enquanto dissimuladora e silenciadora da realidade".

A violência e a perseguição aos opositores do regime foram institucionalizadas sob a justificativa de que era necessário resguardar a segurança nacional[587]. De acordo com os apoiadores da Doutrina de Segurança Nacional, havia no país, durante a Ditadura Civil-Militar, uma situação de guerra interna e, no mundo, uma divisão entre duas partes, sendo uma delas o comunismo. Desta maneira, aquele que se opusesse ao regime era inimigo do Estado e da paz (BATISTA, 1982, p. 54-55).

Neste contexto, o Estado ditatorial, baseado na ideia de uma Doutrina de Segurança Nacional[588] com vistas a proteger seu pro-

---

587 Antes das legislações da ditadura, o país estava sob a égide da Lei nº 1.802/53, que não se baseava na Doutrina de Segurança Nacional (BATISTA, 1982, p. 49), ainda que, tendo em vista o contexto da Guerra Fria, a "ameaça vermelha" já fosse preocupação do governo, figurando, portanto, em alguns preceitos da lei.

588 Ao se utilizar o conceito de Doutrina de Segurança Nacional para analisar a forma como o regime criminalizou, perseguiu e puniu seus opositores, parte-se do pressuposto de a ditadura brasileira tinha suas particularidades e que, ainda que sob certa influência dos Estados Unidos, absorveu outros elementos para estruturar seu combate à repressão, elaborando conceito próprio de segurança nacional e definindo que seriam os inimigos do país (BAUER, 2014, p. 47).

jeto político, criminaliza determinadas posturas e comportamentos relacionados a reivindicações políticas específicas. Foi nesse espírito que foram instituídas as legislações sobre segurança nacional.

No período, foram editadas quatro leis de segurança nacional: em 1967, o Decreto-Lei nº 314 (13/03/1967), alterado pelo Decreto-Lei nº 510 (20/03/1969), que intensificou as cominações da legislação antecedente. Em 1969, o Decreto-Lei nº 898, de 29 de setembro de 1969, institucionalizou as torturas, assassinatos, desaparecimentos. Foi sob o amparo desta lei que se instaurou uma "criminalidade oficial sanguinária", tratando o "dissidente político como se trataria o inimigo externo" (BATISTA, 1982, p. 53-54). Em 1978, durante o processo de reabertura democrática, foram promulgadas a Lei nº 6620, de 17 de dezembro de 1978, e a Lei nº 7170, de 14 de dezembro de 1983, esta última ainda vigente.

Todo o aparato penal e judiciário foi organizado para que não houvesse entraves à aplicação dos preceitos que norteavam as práticas do regime. Essa estruturação percorreu as diferentes instâncias do Estado, passando pelas construções legislativas, já que era necessário criminalizar a oposição política, chegando, obviamente, ao Judiciário, já que "não bastava só mudar a lei, mas também os juízes que deviam julgá-la" (FRAGOSO, 1984, p. 12, apud PACHECO, 2018, p. 268)[589]. Não se poderia aceitar uma justiça que, de alguma forma, se opusesse a esse sistema e que pretendesse garantir a efetivação das liberdades individuais (PACHECO, 2018).

Na ditadura, o status de criminoso político era atribuído a determinados indivíduos de acordo com os interesses dos que pretendiam proteger o regime. De acordo com Baratta (2002)

---

589 Pacheco (2018, p. 267), além de citar a perseguição a juízes que não atuassem de acordo com a ideologia do regime, menciona que, depois do AI-2, os crimes contra a segurança nacional passaram a ser julgados pela Justiça Militar. Além disso, o AI-2 determinou que os pedidos de *habeas corpus* requeridos por acusados de crime contra a segurança nacional fossem previamente analisados pelo Superior Tribunal Militar antes de serem julgados pelo Supremo Tribunal Federal (PACHECO, 2018, p. 268).

"a criminalidade, no seu conjunto, é uma realidade social criada através do processo de criminalização. Portanto, a criminalidade e todo o direito penal têm, sempre, natureza política" (BARATTA, 2002, p. 119). Eram os legisladores simpatizantes do regime que definiam quais atos seriam criminalizados e de qual forma eles seriam tipificados. Era criminoso aquele que ousava se contrapor à ditadura.

O Comando de Caça aos Comunistas (CCC) atuava, impunemente, apoiado neste sistema que legitimava práticas persecutórias, por meio das leis e do Judiciário, contra aqueles que o Estado classificava como criminosos políticos. Essa atuação ocorria por meio das ameaças, sequestros e atentados praticados pelo grupo e discutidos no capítulo anterior – igualmente impunes – mas também por *dentro* do aparelho estatal, com a participação de elementos do CCC no aparelho repressivo. Segundo o relatório da Comissão Estadual da Verdade em Minas Gerais (2017), a formatação do aparelho repressivo estatal teve como uma de suas bases o CCC:

> A adequação do aparelho repressivo foi antecipada por grupos paramilitares de extrema direita organizados na sociedade civil e mantenedores de relações promíscuas no interior de órgãos públicos, com destaque para o Comando de Caça aos Comunistas (CCC).[590]

Nesse contexto, e pensando na documentação coletada no fundo do Serviço Nacional de Informações (SNI) sediado no Arquivo Nacional[591], da Comissão Nacional e Estadual da Verdade, do Projeto Brasil: Nunca Mais (BNM) e nos inquéritos da Batalha da Maria Antônia e dos cartões de Natal – motivados, em parte, pela oposição ao processo de anistia – instaurado no Paraná, preten-

---

590 Comissão da Verdade em Minas Gerais: Relatório / Governo do Estado. Belo Horizonte: COVEMG, 2017, volume 4, p. 188.

591 Também serão utilizados documentos de outros fundos do Arquivo Nacional, indicados caso a caso.

de-se apresentar os sujeitos relacionados ao CCC, suas trajetórias políticas e públicas, com foco nos elementos que tiveram participação nos aparatos repressivos, incluindo a prática de torturas, ainda que outros atos dos integrantes também possam ser caracterizados como atentatórios aos direitos humanos.

Nos relatórios da Comissão Nacional da Verdade, o CCC é mencionado, em suma, no tópico referente aos órgãos e procedimentos da repressão política, à participação do Estado brasileiro em graves violações no Exterior e a execuções e mortes decorrentes da tortura, em virtude da morte do padre Henrique e do estudante José Guimarães, na Batalha da Maria Antônia. Raul Nogueira de Lima, o Raul Careca, é mencionado no relatório como "um dos criadores do CCC". Não há um tópico exclusivo para o grupo, e sua presença é recortada entre as menções às violações aos direitos humanos praticadas pelos seus integrantes.

Pretende-se apresentar também como o governo militar agiu – ou deixou de agir – em relação aos atos praticados pelo grupo a partir da documentação coletada, especialmente os procedimentos de apuração instaurados, sobretudo o inquérito da Batalha da Maria Antônia e dos cartões de Natal, que têm relação direta com o Comando de Caça aos Comunistas (CCC).

3.1 A ATUAÇÃO DO CCC NOS APARELHOS REPRESSIVOS

Com o advento do AI-5, os rumos da "revolução" são retomados e o perigo de uma "ditadura marxista" é afastado, acalmando as preocupações de João Marcos Flaquer. Mas ainda havia trabalho a ser feito para que a "canalha vermelha" fosse extirpada do país. A ação dentro das universidades seguiu, como se viu no primeiro capítulo, mas aqueles que, desde 1963, teriam feito parte do CCC, conforme o apontado pela imprensa, estavam formados ou em vias de se formarem e, como se esperaria de um jovem formado nas Arcadas e na Presbiteriana Mackenzie, iniciaram suas trajetórias profissionais. Destaca-se, abaixo, a trajetória política e pública de alguns dos elementos acusados de fazer parte do grupo.

Em meados de 1970, o "líder" do CCC, João Marcos Flaquer, atua, ainda que por pouco tempo, como oficial de gabinete do então ministro da Justiça Alfredo Buzaid (CAMPOS, 2019, p. 92). Após ser dispensado do cargo, passa a advogar no ramo imobiliário, mas sem deixar de dedicar tempo para auxiliar a repressão, como se verá adiante. Sua ligação com o regime era tanta que, no final de 1969, foi convidado para ser um dos coordenadores do 1º Ciclo de Conferências sobre Segurança Nacional e Desenvolvimento, organizado pelo II Exército. O ciclo de conferências teve duração de cinco semanas e aconteceu no auditório das Faculdades Metropolitanas Unidas (FMU), em São Paulo/SP[592].

Em meados de 1989, organizou e presidiu um movimento chamado Ação Nacionalista Democrática[593]. O evento de oficialização do movimento foi realizado na Câmara Municipal de São Paulo, em maio de 1989. De acordo com o manifesto divulgado pela organização, assinado por João Marcos Flaquer, o movimento se baseava em ideais de liberdade democrática e se colocava contra qualquer manifestação de caráter comunista. No relatório que aponta os dados da organização, há menção de que a Ação Nacionalista Democrática seria constituída "em significativa parcela" por ex-integrantes do CCC[594].

Formado na USP em 1968, o estudante Estevam Augusto Santos Pereira, acusado de ser integrante do CCC e ter participado do ataque aos atores da peça *Roda Viva*[595], também atuou, após 1970, no gabinete do ministro Alfredo Buzaid (CAMPOS, 2019, p. 93), que havia sido diretor da Faculdade de Direito entre 1967 e 1969. Estevam negou as acusações de ter feito parte

---

592 *Folha de S. Paulo* (SP), Ano 49, Edição 3473, "Segurança Nacional e Desenvolvimento na FMU", p. 3, 10/11/1969.

593 Relatórios BR DFANBSB V8.MIC, GNC.KKK.89007340; BR DFANBSB V8.MIC, GNC.EEE.89021775 (Fundo do Serviço Nacional de Informações, Arquivo Nacional).

594 BR_DFANBSB_V8_MIC_GNC_EEE_89022934 (Fundo do Serviço Nacional de Informações, Arquivo Nacional).

595 *O Cruzeiro* (RJ), Ano XL, Edição 45, "CCC ou o Comando do Terror", p. 19-23, 9/11/1968.

do grupo, conforme mencionado no capítulo anterior. Quando da sua morte, em 2013, seu colega das Arcadas, Ronaldo Poletti, se manifestou:

> Estevam Augusto dos Santos Pereira (Turma de 1967) faleceu dia 4 de março, em Marília, sua cidade natal, depois de um longo sofrimento. Sua morte comoveu a todos os seus contemporâneos da Faculdade. Ele veio para Brasília em 1970, pelas mãos do Professor Alfredo Buzaid. Trabalhou nos Ministérios da Justiça, dos Transportes e do Trabalho, na Portobras e no Tribunal Superior do Trabalho. Durante mais de trinta anos foi Professor de Teoria Geral do Processo no CEUB e escreveu volumosa apostila para os alunos, que todos insistiam para que ele a transformasse em livro. Membro ativo do Capítulo de Brasília da Associação dos Antigos Alunos, participava ativamente de todos os eventos comemorativos do XI de Agosto na capital da República. Integrou inúmeras vezes o Jogral. Insistia em seus discursos que o importante era o 'quando se sente bater no peito heroica pancada', independentemente das ideias e concepções políticas. Como acadêmico, celebrizou-se como orador e foi líder, durante o tumultuado período da sua graduação, da facção liberal fiel à presença da UDN[596] nas Arcadas, na linha do seu tio o Professor Moacyr Amaral Santos e do Professor Waldemar Ferreira. Que Deus o acolha e nos ajude a crer na imortalidade.[597]

---

[596] Supõe-se se tratar da União Democrática Nacional (UDN) (BENEVIDES, Maria Vitória. "União Democrática Nacional (UDN)" In: ABREU, Alzira Alves de. *Dicionário da Elite Política Republicana (1889-1930)*. FGV/CPDOC, 2013. Disponível em: <http://cpdoc.fgv.br/dicionario-primeira-republica>. Acesso em: 18 de janeiro de 2020).

[597] *Migalhas: Informativo Jurídico Digital*, MIGALHAS nº 3.076, Falecimento. 12 de março de 2013. ISSN 1983-392X. Disponível em: <https://www.migalhas.com.br/informativo/3076>. Acesso em: 10 de julho de 2020.

Ronaldo Poletti e Estevam Pereira ocuparam juntos a Diretoria de Imprensa do Partido de Representação Acadêmica (PRA) em 1965[598]. Pelo relato de Ronaldo Poletti, nota-se que Estevam Pereira, logo após se formar, desenvolveu próspera carreira pública e universitária. De uma forma geral, os elementos que foram relacionados ao grupo não encontraram óbice para seguir suas carreiras, encontrando oportunidades junto a seus antigos professores. O governador Abreu Sodré, em fevereiro de 1979, mencionou que, em 1968, havia identificado a presença de elementos ligados ao CCC na assessoria do ministro Gama e Silva[599].

O professor Moacyr Amaral Santos, docente na Faculdade de Direito da USP e tio de Estevam, fez parte da comissão criada em 1964, por Gama e Silva, então reitor da Universidade de São Paulo, para investigar as atividades dita subversivas na USP, conforme mencionado no primeiro capítulo.

Ao analisar como se deu o processo de reforma universitária dentro da Universidade de São Paulo, Celeste Filho (2006, p. 192) menciona que "os ditadores agiam concretamente para se aliar a intelectuais que, na universidade, pudessem auxiliá-los". Havia disputas de concepções – e de poder – que, no caso da reforma universitária da USP, causaram o afastamento da professora Maria José Garcia Werebe, que, depois de ser denunciada em um inquérito policial que tramitava dentro da universidade, se exila na França (CELESTE FILHO, 2006, p. 157). A perseguição a professores dentro do ambiente universitário foi prática que se manteve, mesmo passados os momentos imediatamente posteriores ao golpe.

Moacyr Amaral Santos foi um dos fundadores, junto com o professor Waldemar Ferreira, da União Democrática Nacional (UDN), sigla mencionada no relato, um partido político que atuou como opositor do governo de João Goulart, com um discurso marcado pelo anticomunismo. Gama e Silva foi candidato a deputado

---

598 Renato no XI, 14/10/1965 (pasta 43 Hélio Navarro 1965, Arquivo da Faculdade de Direito da Universidade de São Paulo).

599 *Veja* (SP), Edição 546, "Um poder na sombra", p. 65, 21/02/1979.

pelo partido em 1945 (OLIVEIRA, 2018, p. 110). Se não se pode afirmar que Estevam fez parte do CCC, é certo que sua trajetória acadêmica foi traçada em preceitos fiéis ao anticomunismo.

Acácio Vaz de Lima Filho, que negou as acusações de ser integrante do CCC feitas pela *O Cruzeiro* (RJ) de 9 de novembro de 1968, começa a advogar em 1974. Professor universitário, torna-se membro da Academia Paulista de Letras Jurídicas na cadeira cujo patrono é Luís Antônio da Gama e Silva[600]. Em um artigo de sua autoria criticando o marxismo, referencia-se ao "sempre genial Cassio Scatena"[601] para corroborar suas críticas.

Cassio Scatena, que assumiu ter participado do grupo, depois de formado passou a atuar como advogado e empresário. A documentação aponta sua participação no movimento estudantil das Arcadas até 1973, provavelmente enquanto cursava seu doutoramento[602]. Em 11 de outubro de 1978, envolveu-se em um caso de homicídio de um funcionário em uma empresa da qual era sócio proprietário. Condenado, não cumpriu pena, pois seu julgamento foi anulado por requerimento da defesa.

Caio Pompeu de Toledo, antes de se formar nas Arcadas, trabalhou na Secretaria de Educação do Estado de São Paulo em 1966. Em 1967, foi eleito vereador por São Paulo pela Aliança Renovadora Nacional (ARENA). Em 1970, elegeu-se deputado estadual. De 1975 a 1978, foi secretário municipal de Esportes[603]. Foi deputado federal de 1979 a 1983, tendo sido eleito pelo partido ARENA. Em 1978, declarou que "o povo brasileiro não sabe votar"[604],

---

600 Disponível em <https://aplj.org.br/cadeira-n-60.html>. Acesso em: 20 de julho de 2020.

601 LIMA FILHO, Acácio Vaz de Lima. *Uma religião e duas doenças*. Academia Paulista de Letras Jurídicas. s/d. Disponível em: <https://aplj.org.br/publicacoes/artigos/uma-religiao-e-duas-doencas.html>. Acesso em: 15 de julho de 2020.

602 LOPES, 2014, p. 140, relato fornecido por Cassio Scatena.

603 Conforme <https://www2.camara.leg.br/atividade-legislativa/legislacao/Constituicoes_Brasileiras/constituicao-cidada/constituintes/parlamentaresconstituintes/constituicao20anos_bioconstituintes?pk=105965>. Acesso em: 20 de julho de 2020.

604 *Jornal do Brasil* (RJ), Ano 1978, Edição 00225, "Pompeu acha que Pelé tem razão", p. 8, 19/11/1978.

discordando da realização de eleições diretas para a presidência da República. De 1979 a 1982, foi membro da Comissão de Educação e Cultura da Câmara. Em meados dos anos 1970, atua como coordenador de cursos de formação política do partido ARENA[605].

Em 1979, ingressou no Partido do Movimento Democrático Brasileiro (PMDB), o antigo MDB. Ato contínuo, deixou este partido e atuou como secretário-geral no Partido Popular (PP) de São Paulo, retornando ao PMDB em 1982. Em 1988, filia-se ao PSDB[606]. Sua última legislatura foi como deputado federal, de 1987 a 1991. Pompeu de Toledo sempre negou as acusações de ligação com o CCC[607].

Cícero Gubeissi, que, segundo noticiado pela imprensa, teria participado do ataque à peça *Roda Viva*[608] e dos atentados às ocupações em 1968[609], o que foi negado por Gubeissi, depois de formado passa a exercer a advocacia. Dilermando Cigagna Jr., que negou fazer parte do grupo em carta-resposta à lista publicada pela *O Cruzeiro* (RJ), torna-se advogado conceituado no ramo de direito de família. Paulo F. Campos Salles de Toledo, que também nega as acusações, torna-se professor da Faculdade de Direito da Universidade de São Paulo. Roberto Ulhôa Cintra, que publica uma carta aberta em todos os jornais de São Paulo se defendendo

---

[605] Relatório sobre Caio Pompeu de Toledo, s/d, pasta 52-Z-0 1284-1360 – 16, Arquivo Público do Estado de São Paulo.

[606] Biografia de Caio Pompeu de Toledo. Câmara dos Deputados. Disponível em: <https://www2.camara.leg.br/atividade-legislativa/legislacao/Constituicoes_Brasileiras/constituicao-cidada/constituintes/parlamentaresconstituintes/constituicao20anos_bioconstituintes?pk=105965>. Acesso em: 20 de julho de 2020.

[607] A reportagem menciona que Caio Pompeu de Toledo teria sido um dos fundadores do CCC, o que ele nega na entrevista (*Jornal do Brasil* (RJ), Ano 1978, Edição 00225, "Pompeu acha que Pelé tem razão", p. 8, 19/11/1978). A reportagem menciona, entre outros pontos, que Caio Pompeu de Toledo foi apontado no passado como integrante do Comando de Caça aos Comunistas, o que é novamente negado por ele (*Jornal do Brasil* (RJ), Ano 1983, Edição 00322, "Montoro tem secretariado de conciliação", p. 3, 28/02/1983).

[608] *O Cruzeiro* (RJ), Ano XL, Edição 45, "CCC ou o Comando do Terror", p. 19-23, 9/11/1968.

[609] *Jornal do Brasil* (RJ), Ano 1968, Edição 00066, "Paulistas mantém escolas ocupadas", p. 10, 26/06/1968.

da acusação, passa a exercer a advocacia e se doutora em direito pela USP.

Outro acusado pela *O Cruzeiro* (RJ), Francisco Antônio Fraga, membro da Frente Acadêmica Nacionalista (FAN) e candidato às eleições para o C.A. XI de Agosto em 1970, passou a atuar como advogado no ramo cível e esportivo depois de formado. Integrou a diretoria da Associação Cristã de Moços e da Associação dos Diplomados da Escola Superior de Guerra de São Paulo[610]. Francisco José Aguirre Menin, acusado de fazer parte do grupo e de ter participado do ataque à *Roda Viva*[611], foi promotor, procurador de Justiça (1973 – 2000) e desembargador (2005 – 2014). Pedro José Liberal, acusado de fazer parte do grupo pela *O Cruzeiro* (RJ)[612], tomou posse como delegado de polícia civil em 1969. Francisco Fraga, Aguirre Menin e Pedro José Liberal negaram as acusações de participação no grupo e nos atentados.

A decretação do AI-5 não fez com que o CCC deixasse de agir. Alguns membros do grupo continuavam a frequentar os espaços acadêmicos e os aparelhos estatais; a rede de relações formada em 1963 era mantida. A luta contra a "canalha vermelha" continuava nas ruas e nos porões da ditadura e deveria ser mantida dentro da universidade. O ideal anticomunista estava presente, e outros estudantes que iam chegando à universidade se tornavam simpáticos aos ideais do CCC.

Paralela a essa atuação na universidade, alguns acusados de integrar o grupo atuavam nos aparatos repressivos, em órgãos como o Departamento Estadual de Ordem Política e Social (DEOPS), criado em 1924, a Operação Bandeirante (OBAN)[613], criada em

---

610 TAFAREL, Andressa. "Francisco Antonio Fraga (1945 – 2014) – O advogado e a vida 'clubística'". 2014. Disponível em: <https://www1.folha.uol.com.br/cotidiano/2014/01/1402654-francisco-antonio-fraga-1945-2014---o-advogado-e-a--vida-clubistica.shtml>. Acesso em: 29 de julho de 2020.

611 *O Cruzeiro* (RJ), Ano XL, Edição 45, "CCC ou o Comando do Terror", p. 19-23, 9/11/1968.

612 *O Cruzeiro* (RJ), Ano XL, Edição 45, "CCC ou o Comando do Terror", p. 19-23, 9/11/1968.

613 Conforme JOFFILY (2008, p. 31): "Sua missão consistia em 'identificar, localizar e capturar os elementos integrantes dos grupos subversivos que atuam

1969, e o Destacamento de Operações de Informações – Centro de Operações de Defesa Interna (DOI-CODI), criado em 1970.

Octávio Gonçalves Moreira Júnior, o Otavinho, foi membro do Comando de Caça aos Comunistas (CCC), conforme mencionado por Raul Nogueira de Lima e Cassio Scatena, membros do grupo (LOPES, 2014). Raul Nogueira de Lima, delegado de polícia, afirma que foi ele, junto com Otavinho e João Marcos Flaquer, que idealizaram o CCC (SOUZA, 2000, p. 380). Formado em Direito pelas Arcadas, Otavinho atuou como delegado de polícia no DOPS/SP e, posteriormente, no DOI-CODI do II Exército. A Comissão Nacional da Verdade (CNV) aponta Octávio Gonçalves Moreira Júnior como partícipe em casos de detenção ilegal, tortura, execução e ocultação de cadáver[614]. A Comissão da Verdade do Estado de São Paulo relaciona-o ao CCC[615]. Era sobrinho de Matias Joaquim Gama e Silva, irmão de Luís Antonio da Gama e Silva (SOUZA, 2000, p. 165).

A participação de membros do grupo em órgãos oficiais passa pelo interesse desses jovens em trabalhar pela manutenção do regime, dentro do que muitos entendiam como uma guerra contra a subversão. Em muitos de seus manifestos, o CCC chama a si a responsabilidade de detentor da verdade sobre os desígnios do país. Sua atuação dentro do meio estudantil, a prática de atentados no país – ainda que se considere a existência de diversos comandos de caça aos comunistas – e a atuação no aparelho repressivo

---

na área do II Exército, particularmente em São Paulo, com a finalidade de destruir ou pelo menos neutralizar as organizações a que pertençam'. Para tanto, reunia elementos provenientes das três Forças Armadas (Exército, Marinha e Aeronáutica), do DOPS, do DPF e da Secretaria de Segurança Pública (Polícia Militar e Polícia Civil). A Operação Bandeirante não foi legalmente oficializada. Seu comando coube ao Exército – na pessoa do coronel Antônio Lepiane, chefe do Estado-Maior da 2ª Divisão de Infantaria –, que fez do órgão o meio de entrada, em grande escala, das Forças Armadas em operações de ordem policial, especializadas na repressão política".

614 Relatório da Comissão Nacional da Verdade, 2014, vol. 1, p. 919.

615 Comissão da Verdade do Estado de São Paulo, Relatório. Tomo I: Recomendações Gerais e Recomendações Temáticas; Perseguição ao Movimento Estudantil Paulista. 2015, p. 6.

falam de um ideal de manutenção de uma estrutura social, uma estrutura de poder que, ainda que consubstanciada no regime, talvez não tenha se esvaído com seu término.

José Paulo Bonchristiano, delegado de polícia aposentado, em entrevista sobre sua atuação no DOPS/SP, não esconde a proximidade com o fundador do CCC, João Marcos Flaquer, que não era agente público:

> Foi o João Marcos [Flaquer] que fundou o CCC e salvou os estudantes de passarem todos para o comunismo, por isso os americanos também gostavam dele. (...) Ele tinha uma capacidade fabulosa, era forte demais, um cara fora de série, muito meu amigo. Eu o conhecia desde o segundo ano da faculdade, ele queria ser delegado, mas a família dele era muito rica e não o queria metido com polícia, então ele vinha para o DOPS comigo. Ele dirigia toda essa parte de estudantes, infiltrava gente entre os esquerdistas. Se tinha alguma coisa que interessava ao DOPS, ele fazia. Mas só com minha anuência.[616]

Ao mesmo tempo que Bonchristiano exalta a importância de Flaquer no cenário estudantil, confirma sua participação no grupo – ainda que Flaquer já tivesse, em 1993, admitido ter organizado o ataque à peça *Roda Viva*. Aqui, temos Flaquer inserido dentro do meio policial, com a anuência de um delegado.

Na entrevista à repórter, concedida à época dos trabalhos da CNV, o delegado declarou: "Não vou depor [na CNV]. Acho bobagem. (...) Nunca pratiquei irregularidades, mas não sou dedo duro e não vejo utilidade nessa comissão." Dessa fala, além do desprezo à CNV, pode-se extrair o seguinte: para Bonchristiano, o fato de Flaquer atuar dentro do aparelho repressivo sem ser funcionário público não era irregular e era algo que podia ser dito.

---

616 AMARAL, Marina. *Conversa com Mr. DOPS* [entrevista com José Paulo Bonchristiano]. Publica. São Paulo: Casa da Cultura Digital, 2012. Disponível em: <https://apublica.org/2012/02/conversas-mr-dops/>. Acesso em: 10 de julho de 2020.

Além disso, crimes eventualmente cometidos dentro dos aparelhos repressivos, pelo menos para ele, não eram *irregularidades*, mas pertenciam a uma espécie de informação que não poderia ser dita.

Raul Nogueira de Lima, quando atuou como investigador, era subordinado a esse mesmo delegado[617]. Raul Nogueira de Lima, o Raul Careca, foi um dos membros mais conhecidos do grupo. Era aluno de Direito da Universidade Presbiteriana Mackenzie e já integrava os quadros da polícia quando participou do CCC[618]. Além de atuar no DOPS/SP como delegado de polícia, teria atuado como agente do SNI[619] e na Operação Bandeirantes (OBAN)[620]. O comando da OBAN ficava a cargo do II Exército, que chefiava o Centro de Coordenação do órgão. A partir deste Centro de Coordenação, articulavam-se oficiais de outros órgãos tais como a 4ª Zona Aérea, 2ª Divisão de Infantaria e a Secretaria de Segurança Pública de São Paulo[621].

Bonchristiano, sobre a formação da OBAN e o CCC: "alguns da diretoria do DOPS participaram da montagem da OBAN – os militares não entendiam nada de polícia, depois aprenderam". Segundo a reportagem, neste processo,

> cederam três delegados no início das operações (...): Otávio Medeiros, ligado ao CCC (Comando de Caça aos Comunistas) e à TFP (Tradição, Família e Propriedade), assassinado em 1973 por militantes da resistência armada; Renato d'Andrea, colega de Bonchristiano na Faculdade de Direito da PUC; e Raul Nogueira de Lima, o Raul Careca, ex-investi-

---

617 AMARAL, Marina. *Conversa com Mr. DOPS* [entrevista com José Paulo Bonchristiano]. Publica. São Paulo: Casa da Cultura Digital, 2012. Disponível em: <https://apublica.org/2012/02/conversas-mr-dops/>. Acesso em: 10 de julho de 2020.

618 LOPES, 2014, p. 145, relato de Cassio Scatena.

619 Jornal do Brasil (RJ), Ano 1968, Edição 00178, CCC nasceu sob pancada e hoje aterroriza o país com bombas e mortes a Winchester, p. 23, 03/11/1968.

620 Relatório final do Grupo de Trabalho Estrutura da Repressão (BR RJANRIO CNV.0.PLA.00092001855201307, Fundo Comissão Nacional da Verdade, Arquivo Nacional).

621 Relatório da Comissão Nacional da Verdade, 2014, vol. 1, p. 128.

> gador subordinado a Bonchristiano e ligado ao CCC, que se tornaria delegado depois.[622]

Apesar de a reportagem mencionar Otávio Medeiros, a informação do assassinato em 1973 e a ligação com a TFP permite dizer que se trata de Octávio Gonçalves Moreira Júnior, o Otavinho[623]. Aqui, temos funcionários públicos que também eram membros do grupo, participando da estruturação de um órgão chave da repressão. Como delegados e investigadores, a sua presença nesses espaços, por si só, seria natural. Mas a *sigla* também se fez presente nestes espaços, *auxiliando* a repressão:

> Oficiais do Exército, da Marinha e da Aeronáutica e policiais do DEOPS de São Paulo, com a ajuda suplementar de jovens do Comando de Caça aos Comunistas (CCC), trabalhando dia e noite, divididos em três grupos que se revezavam a cada 24 horas, torturaram presos políticos para obter, no menor tempo possível endereços e locais de reunião dos militantes que ainda estavam livres. Obtida alguma informação, os presos eram enviados ao Departamento de Ordem Política e Social, onde formalizavam o depoimento. (...) A OBAN passou a existir e inclusive a ser citada em discursos e em notas nos jornais, embora não constasse como órgão permanente em nenhum organograma militar ou policial. Era uma máquina semilegal para a obtenção de informações por meio de torturas (KUCINSKI; TRONCA, 2013, p. 122).

Percival Menon Maricato, que, segundo o pesquisador Gustavo Lopes (2014, p. 88), foi torturado por Otavinho, também cita a

---

622 AMARAL, Marina. *Conversa com Mr. DOPS* [entrevista com José Paulo Bonchristiano]. Publica. São Paulo: Casa da Cultura Digital, 2012. Disponível em: <https://apublica.org/2012/02/conversas-mr-dops/>. Acesso em: 10 de julho de 2020.

623 LOPES, 2014, p. 144, relato de Cassio Scatena; p. 152, relato de Percival Menon Maricato.

presença de membros do CCC na OBAN. Pelo relato, a tortura era motivada por ofensas pessoais contra membros do grupo:

> Mesmo diversos colegas que se atreveram a desafiá-los para brigas a mão aberta no interior da faculdade foram depois de presos encapuzados e torturados por membros do CCC, na OBAN.[624]

Havia, conforme apontado por Joffily (2008, p. 43), uma "continuidade" entre a OBAN e o DOI-CODI. Ainda que, com a criação destes, tenha ocorrido um certo "esvaziamento" do DEOPS, não raro, o órgão ultrapassava suas funções, entrando em conflito com aqueles (JOFFILY, 2008, p. 59). Sob o aparelho repressivo, estava o Serviço Nacional de Informações (SNI), articulando e coordenando, em todo o país, as atividades de informação e contrainformação que interessavam ao regime. Era o centro de uma rede que ligava toda a "comunidade de informações", reunindo toda a documentação produzida pelos demais órgãos do aparelho repressivo.

Segundo Mathias e Andrade (2012), para o primeiro chefe do órgão, Golbery do Couto e Silva, com o intuito de preservar o governo, era necessário criar um "serviço de informações, centralizado, bem dotado de meios e recursos, valendo-se de agentes e órgãos de busca de toda espécie" (COUTO E SILVA, 1979, p. 195 apud MATHIAS; ANDRADE, 2012, p. 542).

Da mesma forma que a legislação sobre a segurança nacional, o sistema de informações, o qual incluía o SNI, foi estruturado a partir da ideia de perseguir o "inimigo interno", ou seja, os elementos subversivos que colocavam em risco a segurança nacional.

Um dos relatórios produzidos pelas equipes da Comissão Nacional da Verdade (CNV) aponta para a existência de uma rede que entrelaçava organizações civis e governamentais. O IPES,

---

624 LOPES, 2014, p. 150, relato de Percival Menon Maricato.

por exemplo, segundo o documento, proporcionava manutenção e treinamento aos agentes do CCC, e teve como um dos seus fundadores o senhor Golbery do Couto e Silva que, como dito, foi idealizador do SNI. Foram os documentos do IPES e do extinto Serviço Federal de Informações e Contrainformações (SFICI) os primeiros a compor o arquivo do SNI[625].

No relatório citado acima, menciona-se que elementos do CCC atuavam dentro do SNI e do IPES[626]. Havia, portanto, a participação de elementos do grupo nas ações de repressão dentro de órgãos como OBAN, por exemplo, e em outros órgãos que compunham a rede de informações do regime.

Relatório de julho de 1968, oriundo do Ministério da Aeronáutica, relata que "o C.C.C. (Comando de Caça aos Comunistas) foi informado de que o Tenente R-2 Jorge Santa Luzia teria fornecido 2 (duas) metralhadoras a estudantes comunistas"[627]. A menção indica ou que o signatário do relatório obteve essa informação de um elemento do grupo, ou que ele próprio fazia parte do CCC.

---

625 O Serviço Nacional de Informações (SNI) foi criado pelo presidente Castelo Branco em 13 de junho de 1964, incorporando o antigo Serviço Federal de Informações e Contrainformações (SFICI), instituído pelo decreto nº 9.775, de 6 de setembro de 1946 (Disponível em: <http://www.memoriasreveladas.gov.br/index.php/exposicoes/64-galeria-de-exposicoes/na-teia-do-regime-militar-o-sni-e-os--orgaos-de-informacao-e-repressao-no-brasil-1964-1985/101-o-servico-secreto>. Acesso em: 18 de julho de 2020).

626 Relatório final do Grupo de Trabalho Estrutura da Repressão (BR RJANRIO CNV.0.PLA.00092001855201307, Fundo Comissão Nacional da Verdade, Arquivo Nacional. Os quadros do texto apresentam a sigla do IPES como "Instituto de Pesquisas Econômico Social" porém, no texto, apresenta a sigla como "Instituto de Pesquisas e Estudos Sociais". Outras informações, tais como os nomes de fundadores apresentados, permitem dizer que se trata do IPES – Instituto de Pesquisas e Estudos Sociais, tal como apresentado no texto do relatório). A informação também é mencionada no relatório da Comissão da Verdade do Estado de São Paulo. Relatório. Tomo I: Recomendações Gerais e Recomendações Temáticas, p. 5 e 224-225.

627 Relatório do Ministério da Aeronáutica, de 29 de julho de 1968, com o seguinte Informe: O C.C.C. (Comando de Caça aos Comunistas) foi informado de que o Tenente R-2 Jorge Santa Luzia teria fornecido 2 (duas) metralhadoras a estudantes comunistas (BR_DFANBSB_VAZ_0_0_38067, Fundo do Centro de Informações de Segurança da Aeronáutica, Arquivo Nacional).

De toda forma, pode-se dizer que membros do grupo que se movimentavam no cenário estudantil podiam atuar fornecendo informações à repressão.

Em outro documento do Ministério da Aeronáutica, especificamente do Centro de Informações de Segurança da Aeronáutica[628], de 16 de novembro de 1971, encaminhado ao SNI, relata a distribuição, na Faculdade de Direito da Universidade de São Paulo, de um panfleto que fazia referência a um "grupo de justiçamento estudantil, provavelmente o 'CCC' – Comando de Caça aos Comunistas." O panfleto, que foi transcrito no relatório, não menciona o grupo. Quem chega a essa conclusão é quem elabora o relatório, o que evidencia que o CCC era uma figura conhecida para a comunidade de informações.

Sabia-se quem fazia parte do grupo, assim como eram conhecidas as ações destes elementos, e contava-se com eles como informantes, caso já não fossem membros oficiais do aparelho, como era o caso de Raul Nogueira de Lima, o Raul Careca, e Octávio Gonçalves Moreira Júnior, o Otavinho.

João Parisi Filho, um dos nomes relacionados ao CCC, é objeto de informe do SNI, em 1981[629]. O documento menciona que João Parisi Filho era "membro atuante" do CCC e que atuou com Raul Careca, Guariglio e outros. Exceto por Raul Careca, não foi possível identificar quem seria o outro nominado.

Na descrição de atividades de Parisi, consigna-se que ele teria atuado como informante do DEOPS/SP, que possuiria uma carteira de agente reservado e que mantinha relacionamento de amizade com funcionários do órgão.

Os passos de Parisi eram acompanhados. Segundo o relatório, em 1970, foi eleito presidente da Cruzada Cívico Nacionalista (CRUNA ou Cruzada Nacionalista, como citado pela imprensa) entidade ligada, conforme mencionado no documento, à Sociedade

---

628 Relatório BR DFANBSB V8.MIC, GNC.AAA.71040539 (Fundo Serviço Nacional de Informações, Arquivo Nacional).

629 Relatório BR DFANBSB V8.MIC, GNC.EEE.81005663 (Fundo Serviço Nacional de Informações, Arquivo Nacional).

Brasileira de Defesa da Tradição, Família e Propriedade. Em 1976, foi segurança no X Congresso da Federação de Estudantes das Universidades Católicas da América Latina. Em 1978, de acordo com o informe, teria participado do "caso 'contrabando de automóveis MERCEDES BENZ'" (grifo no original), juntamente com Newton Gunther e Flavio José Fracarolli Martins Fontes, que, segundo o documento, também eram antigos membros do CCC e possuíam suas carteiras funcionais fornecidas pelo Primeiro Distrito Naval/RJ.

Foi encontrado um registro de atuação de Newton Gunther em uma "missão" relatada pelo Ministério da Aeronáutica com a participação do Centro de Informações da Marinha (CENIMAR)[630]. Na equipe do CENIMAR, menciona-se o nome de Newton Gunther. Pode-se dizer, portanto, que Gunther atuou como agente do CENIMAR. A relação entre o grupo e o CENIMAR[631] aparece nos relatos sobre a prisão de um estudante.

Com relação a Flavio José Fracarolli Martins Fontes, não foi possível apurar a sua relação com o aparelho repressivo ou determinar sua identificação. O relatório indica, todavia, que Fracarolli tinha um escritório de advocacia e que Parisi atuava em conjunto com ele.

Pelo exemplo extraído dos documentos do Ministério da Aeronáutica e do relatório sobre João Parisi Filho, pode-se afirmar que os elementos do CCC atuavam nos aparelhos repressivos em cooperação com o regime, que o governo tinha conhecimento da existência do grupo, de quem fazia parte dele, sendo agentes públicos ou não, e dos passos desses elementos.

Paglione (2014), ao investigar a prática da tortura no Brasil durante a ditadura com foco no comportamento da Polícia Civil do Estado de São Paulo, também menciona a atuação do Comando

---

630 Relatório BR_DFANBSB_Z4_SNA_AVU_0013 (Fundo Divisão de Segurança e Informações do Ministério das Relações, Arquivo Nacional).

631 Criado em 21 de novembro de 1957, através do Decreto n.º 42.687, responsável "pelo assessoramento direto dos seus respectivos ministros [da Marinha] acerca de assuntos considerados de segurança interna, tais como: atividades políticas de militares, sindicatos e estudantes" (QUADRAT, 2012. p. 26).

de Caça aos Comunistas (CCC) como um braço do aparato repressivo do Estado, denominando o grupo de "mão de gato da Polícia" (PAGLIONE, 2014, p. 227).

O CCC se pretendia clandestino no que se referia à identidade dos seus membros, muito embora alguns deles – como Raul Nogueira – não fizessem questão de esconder sua ligação com o grupo, mas não com relação a suas ações. Todavia, essas ações eram feitas de forma prévia, sorrateira, preliminar à atuação da polícia, agindo em demandas que não poderiam ser feitas oficialmente e que deveriam ser mantidas às escondidas. O "gato que bate e esconde a pata" agraciado com a impunidade garantida, sorrateiro: assim agia o CCC.

Além de informantes, a atuação de alguns integrantes do CCC no aparelho repressivo se deu por meio da participação na captura e nas torturas praticadas contra os presos políticos.

O que se apurou, a partir dos nomes mencionados nos depoimentos e nos relatórios sobre as torturas realizadas, é que alguns membros do grupo passaram a atuar dentro do aparelho repressivo. Foram mencionados os nomes ou apelidos de Raul Nogueira de Lima (Raul Careca) e Octávio Gonçalves Moreira Júnior (Otavinho ou Varejeira), membros que eram funcionários oficiais do aparelho repressivo; e de "Flaquer" (que supõe-se se tratar de João Marcos Flaquer) e "Parisi" (que supõe-se se tratar de João Parisi Filho), membros que atuavam como agentes oficiosos.

Não há nenhum indicativo de que Cassio Scatena tenha participado das torturas, mas ele tinha contato com o aparelho repressivo, como ele próprio afirma em seu relato a Gustavo Lopes (2014, p. 144-148). Em 1969, já formado, participou da prisão de um estudante ligado ao movimento estudantil de oposição ao regime[632]. Há também ocasiões em que o CCC é mencionado como grupo, sem identificar o elemento que participava do ato em questão, como se verá abaixo.

---

632 *Projeto Brasil: Nunca Mais*. Tomo I – O Regime Militar; Tomo II, vol 1, p. 183 c/c BNM 415; Ação Penal 13/73, Apelação STM 40.258 (Acervo Brasil Nunca Mais).

Ainda que negada oficialmente, a tortura foi usada de forma sistemática durante a ditadura[633], não obstante a sua vedação legal em instrumentos anteriores ao período, de acordo com as normativas de Direito Internacional dos Direitos Humanos e do próprio Código Penal Brasileiro (Decreto-Lei nº 2.848/1940)[634]. Em todos os degraus do regime, havia o entendimento de que a prática de tortura era necessária para "evitar um mal maior". Segundo Ernesto Geisel[635],

> a tortura em certos casos torna-se necessária, para obter confissões. Já contei que no tempo do governo Juscelino alguns oficiais, inclusive o Humberto de Melo, que mais tarde comandou o Exército de São Paulo, foram mandados à Inglaterra para conhecer as técnicas do serviço de informações e contrainformações inglês. Entre o que aprenderam havia vários procedimentos sobre tortura. O inglês, no seu serviço secreto, realiza com discrição. E o nosso pessoal, inexperiente e extrovertido faz abertamente. Não justifico a tortura, mas reconheço que há circunstâncias em que o indivíduo é impelido a praticar a tortura, para obter determinadas confissões e, assim, evitar um mal maior (D'ARAUJO; CASTRO, 1997, p. 225).

---

633 Relatório da Comissão Nacional da Verdade, 2014, vol. 1, p. 350.

634 Conforme art. 129: "Ofender a integridade corporal ou a saúde de outrem"; art. 132: "Expor a vida ou a saúde de outrem a perigo direto e iminente"; art. 135: "Deixar de prestar assistência, quando possível fazê-lo sem risco pessoal, à (...) pessoa inválida ou ferida, ao desamparo ou em grave e iminente perigo; ou não pedir, nesses casos, o socorro da autoridade pública"; art. 136: "Expor a perigo a vida ou a saúde de pessoa sob sua autoridade, guarda ou vigilância, para fim de educação, ensino, tratamento ou custódia, quer privando-a de alimentação ou cuidados indispensáveis, quer sujeitando-a a trabalho excessivo ou inadequado, quer abusando de meios de correção ou disciplina".

635 Ernesto Geisel foi o quarto a ocupar a Presidência da República durante a ditadura, entre os anos de 1974 e 1979. Foi no governo Geisel que teve início o processo de redemocratização do país e a extinção do AI-5.

Preocupado com as denúncias por práticas de tortura e desrespeito aos direitos humanos cometidas pelo regime, o SNI acompanhou[636] as declarações de Manuel da Conceição Santos, "o líder camponês mais importante do Brasil", dadas à uma revista francesa sobre as torturas que ele sofreu enquanto preso. No mesmo período da entrevista, abril de 1976, Ernesto Geisel visitava países europeus e, na visão do governo, as declarações de Santos poderiam ser prejudiciais à imagem do país.

Em seu relato, Manuel da Conceição Santos conta que foi entregue a um grupo clandestino que, ainda que não pudesse identificar ao certo, segundo Santos, "devia se tratar do CCC (Comando de Caça aos Comunistas)", tendo, depois disso, passado por torturas atrozes. Manuel fala de "múltiplos comandos de caça aos comunistas". As torturas de Manuel se deram na sua segunda prisão, ocorrida em janeiro de 1972, e perduraram por, pelo menos, oito meses.

Neste mesmo ano, em setembro, o *Report on Allegations of Torture in Brazil*[637], relatório sobre a tortura contra presos políticos no Brasil, produzido pela Anistia Internacional, baseado em cartas de presos políticos submetidos à tortura, em testemunhos de jornalistas, religiosos, advogados e na imprensa nacional e internacional, apontava o Comando de Caça aos Comunistas (CCC) como um dos grupos que, auxiliados pela polícia, atuavam como agentes da repressão.

Para os signatários do relatório, o CCC era um grupo que matava adversários políticos, fossem estes comunistas ou não, citando como exemplo a agressão sofrida por Cândido Pinto de Melo e a morte sob tortura de padre Henrique, que, segundo o relatório, não eram comunistas.

No relatório, era discutida a cooperação entre o CCC e as "agências de tortura", como denominado pelos signatários, citando

---

636 Relatório BR DFANBSB V8.MIC, GNC.AAA.76096490 (Fundo Serviço Nacional de Informações, Arquivo Nacional).

637 AMNESTY INTERNATIONAL. *Report on Allegations of Torture in Brazil*. 3. edition. Nottingham: Russel Press, 1976.

como exemplo a OBAN[638]. Após discorrer sobre uma carta emitida[639] por 11 jornalistas brasileiros que foram detidos no Presídio Tiradentes que, entre outros pontos, denuncia a participação de elementos do CCC nas torturas praticadas na OBAN, o relatório aponta que:

> A participação ativa dos membros do Comando de Caça aos Comunistas (CCC) nas salas de tortura da OBAN ilustra até que ponto esta organização terrorista de direita se infiltrou nos serviços de segurança e o grau de proteção que eles recebem (...).[640]

As autoridades brasileiras, quando convidadas a apresentarem seus comentários sobre as denúncias, em 1972, baniram as declarações da Anistia Internacional sobre o Brasil da imprensa.

Como dito, foi possível identificar a presença do CCC em alguns relatos sobre as prisões e torturas realizadas. Nos depoimentos, por vezes se mencionava o nome de algum elemento em específico ou a sigla designativa da organização, como no caso de João Roberto Borges de Souza, que foi presidente do Diretório Acadêmico da Faculdade de Medicina da Universidade Federal da Paraíba, em João Pessoa, e da União Estadual dos Estudantes da Paraíba. Em uma das vezes em que foi preso, foi ameaçado de morte caso não aceitasse trabalhar para a repressão, o que não aceitou. Mais uma vez solto, foi preso ao sair de casa, em 7 de outubro de 1969, por integrantes do CCC e do CENIMAR[641].

Três dias depois, foi noticiada sua morte por afogamento em um açude. Sua família enfrentou uma batalha para ter acesso ao corpo e enterrá-lo. Quando conseguiu, notou que "ele estava

---

638 AMNESTY INTERNATIONAL, 1976, p. 57, tradução nossa.

639 A íntegra da carta pode ser encontrada no livro: KUCINSKI, Bernardo; TRONCA, Ítalo. *Pau de arara*: a violência militar no Brasil: com apêndices documentais. Notas e versão direta do português por Flávio Tavares. São Paulo: Editora Fundação Perseu Abramo, 2013, p. 203-207.

640 AMNESTY INTERNATIONAL, 1976, p. 47, tradução nossa.

641 Relatório da Comissão Nacional da Verdade, 2014, Volume III, p. 351.

desfigurado por inúmeros ferimentos – hematomas, queimaduras por cigarros e unhas perfuradas"[642].

Ivan Akselrud Seixas, em depoimento à Comissão da Verdade do Estado de São Paulo, mencionou o nome de Octávio Gonçalves Moreira Júnior, delegado e apontado como membro do CCC:

> Eu continuei escondido no DOPS, estava na condição de desaparecido porque eu não fazia parte das listas de presos, minha mãe e minhas irmãs tinham sido já levadas para o Presídio Tiradentes, apesar de continuar em situação de incomunicabilidade ainda, e em um dia em que eu suponho que seja dia 12 de julho, o torturador Otávio Gonçalves Moreira Júnior, Delegado de Polícia, conhecido pelo vulgo de Varejeira ou Otavinho, ele chega na carceragem do DOPS e, na porta, na portinha por onde passava comida ele disse para mim, "Ivan", "É Teobaldo" que era meu nome de guerra, "Teobaldo, arruma suas coisas que você vai para o Sul". (...)[643]

Denúncias de participação de elementos do CCC e funcionários do aparato repressivo do Estado em torturas eram tratadas pelo SNI como "pregação subversiva", como ocorrido com a reportagem de Antônio Pinheiro Salles, jornalista do *Diário da Manhã*, que acusou Raul Nogueira de Lima de ter participado das sessões de tortura, em 29 de setembro de 1969, que levaram à morte o preso político Virgílio Gomes da Silva[644]. O relatório da Comissão Nacional da Verdade aponta que Octávio Gonçalves

---

642 BRASIL. Secretaria Especial dos Direitos Humanos. Comissão Especial sobre Mortos e Desaparecidos Políticos, 2007, p. 106.

643 Conforme transcrição das audiências coletadas durante os trabalhos da Comissão da Verdade do Estado de São Paulo. Audiência realizada em 13 de dezembro de 2013, para oitiva de depoimentos sobre o caso Luiz Eduardo da Rocha Merlino, Relatório da Comissão da Verdade do Estado de São Paulo, Tomo III, audiências realizadas em 2013, p. 8.

644 Relatório BR DFANBSB V8.MIC, GNC.RRR.81001166 (Fundo Serviço Nacional de Informações, Arquivo Nacional)

Moreira Júnior e Raul Careca estiveram presentes na sessão de tortura que levou Silva à morte[645].

Comandado por Maurício Lopes Lima, Raul Nogueira de Lima também participou da prisão do jornalista Antônio Carlos Fon, em setembro de 1969 (FON, 1979, p. 9-12). Maurício Lopes Lima foi tenente-coronel do Exército. Serviu na OBAN e depois no DOI-CODI de 1969 a 1971. O relatório da Comissão Nacional da Verdade aponta que Maurício Lopes Lima teve participação em casos de tortura, execução e desaparecimento forçado[646].

Antônio Carlos Fon relata ter sido preso e levado ao prédio do 34º Distrito Policial de São Paulo. Segundo conta, sofreu ameaças do delegado Sérgio Paranhos Fleury, por conta das suas reportagens sobre o Esquadrão da Morte (FON, 1979, p. 14). Os esquadrões da morte eram grupos de policiais que se reuniam para atuar em uma "ofensiva contra o crime". Sob essa justificativa, teriam torturado e matado civis e presos políticos[647].

Sérgio Paranhos Fleury, delegado do DOPS em São Paulo, é acusado de ter participado de detenção ilegal, tortura, execução, desaparecimento forçado e ocultação de cadáver cometidos na ditadura[648] e de ter chefiado o Esquadrão da Morte em São Paulo[649].

Quando, em 25 de fevereiro de 1973, Octávio Gonçalves Moreira Júnior foi morto a tiros por militantes da Aliança Libertadora Nacional (ALN), do Partido Comunista Brasileiro Revolucionário (PCBR) e da Vanguarda Armada Revolucionária Palmares (VAR-Palmares)[650], foi Sérgio Paranhos Fleury que, "contrito, foi buscar

---

645 Relatório da Comissão Nacional da Verdade, 2014, Vol. III, p. 347-348.

646 Relatório da Comissão Nacional da Verdade, 2014, Vol. I, p. 915.

647 Relatório da Comissão da Verdade do Estado de São Paulo. Relatório. Tomo I. Parte I – Repressão Política: Origens e Consequências do Esquadrão da Morte, 2015, p. 1.

648 Relatório da Comissão Nacional da Verdade, 2014, Vol. 1, p. 929.

649 Relatório da Comissão da Verdade do Estado de São Paulo. Relatório. Tomo I. Parte I: Repressão política: origens e consequências do Esquadrão da Morte, 2015, p. 2; AMNESTY INTERNATIONAL, 1976, p. 59.

650 Biografia de Octávio Gonçalves Moreira Junior. Disponível em: <http://memoriasdaditadura.org.br/biografias-da-ditadura/octavio-goncalves-moreira-junior/>. Acesso em: 10 de julho de 2020.

o corpo de Otavinho no Rio de Janeiro". Raul Nogueira de Lima foi quem vestiu o corpo para o enterro (SOUZA, 2000, p. 166; 380).

A relação entre o CCC e o Esquadrão da Morte é mencionada no depoimento de José Machado Bezerra. Capturado pelo CCC, em 1972, "foi preso e subjugado, capuçado e colocado deitado sobre o piso do veículo; (...) durante o trajeto recebeu murros e pontapés, bem como ameaças de seus captores integrantes do CCC e do Esquadrão da Morte"[651]. Após sua captura, relatou ter sido conduzido ao quartel da 23º BC[652], local em que foi torturado.

Diógenes de Arruda Câmara, um dos líderes do Partido Comunista do Brasil (PCdoB), preso em novembro de 1969 e que também foi levado à OBAN, relata a participação de membros do CCC nas torturas sofridas:

> No oitavo dia, ou nono, cerca de duas horas da madrugada, fui despertado e levado à Câmara de suplícios pelo Capitão Maurício Lopes Lima, acompanhado de cinco indivíduos do CCC, entre os quais os de nome Parisi, Falquer (sic) e Pacheco; amarraram-me à "cadeira-do-dragão" e passaram a bater com sarrafos, nas minhas pernas e tornozelos, a dar me choques elétricos nos ouvidos e nos órgãos genitais, enrolando, finalmente, o meu pescoço com uma corda de "nylon" e apertando-a até a minha voz começar a extinguir-se, ao mesmo tempo que eu protestava indignado.[653]

Bauer (2014) cita o momento do sequestro de Diógenes de Arruda Câmara – uma megaoperação – como exemplo de "ostentação e desproporcionalidade da força empregada pelos sequestradores e a periculosidade dos sequestrados". Para a pesquisadora, era uma estratégia que tinha como objetivo "desmoralizar e terri-

651 *Brasil: Nunca Mais*. Projeto A. Tomo V, vol. 1, p. 582.

652 Supõe-se se tratar do 23º Batalhão de Caçadores – Batalhão Marechal Castello Branco, situado em Fortaleza, Ceará.

653 *Brasil: Nunca Mais*. Projeto A. Tomo V, vol. 1, p. 724-725.

ficar" (BAUER, 2014, p. 52) aqueles que eram sequestrados, sua família e os que observavam a cena. Em seu relato, Arruda Câmara menciona que sua prisão foi feita por "mais de duas dezenas de homens armados de metralhadoras. (...) Parecia mais uma operação de guerra do que a prisão de um único cidadão."[654]

No depoimento de Arruda Câmara, são colocados na cena Parisi, Flaquer e Pacheco. Quanto aos dois primeiros, supõe-se se tratar de João Parisi Filho e João Marcos Flaquer, respectivamente. Com relação ao último, não foi possível identificar. Além disso, verifica-se que um membro do Exército era acompanhado por membros do CCC que, a rigor, não eram agentes públicos e não tinham razão para estar naquele espaço. João Marcos Flaquer tinha um raciocínio próprio para explicar o uso da tortura:

> Uma vez lhe perguntei: "Você é favorável à tortura?" E ele [João Marcos Flaquer] me disse: "Imagine que uma cidade inteira vá ser asfixiada por um gás letal. Prende-se um dos suspeitos que está organizando o espalhamento desse gás nessa cidade. Teria que perguntá-lo onde está a bomba. Você torturaria esse cara, para que ele mostrasse onde está a bomba?"[655]

Para Flaquer, provavelmente o "gás" era o comunismo, o comunismo que ele enxergava em todos os movimentos da oposição. Era necessário torturar cada e todo opositor do regime para que fossem localizadas as fontes por onde o "gás letal" vinha sendo espalhado.

Em março de 1978, a imprensa deu bastante destaque ao sequestro da professora Juracilda Veiga, que é levada a um local desconhecido pelos elementos que a capturaram e que, em um dado momento, desistiram de entregá-la aos órgãos oficiais. Da mesma forma que ela, Ednaldo Alves Silva, quando capturado, em São Paulo, em 30 de setembro de 1975, por elementos do CCC,

---

654 *Brasil: Nunca Mais*. Projeto A. Tomo V, vol. 1, p. 722.

655 LOPES, 2014, p. 115, relato de Paulo Azevedo Gonçalves dos Santos

foi levado para um local desconhecido, tendo lá ficado por 6 dias antes de ser levado ao DOI-CODI[656].

Algo similar ocorreu com Afonso Celso Nogueira Monteiro, que contou ao jornal *Tribuna da Imprensa* (RJ), em 1980, ter sido preso e torturado pelo CCC em 1974, em uma espécie de centro clandestino de tortura nos arredores de São Paulo. Segundo Afonso Celso Nogueira Monteiro, dias após a sua captura, um dos seus torturadores informou-lhe que ele seria, então, entregue ao DOPS, não sem antes afirmar que

> eles eram do Comando de Caça aos Comunistas e que poderiam me liquidar, me manter indefinidamente nas mãos deles como já tinham feito com alguns, me mandar para a Argentina, como já haviam feito com outros ou me largar em algum lugar onde o DOPS me prenderia e daria legalização à minha prisão. Porque até então eu estava sequestrado, a prisão não era legal nem mesmo dentro da ilegalidade das leis da ditadura.[657]

Outro trecho do relato de Percival Menon Maricato, ex-aluno das Arcadas, colega de Cassio Scatena e membro da ALN (LOPES, 2014, p. 88), traz a perspectiva de que, ainda dentro daquele espaço, havia nuances entre seus integrantes:

> Dias mais tarde, ao voltar de uma sessão de interrogatório encontrei outro membro do CCC da faculdade no meio do pátio com o uniforme de sargento do exército. Tratava-se de um dos que me apontavam com raiva na faculdade. Porém quando me viu lamentou-se do meu estado e depois foi me procurar na sela (sic) com um prato de sopa (eu não podia comer sólidos devido ao estado em que fica a boca após muito choque elétrico) e uma calça (a minha estava

---

656 *Brasil: Nunca Mais*. Projeto A. Tomo V, vol. 2, p.787.

657 *Tribuna da Imprensa* (RJ), Ano 1980, Edição 09421, "'Os Vivos e os Mortos', o testemunho de uma ditadura", p. 9, 18/07/1980.

> cheirando urina); situação que demonstra que vários deles tinham um lado humano. Cito isso porque era evidente que só em alguns havia ódio, perversidade, burrice, vazio, etc.[658]

No capítulo anterior, quando se tratou do atentado à peça *Roda Viva*, foram apresentados os relatos de dois integrantes do CCC sobre o evento, Scatena, que se disse avesso à realização do atentado contra a peça, e Raul Nogueira de Lima, que, anos depois, ainda afirmava que o ataque tinha sido necessário. Em seu relato, Percival Maricato não aponta nuances específicas. É objetivo quando se refere a "um lado humano" em alguns dos membros.

O CCC cooperava com o regime, e o contrário também acontecia. O CCC e seus integrantes – dos mais conhecidos aos talvez anônimos, já que a documentação indicou nomes que não apareceram na imprensa e que sequer permitiram a identificação correta do indivíduo – tinham ciência de que podiam agir embasados em um aparelho estatal que legitimava as suas práticas persecutórias e violentas. Isso ocorreu desde o surgimento do grupo nas Arcadas, quando os estudantes se sentiam à vontade para agredir professores e colegas, interromper e tumultuar assembleias, e prosseguiu quando o grupo passou a agir fora dos muros da universidade, com alvos diversos, chegando até sua atuação dentro do aparelho estatal.

O quadro representado pela Figura 23 procura mostrar as principais relações de integrantes do grupo entre si e com o aparelho repressivo. Ao centro, a representação do grupo e dos órgãos com os quais se relacionou, por meio de seus integrantes. Essa relação se mostrou por meio da atuação de membros do CCC como informantes, tal como João Parisi Filho, conforme apontado em informe do SNI; ou como no caso de Newton Gunther, que atuava no CENIMAR e foi apontado como integrante do CCC no mesmo informe.

---

[658] LOPES, 2014, p. 151, relato fornecido por Percival Menon Maricato.

Ao lado de cada nome, os símbolos indicam os relacionamentos que cada indivíduo possuía com o aparelho repressivo e os grupos mencionados. João Marcos Flaquer, por exemplo, além de fazer parte do CCC, atuou de forma "oficiosa" no DOPS, conforme relato de Bonchristiano. No caso de Raul Nogueira, os quatro símbolos indicam que: foi membro do CCC, atuou no DOPS, na OBAN e no SNI, conforme apurado na documentação. No rodapé da figura, um pequeno resumo das principais relações entre eles, mostrando que os membros do grupo agiam por e entre essa rede de relações que envolvia interesses, violência, conservadorismo e autoridade. Os docentes das Arcadas foram mencionados já que, mesmo depois de formados, alguns elementos acusados de fazer parte do grupo mantiveram suas relações com esses indivíduos, seja por vínculo de família, seja por vínculos profissionais.

Figura 23 – Relações com o aparelho repressivo

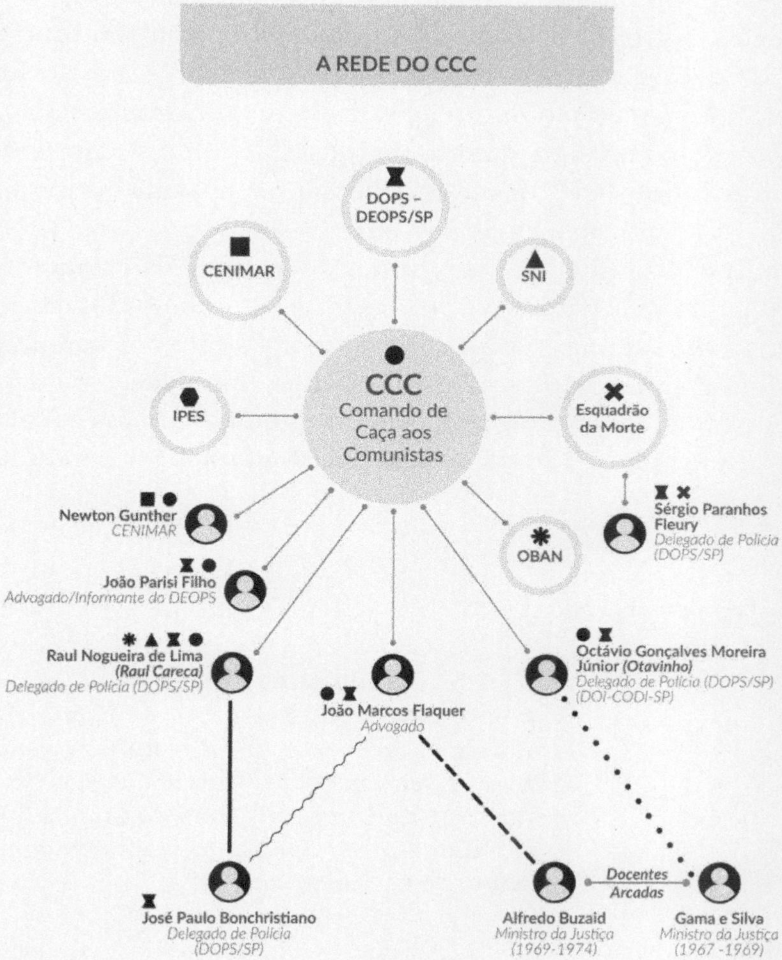

Ligações pessoais:

——— Del. José P. Bonchristiano - foi chefe de Raul Nogueira (AMARAL, 2012).

~~~~ João Marcos Flaquer - Colaborou de forma "oficiosa" com o DOPS/SP, sob orientação de seu amigo, o Del. José P. Bonchristiano (AMARAL, 2012).

• • • • • Gama e Silva - irmão do tio de Octávio Gonçalves Moreira Júnior (SOUZA, 2000).

— — — Alfredo Buzaid - designou, em 1970, João Marcos Flaquer como oficial de gabinete (CAMPOS, 2018).

Fonte: Elaborado pela autora com base na documentação coletada.
~~~~

Enquanto alguns acusados de fazer parte do grupo, depois do AI-5, partiram para seus escritórios de advocacia, gabinetes e repartições, outros se esmeraram em se dedicar ao pleno funcionamento do aparelho repressivo, atuando, inclusive, nas torturas. O CCC foi mencionado no relato de alguns torturados pela ditadura, tanto como sigla quanto de forma nominal, como no caso dos presos políticos Diógenes Arruda Câmara e de Ivan Seixas. Não houve punição a essas pessoas.

Junto com o CCC que surgiu nas Arcadas, seus integrantes e aqueles que assumiram para si a tarefa de trabalhar para a manutenção do regime, os outros comandos de caça aos comunistas que foram se formando também tiveram liberdade para agir de forma deliberada, protegidos pela impunidade. O assassinato de padre Henrique, as cartas de ameaça, os atentados: nenhum ato foi punido.

3.2 DA IMPUNIDADE

> *"O CCC era um estado de espírito. Foi exatamente isso o que relatou o delegado Alípio Flores, encarregado de fazer uma sindicância para a Secretaria de Segurança. Não deu em nada. Minha mãe era prima do Gamão [pai de Gaminha, o redator do AI-5]. O Otavinho foi aluno do Gaminha na USP."*
>
> (SOUZA, 2000, p. 380. Relato de Raul Nogueira de Lima, o Raul Careca)
>
> *"O que quero dizer é que não tenho medo de nada, e se algum crime houve, já prescreveu. É que todo mundo tem medo de falar."*
>
> (LOPES, 2014, p. 148. Relato de Cassio Scatena.)

A Lei da Anistia, em 1979, resguardou, além dos opositores do regime, os agentes do Estado das punições pelos crimes cometidos à época. Sobre o contexto em que se deu a aprovação da Lei de Anistia, De Morais Benedetti (2014, p. 93) menciona:

> A melhor leitura do momento histórico da aprovação da Lei de Anistia evidencia o esvaziar das forças das frentes de resistência ao regime militar, os esgotamentos dos recursos para se enfrentar a ditadura, o medo cruel e justificado de perecimento da própria vida ante a não aceitação da anistia ampla, geral e irrestrita.

Para Bastos (2008, p. 603), a Lei da Anistia carecia de legitimidade, já que estava ausente a "representação da vontade popular em um Governo eleito pelos seus próprios cidadãos". Na outra ponta, a forma como se deu o processo de abertura, de forma lenta, negociada, sem que de fato houvesse uma ruptura, explica a impunidade com relação aos crimes cometidos pelo regime. Para Levy Cruz (2002, p. 1), impunidade "é o gozo da liberdade, ou de isenção de outros tipos de pena, por uma determinada pessoa, apesar de haver cometido alguma ação passível de penalidade".

No item anterior, discutiu-se o preceito que embasou as normas para criminalizar os "subversivos", ou seja, aqueles que atentavam contra a segurança nacional. Quantos aos agentes do Estado, todavia, que participaram das graves violação aos direitos humanos cometidas no período, praticaram crimes previstos em norma imperativa de direito internacional geral, de caráter *jus cogens*, que se impõe de maneira imperativa sobre os Estados, conforme previsto no artigo 53.° da Convenção de Viena sobre o Direito dos Tratados, de 1969.

São normas *jus cogens* aquelas que proíbem o desaparecimento forçado, a tortura, o genocídio e crimes contra humanidade, a escravidão e suas formas análogas. São três as características essenciais do *jus cogens*: a universalidade, devendo ser aceita e reconhecida pela comunidade internacional; a imperatividade, já que impõe a sua observância aos Estados; e a inderrogabilidade, não podendo ser derrogadas, ou seja, contrariadas, pelos Estados. As normas de caráter *jus cogens* vinculam os Estados independentemente de terem legislação interna que disponha em contrário (SILVA, 2016).

Pensando a questão da historicidade dos direitos humanos, Piovesan (2011, p. 103) destaca o que se denomina de concepção contemporânea de direitos humanos. Esse conceito surgiu com a Declaração Universal de 1948, tendo sido confirmada pela Declaração de Direitos Humanos de Viena de 1993. Segundo a autora, essa concepção se originou do processo de internacionalização dos direitos humanos "como paradigma e referencial ético a orientar a ordem internacional" (PIOVESAN, 2011, p. 104). Esse paradigma é especialmente relevante ao retirar do domínio do Estado a proteção a esses direitos, já que, durante as ditaduras, eles eram entendidos como "uma agenda contra o Estado" (PIOVESAN, 2011, p. 104; 131).

Além dessa impunidade garantida aos agentes do Estado pela Lei da Anistia, há a impunidade que o Estado ditatorial, espraiado a uma parte da sociedade, representada por seus grupos de coalizão solidária, garantiu a alguns. Sendo ou não agentes públicos, infringiram normas, praticaram terrorismo, tortura e assassinato; ou, sendo agentes, extrapolaram suas "atribuições" e atuaram em grupos paramilitares, como braço da repressão, durante a ditadura.

A existência do CCC era de conhecimento do governo. Os relatórios do SNI indicam que o CCC, ainda que não fosse investigado, era monitorado pelo aparelho estatal. Além de estar ciente dos atos em que o CCC estava implicado, o SNI tinha conhecimento de quem eram seus integrantes. Em 1970, a agência paulista do Serviço Nacional de Informações (SNI) orientou seus agentes a organizar prontuário sobre as atividades do grupo com a inclusão de fotos dos seus integrantes[659]. O prontuário com as fotos não foi localizado, mas a documentação com a orientação indica que o grupo era, de forma específica, monitorado. A orientação:

---

659 Relatório BR_DFANBSB_V8_ESP_ACE_3285_80_002 (Fundo do Serviço Nacional de Informações, Arquivo Nacional).

> Doutora Elizabeth: localizar, no arquivo, um prontuário sobre atividades do "CCC" que inclui uma série de fotografias de indigitados integrantes do "CCC". Uma das fotografias é de "Sanchez". Tirar xerox e anexar ao prontuário.[660]

Ainda assim, autoridades alegavam conhecer o grupo somente "pelos jornais", como afirmou o ministro Fernando Belfort Bethlem[661], ou até mesmo desconhecer o CCC, como o general Arnizaut[662], já no final da década de 1970. Havia uma tentativa constante de invisibilizar o grupo ou subestimar sua atuação, fomentando a sensação de que o grupo era, como Octávio Cesar Ramos disse, em 1979, uma "nostalgia romântica e lírica"[663], como se não passasse de uma fantasia, uma história contada pelos opositores do regime.

Não só o governo sabia da existência do CCC, como países estrangeiros acompanharam a movimentação do grupo. A embaixada norte-americana no Brasil enviou memorando a Washington por conta do ataque do grupo às ocupações das faculdades de Direito e de Filosofia da Universidade de São Paulo, em 1968[664].

Mais tarde, em 4 de novembro de 68, preocupados com o fato de que a atuação do CCC, que eles denominavam de extrema direita, pudesse causar uma reação da esquerda, a embaixada informou[665] que um grupo de 20 a 30 mascarados, bem armados, teria

---

[660] Relatório BR_DFANBSB_V8_ESP_ACE_3285_80_002 (Fundo do Serviço Nacional de Informações, Arquivo Nacional).

[661] *O Estado de S. Paulo* (SP), Ano 99, Edição 31820, "Bethlem nega versão de atentado", p. 15, 08/12/1978.

[662] *O Estado de S. Paulo* (SP), Ano 100, Edição 31867, "Para Arnizaut, imprensa dá proteção a subversivos", p. 14, 01/02/1979.

[663] *Jornal da República* (SP), Ano 1979, Edição 00035, "'Destruí as urnas como um legalista'", p. 3, 05/10/1979. O *Jornal da República* (SP) menciona "Otavio Celso Ramos". Todavia, a menção ao pleito da UNE, à acusação de pertencer ao CCC, aliada à reportagem do *Jornal do Brasil* (RJ) que faz referência a "Otavio Cesar Ramos", permite dizer que se trata do mesmo estudante.

[664] Relatório BR RJANRIO CNV.0.RCE.00092000538201527137 (Fundo Comissão Nacional da Verdade, Arquivo Nacional).

[665] Relatório BR RJANRIO CNV.0.RCE.00092000538201527133 (Fundo Comissão Nacional da Verdade, Arquivo Nacional).

invadido o campus da Universidade Federal Rural de Pernambuco, e que este era o terceiro ataque armado do CCC em Recife em um prazo de dez dias. Segundo o documento, havia policiais em Recife que estavam cientes da identidade de alguns responsáveis pelos ataques. Ao final, é feita menção a uma suposta ligação entre membros do CCC e ex-policiais e ao fato de que, para a embaixada, as autoridades estavam "fechando os olhos" para a atuação do grupo.

Quando João Marcos Flaquer é chamado a depor, em outubro de 1970, por conta da agressão a um estudante nas Arcadas, mencionada no primeiro capítulo, presta seu depoimento sem, aparentemente, ser questionado ou interrompido, ainda que estivesse envolvido em um caso de agressão. Para Flaquer, colegas do "grupo de esquerda" o perseguiam por quererem comprometê-lo no meio estudantil, ainda que não tivesse sido ele o agredido.

No depoimento, Flaquer faz questão, o que não deixa de ser, de certa forma, irônico, de mencionar que era "a primeira vez que comparece a uma delegacia de polícia, no intuito de prestar esclarecimentos"[666]. Para prestar esclarecimentos, talvez de fato fosse. Mas aquele não era um espaço desconhecido para ele.

Lopes (2014, p. 76) sinalizou para a conivência e omissão policial ao analisar esse depoimento e uma sindicância que foi aberta para investigar a participação de policiais no Comando de Caça aos Comunistas (CCC). A conclusão do inquérito, além de subliminarmente desconsiderar a existência do grupo, sinaliza que a acusação de participação dos membros, entre eles Raul Careca, notório e confesso integrante, era improcedente[667]. Fernando Piza, acusado de ser integrante do CCC pela revista *O Cruzeiro* de 9 de novembro de 1968[668], era outro investigado neste inquérito. Consta anotado às margens da documentação que Fernando Piza

---

[666] Depoimento de João Marcos Flaquer, 27/10/1970 (pasta 50-Z-013-005/780, Arquivo Público do Estado de São Paulo).

[667] Prontuário 12842, Fernando Piza e Outros (Arquivo Público do Estado de São Paulo).

[668] *O Cruzeiro* (RJ), Ano XL, Edição 45, "CCC ou o Comando do Terror", p. 19-23, 9/11/1968.

era "infiltrado no meio estudantil, como investigador e estudante de Direito". Em 1973, Fernando Piza atuava como delegado de polícia substituto.

O Comando de Caça aos Comunistas (CCC) e seus integrantes foram agraciados com a benevolência estatal, que garantiu que nunca houvesse punição a quaisquer dos seus atos praticados em quase 20 anos de atuação. Ainda que se considere que, em um dado momento, já não se tratava mais de uma organização e sim de vários grupos, muitas vezes sem ligação efetiva entre si, a não ser pela "ideia" de caçar "comunistas", o fato é que os atos assinados pela sigla eram tratados de forma diferente dos atos praticados pelos "subversivos".

Foi após o ataque à peça *Roda Viva*, quando o CCC deixa de ser visto somente como um grupo de estudantes que ajudava a polícia e passa a ser considerado como um grupo terrorista, que as denúncias de impunidade e omissão começaram a ser mais frequentes. Nos dias seguintes ao ataque, acusava-se a polícia militar de omissão, policiais de terem participado no atentado[669], e o governo de inércia nas investigações para apurar o ocorrido[670].

O próximo evento a marcar uma nova fase de denúncias de impunidade foi a Batalha da Maria Antônia. Elementos do CCC, estimulados "pela impunidade de que têm gozado, prosseguem em sua faina diabólica de perturbar a vida brasileira"[671]. Mais uma vez, a imprensa destaca a omissão do poder público perante o ocorrido[672].

---

669 *Jornal do Brasil* (RJ), Ano 1968, Edição 00087, "Artistas querem processar Abreu Sodré pela agressão ao elenco de Roda Viva", p. 18, 20/07/1968.

670 *Correio da Manhã* (RJ), Ano 1968, Edição 23091, "Terroristas", p. 6, 20/07/1968.

671 *Correio da Manhã* (RJ), Ano 1968, Edição 23156, "Até quando?", p. 6, 04/10/1968.

672 *O Jornal* (RJ), Ano 1968, Edição 14424, "Batalha mata Estudante; Desfile depois da morte", p. 5, 04/10/1968; *Diário de Notícias* (RS), Ano 1968, Edição 00185, "Agitação continua em São Paulo", p. 1, 05/10/1968; *Jornal dos Sports* (RJ), Ano 1968, Edição 12344, "CCC e MAC também no Rio", p, 19, 06/10/1968.

De fato, o único movimento oficial criado para apurar o atentado partiu da iniciativa dos professores da Faculdade de Filosofia, Ciências e Letras da Universidade de São Paulo, originando a Comissão Especial de Inquérito (CEI) que tramitou na Assembleia Legislativa do Estado de São Paulo e que, em virtude da decretação do AI-5, não foi finalizada. Esse documento será discutido adiante.

Para o delegado da Ordem Política do DOPS/SP, Ítalo Ferrigno, os membros do CCC eram jovens democratas que, mesmo armados e fazendo ameaças, estavam defendendo as instituições em nome do que Ferrigno entendia como democracia. O CCC era o bastião da democracia contra o "perigo vermelho" fazendo o papel de guarda-costas civil do regime. Para o delegado, Raul Nogueira de Lima, o Raul Careca, atuava no Comando de Caça aos Comunistas *na defesa da democracia*[673]. O termo democracia aparece aqui como mera contraposição ao comunismo (MOTTA, 2000, p. 306), aspecto já mencionado quando apresentados os manifestos do CCC e dos partidos que congregavam os estudantes acusados de pertencer ao grupo.

O deputado David Lerer (MDB) reagiu[674] às declarações do delegado Ítalo Ferrigno, como mencionado no capítulo anterior. Nos pronunciamentos feitos na Câmara dos Deputados, apresentados na pesquisa de Celeste Filho (2006), nota-se o descontentamento de parte dos parlamentares com a escalada da violência e com a omissão do governo. Todavia, como dito, o CCC atuava como um braço da repressão. Para o general Ibá Ilha Moreira, o movimento estudantil de esquerda agia para subverter a ordem, enquanto o movimento estudantil de direita revidava[675].

Esta postura dos órgãos oficiais não ocorria somente quando se tratava de ataque aos estudantes. Deputados, entre eles Mario Covas, do MDB, criticavam a demora na instauração da Comissão

---

673 *Jornal do Brasil* (RJ), Ano 1968, Edição 00155, "DOPS acha mais perigosa a desordem dos esquerdistas do que caça aos comunistas", p. 18, 8/10/1968.

674 *Diário do Paraná* (PR), Ano 1968, Edição 03975, "Cassação", p. 3, 10/10/1968.

675 *Diário de Notícias* (RS), Ano 1968, Edição 00194, "Estudantes", p. 8, 16/10/1968.

Parlamentar de Inquérito (CPI) para apurar o atentado do CCC aos atores da peça *Roda Viva*[676]. Como mencionado no capítulo anterior, a CPI sequer foi instalada.

Não eram somente os parlamentares do partido de oposição ao regime que criticavam a atitude contemplativa do governo perante os atos do CCC. Em outubro de 1968, deputados da base governista também se opuseram à postura inerte do regime em relação ao grupo[677]. Com a morte de Edson Souto, em março de 1968, houve uma aproximação entre grupos de parlamentares da base e da oposição (CELESTE FILHO, 2006). A repressão ao movimento estudantil e as discussões sobre a reforma universitária, que estavam em andamento no Congresso, intensificaram esse processo, e é neste contexto que os parlamentares da base acabam criticando a postura inerte do governo.

A repressão ao movimento estudantil também era pauta dos parlamentares, até porque a postura do governo com relação aos conflitos estudantis servia como parâmetro para entender os caminhos que o regime tomaria (CELESTE FILHO, 2006). Para os parlamentares, não era um bom sinal o silêncio do governo ante os atentados do CCC.

Em outubro de 1968, o general Costa e Silva, convencido de que movimentos de extrema direita comprometiam sua autoridade no meio militar, determina que o SNI investigue o CCC, o MAC e a Sociedade de Defesa da Tradição, Família e Propriedade[678]. Essa declaração de Costa e Silva era motivada por uma pressão social advinda dos últimos acontecimentos; não havia comprometimento de sua autoridade, exceto se pensarmos em um certo descontentamento do CCC com os rumos que a "revolução" tomava.

---

676 *Jornal do Brasil* (RJ), Ano 1968, Edição 00157, "Deputados condenam o sequestro", p. 21, 10/10/1968.

677 *Jornal do Brasil* (RJ), Ano 1968, Edição 00170, "CCC metralha a residência de D. Hélder", p. 13, 25/10/1968.

678 *Jornal do Brasil* (RJ), Ano 1968, Edição 00158, "Costa e Silva manda SNI investigar atividades de grupos da extrema direita", p. 1, 11/10/1968.

A razão para tal declaração centrava-se na cobrança por uma posição do governo quanto aos últimos eventos, sobretudo por conta da violência na Maria Antônia, que tinha sido notícia em todo o país; além disso, era necessário mostrar que o governo não compactuava com aqueles atos. Enquanto Costa e Silva ordenava que se fizessem investigações, carteiras destinadas a credenciar civis como colaboradores do DOPS foram vendidas a integrantes do CCC, para que eles pudessem agir, armados, na repressão ao movimento estudantil[679]. Não há informação sobre a instauração de investigação sobre o grupo pelo SNI e, com o AI-5, as denúncias contra a omissão do governo são silenciadas por conta da censura imposta.

Em 1977, com a retomada dos atentados, inicialmente ao movimento estudantil, as manifestações pedindo providências do regime contra os atos do CCC voltam à imprensa. Em setembro de 1977, com a invasão da polícia no campus da PUC-SP, em que houve a pichação, nos muros da universidade, da sigla CCC, os estudantes alegam conivência dos órgãos de segurança para com os ataques do CCC[680].

A Comissão Especial de Inquérito (CEI)[681] que foi aberta pela Assembleia Legislativa de São Paulo para apurar as responsabilidades pela invasão na PUC-SP, em setembro de 1977, concluiu que houve crime de responsabilidade e abuso de poder da parte do secretário da Segurança Pública do Estado, coronel Erasmo Dias. Deputados da ARENA obstruíram a votação e impediram a aprovação do relatório final que permitiria seu posterior encaminhamento para as providências na esfera judicial.

Em 1978, o sequestro da professora Juracilda Veiga motivou uma série de denúncias sobre a postura das autoridades. João Re-

---

679 *Tribuna da Imprensa* (RJ), Ano 1968, Edição 05661, "MAC % CCC", p. 6, 21/11/1968.

680 *Diário do Paraná* (PR), Ano 1977, Edição 00262, "Cardeal de SP defende a PUC: não há comunismo", p. 4, 28/09/1977.

681 Relatório BR DFANBSB V8.MIC, GNC.EEE.80004640 (Fundo Serviço Nacional de Informações, Arquivo Nacional).

ginaldo Felipe Villaça[682], então superintendente da Polícia Federal no Paraná, e o general Dilermando Gomes Monteiro[683], quando questionados sobre a atuação do grupo, alegaram desconhecer o CCC, que era o acusado de ter cometido o sequestro. A declaração que mais repercutiu foi a do secretário de Segurança do Paraná, Alcindo Gonçalves:

> Acho que o Comando de Caça aos Comunistas não existe. Não consta em nenhum lugar, nos órgãos de segurança, esse tal comunicado de comando de caça aos comunistas. Só o advogado D'Angelis é que disse que ela vinha recebendo ameaças do CCC, escritas. Mas não apresentou essas cartas ameaçadoras.[684]

Alcindo Gonçalves deu essa declaração quando foi convidado a prestar esclarecimentos na Assembleia Legislativa do Estado do Paraná, em 6 de junho de 1978, em virtude do sequestro de Juracilda Veiga. Para o secretário, a convocação tinha como objetivo primordial "a contestação ao regime e o ataque às autoridades" criticando, também, a postura da imprensa que tinha a "pretensão clara de provocar o choque entre as autoridades"[685]. Ainda assim, no início de julho, quando a sede do jornal *Em Tempo* foi invadida e depredada, Alcindo Gonçalves novamente minimizou os ataques relacionados ao grupo[686].

---

682 *Diário do Paraná* (PR), Ano 1978, Edição 06848, "DPF estranhou notícias", p. 10, 21/03/1978.

683 *Jornal do Brasil* (RJ), Ano 1978, Edição 00351, "General garante união das Forças Armadas", p. 19, 29/03/1978.

684 *Diário do Paraná* (PR), Ano 1978, Edição 06910, "Na Assembleia, secretário fala da prisão sem mandado; 'Quorum' mínimo para ouvir as explicações", p. 9, 07/06/1978.

685 Relatório BR RJANRIO TT.o.MCP, PRO.1381 – processo gab nº 100.513 (Fundo Divisão de Segurança e Informações do Ministério da Justiça, Arquivo Nacional).

686 *Boletim ABI* (RJ), Ano 1978, Edição 00007-08, "Querem silenciar 'Em Tempo'", p. 9, jul/ago 1978.

Em agosto de 1980, o *Jornal do Brasil* (RJ), sobre os atentados praticados pela extrema direita, compara o tratamento que foi dado às organizações de extrema esquerda que "foram totalmente aniquiladas" enquanto um "terrorista de direita" nunca havia sido investigado[687]. Semanas depois, um leitor do semanário envia uma carta ao jornal se manifestando em virtude da lentidão das investigações contra os atos terroristas e o CCC:

> É impressionante a apatia do governo e dos órgãos de segurança dos Estados diante dos covardes atentados contra as bancas que vendem jornais alternativos e outras publicações que não são do agrado do misterioso e clandestino Comando de Caça aos Comunistas (CCC). (...) O CCC está caçando outras cousas bem diferentes. Devia denominar-se Comando contra a Constituição pois seu objetivo tem sido apenas o de desrespeitar dispositivos de nossa Constituição – que assegura aos brasileiros a livre manifestação de pensamento, dispensa de licença da autoridade os jornais periódicos e, além disso, garante o livre exercício de qualquer profissão. Em fazendo assim, parece agir com a cobertura da própria polícia dos Estados. (...)[688]

Em 1980, era vigente a Constituição que havia sido promulgada em 24 de janeiro de 1967. De fato, seu artigo 150, § 8º garantia o direito à livre manifestação de pensamento, de convicção política ou filosófica, "*respondendo cada um, nos termos da lei, pelos abusos que cometer*" (grifo nosso). A Constituição também garantia o livre exercício de qualquer profissão e a publicação de livros, jornais e periódicos, que, como mencionado pelo leitor, não dependia de licença da autoridade. Todavia, como dito, o país estava sob a égide da Doutrina de Segurança Nacional, que crimina-

---

687 *Jornal do Brasil* (RJ), Ano 1980, Edição 00145, "Uma história que começa antes da queda de Jango", p. 46, 31/08/1980.

688 *Jornal do Brasil* (RJ), Ano 1980, Edição 00167, "Cartas (Atentados)", p. 11, 22/09/1980. (Carta de José Lopes Filho, de Juiz de Fora/MG).

lizava determinadas condutas que, no entender de quem detinha o poder, atentavam contra a segurança nacional. Se a Constituição Federal em vigor permitia, em tese, a livre manifestação de pensamento e a circulação de jornais e revistas, restava ao CCC a tarefa de coibir aquilo que, no entender do grupo, atentava contra o regime e a segurança nacional.

A grande quantidade de atentados em 1980 motivou a instauração de uma Comissão Parlamentar de Inquérito na Assembleia Legislativa de Minas Gerais, a CPI do Terror, liderada pelo deputado Milton Lima (PP), presidente da CPI, e pelo deputado Ademir Lucas (PMDB). Para os deputados, houve, por parte do governo estadual, omissão diante dos atentados terroristas praticados no Estado, com evidências de "comando coordenado e de operação sincronizada" dos atos terroristas, citando o CCC como uma das organizações atuantes[689]. Um relatório paralelo, elaborado pelos deputados Milton Lima e Ademir Lucas Gomes e denominado "Denúncia à Nação", mencionava que:

> fortalece a convicção que vai perigosamente generalizando, de que existe, por omissão, uma certa intimidade, em grau e matizes que é impossível determinar, entre alguns setores do poder e esses grupos de celerados, que se valem do terror para manifestar sua aversão à democracia.[690]

O documento foi referendado, segundo a imprensa, pelas lideranças do PP/MG e do PMDB/MG[691]. Antes disso, o relator da CPI, deputado Carlos José Lemos, havia apresentado parecer contrário, pedindo arquivamento dos autos. O Serviço Nacional de In-

---

689 *Tribuna da Imprensa* (RJ), Ano 1980, Edição 09520, "CPI apura que Francelino é o culpado do Terror", p. 11, 12/11/1980.

690 Relatório BR DFANBSB V8.MIC, GNC.OOO.80002467 (Fundo Serviço Nacional de Informações, Arquivo Nacional).

691 Relatório BR RJANRIO TT.0.MCP, AVU.471 (Fundo Divisão de Segurança e Informações do Ministério da Justiça, Arquivo Nacional).

formações (SNI) acompanhou a CPI do Terror[692]. O acompanhamento se devia à preocupação pelo fato de que mais de mil cópias do relatório estavam sendo distribuídas em todo o país, inclusive para o presidente da República, e que a CPI tinha como objetivo comprometer as autoridades estaduais perante a opinião pública. Não havia indicativo de busca por informações referentes aos atentados mencionados no relatório.

O informe[693] do Serviço Nacional de Informações (SNI) que apurava as ameaças do CCC, em virtude do retorno de Leonel Brizola ao Brasil, feitas por meio do envio de cartas, entre agosto e setembro de 1979, às pessoas envolvidas no retorno do ex-exilado político, conclui somente que "não são conhecidos, até o presente momento, os elementos que formam o CCC". Em novembro, os atentados ocorridos em virtude da visita de Miguel Arraes a Belém foram objeto de outro relatório[694] do SNI. O relatório destaca que os atentados realizados na madrugada de 18 de novembro, dia da chegada de Miguel Arraes a Belém, tinham como alvo igrejas e residências de pessoas "notoriamente vinculadas às organizações comunistas".

Um dos locais atacados pelo grupo foi a Livraria Jinkings, de Raimundo Antônio da Costa Jinkings, com tiros de arma de fogo[695]. A Sociedade Paraense de Defesa dos Direitos Humanos (SPDDH), que também foi alvo dos atentados, foi tida como subversiva por, entre outras razões, organizar um ato ecumênico, em uma igreja, em repúdio aos atentados praticados pelo CCC[696]. Após diligências, o Departamento de Polícia Federal da Superintendência Regional do Pará afirmou que "infelizmente não foi

---

692 Relatório BR DFANBSB V8.MIC, GNC.OOO.80002467 (Fundo Serviço Nacional de Informações, Arquivo Nacional).

693 Relatório BR DFANBSB V8.MIC, GNC.GGG.79000769 (Fundo Serviço Nacional de Informações, Arquivo Nacional).

694 Relatório BR_DFANBSB_V8_MIC_GNC_KKK_79000511 (Fundo Serviço Nacional de Informações, Arquivo Nacional).

695 Relatório BR DFANBSB V8.MIC, GNC.KKK.80000697 (Fundo Serviço Nacional de Informações, Arquivo Nacional).

696 Relatório BR DFANBSB V8.MIC, GNC.KKK.79000593 (Fundo Serviço Nacional de Informações, Arquivo Nacional).

ainda possível chegar-se à determinação dos autores do ato criminoso", não obstante a imprensa ter apresentado o nome de alguns suspeitos. Para os investigadores, era "difícil a identificação dos membros do CCC e, consequentemente, quase impossível a determinação de seus métodos de ação e por quem orientados"[697].

Não conseguiu apurar a autoria, mas não deixou de cogitar a hipótese de que os atentados tivessem sido organizados pelos solidários de Miguel Arraes, para "marcar e valorizar sua visita", chamando a atenção para um "certo exagero" na dimensão dada aos atentados.

Como visto, a existência e a atuação do CCC eram acompanhadas pelo governo. Todavia, a partir da análise dos relatórios em que o grupo é mencionado, pode-se dizer que a coleta de informações sobre o grupo era feita de forma diversa da maneira feita quando se tratava dos movimentos "subversivos". Em agosto de 1980, quando o SNI elabora relatório sobre as Organizações Subversivas de Ideologia Comunista e outras ideologias extremistas com atuação no Rio Grande do Sul, são apresentados de forma detalhada os dados dos movimentos dito subversivos. Quando se trata do CCC, não há informações sobre a estrutura do grupo.

Das 11 páginas que compõem o relatório, as informações sobre o CCC – e ressalte-se que o período em que o relatório era elaborado coincidia com o auge dos atentados à bomba no país – ocupam duas páginas, em que se repetiam informações sobre atentados já divulgados em outros documentos. O relatório destaca o seguinte trecho de uma carta enviada pelo grupo:

> O CCC está atuando na região missioneira com muita energia objetivando caçar e eliminar todos os comunistas que tentam introduzir sua maligna ideologia nesta pátria amada através dos referidos jornais e outros métodos.[698]

---

697 Relatório BR DFANBSB V8.MIC, GNC.KKK.80000697 (Fundo Serviço Nacional de Informações, Arquivo Nacional).

698 Relatório BR DFANBSB V8.MIC, GNC.GGG.80001669 (Fundo Serviço Nacional de Informações, Arquivo Nacional).

Um segundo relatório sobre organizações atuantes no Rio Grande do Sul[699], depois de um longo arrazoado sobre uma série de organizações de ideologia esquerdista, dedica poucas linhas sobre o CCC, limitando-se a mencionar que o retorno do CCC aos noticiários, no segundo semestre de 1980, estava relacionado às solicitações de apuração de suas atividades às autoridades.

As denúncias sobre ausência e lentidão nas investigações ou de conivência do governo para com os atos do grupo geravam preocupação ao aparelho estatal. Em Portugal, o jornal *Página Um*, organizado pela "esquerda revolucionária", conforme indicado no informe governamental, publicou, em 1º de setembro de 1976, um artigo denunciando a existência de ligações entre o aparelho repressivo e o CCC[700]. Da mesma forma, quando ocorreu a prisão de Ronald Watters, o SNI se preocupava com a divulgação de notícias que denunciassem ligações entre Watters com grupos como o CCC, os "núcleos parafascistas dos subterrâneos do regime", conforme noticiado pelo jornal *Voz da Unidade*, investigado pelo SNI[701].

Em um dos relatórios que mencionam o ataque à sucursal do jornal *Em Tempo*, em 24 de julho de 1978, atribuído ao CCC, o foco era a análise da vida pregressa dos repórteres ligados ao jornal. Não se discutiu o atentado, mas sim o jornal[702]. Como mencionado no capítulo anterior, o ataque teria sido motivado por conta da divulgação de uma lista contendo o nome de 233 torturadores,

---

[699] Relatório BR DFANBSB V8.MIC, GNC.GGG.81002280 (Fundo Serviço Nacional de Informações, Arquivo Nacional).

[700] Relatório BR RJANRIO TT.o.MCP, AVU.281 (Fundo Divisão de Segurança e Informações do Ministério da Justiça, Arquivo Nacional).

[701] Relatório BR DFANBSB V8.MIC, GNC.AAA.81015977 (Fundo Serviço Nacional de Informações, Arquivo Nacional). O CPDOC da FGV apresenta Ronald Watters como "agrônomo e suposto ex-agente da Central Intelligence Agency (CIA)" (RIOCENTRO, ATENTADO. Disponível em: <http://www.fgv.br/cpdoc/acervo/dicionarios/verbete-tematico/riocentro-atentado-do>. Acesso em: 9 de setembro de 2020).

[702] Relatório BR DFANBSB V8.MIC, GNC.NNN.81001524 (Fundo Serviço Nacional de Informações, Arquivo Nacional).

incluindo agentes estatais e elementos acusados de pertencer ao CCC.

Ao final, levando em consideração a linha "sensacionalista" do jornal[703] e, "em face da inexistência de danos materiais", cogitou-se a possibilidade de que a ação tivesse sido realizada pela própria equipe do jornal, para obter repercussão na imprensa[704].

Em um outro relatório que menciona o ataque ao *Em Tempo* realizado pelo CCC[705], relata-se o envio de cartas de ameaça pelo grupo, mencionando que o CCC "atuou realmente nesta área [Curitiba] com a distribuição de panfletos". Ao final, o relatório apresenta uma cópia de uma das cartas, intitulada "Corrente Ala 233" e enviada ao presidente da Comissão Pontifícia Justiça e Paz do Paraná, Wagner Rocha D'Angelis. Abaixo, a transcrição da carta:

> Corrente Ala 233
>
> Caro Amigo (a)
> Parabenizamos-lhe ter sido escolhido, quando de selecionada pesquisa, em que nos propusemos escolher os comunas mais fajutos da paróquia.
>
> Tal galhardão lhe obriga entre outras coisas a manter viva a corrente que passamos a detalhar e que você deverá ensinar a seis pessoas de sua curriola.
>
> Toda terça-feira, deverá frequentar uma igreja prá-frente e escutar atentamente um sermão (haja saco) do Albano Cavalin ou do Yves Pouliquen. Em seguida, cantar em latim internacional. Após, rezar da seguinte maneira:

---

703 Relatório BR RJANRIO TT.0.MCP, PRO.1536 (Fundo Divisão de Segurança e Informações do Ministério da Justiça, Arquivo Nacional).

704 Relatório BR RJANRIO TT.0.MCP, PRO.1403 (Fundo Divisão de Segurança e Informações do Ministério da Justiça, Arquivo Nacional).

705 Relatório BR DFANBSB V8.MIC, GNC.NNN.81001536 (Fundo Serviço Nacional de Informações, Arquivo Nacional).

> Marx e Lenin, guias intimoratos das massas trabalhadoras, fazei que nosso país vire rapidamente uma esculhambação socialista. Que nós, esquerda festiva, consigamos várias [ilegível] e às custas da classe operária. Livrai-nos do CCC, do GAC e do MAC. Amém.
>
> Sentimo-nos na obrigação, sem querer aterrorizá-lo, avisá-lo que cidadãos que se negaram a manter viva esta corrente, após isso, se fuderam em dó maior, exemplos D. Adriano Hipólito, coronel Tarcísio, Lauro Natel, puta Juracilda Veiga, pedagogo Walmor Marcelino, deputado Scarpelini, bicha Ari Toledo, Carlos Augusto de Oliveira, líder estudantil e o liquidificador de massa Francisco Dias Vermelho.
>
> Basta fielmente transmitir o que lhe foi aqui ensinado que nada lhe acontecerá, mesmo que o CCC já esteja em vistas de lhe tirar o pelego a unha.
>
> Atenciosamente.

Ao final, os pedidos de requerimento de investigação feitos a propósito dos atentados contra o jornal foram arquivados[706].

No período de 1978 a 1980, o SNI aponta[707] 88 "atos suspeitos, que têm características de ações de terror", ocorridos no Brasil. Em 1981, um atentado à bomba inicialmente assumido por um grupo denominado Comando Delta e que ficou conhecido como Atentado do Riocentro, ocupou as páginas da imprensa. Pouco tempo depois de assumir a autoria[708], o grupo encaminha à imprensa um manifesto negando a participação no atentado. O CCC aparece

---

706 Relatório BR RJANRIO TT.o.MCP, PRO.1403 (Fundo Divisão de Segurança e Informações do Ministério da Justiça, Arquivo Nacional).

707 Relatório BR DFANBSB V8.MIC, GNC.AAA.87063851 (Fundo Serviço Nacional de Informações, Arquivo Nacional).

708 IPM/81, fls. 217-219 (Atentado do RioCentro, Fundo: Centro de Pesquisa e Documentação Social, BR SPAEL CPDS RC, Arquivo Edgar Leuenroth – UNICAMP).

como subscritor do manifesto, em caráter de "solidariedade"[709]. O Comando Delta e o CCC assinam mais quatro manifestos em conjunto: em julho de 1981, um manifesto enviado ao gabinete do deputado Iranildo Pereira (PMDB)[710]; em outubro de 1981[711], enviado a oficiais do Exército de São Paulo e do Rio de Janeiro; em 1983, foram dois manifestos: um enviado a unidades dos exércitos de Mato Grosso do Sul e outro ao senador Henrique Antônio Santillo[712].

É na perspectiva da impunidade garantida aos atentados terroristas praticados por grupos ligados ao regime que esse evento é mencionado, já que, exceto pela menção ao CCC nos manifestos do Comando Delta, não foi identificada a participação do CCC no ocorrido. O evento e seus desdobramentos foram emblemáticos em virtude da participação[713] de agentes do Estado em um ato terrorista, sobretudo por conta da forma com que as investigações, sobretudo no primeiro procedimento de investigação aberto, foram conduzidas e finalizadas. Para a Comissão Nacional da Verdade, "uma operação foi montada para que não houvesse a apuração dos responsáveis pelo atentado do Riocentro"[714].

O Atentado do Riocentro ocorreu na noite do dia 30 de abril de 1981: duas bombas de fabricação artesanal explodem, de forma premeditada[715], durante um show realizado, no Rio de Janeiro

---

709 *Tribuna da Imprensa* (RJ), Ano 1981, Edição 09672, "Comando Delta nega o atentado do Riocentro", p. 4 25/05/1981.

710 *Diário de Natal* (RN), Ano 1981, Edição 01307, "Delta lamenta IPM e ameaça OAB e CNBB", p. 1, 25/07/1981.

711 Relatório BR_DFANBSB_V8_MIC_GNC_AAA_81020271_d0001de0001 (Fundo Serviço Nacional de Informações, Arquivo Nacional).

712 Relatório BR_DFANBSB_V8_MIC_GNC_RRR_83005596_d0001de0001; Relatório BR_DFANBSB_V8_MIC_GNC_MMM_83003475_d0001de0001 (Fundo Serviço Nacional de Informações, Arquivo Nacional).

713 BRASIL. Ministério Público Federal. Procuradoria da República no Estado do Rio de Janeiro. Denúncia referente ao Procedimento de Investigação Criminal nº 1.30.001.006990/2012-37. Disponível em: <http://www.prrj.mpf.mp.br/institucional/crimes-da-ditadura/atuacao-1>. Acesso em: 10 de agosto de 2020.; Relatório da Comissão Nacional da Verdade, 2014, vol. 1, p. 660.

714 Relatório preliminar de pesquisa da CNV sobre o caso Riocentro, 2014, p. 12.

715 Relatório preliminar de pesquisa da CNV sobre o caso Riocentro, 2014, p. 3.

(RJ), no centro de convenções Riocentro (Riocentro – Centro Internacional Riotur S.A.). O show, que contava com um público de cerca de 20 mil pessoas, foi organizado pelo Centro Brasil Democrático (Cebrade), que era ligado ao Partido Comunista Brasileiro (PCB)[716].

A primeira bomba explodiu entre 21h15 e 21h20, no carro do capitão Wilson Luíz Chaves Machado, que atuava no DOI-CODI do I Exército; junto com ele, no veículo, o sargento do Exército, Guilherme Pereira do Rosário, também agente do DOI-CODI do I Exército. Em virtude da explosão, o capitão Machado se fere gravemente. O sargento Rosário morre na hora. Mais tarde, apurou-se que ambos estavam envolvidos na organização do atentado.

Essa bomba tinha como alvo provável o palco principal do evento[717]. A segunda explosão ocorreu em uma estação elétrica dentro do centro de convenções. Tendo explodido no pátio, não houve interrupção de energia, objetivo previsto para essa bomba.

No total, foram abertos três procedimentos investigativos para apurar o atentado. Mesmo com os dois últimos procedimentos, em 1999 e 2014, apontando as incongruências do primeiro inquérito policial militar aberto em 1981, não houve punição aos envolvidos. Entende-se que isso se deve em parte ao emaranhado social, político e legal que sustentou tanto as práticas de grupos como o CCC quanto dos envolvidos nesse atentado, que poderia ter ceifado a vida de muitos.

Destaca-se a última denúncia apresentada, em 2014, pelo Ministério Público Federal (MPF)[718]. De acordo com a denúncia, um dos fatores de motivação para que alguns militares tenham se envolvido na organização do atentado foi o desprestígio vivenciado

---

716 Relatório preliminar de pesquisa da CNV sobre o caso Riocentro, 2014, p. 3.

717 Relatório preliminar de pesquisa da CNV sobre o caso Riocentro, 2014, p. 3.

718 BRASIL. Ministério Público Federal. Procuradoria da República no Estado do Rio de Janeiro. Denúncia referente ao Procedimento de Investigação Criminal nº 1.30.001.006990/2012-37. Disponível em: <http://www.prrj.mpf.mp.br/institucional/crimes-da-ditadura/atuacao-1>. Acesso em: 10 de agosto de 2020.

em virtude do desmonte dos órgãos de inteligência, haja vista que, com o processo de abertura política e o arrefecimento da luta armada contra o regime, as atividades exercidas por órgãos como o SNI e os Destacamentos de Operações de Informações (DOI) passaram a não ser tão necessárias.

Os militares, então, receosos, passaram a atuar para criar uma situação que justificasse a volta da repressão para, consequentemente, manter a estrutura do Estado ditatorial. Aliado ao anticomunismo, que era uma convicção real de muitos que viveram o período, vinha o receio de perder seus espaços de poder na sociedade. Além do elemento objetivo que era o desacordo com a reabertura democrática, um elemento subjetivo – a perda de supostos privilégios – se relaciona com o que motivou alguns jovens estudantes a integrar o CCC, como se discutiu anteriormente.

Ao final, a denúncia apresentada pelo MPF não prosseguiu, entre outros pontos, pelo entendimento dos tribunais superiores[719] de que os "fatos" objeto da ação estavam albergados pela anistia disposta no art. 4º, § 1º, da EC nº 26/1985, promulgada pela Assembleia Nacional Constituinte, que ratificou a anistia de 1979. A Lei da Anistia, cujos aspectos de validade e legalidade foram mencionados anteriormente, é usada em favor dos acusados pelo atentado do Riocentro.

3.3 OS PROCESSOS INVESTIGATIVOS SOBRE A ATUAÇÃO DO COMANDO DE CAÇA AOS COMUNISTAS

No mais das vezes por pressão social, eram abertos procedimentos para investigar os atos em que o grupo estava envolvido. Tramitaram, de fato, os inquéritos da Batalha da Maria Antônia,

---

719 O Tribunal Regional Federal da 2ª Região concedeu habeas corpus determinando o trancamento da ação penal por, em suma, considerar extinta a punibilidade pela prescrição. Apresentados os recursos cabíveis às instâncias judiciárias competentes, a decisão do TRF-2 foi mantida (RECURSO ESPECIAL Nº 1.798.903 – RJ (2015/0256723-4).

na Assembleia Legislativa do Estado de São Paulo, e o inquérito sobre o envio dos cartões de Natal, junto à Secretaria de Segurança do Paraná. A CPI do Terror, em Minas Gerais, apurou não um ato específico, mas a prática de terrorismo de forma geral, mencionando a atuação do Comando de Caça aos Comunistas (CCC).

Considerando os documentos localizados durante a pesquisa, pode-se dizer que em nenhum deles houve qualquer tipo de punição a quaisquer dos membros do grupo. Brasil (2010), ao tratar do inquérito que foi aberto para investigar o envio de cartões de ameaça pelo CCC em dezembro de 1978, a uma série de pessoas em todo o Brasil, em que advogados, religiosos, políticos, artistas e jornalistas receberam um cartão desejando um péssimo Natal e prevendo um "confronto final", apontou que a conclusão a que chegaram as autoridades do DOPS/PR, depois de 18 meses e 136 páginas – de que tratava-se de uma "brincadeira" – era "uma prova oficial da impunidade em relação ao CCC" (BRASIL, 2010, p. 93). A forma com que o inquérito foi conduzido é elucidativa e será objeto de análise.

Os cartões foram postados em São Paulo e destinados a, ao menos, cinco estados brasileiros: Rio de Janeiro, Rio Grande do Sul, São Paulo, Santa Catarina e Paraná. As constantes denúncias da imprensa contribuíram para a instauração do inquérito. A forma com que se deu mais esse grande ato do CCC já foi discutida no capítulo anterior. Agora, o interesse é analisar o caso sob a ótica da impunidade, em que, mais uma vez, o grupo agiu acobertado pela conivência do Estado.

O inquérito que tramitou no Paraná foi aberto em 18 de dezembro de 1978[720]. No mesmo dia, Ozias Algauer foi nomeado como delegado especial para realizar as investigações. Quatro dias depois, Algauer solicita que se juntem aos autos um dos cartões de Natal enviados pelo CCC e os recortes de revista e jornais que remetiam ao grupo, para que, então, se remetessem novamente os

---

720 *Dossiê Comando de Caça aos Comunistas*, DEAP Paraná, 1978. 136p.

documentos para sua análise. Na mesma data, o escrivão cumpre o despacho e, em 26 de dezembro, os autos voltam ao delegado. Aproximadamente três meses depois, em 16 de março de 1979, o delegado declara a impossibilidade de permanecer no inquérito por ter sido exonerado das suas funções, ao ser nomeado chefe de gabinete da Secretaria de Segurança Pública, solicitando o encaminhamento dos autos ao diretor da Polícia Civil. Entre dezembro e março, nenhuma providência foi tomada pelo delegado.

O encaminhamento é feito somente em 25 de maio e, no dia 15 de junho, os autos estão conclusos, ou seja, nas mãos do subdiretor da Polícia Civil que, na mesma data, nomeia Eloy Fernandes França, delegado de polícia, para prosseguir na condução do inquérito. Em 3 de julho, o delegado Eloy Fernandes França determina a expedição de cartas precatórias ao Departamento de Ordem Política e Social de São Paulo, a fim de localizar e interrogar o suposto remetente dos cartões, "o Sr. Evaristo Asno, residente à rua Vlado, nº 24, Caçador – SP".

Além disso, o delegado solicitou a oitiva de alguns destinatários das cartas. Não foi encontrado nenhum registro do senhor Evaristo Asno pelo DOPS/SP. Em relatório de 11 de junho de 1980, o delegado Eloy Fernandes França menciona que os destinatários não forneceram "nenhum outro dado ou pista que possibilitasse a identificação e localização do autor ou autores dos mencionados cartões", e chegou à conclusão de que o remetente havia utilizado endereço falso e de que se tratava de uma "brincadeira de mau gosto". Ao final, opina pelo arquivamento do inquérito, encaminhando os autos ao diretor da Polícia Civil. Uma charge que fazia parte da documentação do inquérito ilustra a relação entre a postura omissa do Estado e a manutenção do CCC:

Figura 24 – Charge

Fonte: *O Estado do Paraná*, 06/12/1978, [s.p].[721]

Um dos documentos que compõem o inquérito é um relatório do Ministério do Exército que alega que "pelos efeitos causados, a referida panfletagem está tendo origem nas próprias alas esquerdistas para a ativar a opinião pública contra os 'extremismos' dos Órgãos de Segurança e Informações". Mesmo dizendo acreditar que a "panfletagem" era fruto da esquerda, os serviços de informação do aparelho repressivo não deixavam de registrar os recebimentos das cartas nas fichas corridas dos eventuais destinatários. Na ficha de dom Albano Borboleto Cavallin, o recebimento de uma carta do CCC, em dezembro de 1977, foi registrado como um "antecedente" no prontuário do religioso[722]. O mesmo com relação a Sergio Mauricio Lipkin que, em setembro de 1979, ao colocar no jornal mural do Diretório Central de Estudantes da Universidade Federal do Rio Janeiro (UFRJ) uma carta de ameaça que havia recebido do CCC, se tornou objeto de informe da comunidade de informações. Segundo o documento, a carta, além de ameaçar Lipkin, se colocava contra o processo de

---

721 *O Estado do Paraná*, 06/12/1978, apud *Dossiê Comando de Caça aos Comunistas*, DEAP Paraná, 1978. 136 p.

722 Relatório BR DFANBSB V8.MIC, GNC.NNN.81001509 (Fundo Serviço Nacional de Informações, Arquivo Nacional).

abertura democrática e contra aqueles que a apoiavam, incluindo o governo[723].

O Serviço Nacional de Informações (SNI) tinha conhecimento[724] do envio dos cartões, mas não apresentou nenhuma informação sobre a autoria dos envios. Segundo um relatório[725] de junho de 1979, Celma Iris Chiari[726], funcionária da revista *IstoÉ*, transferida de São Paulo para o Paraná, portava dois cartões do CCC, endereçados a uma repórter e a um fotógrafo da revista *Veja* (SP), e uma série de fotografias de políticos, advogados, jornalistas e outras pessoas "visadas" e residentes no Paraná. O informe do SNI mencionava que um outro jornalista, Hélio Teixeira, da *Veja* (SP), estava "agenciando informes no sentido de estabelecer o relacionamento de Celma com o CCC, para posteriormente explorar o assunto pela imprensa" e não apresentou nenhuma informação adicional sobre Celma ou sobre os envios.

Ao informar[727] sobre o envio de uma carta de ameaça para José Carlos Dias de Oliveira, sócio da Editora Combate Socialista e Livraria Combate, em Porto Alegre/RS, em 30 de julho de 1980, nenhuma informação sobre o grupo, mas a ressalva de que o ameaçado, por meio de suas empresas, atuava na "divulgação, vinculação e popularização do pensamento socialista" e que, "em razão de suas atividades", o CCC enviou-lhe a carta. Um segundo relatório do SNI[728], emitido quando do comparecimento de José Carlos Dias de Oliveira ao DOPS/RS para depor sobre as ameaças sofridas, deu destaque a quem acompanhava o depoente, um membro do movimento estudantil, não fazendo nenhum

---

723 Relatório BR DFANBSB V8.MIC, GNC.AAA.79003540 (Fundo Serviço Nacional de Informações, Arquivo Nacional).

724 Como também pode ser visto em: Relatório BR DFANBSB V8.MIC, GNC.GGG.81002634 (Fundo Serviço Nacional de Informações, Arquivo Nacional).

725 Relatório BR DFANBSB V8.MIC, GNC.EEE.79001609 (Fundo Serviço Nacional de Informações, Arquivo Nacional).

726 Não foi localizada nenhuma informação adicional sobre Celma Iris Chiari.

727 Relatório BR DFANBSB V8.MIC, GNC.GGG.80001752 (Fundo Serviço Nacional de Informações, Arquivo Nacional).

728 Relatório BR DFANBSB V8.MIC, GNC.GGG.80001643 (Fundo Serviço Nacional de Informações, Arquivo Nacional).

comentário específico sobre as ameaças em si ou indicando investigações sobre o grupo.

Segundo consta no informe do SNI, José Carlos Dias de Oliveira era, à época do ocorrido, ex-presidente do Setor Jovem Metropolitano do MDB de Porto Alegre/RS e membro do Partido dos Trabalhadores (PT). Tendo denunciado as ameaças junto à Assembleia Legislativa do Rio Grande do Sul, foram determinadas pelo governo do estado a proteção ao estabelecimento ameaçado e a abertura de inquérito, de cuja conclusão não se tem notícia[729].

Quando, em julho de 1980, o jornalista Ivaldino Antônio Tasca, o vereador do Partido Democrático Trabalhista (PDT) Argeu Rigo Santarém e o estudante Vasco Parreira Duarte Júnior, de Passo Fundo/RS, recebem cartas de ameaça, o relatório[730] do SNI destaca que "os três indivíduos ameaçados pelo CCC não tentaram desmentir as suas simpatias pelo comunismo e apenas denunciaram o recebimento das cartas através da imprensa", concluindo com a informação da seção de Ordem Política e Social da cidade sobre a impossibilidade de identificar os remetentes das cartas. Nas cartas, o CCC, além de avisar que estava articulado nas cidades de Passo Fundo e Erexim (sic), no Rio Grande do Sul, diz que o grupo vai "acabar com a raça dos comunistas, socialistas, petebistas, subversivos, agitadores/contestadores, anarquistas, corruptos (...)".

O CCC também aparecia incidentalmente em relatórios sobre pessoas em específico, como no caso de Rodolfo Oswaldo Konder, que, acusado de atividades subversivas, menciona em depoimento que foi ameaçado, por meio de cartas anônimas, pelo Comando de Caça aos Comunistas, em fevereiro de 1976[731]. O relatório não menciona essa questão, mas Konder foi testemunha do assassinato sob tortura de Vladimir Herzog, em 1975, e o primeiro a denun-

---

729 Relatório BR DFANBSB V8.MIC, GNC.GGG.80001590 (Fundo Serviço Nacional de Informações, Arquivo Nacional).

730 Relatório BR DFANBSB V8.MIC, GNC.GGG.80001661 (Fundo Serviço Nacional de Informações, Arquivo Nacional).

731 Relatório BR DFANBSB V8.MIC, GNC.EEE.81006585 (Fundo Serviço Nacional de Informações, Arquivo Nacional).

ciar a farsa envolvendo sua morte[732]. Foi após a morte de Herzog que as ameaças do CCC começaram.

3.4 O INQUÉRITO DA BATALHA DA MARIA ANTÔNIA[733]

> *"(...)*
>
> *Abrahão Sabbá (ARENA-AM): V. Exa. sabe que morei muitos anos em São Paulo e todos conhecemos a situação dos estudantes da extrema direita. A polícia omitiu-se e deixou de cumprir a sua obrigação, que é manter a ordem. A polícia omitiu-se, porque estava mancomunada com estudantes para o massacre que houve.*
>
> *David Lerer (MDB-SP): Nobre Deputado Abrahão Sabbá, depois do que V. Exa. disse, eu deveria descer desta tribuna e dar por findo o meu discurso. V. Exa. disse tudo."*
>
> (trecho de um debate realizado na Câmara dos Deputados, no dia seguinte à Batalha da Maria Antônia[734])

A destruição da Maria Antônia teve um significado. Era mais que a destruição de um prédio e um conflito entre estudantes. Era a destruição de um movimento de resistência e de oposição

---

732 Disponível em: <http://www.abi.org.br/abi-enlutada-lamenta-a-morte-de-rodolfo-konder/> e <https://agenciabrasil.ebc.com.br/geral/noticia/2014-05/morre--jornalista-rodolfo-konder>. Acesso em: 17 de junho de 2020.

733 SÃO PAULO (Estado). Assembleia Legislativa do Estado de São Paulo. Comissão Especial de Inquérito para apurar as responsabilidades do conflito havido entre os alunos da Faculdade de Filosofia Ciências e Letras da Universidade de São Paulo e os alunos da Universidade Mackenzie, nos dias 2 e 3-10-68. Registro Geral nº. 7955/68. Raul Schwinden e outros. São Paulo, SP: Assembleia Legislativa do Estado de São Paulo, 1968. 392 p.

734 Anais. Dvma, 04/10/1968, v. 28, pp. 637-639 apud CELESTE FILHO, 2006, p. 86.

à ditadura que vinha se estabelecendo na Faculdade de Filosofia, Ciências e Letras da Universidade de São Paulo, com a participação do movimento estudantil e de parte dos professores que aderiram às discussões sobre a reformulação do ensino realizadas no âmbito das comissões paritárias.

É verdade que a ocupação teve como mote a questão da reforma universitária, mas discutir a reestruturação da universidade era uma das lutas do movimento estudantil de resistência ao regime. Pautar as discussões sobre a reforma universitária era uma forma de resistência. Foi isso que foi feito na Maria Antônia.

Sem a intenção de diminuir a divergência que existia entre o CCC e os estudantes que se opunham ao regime e a responsabilidade do grupo na condução do conflito, houve um outro elemento-chave para entender a proporção e a violência do ocorrido: a conivência estatal, em nível estadual e federal, bem como de parte das autoridades universitárias e a omissão da polícia (CARDOSO, 2018, p. 17; 22).

Durante o conflito, o então governador de São Paulo recebeu a ligação do ministro da Justiça Gama e Silva. O curto diálogo termina da seguinte forma:

> Ministro: – O Governador tem prazo até às 17 horas de hoje para tomar a Faculdade de Filosofia aconteça o que acontecer. Se, até lá o senhor não tiver cumprindo a ordem, forças federais o farão.
>
> Sodré: – Vá para o inferno. Enquanto eu for Governador, quem manda em São Paulo sou eu.[735]

O diálogo acima foi divulgado anos depois do ocorrido. Dias depois da divulgação, Mario Guimarães Ferri, que era diretor da Faculdade de Filosofia, à época do conflito, divulgou outros detalhes sobre o dia. Segundo Ferri, o governador Abreu Sodré

---

735 *O Estado de S. Paulo* (SP), 29/03/1977, apud ADUSP, 2004, pp. 41-44

entrou em contato com ele no dia 3 de outubro. Abaixo, um trecho do diálogo:

> Ex-reitor: – Fui informado de que o senhor governador deseja falar comigo e que já me telefonou várias vezes. Só agora recebi o recado, pois acabo de chegar do médico.
>
> Ex-governador: – É verdade; preciso que o senhor me mande um ofício solicitando a evacuação da Faculdade de Filosofia, pois os estudantes lá se acham abrigados e em guerra com os do Mackenzie.
>
> Ex-reitor: – Senhor governador, peço-lhe que me desculpe, mas não vou mandar ofício nesse sentido; a Rua Maria Antônia está bloqueada há muito tempo e o Governador poderia ter tomado providências sem precisar ingressar num prédio da Universidade. Agora que os estudantes se abrigaram na Faculdade de Filosofia, pede-me o senhor para lhe oficiar no sentido de evacuar essa Faculdade. Se eu fizer isso, a polícia irá lá por sua ordem, os estudantes não a receberão pacificamente, poderá haver até mortes e o senhor governador exibirá à imprensa meu ofício, lavando as mãos. Toda a culpa recairá sobre mim. Pelos motivos expostos, não lhe mandarei tal ofício.
>
> Ex-governador: – Mas o senhor não compreende que se eu não resolver a questão em curto prazo, poderá haver intervenção em São Paulo?
>
> Ex-reitor: – Esse problema não é meu.[736]

---

[736] *O Estado de S. Paulo* (SP), 29/03/1977, apud ADUSP, 2004, pp. 41-44. Na citação, é mencionado o dia 7 como dia do contato. Porém, a menção à faculdade ocupada e "aos alunos em guerra com o Mackenzie" permite dizer que o fato ocorreu no dia 3 de outubro, último dia do conflito.

Depois deste ocorrido, Ferri pediu demissão de seu cargo como Diretor. Assume, então, o professor Eurípedes Simões de Paula, que participa do inquérito aberto na Assembleia Legislativa.

O conflito da Maria Antônia mereceu atenção de parlamentares da Assembleia Legislativa de São Paulo. Por um lado, por causa da violência do conflito, que resultou na morte de um estudante; por outro, devido à atuação do Comando de Caça aos Comunistas (CCC), cujos membros eram, em grande parte, alunos da Universidade Presbiteriana Mackenzie. O então deputado Fernando Perrone, parlamentar extremamente combativo, denuncia, em uma fala na Assembleia Legislativa, uma posição, por parte do governo paulista, que ia além da omissão, citando o apoio da polícia aos estudantes da Universidade Presbiteriana Mackenzie[737].

Ainda no dia 3 de outubro, a Congregação da Faculdade de Filosofia, Ciências e Letras da USP solicitou, junto à Assembleia Legislativa do Estado de São Paulo, a instauração de procedimento para apurar o conflito[738]. O Requerimento nº 962 de 1968 foi aprovado em 11 de outubro de 1968, por meio do Ato nº 32 de 1968, pelo então presidente da Assembleia Legislativa, deputado Nelson Pereira. Na capa do inquérito, dados gerais de cadastro, com destaque para o objeto da CEI:

> Propõe a constituição de Comissão Especial de Inquérito para apurar as responsabilidades do conflito havido entre os alunos da Faculdade de Filosofia Ciência e Letras da Universidade de São Paulo e os alunos da Universidade Mackenzie, nos dias 2 e 3-10-68.[739]

O pedido para a constituição da CEI, de autoria do deputado Raul Schwinden[740], apresentava como justificativa o seguinte:

---

737 SÃO PAULO, 1968(b), p. 85

738 A Congregação da Faculdade de Filosofia, Ciências e Letras da USP, ainda no dia 3 de outubro, solicitou a abertura de inquérito junto à Assembleia Legislativa do Estado. (LIVRO BRANCO SOBRE OS ACONTECIMENTOS..., 2018, p. 129)

739 SÃO PAULO, 1968a, capa.

740 SÃO PAULO, 1968a, p. 57.

> Os acontecimentos verificados em São Paulo, ontem e anteontem, que tiveram como resultado diversos estudantes feridos e o que é pior, a morte de um jovem de 20 anos, ocasionada por um tiro partido não se sabe de onde, estão a exigir desta Casa uma medida efetiva e imediata. Esta Assembléia, como legítima representante do povo paulista, nesta hora, não pode ficar indiferente a esses eventos, razão pela qual solicitamos a constituição dessa Comissão.[741]

No dia 29 de outubro de 1968, foi realizada a primeira reunião da CEI para a oitiva dos professores das instituições de ensino envolvidas no ocorrido. Os primeiros presentes foram os professores da Faculdade de Filosofia, Ciências e Letras da USP: professores Antonio Candido de Mello e Souza, Oswaldo Porchat Pereira e a professora Maria Isaura Pereira Queiroz. O então diretor da Faculdade de Filosofia, Eurípedes Simões de Paula, também foi convidado para comparecer às reuniões da Comissão[742].

O primeiro a prestar esclarecimentos foi o professor Antonio Candido de Mello e Souza. Abaixo, um trecho de seu relato, em que menciona o CCC:

> os estudantes da Filosofia estenderam uma faixa prêta, cujos dizeres ignoro, mas parece que se referiam a um apêlo para que mackenzistas e alunos da Faculdade se unissem contra o CCC. Os estudantes do Mackenzie se reuniram e foram arrancar a faixa. É preciso assinalar que a polícia, quando o dia raiou, estava nos terrenos do Mackenzie. Os estudantes saíram e, na presença da polícia, arrancaram a faixa e generalizou-se o conflito. Veio aí um bombardeio e a resposta do Mackenzie.[743]

---

741 SÃO PAULO, 1968a, p. 1. Quando da transcrição dos depoimentos e demais informações mencionadas na Comissão Especial de Inquérito, preservou-se a grafia original mencionada nos documentos.

742 SÃO PAULO, 1968a, p. 44-47.

743 SÃO PAULO, 1968a, p. 63.

O professor Antonio Candido destaca em seu depoimento a postura contemplativa da polícia, que se colocava em posição de espectadora e a violência do ataque: "na fase aguda, era arremessada uma bomba por minuto contra a Faculdade. Na Faculdade, os alunos reagiam, mas os meios eram bem menores, não faziam frente aos ataques"[744]. A utilização de armamento no conflito foi apontada no dossiê organizado pelos docentes da Faculdade de Filosofia, Ciências e Letras da Universidade de São Paulo:

> Sucintamente, o emprego de armas de fogo contra a FF [Faculdade de Filosofia] é evidenciado por 1) balas no chão da Faculdade; 2) vidros e tapumes furados por bala; 3) pessoas feridas à bala. (...) Além disso, foram lançadas contra a Faculdade de Filosofia, bombas de gás lacrimogêneo de fabricação norte-americana, cujos efeitos são anotados por algumas testemunhas, sendo que mais de uma foi encontrada no pátio da faculdade (...) (LIVRO BRANCO SOBRE OS ACONTECIMENTOS..., 2018, p. 60).

O professor Eurípedes Simões de Paula, diretor da Faculdade de Filosofia da Universidade de São Paulo, também fala dos artefatos encontrados no local, dentre eles uma bomba de gás lacrimogêneo que foi lançada contra a Faculdade de Filosofia: "É um artefato que só as Forças Oficiais têm posse, ou alguém apossou-se daquilo como arma e lançou lá. Não é de fabricação interna, os dizeres são norte-americanos"[745]. Da mesma forma, sobre os projéteis encontrados na Faculdade, oriundos dos tiros disparados do prédio da Universidade Mackenzie, atesta que um deles "é de calibre 45"[746].

Questionado sobre a origem da munição, Simões de Paula: "É material americano, usado para combate. A alma de nossas balas era de aço; era melhor. Possivelmente foi disparado por uma

744 SÃO PAULO, 1968a, p. 64.
745 SÃO PAULO, 1968a, p. 118.
746 SÃO PAULO, 1968a, p. 120.

metralhadora 'INA', que usa esse tipo de projétil. É revestimento de combate"[747].

Abaixo, a imagem de uma submetralhadora INA, da mesma marca da arma mencionada por Simões de Paula:

Figura 25 – Submetralhadora INA

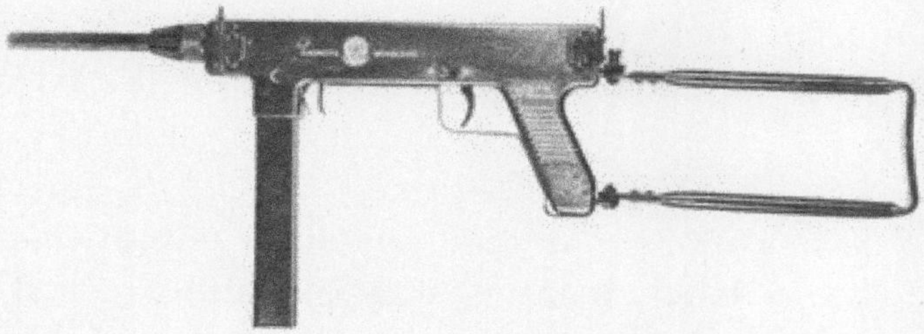

Fonte: Antigas Fábricas de Armas no Brasil – ArmasOnline.Org[748]

Essa arma foi adotada pelo Exército Brasileiro, de 1950 a 1972. Na imagem, é possível, inclusive, ver a marcação do Exército. O professor Eurípedes chega a afirmar "quem atirou não sei". De fato, não foi descoberto. O fato é que um projétil americano e provavelmente uma metralhadora do Exército foram utilizados durante a Batalha. Enquanto Simões de Paula falava sobre os projéteis encontrados na Faculdade de Filosofia, a professora Esther de Figueiredo Ferraz, então reitora da Mackenzie, negava que os mackenzistas estivessem armados[749].

A utilização de armas durante o conflito também foi mencionada pelo professor Oswaldo Porchat Pereira, docente da Faculdade de Filosofia da Universidade de São Paulo:

---

747 SÃO PAULO, 1968a, p. 120.

748 Antigas Fábricas de Armas no Brasil (Rev. 2). Disponível em: <https://armasonline.org/armas-on-line/antigas-fabricas-de-armas-no-brasil/>. Acesso em: 24 de agosto de 2020.

749 SÃO PAULO, 1968a, p. 247.

> O sr. Raul Schwinden: Por acaso foi visto algum militar ou estudante fazendo uso de arma usada exclusivamente por militares?
>
> O Sr. Oswaldo Porchat Pereira: Pessoalmente assisti ao bombardeio. Foram lançadas bombas molotov sobre a Faculdade, em número gigantesco. (...) Posso dizer que um bombeiro, pelo menos, se queixou a mim. Não era o comandante. Queixou-se de estar sendo impedido no seu trabalho pelo bombardeio feito a partir do Mackenzie contra a Faculdade.[750]

O professor Antonio Candido relatou as tentativas por parte dos professores de tentar fazer cessar o conflito, inclusive dirigidas diretamente à então reitora da instituição, professora Esther de Figueiredo Ferraz. Questionado, ao final de seu depoimento, se estas tentativas foram produtivas, responde que "a impressão que se tem, lendo os depoimentos, é de que não havia grande interesse da parte da Reitora do Mackenzie, não digo em fazer cessar o conflito, mas de aceitar os termos da mediação que foram propostos pelos professores"[751].

O Comando de Caça aos Comunistas (CCC) é citado novamente quando o deputado Fernando Perrone menciona e solicita a juntada da reportagem "CCC ou o Comando do Terror", da revista *O Cruzeiro* (RJ), de 9 de novembro de 1968, aos autos da Comissão Especial de Inquérito. Segundo o deputado, além de a revista trazer fatos novos sobre o conflito em questão, apresentava nomes que deveriam ser convocados a depor, por serem de "estudantes pertencentes ao CCC, que teriam participado do ataque à Filosofia"[752]. Em sua fala, o deputado Fernando Perrone

---

750 SÃO PAULO, 1968a, p. 81.

751 SÃO PAULO, 1968a, p. 71.

752 SÃO PAULO, 1968a, p. 155. Na última reunião da comissão, em 5 de dezembro de 1968, Fernando Perrone pede que seja anexado aos autos uma outra edição da revista *O Cruzeiro* (RJ) , em que os acusados pela publicação anterior

menciona os seguintes nomes: João Marcos Flaquer, Lionel Zaclis, Francisco José Aguirre Menin, Souvenir Assunção Sobrinho, Bernardo MacDowell Krug, Pedro José Liberal, João Parisi Filho, José Antônio de Oliveira Machado, Raul Nogueira Lima, Estefan Buriti Suzian, José Roberto Batochio, Raffi Kathlian, Flávio Caviglia, Henri Penchas[753].

Destaque-se que o presidente da Comissão não defere de imediato a convocação dos nomes apontados pelo deputado, alegando que "talvez, em primeiro lugar, fosse mais conveniente ouvir o autor da reportagem"[754], o que é rebatido por Fernando Perrone, ressaltando a importância de ouvir as pessoas mencionadas. Pelos autos da CEI, pode-se dizer que essas pessoas não foram sequer convocadas a depor. Durante o inquérito, houve conflitos entre parlamentares, por conta, na maioria das vezes, de perguntas e falas de deputados durante as reuniões da CEI, mostrando as disputas de narrativas políticas quanto às ocorrências na rua Maria Antônia, bem como pela forma com que o inquérito era conduzido.

Na reunião que se seguiu, em 19 de novembro de 1968, estiveram presentes a professora Esther de Figueiredo Ferraz, então reitora da Universidade Mackenzie, e o estudante Lauro Pacheco Ferraz. Antes do início dos depoimentos, foi lida uma carta endereçada ao presidente da Assembleia Legislativa, deputado Nelson Pereira, de autoria de Pedro José Liberal, citado pela *O Cruzeiro* (RJ) como membro do Comando de Caça aos Comunistas (CCC) e como partícipe na Batalha da Maria Antônia[755], conforme mencionado acima.

---

apresentavam seus desmentidos. A solicitação foi deferida pela Presidência (SÃO PAULO, 1968a, p. 391).

753 SÃO PAULO, 1968a, p. 156.

754 SÃO PAULO, 1968a, p. 156.

755 *O Cruzeiro* (RJ), Ano XL, Edição 45, "CCC ou o Comando do Terror", p 19-23, 9/11/1968.

Na carta, Pedro José Liberal refuta a "notícia que é caluniosa, inverídica e evidentemente tendenciosa[756]" e solicita que a missiva, em que nega as acusações, fosse lida em plenário.

Na sequência, foi dada a palavra à professora Esther de Figueiredo Ferraz. Em seu testemunho sobre o ocorrido, busca explicitar os ataques sofridos pela instituição e suas tentativas de pôr fim ao conflito, do qual destacam-se os trechos abaixo:

> Quando verifiquei que os alunos haviam penetrado e havia probabilidade de chacina, pedi ao Sr. Justino Castilho para que abrisse a Escola de Engenharia, para ajudasse a rechassar (sic) os invasores (...) Pedimos aos antigos mackenzistas que viessem ao Mackenzie para ajudar na sua defesa, porque estávamos sem condições de defende-lo. (...) No primeiro dia tivemos 50 feridos. Êsse moço que morreu estava do lado de lá e poderia ter morrido dentro do Mackenzie também, porque os nossos alunos foram atingidos seriamente. (...) Da minha parte, eu só sei dizer que os alunos do Mackenzie cumpriram sua promessa: no momento em que viram que o Mackenzie estava fora de perigo, que o Mackenzie se encontrava em boas mãos, protegidos pela polícia, eles se retiraram: cantaram o Hino Nacional, cantaram o Hino do Mackenzie, e se retiraram para suas casas. Por outro lado, que fizeram os outros? Depois da morte do estudante José Guimarães, os elementos sediados na Faculdade de Filosofia saíram em passeata da rua Maria Antônia na direção da Cidade, depredando casas, derrubando carros, e chegaram até a atirar pedras na Faculdade de Direito, no interior da qual se realizava uma reunião da Congregação.[757]

[756] SÃO PAULO, 1968a, p. 163.
[757] SÃO PAULO, 1968a, p. 189-208.

A professora Esther de Figueiredo Ferraz contrapõe as posições dos dois grupos. Enquanto os alunos da Universidade Presbiteriana Mackenzie defendiam sua escola, os alunos da Faculdade de Filosofia eram invasores que a colocavam em perigo, faziam passeata e depredavam prédios. Discurso muito próximo do utilizado na carta enviada a *O Estado de S. Paulo* (SP) por alguns acusados de pertencer ao grupo, apresentada no capítulo anterior.

Quando questionada se conhecia Raul Nogueira de Lima, também acusado de ser integrante do Comando de Caça aos Comunistas (CCC) pela *O Cruzeiro* (RJ), em sua edição de 9 de novembro de 1968, e aluno da Universidade Presbiteriana Mackenzie, a professora Esther se manifestou:

> O sr. Fernando Perrone – V. Magnificência conhece o aluno da Faculdade de Direito, Raul Nogueira?
> A Sra. Esther Figueiredo Ferraz – É o que êles chamam de Raul Careca?
> O sr. Fernando Perrone – V. Magnificência sabe que êsse estudante é funcionário da polícia política?
> A Sra. Esther Figueiredo Ferraz – Não sei. Só sei que êle é estudante do Mackenzie.
> O sr. Fernando Perrone – Isto foi confirmado em entrevista à imprensa, por um delegado do DOPS, naquela época. Como funcionário da polícia política, como a Sra. vê a participação ativa dêsse aluno nos incidentes? É uma participação comprovada por fotos dos jornais.
> A Sra. Esther Figueiredo Ferraz – Pelo que me lembro, não sei se ele faz parte da polícia política. Não tenho conhecimento de seus antecedentes. Não o vi praticar nenhum ato arbitrário. Não o vi atuar como polícia, mas como mackenzista.
> O sr. Fernando Perrone – Há um ano, quando houve eleições na UEE, às quais a Sra. se referiu, e houve os incidentes mencionados, no Mackenzie, a seguir verificou-se uma invasão da Filosofia por parte dos elementos do Mackenzie. E naquela ocasião estava presente êsse Raul Nogueira

> "Careca". Êste deputado é testemunha fisual (sic) do fato. Fico satisfeito com as informações prestadas e agradeço a atenção de V. Magnificência.[758]

O fato de Raul Nogueira ser funcionário da polícia política foi mencionado mais de uma vez durante os depoimentos. A sua afirmação de que não sabia que Raul Nogueira era policial causa certa estranheza, já que, durante o conflito, Figueiredo Ferraz entrou em contato com o delegado Alcides Cintra Bueno[759], que, por sua vez, se dirigiu ao Mackenzie em companhia de Raul Nogueira de Lima.

Ainda sobre Raul Nogueira de Lima ser policial, a deputada Conceição da Costa Neves frisa o fato de que, para ela, não haveria problema em atuar na polícia e ser estudante, dizendo que, inclusive "a profissão de 'estudante' já acabou e foi uma das poucas boas coisas dessa revolução"[760].

Quando questionada sobre o Comando de Caça aos Comunistas (CCC), a professora Esther de Figueiredo Ferraz se manifestou nos seguintes termos:

> Por incrível que pareça, só ouvi falar em C.C.C. depois dos acontecimentos do Mackenzie. As primeiras publicações dos jornais é que mencionaram o fato que os elementos sediados na Filosofia e mesmo aqueles mackenzistas que ficaram do lado de lá, atribuíam os fatos ao chamado C.C.C. Dentro do Mackenzie, nenhum dos alunos, cujos nomes constam dessa reportagem, disseram ser do C.C.C. Ao contrário, os que conheço e que foram citados na reportagem, se mostraram indignados e me perguntaram que atitude deveriam tomar, e eu respondi que deveriam constituir advogado e fazer a defesa dos seus interesses. (...) Dentro do Mackenzie nunca atendi ninguém ou tive contato com ele-

758 SÃO PAULO, 1968a, p. 225 e 226.
759 SÃO PAULO, 1968a, p. 188.
760 SÃO PAULO, 1968a, p. 311.

> mentos do C.C.C. Os alunos chegam a mim individualmente, como alunos, ou através da sua representação autêntica que são os centros acadêmicos.[761]

Na mesma data, prestou depoimento o estudante Lauro Pacheco Ferraz, único estudante a depor, como convidado de um dos parlamentares. Em seu depoimento, afirma que o conflito não era uma "briga entre o Mackenzie e a Universidade. Não. Foi uma briga generalizada entre dois grupos, um grupo costumeiro do Mackenzie, acostumado a fazer esse tipo de ação contra todos os universitários."[762]

Ao final, declara que:

> Por tôda essa situação, por tôda essa sequência de violências que o Mackenzie tem vivido, não podemos nos admirar do que ocorreu na Maria Antônia. Um grupo que antigamente se formava desorganizadamente, fazia uma ação desorganizada e atacava desorganizadamente, como foi feita na primeira ação, hoje se encontra perfeitamente organizado e espalha por tôda São Paulo uma sigla que todos nós conhecemos. Portanto, isso mostra que, pela incapacidade de se tolher no começo, no surgimento, essas crises de violências, hoje elas representam realmente um perigo nacional.[763]

Questionado sobre essa fala, o estudante esclarece estar falando do CCC e, quando questionado sobre os nomes de integrantes do grupo, cita os nomes Raul Nogueira e Menin – que podemos supor tratar-se, respectivamente, de Raul Nogueira de Lima e Francisco José Aguirre Menin – e diz que "existem muitos outros, preferiria não citar publicamente os nomes, para evitar revides"[764].

---

761 SÃO PAULO, 1968a, p. 248 e 249.
762 SÃO PAULO, 1968a, p. 273.
763 SÃO PAULO, 1968a, p. 283.
764 SÃO PAULO, 1968a, p. 285.

Quando o deputado Jacob Salvador Zveibel, que era também professor da Universidade Presbiteriana Mackenzie, o confronta, afirmando não existirem os conflitos apontados por Lauro Pacheco Ferraz, e pergunta se existe o CCC na Mackenzie[765], o estudante responde:

> Dizem mesmo que é de lá sua formação. O "C.C.C." não é um organismo que tenha patente; portanto, não pode obrigar a filiação, mas a mentalidade nós sabemos e conhecemos bem. É isto que hoje se chama "C.C.C.".[766]

O estudante Lauro Pacheco Ferraz é mencionado no depoimento de Oswaldo Muller da Silva como uma "figura proeminente" no "esquema de perturbação da vida no Mackenzie"[767].O estudante foi alvo de uma série de perguntas que iam desde o motivo da sua ausência no conflito até sua ideologia política. É possível notar, pelas perguntas de alguns deputados, uma certa hostilidade para com o estudante. A posição da maioria dos deputados perante Lauro Pacheco Ferraz permite observar a disposição que se tinha em relação ao movimento estudantil, ou, pelo menos, em relação à parcela de estudantes que defendeu a Maria Antônia durante o conflito.

A Comissão Especial de Inquérito não foi finalizada, e a última reunião foi realizada em 5 de dezembro de 1968, com a presença de Oswaldo Muller da Silva, presidente do Instituto Mackenzie de 1962 a 1973 e secretário da Justiça do Estado de São Paulo de 1971 a 1973, e do professor Laerte Ramos de Carvalho, da Universidade de São Paulo.

O professor Laerte Ramos de Carvalho era professor da Universidade de São Paulo, no Departamento de Filosofia. Presidia, quando da realização do inquérito, uma comissão do Conselho Estadual de Educação. Participavam dessa comissão, o professor

---

765 SÃO PAULO, 1968a, p. 286.
766 SÃO PAULO, 1968a, p. 287.
767 SÃO PAULO, 1968a, p. 364.

Oswaldo Muller e a professora Esther de Figueiredo Ferraz. Ramos de Carvalho se dizia "conhecido e amigo" de ambos e, no dia do conflito, estava com eles, dentro da Mackenzie, para participar de uma das reuniões da comissão[768].

Oswaldo Muller da Silva retoma o tema da conferência que seria proferida por Charles Chandler na semana anterior e que foi alvo de protestos por um "grupo de pessoas sediadas na Faculdade de Filosofia da rua Maria Antônia" que "invadiu o Mackenzie". Segundo Muller da Silva, isso "irritou os universitários do Mackenzie, e isto deve ser considerado como uma linha de reação nos sucessos dos dias dois e três de outubro"[769].

Para Oswaldo Muller da Silva, "sempre existiu um mal-estar entre os alunos das duas escolas. O ponto fundamental de discórdia é o problema da UNE", já que os alunos da Universidade Presbiteriana Mackenzie, em sua maioria, segundo ele, não aceitavam a liderança da entidade[770]. A transferência da Faculdade de Filosofia, Ciências e Letras para a Cidade Universitária é apontada como a solução dos problemas entre os estudantes: aquele território não poderia ser dividido entre os dois grupos.

A Comissão tinha o prazo de 60 dias para apresentar suas conclusões, que se findaria em 15 de dezembro de 1968. Ao final da última reunião, a Presidência comunica que pediria a prorrogação da CEI para o dia 15 de abril de 1969 e informa que, em 12 de dezembro de 1968, prestaria depoimento o doutor Alcides Cintra Bueno, então delegado do DOPS/SP.

Todavia, não consta na documentação a transcrição da reunião que seria realizada em 12 de dezembro de 1968, bem como do encerramento da CEI, com emissão de relatório sobre as conclusões da Comissão, para o que foi designado como relator o deputado Agnaldo de Carvalho. Supõe-se, pelas informações obtidas junto ao Acervo Histórico da Assembleia Legislativa, que isso teria ocorrido por conta do clima repressivo no país, já que se estava

---

768 SÃO PAULO, 1968a, p. 360.
769 SÃO PAULO, 1968a, p. 354.
770 SÃO PAULO, 1968a, p. 364.

às vésperas da decretação do Ato Institucional nº 5, em 13 de dezembro de 1968, o que acarretou, em janeiro de 1969, o fechamento da Assembleia Legislativa e a cassação de 24 parlamentares, dentro eles, o deputado Raul Schwinden, então vice-presidente da CEI e o deputado Fernando Perrone.

Destaca-se, por fim, que a Comissão Especial de Inquérito foi o único movimento estatal destinado a investigar, ainda que sem valor penal algum, um conflito bastante violento entre estudantes, envolvendo morte e destruição de patrimônio público. O inquérito não foi concluído em virtude da decretação do AI-5, e nenhum dos elementos envolvidos foi punido pelos atos praticados, nem mesmo pela morte de José Guimarães, cuja autoria foi atribuída a um membro do CCC, conforme mencionado no capítulo anterior.

O CCC e alguns de seus membros atuaram dentro do aparelho repressivo. Tanto a sigla como alguns acusados de serem integrantes do grupo foram mencionados em relatos que evidenciam a sua participação em prisões, sequestros e torturas. O regime, ciente da existência do CCC e das denúncias de tortura, inclusive das que contaram com a participação do grupo, nada fez.

Não obstante as reclamações de parcelas da sociedade a respeito da ausência de investigação e da impunidade com que o grupo era agraciado, os atos assinados pela sigla não sofreram constrangimento algum. Vítimas do grupo eram encaradas como investigadas, como se receber uma carta ou sofrer um atentado do grupo atestasse seu caráter de opositor ao regime. Ao fim da ditadura, protegidos pela Anistia, ninguém foi punido.

CONSIDERAÇÕES FINAIS

O CCC surge nas Arcadas, em 1963, como uma entidade terrorista com faceta estudantil, suprapartidária, que atuava como um grupo de "choque" no ambiente estudantil. Logo após sua criação, os estudantes da Faculdade de Direito da Universidade de São Paulo se unem a outros da Universidade Presbiteriana Mackenzie para a prática de atos do grupo. Composto, em sua maioria, por estudantes de classe alta, de famílias da elite paulista, se uniram para combater o que eles chamavam de "ameaça comunista". Na prática, combatiam a organização de qualquer movimento da esquerda dentro da universidade, ou seja, qualquer manifestação de apoio ao Governo João Goulart, antes do golpe, e qualquer manifestação de crítica ou de não apoio ao regime, durante a ditadura. Motivados não só pela pauta anticomunista, também se uniram pela manutenção de um ideal de sociedade que não colocasse em risco seus privilégios, os alcançados ou os que se pretendia alcançar.

Os acusados de participar do grupo, mesmo que não fossem todos pertencentes às famílias tradicionais paulistanas, como era o caso de João Marcos Flaquer, eram, ao menos, jovens pertencentes a camadas privilegiadas da sociedade. O fato de estarem em universidades já era um grande privilégio, ainda mais sendo estas a Universidade de São Paulo e a Mackenzie, nos idos de 1960. Mas, além disso, verificou-se que esse grupo tinha boas relações com figuras sociais importantes na capital. Por exemplo, Otavinho era sobrinho do irmão de Gama e Silva[771], que, por sua

[771] SOUZA, 2000, p. 165

vez, era colega de um outro professor das Arcadas, Moacyr Amaral Santos.

Moacyr Amaral Santos era tio de um outro acusado de pertencer ao grupo, Estevam Augusto Santos Pereira[772]. Estevam, depois de formado, vai trabalhar com um grande colega de Gama e Silva, Alfredo Buzaid[773].

O pai de Gama e Silva era primo da mãe de Raul Nogueira, conforme ele conta[774]. Por sua vez, Ricardo Osni da Silva Pinto, membro do CCC, segundo Raul Nogueira, era "amigão do Gaminha"[775]. Ou seja, vemos que há uma circulação de pessoas entre famílias, grupos de amigos e universidade como uma rede organizada em nome do conservadorismo político e social.

Como uma entidade terrorista com faceta estudantil, o CCC agiu dentro do ambiente político-universitário, a partir de partidos e centros acadêmicos estatutários, em uma dupla frente, que combinava a ação de seus integrantes via partidos acadêmicos e a atuação do CCC por meio de seus manifestos e protestos estudantis. Sobretudo para os atos violentos, seus integrantes atuavam sob a sigla CCC.

Um dos primeiros atos do grupo foi o ataque ao ministro da Superintendência da Reforma Agrária, João Pinheiro Neto, que foi impedido de falar em uma palestra para a qual foi convidado, nas Arcadas, dias antes do golpe em 1964. Houve agressão e violência, como a maioria dos atos em que o grupo estava envolvido.

Quebravam urnas, interrompiam reuniões. Todavia, os elementos do grupo, quando oportuno, agiam de forma mais institucional, pelos partidos, como ocorreu nos dias seguintes ao golpe de 1º de abril de 1964, em que houve a tomada do C.A. XI de

---

772 Migalhas: Informativo Jurídico Digital, MIGALHAS nº 3.076, Falecimento. 12 de março de 2013. Disponível em: Migalhas: Informativo Jurídico Digital; 12 de março de 2013, nº 3.076, ISSN 1983-392X https://www.migalhas.com.br/informativo/3076. Acesso em 10 de julho de 2020.

773 CAMPOS, 2019, p. 93

774 SOUZA, 2000, p. 380

775 SOUZA, 2000, p. 380

Agosto mediante ato conjunto de elementos acusados de fazer parte do CCC e que faziam parte de partidos acadêmicos *rivais* na universidade. Após a tomada do C.A., na eleição que se seguiu, um acusado de pertencer ao CCC se candidata, mas não ganha as eleições. O partido acadêmico vencedor adotaria uma postura de crítica ao regime. No ano seguinte, o mesmo partido vence as eleições e o CCC já se manifesta na cerimônia de posse: "C.C.C vai voltar".

O CCC seguiu atuando na universidade sem receber muita atenção da sociedade. Até que, em virtude dos seus atos contra as ocupações estudantis ocorridas em 1968, que repercutiam na imprensa, os holofotes se voltam para o grupo. Neste momento, o CCC, a organização de estudantes democratas, aparece como o grupo que vai ajudar o governo a recuperar as faculdades tomadas. Até que o primeiro atentado terrorista ocorre.

Apresentando um panorama de como o grupo foi retratado pelos jornais e revistas de sua primeira aparição, no ano seguinte de sua criação, até 1980, foi possível verificar que, a partir de 1968, o grupo que surgiu nas Arcadas inspirou a criação de outros homônimos espalhados pelo país. O grupo tinha, então, se tornado uma sigla capaz de agregar outros sujeitos dispostos a praticar atos violentos em nome da manutenção do quadro ditatorial, acionados por uma luta contra o comunismo. Essa mesma percepção foi apontada por Brasil (2010) em sua pesquisa sobre o grupo.

Não foi possível estabelecer o nível de controle que os fundadores do CCC tinham sobre os comandos de caça aos comunistas espalhados no país. Estudantes anônimos, que diziam pertencer ao grupo, classificavam o CCC como uma organização numerosa e com uma estrutura organizada e focada na preparação de seus elementos que atuariam em todo o país. Para Cassio Scatena, um dos seus integrantes, essa ideia era uma "fanfarronice"[776]: para ele o grupo nasceu e morreu no Largo de São Francisco.

---

[776] LOPES, 2014, p. 148

Talvez uma tentativa de diminuir a importância do grupo nos eventos e, consequentemente, sua participação pessoal nos fatos. Mas, também é possível pensar que, como uma ideia, a tal sigla passou a ser uma marca de ações violentas, mesmo que não seja imediatamente ligada à célula inicial.

O que não se pode negar é que, a partir da quantidade de atos assinados pela sigla, a ideia anticomunista, patriótica e violenta que estruturou a criação do CCC das Arcadas não morreu no Largo de São Francisco. O CCC se tornou uma ideia para além de um grupo, uma sigla em torno da qual congregaram muitas pessoas em nome de um ideal anticomunista, autoritário e violento. Para ser alvo do grupo não era necessário ser comunista: bastava não concordar ou se opor ao regime ou manifestar qualquer ideia que seus integrantes entendessem como subversiva ou atentatória aos "costumes". Assim, as cartas, bombas, depredações e ameaças se espalharam pelo país. Foram encontrados registros da atuação do grupo em 14 estados da Federação.

Havia, inclusive, grupos que noticiavam a formação de novos comandos de caça aos comunistas, sem pudor ou receio, como ocorreu em Sergipe. O que se quer dizer é que uma grande gama de indivíduos, orbitando o espectro dos ideais anticomunistas, se aglutinou ao redor da sigla do grupo. E, em 1977, quando o processo de abertura política começa a dar sinais de que caminharia e os grupos de oposição começam a se organizar, os "verdadeiros e antigos coordenadores" do CCC retornam, em um manifesto muito similar ao lançado pelo grupo em 1968, como foi discutido no segundo capítulo.

Além disso, há a percepção de que os integrantes do grupo original foram se tornando adultos, mais velhos, e passaram a adentrar ou a política partidária, dando continuidade de ação às suas posições conservadoras, ou diretamente a rede de diferentes órgãos de repressão. Enquanto isso, ao final dos anos 1970, uma nova coorte se apresentava com grupos que davam continuidade aos atos em nome do CCC.

Considerando a década de 1980, o último registro de um ato do grupo na imprensa se deu em dezembro de 1989, com a ameaça por telefone recebida pelo empresário Lawrence Pih, membro do PSDB que, à época, apoiava Luís Inácio Lula da Silva na campanha presidencial[777]. Neste mesmo ano, um novo comando de caça aos comunistas surge com uma nova roupagem: o Comando de Caça aos Corruptos, Comunistas e ao Clero Progressista, o C4-P [778]. No relatório do Serviço Nacional de Informações (SNI), consta que essa era a nova denominação do Comando de Caça aos Comunistas (CCC).

Tudo isso ocorreu sob o signo da impunidade. Sob os olhos e a proteção do regime, os atos assinados pela sigla foram praticados deliberadamente por mais de 20 anos, mesmo tendo sido vigiados e reportados em relatórios de inteligência. Desde sua criação, eminentemente como uma entidade estudantil, agredindo alunos, professores, tumultuando assembleias e influenciando a dinâmica universitária, até o momento em que se torna uma ideia para além de um grupo e sua atuação se espalha por todo o Brasil, as pessoas que congregavam em nome dos ideais do grupo estavam certas da impunidade de seus atos. Os atos assinados pela sigla eram acompanhados pelos órgãos de informação do governo, que tinha conhecimento dos elementos que o compunham. Ainda assim, nunca houve nenhuma investigação a respeito.

Além disso, o grupo, como falamos acima, agiu por dentro do aparelho repressivo organizado pelo regime. Conforme visto no terceiro capítulo, além de elementos que eram agentes públicos e integrantes do CCC e que atuavam dentro do aparelho, extrapolando suas atribuições, havia outros que não eram agentes estatais, mas que atuavam a serviço do regime, recebendo, inclusive, carteiras funcionais para atuar na repressão.

É importante destacar que a quantidade de elementos que pertenciam ao CCC e/ou que atuaram no aparelho repressivo pode ser muito maior do que o mencionado nesta pesquisa. Durante a análise da documentação, alguns nomes relacionados ao grupo

---

777 *Jornal do Brasil*, Ano 1989, Edição 00245, "CCC", p. 27, 09/12/1989.

778 Relatório BR DFANBSB V8.TXT, CEX.0.1301 (Fundo Serviço Nacional de Informações, Arquivo Nacional).

foram surgindo. Como no caso de Flavio José Fracarolli Martins Fontes, apontado em informe do SNI como membro do grupo, não foi possível determinar quem seria o nominado, nem as relações que ele possuía com o grupo. Outro elemento relacionado ao grupo foi o agente "Soldado da Aeronáutica Roberto – 'Padre', 'Bento'"[779]. Diante das parcas informações sobre o indivíduo, também não foi possível determinar de quem se trata.

Como dito, não foram localizados processos investigativos contra o grupo. Os que existiram apuravam a existência do grupo de forma incidental, como no caso do inquérito dos cartões no Paraná – que concluiu que tudo era uma grande brincadeira de mau gosto – e da Comissão Especial de Inquérito instaurada por conta da Batalha da Maria Antônia, que sequer foi concluída, mas cujo encaminhamento indicava uma resistência à possibilidade de responsabilizar o grupo pela violência cometida.

Não foi só o CCC que permaneceu impune. Outros atentados terroristas foram agraciados com a omissão do Estado durante a ditadura. A Lei da Anistia, ressalvada sua importância e relevância, acabou lançando uma pá de cal sobre qualquer possibilidade de se punir os autores por estes atentados. Um exemplo foi o caso do atentado do Riocentro, em 1981, que foi sumariamente discutido neste trabalho. Debalde a nova tentativa, 30 anos depois, de se apurarem os fatos e se punirem os envolvidos, estando denunciada a participação de agentes estatais, a ação penal não teve prosseguimento.

Amparando-se em um aparato estatal que legitimava as suas práticas, o CCC atuava em cooperação com o regime, participando da repressão aos movimentos de resistência. O braço da repressão a serviço do regime tinha liberdade para atuar. Essa proteção não era pessoal; era a proteção à sigla, como se participar do CCC fosse um salvo-conduto para as práticas terroristas.

A força da sigla é grande, pois, ainda hoje, por meio de uma rápida pesquisa em redes sociais, é possível ver a existência de

---

779 *Em Tempo*, Número 17, "Presos Denunciam 233 torturadores", p. 6-7, 26/06/1978.

páginas e grupos levando o nome do Comando de Caça aos Comunistas. O anticomunismo ainda é um elemento muito presente na sociedade brasileira, e os últimos acontecimentos políticos têm contribuído para o aumento de sua força.

Essa certeza da impunidade é um dos motivos que fez com que um ex-presidente da Lacta, da Brahma e da Ambev, sem pudor ou constrangimento, dissesse, em 2009, que fez parte do CCC. Seu comentário sobre a participação é relevante: "É incrível como a gente fazia bobagem, como entrava na conversa dos militares e recebia apoio para enfrentar os focos de resistência estudantil ao governo vigente"[780]. O empresário foi aluno da Presbiteriana Mackenzie e relaciona benesses profissionais com o fato de ter atuado no movimento estudantil de direita, como ele mesmo diz.

"A Revolução de 1964 é irreversível e consolidará a Democracia no Brasil." [781] Essa frase carimbada ilustrava muitos dos relatórios coletados no acervo do Serviço Nacional de Informações (SNI). A manutenção do regime era o anseio de muitos que viveram aquela época. Não somente dos militares, mas de jovens, professores e advogados preocupados em preservar o regime, lutar contra o comunismo e consolidar o que eles entendiam como democracia. Alguns deles se reuniram em um grupo e formaram o Comando de Caça aos Comunistas (CCC).

---

780 *Época Negócios*, 05/05/2009, *Ovelha desgarrada*, p. 1. Disponível em: <http://epocanegocios.globo.com/Revista/Common/0,,ERT71473-16642,00.html>. Acesso em: 22 de janeiro de 2020.

781 Por exemplo: Relatório BR RJANRIO TT.0.MCP, AVU.281 (Fundo Divisão de Segurança e Informações do Ministério da Justiça, Arquivo Nacional).

ACERVOS CONSULTADOS

Arquivo e Museu da Faculdade de Direito da Universidade de São Paulo
Arquivo Edgar Leuenroth – Unicamp (SP)
Arquivo Histórico da Assembleia Legislativa De São Paulo
Arquivo Público do Estado De São Paulo
CEDIC – Centro de Documentação e Informação Científica Professor Casemiro dos Reis Filho (PUC-SP)
Centro Histórico e Cultural Mackenzie
Hemeroteca da Biblioteca Municipal Mário de Andrade

Documentos citados:

Arquivo e Museu da Faculdade de Direito da Universidade de São Paulo

Pasta O. Marçal 1962
Ofício nº 487.

Pasta 41 1962 Leo Pastori
Chapa do Partido de Representação Acadêmica, 1962.
Estatuto do Partido de Representação Acadêmica, s/d.
Linha de Conduta do Partido de Representação Acadêmica, 10/1962.
Manifesto, s/d.

Pasta O. Marçal 1963
Propaganda Anticomunista – Ref. No. 150, 1962.
Sobre a conferência do Professor Goffredo da Silva Telles Jr: Uma revolução mobiliza a Academia, 31/08/1963.

Pasta Oscarlino 1963
Aos Renovadores, 14/10/1963.

Pasta 1963
Revista IPES: "Notas em função do Referendum".

Pasta 43 João Miguel 1964
Aos colegas da Academia, 07/04/1964.
Chapa do Partido de Representação Acadêmica, 06/10/1964.
Comunicado Oficial do Centro Acadêmico XI de Agosto, 14/04/1964.
Comunicação, 23/09/1964.
Ofício nº 534, 15/04/1964.
S/N, 08/04/1964.
Fiscais indicados pelo Partido de Representação Acadêmica, 1964.
Fiscais indicados pelo Partido Acadêmico Renovador, 18/10/1964.

Pasta 43 João Miguel 1964/1965
Manifesto à nação, 27/10/1965.

Pasta 43 Hélio Navarro 1965
Aos Colegas de Academia, s/d.
Aos Colegas Esclarecidos, s/d.
Capítulos das Traições, s/d.
Capítulo das Prévias e outras inutilidades, s/d.
Dos donos da Política Acadêmica, 10/1965.
História Sincera de uma Greve, 1965.
Informativo do XI Extra, 29/10/1965.
O Estado de S. Paulo (SP), Congregação aprova a suspensão, 18/11/1964.
Portaria nº 010/65, 8/3/1965.
Pedido de demissão de Cassio Scatena do C.A. XI de Agosto, 10/09/1965.
Renato no XI, 14/10/1965.
Renovação Renovadora, 10/1965.
Unidade de Conveniência, s/d.

Pasta 1967 Aloysio Nunes Ferreira
Folha da Tarde (SP), "O Direito de Invasão", p. 7, 27/10/1967.

Pasta 1970 Curtis
A Des...Leal Saturação, 27/10/1970.
Ao Diretor da Faculdade de Direito da USP, 29/10/1970.
Aos acadêmicos, s/d.
Aos colegas, 27/10/1970.
A que ponto chega a insensatez e a mediocridade, 05/1970.
Caro colega, 26/02/1970.

Diário de São Paulo (SP), "A festa da Revolução no Instituto Mackenzie", 3/4/1970.
Exkalofra analisa eleições para o C.A., s/d.
Frente Acadêmica Nacionalista, Manifesto Programa, s/d.
O Brasil de ontem era de poucos... Hoje é de todos "Hora da Verdade", 04/1970.
O quanto nos custa lutar por uma democracia, 23/09/1970.
Os mártires da resistência, s/d.
Partido de Representação Acadêmica – Jornal dos Calouros da S. Francisco, 1970.
Uma farsa que não aceitamos, 18/09/1970.

Pasta 1982 Lauro Celidônio
Chapa do Partido da Canalha Acadêmica, 06/10/1980.

Pasta 1983 1984 1983 Adnan Saab
Onze de Agosto vai editar sua história, 05/02/1983.

Arquivo Edgar Leuenroth – Unicamp (SP)

Dossiê Atentado do RioCentro, Fundo: Centro de Pesquisa e Documentação Social, BR SPAEL CPDS RC.

Arquivo Histórico da Assembleia Legislativa De São Paulo

SÃO PAULO (Estado). Assembleia Legislativa do Estado de São Paulo. *Comissão Especial de Inquérito para apurar as responsabilidades do conflito havido entre os alunos da Faculdade de Filosofia Ciências e Letras da Universidade de São Paulo e os alunos da Universidade Mackenzie, nos dias 2 e 3-10-68.* Registro Geral nº. 7955/68. Raul Schwinden e outros. São Paulo, SP: Assembleia Legislativa do Estado de São Paulo, 1968(a). 392 p.

Arquivo Público do Estado De São Paulo

FLEMING, Fábio Eduardo Branca E/OU Fábio Fleming; Ficha Departamento de Comunicação Social nº DCSF01827, Arquivo Público do Estado de São Paulo.

Prontuário de Fernando Forte.
Prontuário 12842: Fernando Piza e Outros.
Relatório sobre Acácio Vaz de Lima Filho, s/d, pasta 50-J-0-2427.
Relatório sobre Caio Pompeu de Toledo, s/d, pasta 52-Z-0 1284-1360 – 16.
Relatório sobre Cassio Scatena, s/d, Pasta 52-Z-0-23070.
Relatório sobre Fábio Eduardo França Fleming, s/d, pasta 20-C-44-19704 CO.

Pasta 20-C-11-684
Boletim Extra do PRA, 03/08/1965.

Pasta 20-C-11832
Aos colegas da Faculdade de Direito, 29/10/1967.
Eleição do Presidente do Partido Acadêmico Renovador, 12/04/1965.
Folha da Tarde (SP), "O Direito de Invasão", p. 7, 27/10/1967.
Grupo Decisão, 05/1965.
Solenidade de Posse da nova diretoria do Centro Acadêmico XI de Agosto, da Faculdade de Direito da USP, 31/03/1965.

Pasta 20-C-11-704
A propósito do comparecimento do General Amauri Kruel à solenidade de posse da Diretoria do C.A. XI de Agosto, 30/03/1966.

Pasta 20-C-11-727
Eleições para escolha da nova diretoria do Centro Acadêmico XI de Agosto, da Faculdade de Direito do Largo de São Francisco, 24/10/1966.

Pasta 20-C-11786
C.C.C. ataca, 11/10/1968.

Pasta 50-Z-013-005/780
Depoimento de João Marcos Flaquer, 27/10/1970.

Pasta 50-J-000-1392
Manifesto de uma Juventude Idealista, 21/08/1964.

Pasta OP0945
Movimento Anticomunista (MAC).

Pasta OP1230
Assembleia de todos os alunos da Universidade Mackenzie, 18/05/1967.
Bilhete Valdir Toporcov, s/d.

Companheiros, Partido Acadêmico Democrático, 01/08/1978.
Diário da Noite (SP), "A 'UNE' e a 'UEE' não mais falarão em nome da economia Mackenzie", 07/08/1962.
Diário da Noite (SP), "Frente Acadêmica Democrática dos Estudantes de Direito do Mackenzie", 16/07/1962.
Diário Popular (SP), "Passarinho fala no Mackenzie", 23/05/1970.
Eleições no Centro Acadêmico "João Mendes Júnior" (Mackenzie), 22/10/1964.
Folha Mackenzista (SP), 1962.
Memorando nº 107/71, 08/10/1971.
Movimento Estudantil – Eleições, 26/10/1964.
Observação na Universidade Mackenzie – Início do Segundo Semestre, 03/08/1978.
O Estado de S. Paulo (SP), "Mackenzie", 14/08/1968.

Pasta OP1234
Jornal da República (SP), "Até ovos podres na disputa do DCE-Mack", p. 12, 30/10/1979.
Observações Durante Eleições Estudantis Mackenzie, 30/10/1980.

Pasta OP1271
Aliança do Kaos para o Progresso, 13/05/1963.
Congregação decide: XI de Agosto fica sob intervenção, 08/11/1964.
Colegas de Academia, 15/10/1968.
Diário da Noite (SP), "A Faculdade é um estopim", 26/06/1968.
Diário de São Paulo (SP), "Manifesto Anticomunista de Estudantes Universitários", 06/09/1962.
Diário de São Paulo (SP), "Direito estuda reformas", 27/07/1968.
Diário Popular (SP), "Faculdade de Direito em vias de ser desocupada", 16/07/1968.
Diário Popular (SP), "Arcadas: Buzaid atribui os danos aos estudantes", 20/07/1968.
Diário Popular (SP), "'Direitistas' atacam Arcadas e a Filosofia", 26/06/1968.
Última Hora, "Esclarecimento", 27/06/1968.
Estudantil, 06/06/1967.
Folha de S. Paulo (SP), "Manifestos mostram crise nas Arcadas", p. 1, 10/07/1968.
Folha de S. Paulo (SP), "Buzaid refuta estudantes", 12/07/1968.
Folha de S. Paulo (SP), "Enterro do professor saiu das Arcadas", p. 1, 14/07/1968.

Folha de S. Paulo (SP), "Alunos recebem XI de Agosto, há estragos; Estudantes venceram", 25/07/1968.
Jornal do XI, Reestruturação, A ocupação da Faculdade de Direito, p. 3.
Núcleo dos militantes universitários da "Tradição, Família e Propriedade", Palavras aos colegas sobre os últimos acontecimentos, 09/09/1966.
O Estado de S. Paulo (SP), "11 de agosto: mensagem aos acadêmicos", 11/08/1964.
O Estado de S. Paulo (SP), "Ainda a Faculdade de Direito", 10/07/1968.
O Estado de S. Paulo (SP), "Vanguarda é contra greve", 22/10/1968.
Relatório sobre a subversão da Faculdade de Direito da USP, s/d.
Revista XI de Agosto, "Pesquisa: o estudante de Direito: o que faz, o que pensa", p. 35, 12/1967.

Pasta OP1272
Livro de Atas do Centro Acadêmico XI de Agosto, 1964.

Pasta OP1273
Frente Acadêmica Nacionalista – Posição face às eleições de 27 de outubro, 10/1971.
Informe ref. Faculdade de Direito São Paulo, 22/09/1971.
Informe ref. Faculdade de Direito São Paulo, 27/10/1971.
O Judas, s/d.

Pasta OP1274
A morte de um terrorista, s/d.
Colegas, 1973.
Posição indecorosa, 12/05/1972.
Proclama real – P.A.M – E eles defendem a democracia..., s/d.
Relatório Ref: Panfleto – Coral XI de Agosto, 25/06/1973.

Pasta OP1275
Folha de S. Paulo (SP), "C.A. XI de Agosto toma posse e defende Direito e Justiça", p. 23, 28/03/1976.
Folha de S. Paulo (SP), "Jânio visita faculdade de Direito", p. 4, 27/03/1976.
Grito de Vitória, 1975.
Manifesto do Grupo de Teatro do XI aos Colegas das Arcadas, 11/06/1976.
Movimento Acadêmico Renovador, Carta Programa, s/d.

Pasta OP1344

Comunicado da Diretoria, 04/05/1978.

Fechamento do DA gera greve na Mackenzie, 10/05/1978.

Jornal da Tarde (SP), "Pedido dos estudantes: segurança no Mackenzie", p. 2, 20/11/1979.

Observações no Campus da Universidade Mackenzie – Durante as eleições da UEE, 05/05/1978.

Observações no Campus da Universidade Mackenzie – Período Matinal, 05/08/1978.

O Estado de S. Paulo (SP), "Mackenzie diz que invasão foi simulada", 24/11/1979.

Pasta OP1345

Eleições para Diretórios/Centros Acadêmicos e DCE – Universidade Mackenzie, 29/10/1981.

Folha de S. Paulo (SP), "Bomba em DA do Mackenzie", p. 7, 15/05/1979.

Folha de S. Paulo (SP), "Na Mackenzie, a situação mantém direção do DCE", 30/10/1981.

Jornal da Tarde (SP), "E, no Mackenzie, 14 mil escolheram o novo DCE", 29/10/1981.

Pasta OP1398

Instituto Mackenzie – S. Paulo, 12/10/1971.

Pasta OP1498

Mackenzie: Diretório vai processar depredadores, 02/11/1967.

Manifesto Ao Povo Paulista, 1968.

Relatório das eleições estudantis 16 de agosto de 1966, 30/08/1966.

Universidade Mackenzie, 25/05/1967.

CEDIC – Centro de Documentação e Informação Científica Professor Casemiro dos Reis Filho (PUC-SP)

Caixa 5, Coleção Movimento Estudantil

Denúncia às Arcadas, s/d.

Centro Histórico e Cultural Mackenzie

Pasta Diretório Acadêmico João Mendes Júnior

Ao povo do Brasil, 04/1964.
Manifesto, 16/09/1963.
Notícias Populares (SP), "Secretário fala aos estudantes", p. 6, 30/08/1969.
Partido Acadêmico Democrático – Carta de Princípios, 05/1966.
Prezado Mackenzista – A realidade nacional, 10/04/1970.

Pasta E37P08

Folha Mackenzista (SP), "Entre greves, assembleias, política, guerras... um calouro em 1966", p. 6, 04/1972.
Folha Mackenzista (SP), "A educação sob um prisma", p. 9, 11/1963.
Folha Mackenzista (SP), "A ordem era a subversão", p. 7, 04/1964.
Folha Mackenzista (SP), "Os Universitários e o Comunismo" (Artigo transcrito do La Prensa de Lima – Peru), p. 10, 10/1963.
Folha Mackenzista (SP), Petrobrás nas mãos de agentes do Imperialismo Soviético, 11/1963.
Folha Mackenzista (SP), Resposta à Mobilização a Tirania das Maiorias (Agência Planalto), p. 9, 11/1963,

Pasta E41P08

O Democrata (SP), 10/1964.

Pasta E42P06

Jornal da Tarde (SP), "Um jovem conta como começou e como funciona o CCC", 08/10/1968.
O Estado de S. Paulo (SP), "Alunos do Mackenzie deixam a UNE e a UEE", 31/07/1962.
O Estado de S. Paulo (SP), "Diretório do Mackenzie é invadido e depredado", 04/05/1978.
O Estado de S. Paulo (SP), "Mackenzie: alunos vão a Portella", 20/11/1979.
O Estado de S. Paulo (SP), "Uma reportagem de 'O Cruzeiro'", 07/11/1968.
O Estado de S. Paulo (SP), "No Mackenzie, o protesto contra invasão de diretório", 27/10/1979.

Pasta E53P02

A Mackina, 05/1976.
O Gatom (SP), 06/1975.
O Gatom (SP), 06/1976.

Pasta E54 P03
Jornal Mackro (D.A. Eugênio Gudin) – 04/1976 e 03/1977.

Pasta E54 P04
Data Vênia (SP), "Projeto Rondon – Campus avançado de Irecê", 04/1982.
Denúncia, 26/10/1979.
O Gatom (SP), 1977.
O Picareta (SP), ano 4, 1966.
O Picareta (SP), ano 16, p. 19, 04/1976.
O Picareta (SP), "O C.C.C. ataca", ano 18, nº 1, 04/1978.
O Picareta (SP), "A antidemocracia da massificação do ensino", p. 10, 19/05/1980.

Dossiê greve movimento estudantil Mackenzie
A Gazeta (SP), "Para decidir sobre a greve no Mackenzie", 24/07/1962.
A Gazeta (SP), "Graves declarações do professor Flavio Suplicy Lacerda, do Paraná", 25/07/1962.
A Gazeta (SP), "Programa Político da UNE", 25/07/1962.
Folha de S. Paulo (SP), "Reitores vão debater a participação de alunos", 25/07/1962.
Folha de S. Paulo (SP), "Reitores dizem que elementos estranhos agitam estudantes", 26/07/1962.
Folha de S. Paulo (SP), "CPI para apurar as atividades da UNE", 27/07/1962.
Folha de S. Paulo (SP), "Cessa a greve na Engenharia Mackenzie", 28/07/1962.
O Estado de S. Paulo (SP), "Termina a greve na Escola de Engenharia; repúdio a UNE e a UEE", 28/07/1962.

Hemeroteca da Biblioteca Municipal Mário de Andrade

O Estado de S. Paulo **(SP)**
O Estado de S. Paulo (SP), "Reagem alunos da ala democrática da Fac. de Direito", p. 27, 29/03/1964.
O Estado de S. Paulo (SP), Edição 28592, "'Comando' acusa ação subversiva", p. 22, 27/06/1968.
O Estado de S. Paulo (SP), Ano 89, Edição 28592, "Direito-Usp é vistoriada", p. 22, 27/06/1968.
O Estado de S. Paulo (SP), Ano 98, Edição 31288, "Invadido centro da Física", p. 37, 20/03/1977.

O Estado de S. Paulo (SP), Ano 99, Edição 31820, "Bethlem nega versão de atentado", p. 15, 08/12/1978.
O Estado de S. Paulo (SP), Ano 100, Edição 31867, "Para Arnizaut, imprensa dá proteção a subversivos", p. 14, 01/02/1979.
O Estado de S. Paulo (SP), Ano 100, Edição 32112, "Arraes ignora as ameaças", p. 2, 20/11/1979.
O Estado de S. Paulo (SP), Ano 101, Edição 32168, "Inquérito em Belém", p. 8, 26/01/1980.
O Estado de S. Paulo (SP), Ano 102, Edição 32563, "Os atos terroristas desde 1980", p. 28, 10/05/1981.

***Veja* (SP)**

Veja (SP), Edição 5, "A incrível batalha dos estudantes", p. 14-21, 09/10/1968.
Veja (SP), Edição 6, "Guerra aos Extremismos", p. 19, 16/10/1968.
Veja (SP), Edição 7, "Terror e Reação", p. 15-17, 23/10/1968.
Veja (SP), Edição 15, "O Governo, os assaltos e o terrorismo", p. 23, 18/12/1968.
Veja (SP), Edição 505, "A volta da UEE", p. 27, 10/05/1978.
Veja (SP), Edição 546, "Um poder na sombra", p. 65, 21/02/1979.

Acervos digitais

Arquivo Nacional
Hemeroteca da Biblioteca Digital Nacional

Documentos citados:

Arquivo Nacional

Fundo Comissão Nacional da Verdade:
Relatórios:
BR RJANRIO CNV.0.PLA.00092001855201307
BR RJANRIO CNV.0.RCE.00092000538201527137
BR RJANRIO CNV.0.RCE.00092000538201527133

Fundo da Companhia Docas do Estado de São Paulo:
Relatório:
BR_DFANBSB_PA_0_0_0001_d

Fundo do Centro de Informações de Segurança da Aeronáutica:
Relatórios:
BR_DFANBSB_VAZ_0_0_16159
BR_DFANBSB_VAZ_0_0_38067

Fundo Divisão de Segurança e Informações do Ministério das Relações:
Relatório:
BR_DFANBSB_Z4_SNA_AVU_0013

Fundo Divisão de Segurança e Informações do Ministério da Justiça:
Relatórios:
BR RJANRIO TT.0.MCP, PRO.1381 – processo gab nº 100.513
BR RJANRIO TT.0.MCP, AVU.471
BR RJANRIO TT.0.MCP, AVU.281
BR RJANRIO TT.0.MCP, PRO.1536
BR RJANRIO TT.0.MCP, PRO.1403

Fundo do Serviço Nacional de Informações:
Relatórios:
BR_DFANBSB_V8_MIC_GNC_AAA_72058764_d0001de0001
BR_DFANBSB_V8_MIC_GNC_EEE_81005663
BR DFANBSB V8.MIC, GNC.AAA.77109398
BR DFANBSB V8.MIC, GNC.AAA.78111001
BR DFANBSB V8.MIC, GNC.NNN.82003043
BR_DFANBSB_V8_MIC_GNC_GGG_80001851_d0001de0001
BR DFANBSB V8.MIC, GNC.AAA.80009466
BR DFANBSB V8.MIC, GNC.KKK.89007340
BR DFANBSB V8.MIC, GNC.EEE.89021775
BR_DFANBSB_V8_MIC_GNC_EEE_89022934
BR DFANBSB V8.MIC, GNC.AAA.71040539
BR DFANBSB V8.MIC, GNC.AAA.76096490
BR DFANBSB V8.MIC, GNC.RRR.81001166
BR_DFANBSB_V8_ESP_ACE_3285_80_002
BR DFANBSB V8.MIC, GNC.EEE.80004640
BR DFANBSB V8.MIC, GNC.OOO.80002467
DFANBSB V8.MIC, GNC.GGG.79000769
BR_DFANBSB_V8_MIC_GNC_KKK_79000511
BR DFANBSB V8.MIC, GNC.KKK.80000697
BR DFANBSB V8.MIC, GNC.KKK.79000593
BR DFANBSB V8.MIC, GNC.GGG.80001669

BR DFANBSB V8.MIC, GNC.GGG.81002280
BR DFANBSB V8.MIC, GNC.AAA.81015977
BR DFANBSB V8.MIC, GNC.NNN.81001524
BR DFANBSB V8.MIC, GNC.NNN.81001536.
BR DFANBSB V8.MIC, GNC.AAA.87063851
BR_DFANBSB_V8_MIC_GNC_AAA_81020271_d0001de0001
BR_DFANBSB_V8_MIC_GNC_RRR_83005596_d0001de0001
BR_DFANBSB_V8_MIC_GNC_MMM_83003475_d0001de0001
BR DFANBSB V8.MIC, GNC.NNN.81001509
BR DFANBSB V8.MIC, GNC.AAA.79003540
BR DFANBSB V8.MIC, GNC.EEE.79001609
BR DFANBSB V8.MIC, GNC.GGG.80001752
BR DFANBSB V8.MIC, GNC.GGG.80001643
BR DFANBSB V8.MIC, GNC.GGG.80001590
BR DFANBSB V8.MIC, GNC.GGG.80001661
BR DFANBSB V8.MIC, GNC.EEE.81006585
BR DFANBSB V8.TXT, CEX.0.1301.

Hemeroteca da Biblioteca Digital Nacional

Reportagens citadas:

***Boletim ABI* (RJ)**

Boletim ABI (RJ), Ano 1978, Edição 00007-08, "Querem silenciar 'Em Tempo'", p. 9, jul/ago 1978.

***Correio Braziliense* (DF)**

Correio Braziliense (DF), Ano 1961, Edição 00345, "Bancada contra Extremismo já tem 142 parlamentares", p. 1, 14/06/1961.
Correio Braziliense (DF), Ano 1968, Edição 02726, "CCC ataca e metralha a Universidade", p. 3, 03/11/1968.

***Correio da Manhã* (RJ)**

Correio da Manhã (RJ), Ano 1964, Edição 21777, "Estudantes de SP contra comunistas", p. 7, 02/04/1964.
Correio da Manhã (RJ), Ano 1968, Edição 22963, "Teatro pede nova Lei de Censura", p. 1, 13/02/1968.
Correio da Manhã (RJ), Ano 1968, Edição 22951, "Morre no Acre estudante do Plano Rondon", p. 3, 30/06/1968.

Correio da Manhã (RJ), Ano 1968, Edição 23075, "Paulistas decidem adiar para amanhã passeata – monstro", p. 3, 02/07/1968.
Correio da Manhã (RJ), Ano 1968, Edição 23076, "Terrorismo", p. 6, 03/07/1968.
Correio da Manhã (RJ), Ano 1968, Edição 23077, "Insegurança", p. 6, 04/07/1968.
Correio da Manhã (RJ), Ano 1968, Edição 23091, "Terroristas", p. 6, 20/07/1968.
Correio da Manhã (RJ), Ano 1968, Edição 23095, "FAC", p. 2, 25/07/1968.
Correio da Manhã (RJ), Ano 1968, Edição 23156, "SP: Choques matam 2 estudantes", p. 1, 04/10/1968.
Correio da Manhã (RJ), Ano 1968, Edição 23156, "Até quando?", p. 6, 04/10/1968.
Correio da Manhã (RJ), Ano 1968, Edição 23163, "Na mira do CCC", p. 2, 12/10/1968.
Correio da Manhã (RJ), Ano 1968, Edição 23165, "Parlamentar quer o CCC em Sergipe", p. 2, 15/10/1968.
Correio da Manhã (RJ), Ano 1968, Edição 23174, "Gama fala em Império da Lei", p. 2, 25/10/1968.
Correio da Manhã (RJ), Ano 1968, Edição 23178, "CCC ataca Arcebispo outra vez", p. 12, 30/10/1968.
Correio da Manhã (RJ), Ano 1968, Edição 23179, "CCC ameaça imprensa com terror", p. 11, 31/10/1968.
Correio da Manhã (RJ), Ano 1968, Edição 23185, "O Cruzeiro recebe ameaça do CCC e DOPS monta guarda", p. 11, 07/11/1968.
Correio da Manhã (RJ), Ano 1969, Edição 23335, "Tensão nas Universidades", p. 4, 14/05/1969.
Correio da Manhã (RJ), Ano 1969, Edição 23380, "Comissão já tem suspeito na morte de Padre Henrique", p. 6, 06/07/1969.
Correio da Manhã (RJ), Ano 1969, Edição 23436, "Marista diz que dez padres irão morrer no Recife", p. 6, 10/09/1969.
Correio da Manhã (RJ), Ano 1969, Edição 23495, "Um ano para Rangel", p. 6, 18/11/1969.
Correio da Manhã (RJ), Ano 1970, Edição 23605, "Terror mobiliza direita e esquerda Argentina; Direita promete luta", p. 15, 31/03/1970.

Correio de Notícias (PR)

Correios de Notícias (PR), Ano 1980, Edição 00828, "Quando a polícia é indiferente", p. 2, 18/04/1980.

***Diário da Noite* (RJ)**

Diário da Noite (RJ), Ano 1963, Edição 11793, "Estudantes paulistas vão ao Norte", p. 3, 29/06/1963.

Diário da Noite (RJ), Ano 1963, Edição 11862, "Mem de Sá na Academia", p. 12, 18/09/1963.

Diário da Noite (RJ), Ano 1964, Edição 12017, "Marcha da Família com Deus pela Liberdade", p. 3, 17/03/1964.

Diário da Noite (RJ), Ano 1968, Edição 13235, "Uma invasão misteriosa", p. 2, 14/10/1968.

***Diário da Noite: Edição Matutina* (SP)**

Diário da Noite: Edição Matutina (SP), Ano 1970, Edição 13630, "Pasquim", p. 20, 12/05/1970.

***Diário da Tarde* (PR)**

Diário da Tarde (PR), Ano 1968, Edição 21481, "CCC inicia ameaça contra estudantes", p. 6, 08/11/1968.

Diário da Tarde (PR), Ano 1980, Edição 23276B, "Comando ameaça político do PMDB", p. 2, 15/08/1980.

***Diário de Natal* (RN)**

Diário de Natal (RN), Ano 1968, Edição 08277C, "Polícia confirma prisão de 712 estudantes: Ibiúna", p. 1, 16/10/1968.

Diário de Natal (RN), Ano 1979, Edição 10889, "'Escalada da Direita' preocupa", p. 15, 14/11/1979.

Diário de Natal (RN), Ano 1981, Edição 01307, "Delta lamenta IPM e ameaça OAB e CNBB", p. 1, 25/07/1981.

***Diário de Notícias* (RJ)**

Diário de Notícias (RJ), Ano 1963, Edição 12459, "Estudantes farão frente comum contra agitadores", p. 2, 03/07/1963.

Diário de Notícias (RJ), Ano 1968, Edição 14085, "CCC faz manifesto convidando à luta", p. 2, 19/10/1968.

Diário de Notícias (RJ), Ano 1968, Edição 14093, "Parasar", p. 3, 29/10/1968.

***Diário de Notícias* (RS)**

Diário de Notícias (RS), Ano 1968, Edição 00185, "Elenco do 'Roda Viva' apanha de cassetete", p. 1, 05/10/1968.

Diário de Notícias (RS), Ano 1968, Edição 00185, "Agitação continua em São Paulo", p. 1, 05/10/1968.

Diário de Notícias (RS), Ano 1968, Edição 00194, "Estudantes", p. 8, 16/10/1968.

Diário de Pernambuco (PE)

Diário de Pernambuco (PE), Ano 1968, Edição 00233, "Massacre a artistas no R.G.S.", p. 1, 06/10/1968.

Diário de Pernambuco (PE), Ano 1968, Edição 00235, "Norma Benguel raptada pelos anti-comunistas na capital bandeirante", p. 1, 9/10/1968.

Diário de Pernambuco (PE), Ano 1968, Edição 00248, "Católica em oficial lamenta polícia não prenda terroristas", p. 3, 24/10/1968.

Diário de Pernambuco (PE), Ano 1968, Edição 00255, "Rapto de estudantes dá início às atividades do CCC em Sergipe", p. 10, 01/11/1968.

Diário de Pernambuco (PE), Ano 1969, Edição 00097, "Saraivada na fachada do Juvenato", p. 1-8, 29/04/1969.

Diário de Pernambuco (PE), Ano 1969, Edição 00174, "Rogério afirma que homicídio foi político", p. 8, 31/07/1969.

Diário de Pernambuco (PE), Ano 1979, Edição 00242, "CCC volta a atuar", p. 20, 06/09/79.

Diário de Pernambuco (PE), Ano 1972, Edição 00131, "Supostos matadores do Padre enfrentarão Justiça Comum", p. 28, 08/06/1972.

Diário de Pernambuco (PE), Ano 1973, Edição 00241, "Agamenon explica seu voto", p. 32, 07/09/1973.

Diário de Pernambuco (PE), Ano 1975, Edição 00299, "Caminhos sinuosos da SSP", p. 12, 05/11/1975.

Diário de Pernambuco (PE), Ano 1978, Edição 00140, "Denunciada impunidade do assassínio de padre", p. 4, 26/05/1978.

Diário de Pernambuco (PE), Ano 1979, Edição 00250, "Crato vive clima de plena normalidade", p. 3, 15/09/1979.

Diário de Pernambuco (PE), Ano 1979, Edição 00315, "Braz solidário com atos terroristas", p. 4, 20/11/1979.

Diário de Pernambuco (PE), Ano 1980, Edição 00079, "Seminarista espancado", p. 3, 22/03/1980.

Diário de Pernambuco (PE), Ano 1980, Edição 00310, "OAB da Bahia sofre ameaça", p. 3, 13/11/1980.

Diário do Paraná (PR)

Diário do Paraná (PR), Ano 1962, Edição 02023, "Movimento Coordenado (Esquerdas) visando tumultuar a Guanabara", p. 2, 10/01/1962.

Diário do Paraná (PR), Ano 1968, Edição 03975, "Cassação", p. 3, 10/10/1968.

Diário do Paraná (PR), Ano 1968, Edição 03996, "Grupo de Mascarados invade a Universidade Federal Rural de Pernambuco", p. 3, 03/11/1968.

Diário do Paraná (PR), Ano 1977, Edição 06690, "Cardápio Indigesto", p. 2, 11/09/1977.

Diário do Paraná (PR), Ano 1977, Edição 06769, "Para agência, foi a extrema-direita", p. 20, 15/12/1977.

Diário do Paraná (PR), Ano 1978, Edição 06821, "Bispo prega a reforma", p. 10, 17/02/1978.

Diário do Paraná (PR), Ano 1978, Edição 06846, "Jornalista sumiu no carro policial", p. 10, 18/03/1978.

Diário do Paraná (PR), Ano 1978, Edição 06847, "Detidos incomunicáveis", p. 16, 19/03/1978.

Diário do Paraná (PR), Ano 1978, Edição 06848, "DPF estranhou notícias", p. 10, 21/03/1978.

Diário do Paraná (PR), Ano 1978, Edição 06910, "Na Assembleia, secretário fala da prisão sem mandado; 'Quorum' mínimo para ouvir as explicações", p. 9, 07/06/1978.

Diário do Paraná (PR), Ano 1978, Edição 06951, "Comando de Caça aos Comunistas invade sucursal", p. 1, 25/07/1978.

Diário do Paraná (PR), Ano 1978, Edição 06952, "Curitiba é bolsão de extrema direita", p. 1- 10, 26/07/1978.

Diário do Paraná (PR), Ano 1978, Edição 06953, "CCC: divulgação boa, sem queixas", p. 10, 27/07/1978.

Diário do Paraná (PR), Ano 1978, Edição 06877, "Terroristas do CCC são líricos, afirma Alcindo", p. 12, 24/08/1978.

Diário do Paraná (PR), Ano 1978, Edição 07062, "Nilso e o CCC", p. 3, 06/12/1978.

Diário do Paraná (PR), Ano 1977, Edição 00262, "Cardeal de SP defende a PUC: não há comunismo", p. 4, 28/09/1977.

Diário do Paraná (PR), Ano 1980, Edição 07577, "PMDB contra o CCC", p. 3, 20/08/1980.

Diário do Paraná (PR), Ano 1968, Edição 03975, "Cassação", p. 3, 10/10/1968.

Jornal da República (SP)

Jornal da República (SP), Ano 1979, Edição 00035, "'Destruí as urnas como um legalista'", p. 3, 05/10/1979.

Jornal da República (SP), Ano 1979, Edição 00066, "Um novo ataque do CCC", p. 8, 12/11/1979.

Jornal do Commercio (AM)

Jornal do Commercio (AM), Ano 1968, Edição 19935, "CCC ameaça sublevar todo o País contra ação dos comunistas", p. 1, 22/10/1968.

Jornal do Commercio (AM), Ano 1980, Edição 23139, "Dallari: OAB pede fotos", p. 15, 10/07/1980.

Jornal do Commercio (RJ)

Jornal do Commercio (RJ), Ano 1968, Edição 00009, "Império da Anarquia", p. 2, 10/10/1968.

Jornal do Commercio (RJ), Ano 1968, Edição 00012, "Some o depoimento de candidato sequestrado", p. 3, 13/10/1968.

Jornal do Commercio (RJ), Ano 1976, Edição 00267, "Explosão de bomba na ABI repercute em todo o país", p. 12, 20/08/1976.

Jornal do Brasil (RJ)

Jornal do Brasil (RJ), Ano 1964, Edição 00219, "A agressão", p. 13, 16/09/1964.

Jornal do Brasil (RJ), Ano 1968, Edição 00066, "Paulistas mantém escolas ocupadas", p. 10, 26/06/1968.

Jornal do Brasil (RJ), Ano 1968, Edição 00154, "Oitocentos Paulistas não saem das trincheiras", p. 4, 06/10/1968.

Jornal do Brasil (RJ), Ano 1968, Edição 00087, "Artistas querem processar Abreu Sodré pela agressão ao elenco de Roda Viva", p. 18, 20/07/1968.

Jornal do Brasil (RJ), Ano 1968, Edição 00110, "Deputado cearense foge após denunciar criação de órgão radical de direita", p. 18, 16/08/1968.

Jornal do Brasil (RJ), Ano 1968, Edição 00129, "Policiais do DOPS invadem Faculdade no Ceará", p. 12, 07/09/1968.

Jornal do Brasil (RJ), Ano 1968, Edição 00151, "Briga de Estudantes Fere 4 em São Paulo", p. 14, 03/10/1968.

Jornal do Brasil (RJ), Ano 1968, Edição 00155, "O ofício mais difícil", p. 13, 08/10/1968.

Jornal do Brasil (RJ), Ano 1968, Edição 00155, "DOPS acha mais perigosa a desordem dos esquerdistas do que caça aos comunistas", p. 18, 8/10/1968.

Jornal do Brasil (RJ), Ano 1968, Edição 00155, "Atores de 'Roda Viva' vão encenar a peça em S. Paulo mesmo com veto da censura", p. 3, 08/10/1968.

Jornal do Brasil (RJ), Ano 1968, Edição 00156, "Assembleia apareceu pichada no Rio", p. 3, 09/10/1968.

Jornal do Brasil (RJ), Ano 1968, Edição 00157, "Polícia trouxe Norma ao Rio para Exército interrogá-la", p. 20, 10/10/1968.

Jornal do Brasil (RJ), Ano 1968, Edição 00157, "Deputados condenam o sequestro", p. 21, 10/10/1968.

Jornal do Brasil (RJ), Ano 1968, Edição 00158, "Costa e Silva manda SNI investigar atividades de grupos da extrema direita", p. 1, 11/10/1968.

Jornal do Brasil (RJ), Ano 1968, Edição 00158, "Governo investiga o terrorismo de direita", p. 1, 11/10/1968.

Jornal do Brasil (RJ), Ano 1968, Edição 00159, "Manifestação", p. 11. 12/10/1968.

Jornal do Brasil (RJ), Ano 1968, Edição 00166, "Alunos da Mackenzie contra CCC", p. 18, 20/10/1968.

Jornal do Brasil (RJ), Ano 1968, Edição 00167, "Invasão da Filosofia foi o início do Comando de Caça aos Comunistas em Maceió", p. 7, 22/10/1968.

Jornal do Brasil (RJ), Ano 1968, Edição 00170, "CCC metralha a residência de D. Hélder", p. 13, 25/10/1968.

Jornal do Brasil (RJ), Ano 1968, Edição 00178, "CCC – terror paramilitar", p. 1, 3/11/1968.

Jornal do Brasil (RJ), Ano 1968, Edição 00178, "CCC nasceu sob pancada e hoje aterroriza o país com bombas e mortes a Winchester", p. 23, 3/11/1968.

Jornal do Brasil (RJ), Ano 1969, Edição 00095, "CCC destrói em SP monumento a García Lorca", p. 35, 27/07/1969.

Jornal do Brasil (RJ), Ano 1970, Edição 00304, "Terror Argentino volta à ação", 02/04/1970, p. 8.

Jornal do Brasil (RJ), Ano 1970, Edição 00059, "São Paulo cria cruzada Nacionalista", p. 7, 16/06/1970

Jornal do Brasil (RJ), Ano 1972, Edição 00040, "Desembargador aponta CCC e CIA como implicados na morte do Padre Henrique", p. 29, 25/05/1972.

Jornal do Brasil (RJ), Ano 1977, Edição 00341, "CCC e MAC depredam Diretório", p. 34, 20/03/1977.

Jornal do Brasil (RJ), Ano 1977, Edição 00169, "Rezende justifica repressão", 24/09/1977, p. 17.

Jornal do Brasil (RJ), Ano 1977, Edição 00251, "Sacerdote da CNBB aponta ação da extrema-direita no sequestro do Padre Grandi", p. 17, 15/12/1977.

Jornal do Brasil (RJ), Ano 1978,Edição 00340, "Jornalista do Paraná é sequestrada", p. 24, 18/03/1978;

Jornal do Brasil (RJ), Ano 1978, Edição 00348, "Jornalista sequestrada acusa CCC", p. 9, 26/03/1978.

Jornal do Brasil (RJ), Ano 1978, Edição 00348, "Piaget em Julgamento – Subversivo em Curitiba, oficial no Rio de Janeiro", p. 2, 26/03/1978.

Jornal do Brasil (RJ), Ano 1978, Edição 00351, "General garante união das Forças Armadas", p. 19, 29/03/1978.

Jornal do Brasil (RJ), Ano 1978, Edição 00108, "CCC invade 'Em Tempo' em Curitiba", p. 17, 25/07/1978.

Jornal do Brasil (RJ), Ano 1978, Edição 00121, "Professores decidem em uma reunião se aderem à greve em 24 cidades do Paraná", p. 13, 07/08/1978.

Jornal do Brasil (RJ), Ano 1978, Edição 00122, "CCC faz ameaças por carta", p. 9, 08/08/1978.

Jornal do Brasil (RJ), Ano 1978, Edição 00126, "Governador quer enquadrar professores em greve no Paraná na Lei de Segurança", p. 8, 12/08/1978.

Jornal do Brasil (RJ), Ano 1978, Edição 00138, "'Em Tempo' ganha moção", p. 5, 24/08/1978.

Jornal do Brasil (RJ), Ano 1978, Edição 00225, "Pompeu acha que Pelé tem razão", p. 8, 19/11/1978.

Jornal do Brasil (RJ), Ano 1978, Edição 00237, "Cartas do Comando de Caça aos Comunistas prometem 'confronto final' em 1979", p. 8, 1/12/1978.

Jornal do Brasil (RJ), Ano 1978, Edição 00241, "Advogado quer comissão da OAB para levantamento de atuação do CCC em Curitiba", p. 8, 05/12/1978.

Jornal do Brasil (RJ), Ano 1978, Edição 00265, "CBA-RJ dá resposta ao CCC", p. 8, 30/12/1978.

Jornal do Brasil (RJ), Ano 1978, Edição 00265, "Canalha Comunista", p. 9, 30/12/1978.

Jornal do Brasil (RJ), Ano 1979, Edição 00081, "Orvalho Imortal", p. 9, 28/06/1979.

Jornal do Brasil (RJ), Ano 1979, Edição 00142, "CCC faz ameaça de morte", p. 5, 28/08/1979.

Jornal do Brasil (RJ), Ano 1979, Edição 00179, "Eleição é calma em todo o país", p. 16, 04/10/1979.

Jornal do Brasil (RJ), Ano 1979, Edição 00198, "Grupo nazista faz ameaça por telefone às famílias de advogado e cientista", p. 9, 23/10/1979.

Jornal do Brasil (RJ), Ano 1979, Edição 00227, "Polícia investiga ação do CCC", p. 8, 21/11/1979.

Jornal do Brasil (RJ), Ano 1980, Edição 00293, "Envolvimento em questões de terra no Pará provoca ameaças de morte a Bispo", p. 16, 28/01/1980.

Jornal do Brasil (RJ), Ano 1980, Edição 00051, "CCC faz ameaças em Porto Velho", p. 4, 29/05/1980.

Jornal do Brasil (RJ), Ano 1980, Edição 00058, "CCC queima carro de brizolista", p. 8, 05/06/1980.

Jornal do Brasil (RJ), Ano 1980, Edição 00061, "CCC queima carro de livreiro", p. 30, 08/06/1980.

Jornal do Brasil (RJ), Ano 1980, Edição 00094, "Desconhecidos atacam a bala escritório do líder do PT em São Paulo", p. 2, 11/07/1980.

Jornal do Brasil (RJ), Ano 1980, Edição 00114, "Nova Carta", p. 9, 31/07/1980.

Jornal do Brasil (RJ), Ano 1980, Edição 00116, "Secretário admite que direita ameaça no interior gaúcho", p. 9, 02/08/1980.

Jornal do Brasil (RJ), Ano 1980, Edição 00116, "OAB quer ver as fotos em São Paulo", p. 9, 02/08/1980.

Jornal do Brasil (RJ), Ano 1980, Edição 00118, "Distribuidores também são ameaçados", p. 5, 04/08/1980.

Jornal do Brasil (RJ), Ano 1980, Edição 00118, "Carta do CCC intimida jornaleiros", p. 5, 04/08/1980.

Jornal do Brasil (RJ), Ano 1980, Edição 00119, "Figueiredo repudia escalada de atentados a bancas de jornais", p. 8, 05/08/1980.

Jornal do Brasil (RJ), Ano 1980, Edição 00127, "'É o único e último aviso', disse o CCC", p. 8, 13/08/1980.

Jornal do Brasil (RJ), Ano 1980, Edição 00145, "Uma história que começa antes da queda de Jango", p. 46, 31/08/1980.

Jornal do Brasil (RJ), Ano 1980, Edição 00149, "Em Sigilo", p. 9, 04/09/1980.

Jornal do Brasil (RJ), Ano 1980, Edição 00159, "Reitor vai a Ministro para comunicar que congresso da UNE será em Piracicaba", p. 25, 14/09/1980.

Jornal do Brasil (RJ), Ano 1980, Edição 00167, "Cartas (Atentados)", p. 11, 22/09/1980.

Jornal do Brasil (RJ), Ano 1983, Edição 00322, "Montoro tem secretariado de conciliação", p. 3, 28/02/1983.

Jornal do Brasil (RJ), Ano 1989, Edição 00245, "CCC", p. 27, 09/12/1989.

***Jornal dos Sports* (RJ)**

Jornal dos Sports (RJ), Ano 1967, Edição 12013, "'Comando de Caça aos Comunistas' é organização de estudantes que ajudam a polícia", p. 18, 01/11/1967.

Jornal dos Sports (RJ), Ano 1968, Edição 12342, "Estudante morto em São Paulo", p. 11, 04/10/1968.

Jornal dos Sports (RJ), Ano 1968, Edição 12344, "CCC e MAC também no Rio", p. 19, 06/10/1968.

Jornal dos Sports (RJ), Ano 1968, Edição 12363, "Medicina da UFF decreta greve branca", p. 11, 25/10/1968.

***Movimento* (RJ)**

Movimento: Cena Brasileira: Subúrbio Carioca (RJ), Ano 1979, Edição 00200, "O Delegado no Banco dos Réus", p. 11. abr/79.

***O Cruzeiro* (RJ)**

O Cruzeiro (RJ), Ano 1968, Edição 31, "São Paulo-68: depois das bombas, o terror cultural", p. 26, 03/08/1968.

O Cruzeiro (RJ), Ano XL, Edição 45, "CCC ou o Comando do Terror", p. 19-23, 9/11/1968.

***O Fluminense* (RJ)**

O Fluminense (RJ), Ano 1976, Edição 22386, "José Bonifácio acusa comunistas", p. 2, 20/08/1976.

O Fluminense (RJ), Ano 1978, Edição 02452, "Presos políticos liberados em Curitiba dão entrevista", p. 2, 26/03/1978.

O Fluminense (RJ), Ano 1978, Edição 02683, "Funcionário do INAMPS calculava as fraudes", p. 2, 30/12/1978.

O Fluminense (RJ), Ano 1979, Edição 02686, "Contador do INPS que fraudava já intimado", p. 2, 03/01/1979.

***O Jornal* (RJ)**

O Jornal (RJ), Ano 1962, Edição 12607, "A pressão tolerável", p. 4, 19/06/1962.

O Jornal (RJ), Ano 1968, Edição 14362, "Oposição pede CPI contra terrorismo", p. 3, 24/07/1968.

O Jornal (RJ), Ano 1968, Edição 14424, "Batalha mata Estudante – Desfile depois da morte", p. 5, 04/10/1968.

O Jornal (RJ), Ano 1968, Edição 14426, "Surrados no Sul artistas da peça de Chico Buarque", p. 10, 06/10/1968.

O Jornal (RJ), Ano 1968, Edição 14431, "CCC ameaça Deputado", p. 3, 12/10/1968.

O Jornal (RJ), Ano 1968. Edição 14441, "Sete pernambucanos tentaram incendiar", p. 14, 24/10/1968.

O Jornal (RJ), Ano 1968, Edição 14452, "'O Cruzeiro' dá subsídio à punição de terroristas", p. 9, 06/11/1968.

***Realidade* (SP)**

Realidade (SP), Ano 1967, Edição 00018, "Eu vivi numa República de Estudantes", p. 90-94, 09/1967.

Realidade (SP), Ano 2, Edição 00018, "A juventude brasileira, hoje", p. 18-30, 09/1967.

Realidade (SP), Ano 3, Edição 00029, "Estudantes", p. 48-61, 08/1968.

***Tribuna da Imprensa* (RJ)**

Tribuna da Imprensa (RJ), Ano 1968, Edição 05642, "Estudantes Paulistas saem às ruas de novo", p. 8, 05/10/1968.

Tribuna da Imprensa (RJ), Ano 1968, Edição 05670, "Prisões em SP dão em passeatas", p. 8, 10/09/1968.

Tribuna da Imprensa (RJ), Ano 1968, Edição 05651, "Terror Invade Faculdade", p. 7, 16/10/1968.

Tribuna da Imprensa (RJ), Ano 1968, Edição 05647, "Novas ameaças a Márcio aumentam a crise", p. 3, 05/11/1968.

Tribuna da Imprensa (RJ), Ano 1968, Edição 05661, "MAC % CCC", p. 6, 21/11/1968.

Tribuna da Imprensa (RJ), Ano 1978, Edição 08923, "Emedebista também é ameaçado pelo CCC", p. 2, 05/12/1978.

Tribuna da Imprensa (RJ), Ano 1979, Edição 09218, "CCC faz quatro ações em Belém – Terrorismo de direita tenta intimidar Arraes", p. 1 e 5, 19/11/1979.

Tribuna da Imprensa (RJ), Ano 1979, Edição 09213, "Estudantes fazem reunião de entidades", p. 9, 13/11/1979.

Tribuna da Imprensa (RJ), Ano 1980, Edição 09265, "Caçadores de comunistas ainda tentam amedrontar", p. 3, 15/01/1980.

Tribuna da Imprensa (RJ), Ano 1980, Edição 09421, "'Os Vivos e os Mortos', o testemunho de uma ditadura", p. 9, 18/07/1980.

Tribuna da Imprensa (RJ), Ano 1980, Edição 09437, "Livrarias também não querem vender nanica", p. 5, 06/08/1980.

Tribuna da Imprensa (RJ), Ano 1980, Edição 09520, "CPI apura que Francelino é o culpado do Terror", p. 11, 12/11/1980.

Tribuna da Imprensa (RJ), Ano 1981, Edição 09672, "Comando Delta nega o atentado do Riocentro", p. 4, 25/05/1981.

Relatórios da Comissão Nacional e Estadual da Verdade

Brasil. Comissão Nacional da Verdade. Relatório / *Comissão Nacional da Verdade*. Recurso eletrônico. Brasília: CNV, 2014. Disponível em: <http://cnv.memoriasreveladas.gov.br/>. Acesso em: 28 de novembro de 2019.

Comissão Nacional da Verdade. *Relatório preliminar de pesquisa. Caso Riocentro* : Terrorismo de Estado contra a população brasileira, 2014. Disponível em: <http://cnv.memoriasreveladas.gov.br/images/pdf/riocentro/relatorio_preliminar.pdf>. Acesso em: 10 de junho de 2020.

Comissão da Verdade do Estado de São Paulo. Rubens Paiva. Relatório. Tomo I, II, III e IV. 2015. Disponível em: <http://comissaodaverdade.al.sp.gov.br/relatorio/>. Acesso em: 10 de maio de 2020.

Comissão da Verdade em Minas Gerais: Relatório / Governo do Estado. Belo Horizonte: COVEMG, 2017. Disponível em: <http://www.memoriasreveladas.gov.br/administrator/components/com_simplefilemanager/uploads/5b7b1873e9adc5.74798532/Comisso%20da%20Verdade%20em%20Minas%20Gerais_Relatrio%20Final_2017.compressed.pdf>. Acesso em: 18 de junho de 2020.

Legislação

CONSTITUIÇÃO DA REPÚBLICA FEDERATIVA DO BRASIL DE 1967. Disponível em: <http://www.planalto.gov.br/ccivil_03/constituicao/constituicao67.htm>. Acesso em: 14 de junho de 2020.

Decreto-Lei nº 2.848, de 7 de dezembro de 1940. Código Penal. Disponível em: <https://www2.camara.leg.br/legin/fed/declei/1940-1949/decreto-lei-2848-7-dezembro-1940-412868-publicacaooriginal-1-pe.html>. Acesso em: 12 de julho de 2020.

Decreto-Lei nº 314/67. Disponível em: <http://www.planalto.gov.br/ccivil_03/Decreto-Lei/1965-1988/Del0314.htm>. Acesso em: 16 de julho de 2020.

Decreto-Lei nº 510/1969. Disponível em: <http://www.planalto.gov.br/ccivil_03/Decreto-Lei/1965-1988/Del0510.htm>. Acesso em: 16 de julho de 2020.

Decreto-Lei nº 898/1969. Disponível em: <http://www.planalto.gov.br/Ccivil_03/Decreto-Lei/1965-1988/Del0898.htm>. Acesso em: 16 de julho de 2020.

Lei nº 6620/78. Disponível em: <https://www2.camara.leg.br/legin/fed/lei/1970-1979/lei-6620-17-dezembro-1978-365788-publicacaooriginal-1-pl.html>. Acesso em: 16 de julho de 2020.

Reportagens coletadas em acervos diversos

Folha de S. Paulo (SP)[782]

Folha de S. Paulo (SP), "Une diz que encerrou Congresso", p. 1, 11/08/1967.

Folha de S. Paulo (SP), "Segurança Nacional e Desenvolvimento na FMU", p. 3, 10/11/1969.

Folha de S. Paulo (SP), "Bomba do Terror causa morte no Rio; OAB, Câmara Municipal e Jornal são atacados", [s/p], 28/08/1980.

Folha de S. Paulo (SP), "Comando de Caça aos Comunistas diz como atacou 'Roda Viva' em 1968", p. 1, 17/07/1993.

O Estado de S. Paulo (SP)

O Estado de S. Paulo (SP), "Esquadrão da Morte 2.0 e a epidemia de violência no Pará", 06/11/2014. Disponível em: <https://sao-paulo.estadao.com.br/blogs/sp-no-diva/esquadrao-da-morte-2-0-e-a-epidemia-de-violencia-no-para/>.

Outros

AMARAL, Marina. *Conversa com Mr. DOPS* [entrevista com José Paulo Bonchristiano]. Pública. São Paulo: Casa da Cultura Digital, 2012. Disponível em: <https://apublica.org/2012/02/conversas-mr-dops/>. Acesso em: 10 de julho de 2020.

---

782 Reportagens disponibilizadas no acervo digital da *Folha de S. Paulo* (SP). Disponível em: <https://acervo.folha.com.br/index.do>.

AMNESTY INTERNATIONAL. *Report on Allegations of Torture in Brazil*. 3. edition. Nottingham: Russel Press, 1976.

BRASIL. Ministério Público Federal. Procuradoria da República no Estado do Rio de Janeiro. *Denúncia referente ao Procedimento de Investigação Criminal nº 1.30.001.006990/2012-37*. Disponível em: <http://www.prrj.mpf.mp.br/institucional/crimes-da-ditadura/atuacao-1>. Acesso em: 10 de agosto de 2020.

BRASIL. Secretaria Especial dos Direitos Humanos. *Comissão Especial sobre Mortos e Desaparecidos Políticos*. Direito à memória e à verdade. Brasília: Secretaria Especial dos Direitos Humanos, 2007.

CÂMARA DOS DEPUTADOS. *CPI destinada a apurar as origens e responsabilidades relativas a manifestações de terrorismo cultural*. Requerimento s/no, de 23-7-1968 (DCN-I, 15-8-1968, p. 5168).

COLUNAS DE PIRATININGA. Disponível em: <https://www.colunasdepiratininga.org.br/o-delta/>. Acesso em: 30 de agosto de 2020.

Dossiê Comando de Caça aos Comunistas. DEAP Paraná. Arquivo Público do Estado do Paraná, Curitiba (PR), 136 p, 1978.

Dossiê dos mortos e desaparecidos políticos a partir de 1964. Recife: Companhia Editora de Pernambuco, 1995.

Em Tempo, Número 17, "Presos Denunciam 233 torturadores", 26/06/1978.

EDITOR, O. "A Faculdade de Direito e a situação nacional". *Revista da Faculdade de Direito*, Universidade de São Paulo, v. 57, p. 272-282, 1 jan. 1962. Disponível em: <http://www.revistas.usp.br/rfdusp/article/view/66410>. Acesso em: 10 de novembro de 2019.

Falecimento. Disponível em: MIGALHAS nº 3.076, Informativo Jurídico Digital, 12 de março de 2013, nº 3.076, ISSN 1983-392X. Disponível em: <https://www.migalhas.com.br/informativo/3076>. Acesso em: 1 de julho de 2020.

FON, Antonio Carlos. *Tortura: a história da repressão política no Brasil*. São Paulo: Global, 1979.

LIMA FILHO, Acácio Vaz de Lima. *Uma religião e duas doenças*. Academia Paulista de Letras Jurídicas. s/d. Disponível em: <https://aplj.org.br/publicacoes/artigos/uma-religiao-e-duas-doencas.html>. Acesso em: 15 de julho de 2020.

MUSEU MAÇÔNICO PARANAENSE. Disponível em: <http://www.museumaconicoparanaense.com/MMPRaiz/imagens/iFlamulas/pages/Congresso_Paulista_1954_png.htm>. Acesso em: 30 de agosto de 2020.

PROJETO BRASIL: NUNCA MAIS. Disponível em: <http://bnmdigital.mpf.mp.br/pt-br/>. Acesso em: 17 de junho de 2020.

RECURSO ESPECIAL Nº 1.798.903 – RJ (2015/0256723-4). Disponível em: <http://www.stj.jus.br/sites/portalp/SiteAssets/documentos/noticias/REsp%201798903%20-%20voto%20vencedor%20Ministro%20Reynaldo%20Soares%20da%20Fonseca.pdf>. Acesso em: 18 de julho de 2020.

Registro nº 14084, Protocolo A17 do Livro H14, 2º Cartório de Registros de Títulos e Documentos de Pessoa Jurídica da Capital – São Paulo.

SANSÃO, Luiza. "Ameaças e Agressão do CCC a Rocha Barros causaram a sua morte". *Revista Adusp*, São Paulo: Maio, n. 23, 2013.

SÃO PAULO (Estado). Assembleia Legislativa do Estado de São Paulo. *Diário Oficial do Estado de São Paulo*. Ano LXXVIII, nº 194, 11 de outubro de 1968(b), p. 85. Disponível em: <https://www.imprensaoficial.com.br/ DO/ BuscaDO 2001Documento _11_4.aspx?link=%2f1968%2fexecutivo%2foutubro%2f11%2fpag_0085_BJKADKRAP72UQeoAHSTPJ42LP8T.pdf&pagina=85&data=11/10/1968&caderno=Executivo&paginaordenacao=100085>. Acesso em: 10 de outubro de 2019.

Tempos negros da ditadura e do CCCS. Disponível em: <https://www.novomilenio.inf.br/santos/h0053a.htm>. Acesso em: 18 de junho de 2020.

REFERÊNCIAS

ABREU, Alzira Alves de et al. *Dicionário histórico-biográfico brasileiro*. Rio de Janeiro: Centro de Pesquisa e Documentação de História Contemporânea do Brasil. Fundação Getúlio Vargas, 2001. Disponível em: <https://cpdoc.fgv.br/acervo/dhbb>. Acesso em: 10 de outubro de 2019.

ABREU, João Batista de. *As manobras da informação: análise da cobertura jornalística da luta armada no Brasil (1965 – 1979)*. Niterói: EdUFF, 2000.

ADORNO, Sérgio. *Os Aprendizes do poder: bacharelismo liberal na política brasileira*. Rio de Janeiro: Paz e Terra, 1988.

ADUSP. *O controle ideológico na USP*: 1964 – 1978. São Paulo: Adusp, 2004.

ALVES, Marcio Moreira. *A Igreja e a Política no Brasil*. São Paulo: Brasiliense, 1979.

ALVES, Syntia Pereira. *Teatro de García Lorca:* a arte que se levanta da vida. 319 f. Tese (Doutorado em Ciências Sociais). Pontifícia Universidade Católica de São Paulo, São Paulo, 2011.

AMATO, Gabriel. *Aula Prática de Brasil no Projeto Rondon*: estudantes, ditadura e nacionalismo. 1. ed. São Paulo: Alameda, 2019.

ANTUNES, Ricardo; RIDENTI, Marcelo. "Operários e estudantes contra a ditadura: 1968 no Brasil". *Mediações-Revista de Ciências Sociais*, v. 12, n. 2, p. 78-89, 2007.

AQUINO, Maria Aparecida de. *Censura, imprensa e Estado autoritário (1968 – 1978)*: o exercício cotidiano da dominação e da resistência: O Estado de São Paulo e Movimento. Bauru: EDUSC, 1999.

ARENDT, Hannah. *Origens do totalitarismo*. Tradução de Roberto Raposo. São Paulo: Companhia das Letras, 2013.

BARATTA, Alessandro. *Criminologia Crítica e Crítica do Direito Penal*: introdução à sociologia do direito penal. Tradução de Juarez Cirino dos Santos. 3. ed. Rio de Janeiro: Editora Revan: Instituto Carioca de Criminologia, 2002.

BARBOSA, Marialva. "O Cruzeiro: uma revista síntese de uma época da história da imprensa brasileira". *C-Legenda – Revista do Programa de Pós-graduação em Cinema e Audiovisual,* [S.l.], feb. 2011. ISSN 1519-0617. Disponível em: <https://periodicos.uff.br/ciberlegenda/article/view/36801/21376>. Acesso em: 24 de agosto de 2020.

BASTOS, Lucia Elena Arantes Ferreira. "A lei de anistia brasileira: os crimes conexos, a dupla via e tratados de direitos humanos". *Revista da Faculdade de Direito da Universidade de São Paulo,* v. 103, 2008.

BATISTA, Nilo. "Lei de segurança nacional: o direito da tortura e da morte". In: *Revista de Direito Penal e Criminologia.* Instituto de Ciências Penais do Rio de Janeiro. Rio de Janeiro, Forense, n. 34, p. 48–62, jul/dez, 1982.

BAUER, Caroline Silveira. *Brasil e Argentina: Ditaduras, Desaparecimentos e Políticas de Memória.* 2. ed. Porto Alegre: Editora Medianiz, 2014.

BAUER, Caroline Silveira; GERTZ, René E. "Fontes sensíveis da história recente". In: PINSKY, Carla Bassanezi; LUCA, Tania Regina de (orgs.). *O Historiador e suas fontes.* 1. ed., 2. reimpressão. São Paulo: Contexto, 2012, p. 173-221.

BETT, Ianko. *A (re)invenção do comunismo: discurso anticomunista católico nas grandes imprensas brasileiras e argentina no contexto dos golpes militares de 1964 e 1966.* 261 f. Dissertação (Mestrado em História). Universidade do Vale do Rio dos Sinos – Unisinos, Rio Grande do Sul, 2010.

BITTENCOURT, Neusa Regina Carneiro. *A teologia a partir do reverso da história: uma interpretação do modo de fazer teologia de Gustavo Gutiérrez.* 2012. 93f. Dissertação (Mestrado em Teologia Sistemática). Programa de Pós Graduação em Teologia, Faculdade de Teologia, PUCRS, 2012.

BOBBIO, Norberto. *A era dos direitos.* Rio de Janeiro: Elsevier, 2004.

BRAGHINI, Katya Mitsuko Zuquim. *A vanguarda brasileira: a juventude no discurso da revista Editora do Brasil s/a (1961 – 1980).* 2010. 353 f. Tese (Doutorado em Educação) – Pontifícia Universidade Católica de São Paulo, São Paulo, 2010.

BRAGHINI, Katya Zuquim; CAMESKI, Andrezza Silva. "'Estudantes democráticos': a atuação do movimento estudantil de 'direita' nos anos 1960". *Educ. Soc.,* Campinas, v. 36, n. 133, 945-962, 2015.

BRASIL, Clarissa. *O Brado de Alerta para o Despertar das Consciências*: uma análise sobre o Comando de Caça aos Comunistas no Brasil, 1968 – 1981. Dissertação (Mestrado em História). Universidade Federal Do Rio Grande Do Sul, Porto Alegre, 2010.

BRITO, Mauricio. "O golpe de 1964 e a Universidade Federal da Bahia". DOI10. 5216/o. v14i1. 28606. *OPSIS*, v. 14, n. 1, p. 303-320, 2014.

BURKE, Peter. *Testemunha ocular: história e imagem*. Bauru, SP: EDUSC, 2004.

CAMPOS, Paulo Jorge Corrêa. *Direitos humanos e ação política no regime empresarial-militar: o ministro da justiça Alfredo Buzaid e a negação da repressão no Brasil*. 311 f. Tese (Doutorado), Universidade Federal Fluminense, Niterói. 2018.

CAMPOS, Paulo Jorge. "O Conselho de Defesa dos Direitos da Pessoa Humana e o seu funcionamento até 1974". *Revista Interdisciplinar de Direitos Humanos*, v. 7, n. 2, p. 339-363, 2019.

CANCIAN, Renato. *Movimento estudantil e repressão política:* o ato público na Pontifícia Universidade Católica de São Paulo (1977) e o destino de uma geração de estudantes. São Carlos: EduFSCar, 2010.

CARDOSO, Irene. Maria Antonia: o edifício de n. 294. In: *LIVRO BRANCO SOBRE OS ACONTECIMENTOS DA RUA MARIA ANTÔNIA (2 E 3 DE OUTUBRO DE 1968)*. CARDOSO, Irene; TAVARES, Abílio (orgs.). 2. ed. rev. ampl. São Paulo: FFLCH-USP, 2018. p. 16-33.

CARLOTTO, Maria Caramez. *Universitas semper reformanda?:* a história da Universidade de São Paulo e o discurso da gestão à luz da estrutura social. 2014. Tese (Doutorado em Sociologia). Faculdade de Filosofia, Letras e Ciências Humanas, Universidade de São Paulo, São Paulo, 2014.

CARVALHO, Márcio Dillmann de. *As Sociedades Teosóficas e a Maçonaria Mista*: espiritualidade e poder em Pelotas no princípio do século XX (1902 – 1939). Dissertação (Mestrado), Programa de Pós-Graduação em História, Instituto de Ciências Humanas, Universidade Federal de Pelotas, 2016.

CELESTE FILHO, Macioniro. *A reforma universitária e a Universidade de São Paulo*: década de 1960. 2006. 293 f. Tese (Doutorado em Educação). Pontifícia Universidade Católica de São Paulo, São Paulo, 2006.

CELESTE FILHO, Macioniro. "Universidade de São Paulo concebida em 1968 por seus professores, alunos e funcionários". *Revista Brasileira de História da Educação*, v. 17, n. 1[44], jan/mar, 2017, p. 200-233.

CODATO, Adriano Nervo. "Uma história política da transição brasileira: da ditadura militar à democracia". *Rev. Sociol. Polit.*, Curitiba , n. 25, p. 83-106, nov. 2005.

CORRÊA, Larissa Rosa. "O Departamento Estadual de Ordem Política e Social de São Paulo: as atividades da polícia política e a intrincada organização de seu acervo". *Histórica* – Revista Eletrônica do Arquivo Público do Estado de São Paulo, n. 33, p. 35-36, 2008.

COTTA, Luiza Cristina Villaméa. *Adhemar de Barros (1901 – 1969)*: a origem do "rouba, mas faz". 2008. 130 p. Dissertação (Mestrado). Programa de Pós-Graduação em História Econômica da Faculdade de Filosofia, Letras e Ciências Humanas da Universidade de São Paulo.

CRUZ, Levy. "Impunidade na Sociedade Brasileira: algumas ideias para seu estudo". *Textos para Discussão – TPD*. n. 151/2002, dezembro, 2002. Disponível em: <https://periodicos.fundaj.gov.br/TPD/article/view/945>. Acesso em: 19 de julho de 2020.

DA SILVA, Michel Goulart. "Os Ciclos de Estudos da ADESG e a formação de 'elites civis'". *Revista Técnico Científica do IFSC*, v. 1, n. 2, 2012.

D'ARAUJO, Maria Celina; CASTRO, Celso. (orgs.). *Ernesto Geisel*. Rio de Janeiro: FGV, 1997.

DAYAN, Daniel. "Terrorismo, performance, representação: Notas sobre um gênero discursivo contemporâneo". In: DAYAN, Daniel (org.). *O Terror Espetáculo*: Terrorismo e Televisão. Lisboa: Edições 70, 2009. p. 15-36.

DECKES, Flávio. *Radiografia do Terrorismo no Brasil*: 1966 – 1980. São Paulo: Ícone, 1985.

D'ANTONIO, Débora Carina; EIDELMAN, Ariel Esteban. "Usos y debates en la Argentina sobre la categoría del Estado terrorista". *Revista História: Debates e Tendências*, v. 19, n. 3, p. 361-383, 2019.

DE MORAIS BENEDETTI, Andréa Regina. "Anistia, Inimigo e Judiciário: (im)possibilidades do acordo político no Estado de Exceção". *Revista da Faculdade de Direito da UFMG*, n. 64, p. 77-103, 2014.

DE PAIVA DELGADO, Marcio. *A frente ampla de oposição ao regime militar (1966 – 1968)*. 307 f. Tese (Doutorado). Universidade Federal de Minas Gerais, Faculdade de Filosofia e Ciências Humanas, 2013.

DINIZ, Eli. "A transição política no Brasil: perspectivas para a democracia". *Anais do X Encontro Anual da Associação Nacional de Pós-Graduação e Pesquisa em Ciências Sociais*, 20 e 24 de outubro de 1986, Campos do Jordão, SP, 1986.

DREIFUSS, René Armand. *1964 a conquista do Estado*: ação política, poder e golpe de classe. Petrópolis: Vozes, 1981.

DUHALDE, Eduardo Luis. *El Estado terrorista argentino*. 1. ed. Buenos Aires: Colihue, 2013.

ENCICLOPÉDIA. Itaú Cultural de Arte e Cultura Brasileiras. São Paulo: Itaú Cultural, 2021.

FEIERSTEIN, Daniel. "Sobre conceptos, memorias e identidades: guerra, genocidio y/o terrorismo de Estado en Argentina". *Política y Sociedad*, v. 48, n. 3, p. 571-586, 2011.

FARO, José Salvador. *Revista Realidade, 1966 – 1968*: tempo da reportagem na imprensa brasileira. Canoas: Ed. Da ULBRA, 1999.

FAGUNDES, Pedro Ernesto. "A Extrema-Direita nos golpes militares do Cone Sul: Patria Y Libertad (Chile), Triple A (Argentina) e a Juventud Uruguaya De Pie (Uruguai)". *Boletim do Tempo Presente*, n. 04, 2013.

FERRAZ, Lauro Pacheco de Toledo. "Maria Antônia/68: o outro lado da rua". In: SANTOS, Maria Cecília Loschiavo Dos. *Maria Antônia: uma rua na contramão*. São Paulo: Nobel, 1988. p. 222-228.

FICO, Carlos. "Versões e controvérsias sobre 1964 e a ditadura militar". *Rev. Bras. Hist.*, São Paulo , v. 24, n. 47, p. 29-60, 2004.

FICO, Carlos. *O grande irmão*: da operação Brother Sam aos anos de chumbo. Rio de Janeiro: Civilização Brasileira, 2008.

FRANCISCO, Robson Leal. *1964 – O espectro que não veio*: Anticomunismo e Ideologia nos Editoriais dos Jornais O Globo e O Estado de S. Paulo durante o Governo João Goulart. Dissertação (Mestrado em História). Universidade Salgado de Oliveira, Rio de Janeiro, 2014.

GASPARI, Elio. *A ditadura envergonhada*. São Paulo: Companhia das Letras, 2002.

GINZBURG, Carlo. *Mitos, emblemas, sinais. Morfologia e História*. Tradução de Frederico Caroti. 2. ed., 2. reimpressão. São Paulo: Cia das Letras, 1989.

GINZBURG, Carlo. "O inquisidor como antropólogo". *Revista Brasileira de História*, v. 1, n. 21, p. 9-20, 1991.

GROPPO, Luís Antonio. *Juventude: ensaios sobre sociologia e história das juventudes modernas*. Difel, 2000.

GROPPO, Luís Antonio. *Juventudes*. Clube de Autores, 2016.

HILSDORF, Maria Lucia Spedo; PERES, Fernando Antonio "Estudos históricos sobre a juventude: estado da arte". In: SPÓSITO, Marilia Pontes (org.). *Estado da Arte sobre juventude na pós-graduação brasileira*: educação, ciências sociais e serviço social (1999-2006). Belo Horizonte: Argvmentvm, v. 2, p. 213-231, 2009.

HUERRE, Patrice; PAGAN-REYMOND, Martine; REYMOND, Jean-Michel. *Adolescência não existe – História das atribulações de um artifício*. Lisboa: Terramar – Editores, Distribuidores e Livreiros Ltda, 2000.

HUERTA, José Luis Hernández. "Representações dos movimentos estudantis brasileiros na imprensa diária durante o ano de 1968. De Calabouço à Missa Do Sétimo Dia". *Hist. Educ.*, Santa Maria, v. 22, n. 54, p. 47-70, Apr. 2018. Disponível em: <http://www.scielo.br/scielo.php?script=sci_arttext&pid=S2236345920180001000 47&lng=en&nrm=iso>. Acesso em: 21 de janeiro de 2020.

IKEDO, Fernanda. *Memória: 35 anos da morte do líder estudantil Alexandre Vannucchi Leme*. Campinas: Cadernos AEL, 2008.

JOFFILY, Mariana. *No centro da engrenagem*: os interrogatórios na Operação Bandeirante e no DOI de São Paulo (1969 – 1975). 349 f. Tese (Doutorado), Programa de Pós-Graduação em História Social, Área de concentração: História Social – Departamento de História da Faculdade de Filosofia, Letras e Ciências Humanas da Universidade de São Paulo, 2008.

KUCINSKI, Bernardo; TRONCA, Ítalo. *Pau de arara*: a violência militar no Brasil: com apêndices documentais. Notas e versão direta do português por Flávio Tavares. São Paulo: Editora Fundação Perseu Abramo, 2013.

LAQUEUR, Walter. *A history of terrorism*. New Brunswick: Transaction Publishers, 2016.

LAQUEUR, Walter. *Terrorism*. London: Weidenfeld and Nicolson, 1977.

LIMA, Mateus da Fonseca Capssa. *A direita estudantil universitária no Rio Grande do Sul*: entre a democracia e a ditadura (1961 – 1968). Tese (Doutorado em História). Universidade do Vale do Rio dos Sinos, São Leopoldo, RS, 2017.

LIVRO BRANCO SOBRE OS ACONTECIMENTOS DA RUA MARIA ANTÔNIA (2 E 3 DE OUTUBRO DE 1968). CARDOSO, Irene; TAVARES, Abílio (org.). 2. ed. rev. ampl. – São Paulo: FFLCH-USP, 2018.

LOPES, Gustavo Esteves. *"Ensaios de terrorismo"*: História oral do Comando de Caça aos Comunistas. Dissertação (Mestrado em História Social). Universidade de São Paulo, São Paulo, 2007. Disponível no acervo do Serviço Nacional de Informações sob o código CNV.0.ERE.00092001669201360: <http://imagem.sian.an.gov.br/acervo/derivadas/BR_RJANRIO_CNV/0/ERE/00092001669201360/BR_RJANRIO_CNV_0_ERE_00092_001669_2013_60.pdf>.

LOPES, Gustavo Esteves. *Ensaios de terrorismo*: história oral da atuação do Comando de Caça aos Comunistas. Salvador: Editora Pontocom, 2014.

MENDES, Fernanda Coelho. *A "fiadora do governo"*: as crônicas de Rachel de Queiroz na revista O Cruzeiro (1960-1975). Dissertação (Mestrado). Unirio, 2017.

MACHADO, Rodolfo Costa. *Alfredo Buzaid e a contrarrevolução burguesa de 1964*: crítica histórico-imanente da ideologia do direito, da política e do Estado de Justiça. 2015. 875 f. Dissertação (Mestrado em História). Pontifícia Universidade Católica de São Paulo, São Paulo, 2015.

MATHIAS, Suzeley Kalil; ANDRADE, Fabiana de Oliveira. "O Serviço de Informações e a cultura do segredo". *Varia hist.*, Belo Horizonte , v. 28, n. 48, p. 537-554, Dec. 2012 . Disponível em: <http://www.scielo.br/scielo.php?script=sci_arttext&pid=S0104-87752012000200004&lng=en&nrm=iso>. Acesso em: 15 de julho de 2020. https://doi.org/10.1590/S0104-87752012000200004.

MARTINS FILHO, João Roberto. *Movimento estudantil e ditadura militar*: 1964 – 1968. Campinas: Papirus, 1987.

MARTINS FILHO, João Roberto. "O movimento estudantil na conjuntura do golpe", In: TOLEDO, Caio Navarro de (org.). *1964: visões críticas do golpe. Democracia e reformas no populismo.* Campinas: Editora da Universidade Estadual de Campinas, p. 75-81, 1997.

MATTOS, André Luiz Rodrigues de Rossi. "A UNE como instrumento de subversão: a Frente da Juventude Democrática contra a esquerda estudantil durante a greve universitária de 1962". *Revista Espaço Acadêmico*, Maringá, p. 119-130, 2012.

MATTOS, André Luiz Rodrigues de Rossi. *Radicalismo de esquerda e anticomunismo radical*: a União Nacional dos Estudantes entre 1945 e 1964. Dissertação (Mestrado em História). Universidade Estadual Paulista Júlio de Mesquita Filho, Faculdade de Filosofia, Ciências e Letras de Assis, 2013.

MONDAINI, Marco. "Terrorismo Político: A globalização do Medo". In: PINSKY, Jaime; PINSKY, Carla Bassanezi (Orgs.). *Faces do Fanatismo.* São Paulo: Contexto, 2004.

MOTTA, Rodrigo Patto Sá. *Em guarda contra o "perigo vermelho"*: o anticomunismo no Brasil (1917 – 1964). Tese (Doutorado em História Econômica). Universidade de São Paulo, São Paulo, 2000.

MOTTA, Rodrigo Patto Sá. "A ditadura nas representações verbais e visuais da grande imprensa: 1964 – 1969". *Topoi (Rio de Janeiro)*, v. 14, n. 26, p. 62-85, 2013.

MOTTA, Rodrigo Patto Sá. *As universidades e o regime militar*: cultura política brasileira e modernização autoritária. Rio de Janeiro: Zahar, 2014.

MOTTA, Rodrigo Patto Sá. "Os expurgos de 1964 e o discurso anticorrupção na caricatura da grande imprensa". *Revista Tempo e Argumento*, Florianópolis, v. 8, n. 18, p. 09-39, mai/ago, 2016.

MOTTA, Rodrigo Patto Sá. "Sobre as origens e motivações do Ato Institucional 5". *Revista Brasileira de História*, v. 38, n. 79, p. 195-216, 2018.

MÜLLER, Angélica. *A resistência do movimento estudantil brasileiro contra o regime ditatorial e o retorno da UNE à cena pública (1969 – 1979)*. Tese (Doutorado em História Social). Faculdade de Filosofia, Letras e Ciências Humanas, Universidade de São Paulo, São Paulo, 2010.

NOGUEIRA, Jefferson Gomes. "História, imprensa e a construção da realidade durante o regime militar no Brasil (1964/1985)". *Albuquerque: revista de história*, v. 6, n. 11, 2014.

NOGUEIRA, Maristel Pereira. *O anticomunismo nos jornais*: correio do povo, diário de notícias e última hora, uma perspectiva de análise. 304 f. Tese (Doutorado). Faculdade de História, Pós-Graduação em História das Sociedades Ibéricas e Americanas, PUCRS, 2009.

OLIVEIRA, Sonale Diane Pastro de. *Faculdade de Direito da Universidade de São Paulo*: Trajetórias, vínculos e alianças na constituição de uma "Direita Acadêmica". 307f. Tese (Doutorado). Universidade Federal do ABC – UFABC, SP, 2018.

PACHECO, Thiago. "Crime político, terrorismo e tribunais na ditadura de 1964". *Argumenta Journal Law*, Jacarezinho, PR, Brasil, n. 29, p. 247-281, 2018.

PAGLIONE, Eduardo Augusto. *O regime militar e a ação policial civil*: a tortura como meio, o poder como fim. Tese (Doutorado em Diretos Humanos). Faculdade de Direito, Universidade de São Paulo, São Paulo, 2014.

PAIXÃO JR., Valdir Gonzales. *Poder e memória*: o autoritarismo na Igreja Presbiteriana do Brasil no período da ditadura Militar. Tese (Doutorado em Sociologia). Universidade Estadual Paulista (UNESP), Araraquara, 2008.

PETIT, Pere; VELARDE, Jaime Cuéllar. "O golpe de 1964 e a instauração da ditadura civil-militar no Pará: apoios e resistências". *Revista Estudos Históricos*, Rio de Janeiro, v. 25, n. 49, p. 169-189, 2012.

PIOVESAN, Flavia. "Ações afirmativas da perspectiva dos direitos humanos". *Cad. Pesqui.*, São Paulo , v. 35, n. 124, p. 43-55, Abril, 2005.

PIOVESAN, Flávia C. *Proteção dos direitos sociais*: desafios do ius commune sul-americano. *Revista do Tribunal Superior do Trabalho*, São Paulo, v. 77, n. 4, p. 102-139, out/dez, 2011.

PROST, Antoine. *Doze lições sobre a história*. Belo Horizonte: Autêntica Editora, 2008.

QUADRAT, Samantha Viz. "A preparação dos agentes de informação e a ditadura civil-militar no Brasil (1964 – 1985)". *Varias hist.*,

Belo Horizonte , v. 28, n. 47, p. 19-41, junho, 2012 . Disponível em: <http://www.scielo.br/scielo.php?script=sci_arttext&pid=S0104--87752012000100002&lng=en&nrm=iso>. Acesso em: 27 de junho de 2020. https://doi.org/10.1590/S0104-87752012000100002.

REIS FILHO, Daniel Aarão. "A ditadura faz cinquenta anos: história e cultura política nacional-estatista". In: REIS FILHO, Daniel Aarão; RIDENTI, Marcelo; MOTTA, Rodrigo Patto Sá. *A ditadura que mudou o Brasil*: 50 anos do golpe de 1964. Rio de Janeiro: Zahar, 2014.

RIDENTI, Marcelo. *O Fantasma da Revolução Brasileira*. São Paulo: Unesp, 1993.

ROTHE, Dawn L. *State criminality* – the crime of all crimes. Plymouth: Lexington Books, 2009.

ROSSI, Pamela de Mattos. *Os acordos MEC-USAID no Jornal o Estado de S. Paulo (1962 –1973)*. 2018. 136 f. Dissertação (Mestrado em Educação: História, Política, Sociedade). Programa de Estudos Pós-Graduados em Educação: História, Política, Sociedade, Pontifícia Universidade Católica de São Paulo, São Paulo, 2018.

SAMPAIO, Regina. *Adhemar de Barros e o PSP*. São Paulo: Global, 1982.

SANFELICE, José Luis. "A UNE e a Ditadura Civil-Militar de 1964". In: GROPPO, Luís Antonio; ZAIDAN-FILHO, Michel; MACHADO, Otávio Luiz (orgs.). *Juventude e Movimento estudantil*: ontem e hoje. Recife: Editora Universitária da UFPE, 2008.

SANTANA, Flavia de Angelis. *Movimento estudantil e ensino superior no Brasil*: a reforma universitária no centro da luta política estudantil nos anos 60. Tese (Doutorado em História Social). Faculdade de Filosofia, Letras e Ciências Humanas, Universidade de São Paulo, São Paulo, 2015.

SANTOS, Rafaela Mateus Antunes dos. *O outro lado da Rua Maria Antônia*: a atuação das juventudes de direita em 1960. Dissertação (Mestrado em História). Universidade Federal Fluminense, Instituto de Ciências Humanas e Filosofia, 2015.

SANTOS, Maria Cecília Loschiavo (org.). *Maria Antônia*: Uma rua na contramão. São Paulo: Nobel, 1988.

SCHMID, Alex; JONGMAN, Albert. *Political Terrorism*: A New Guide to Actors, Authors, Concepts, Data Bases, Theories, and Literature. New Jersey: Transaction Publishers, 2005.

SCHMITT, Silvana Lazzarotto; FIUZA, Alexandre Felipe. "A DOPS e a vigilância política do movimento estudantil paranaense durante a ditadura civil-militar". *Revista Histedbr On-line*, Vol.12 (45), p. 101-114, 2012.

SERVETTO, Alicia. "Memorias de intolerancia política: las víctimas de la Triple A (Alianza Argentina Anticomunista)". *Antíteses*, vol. 1, n. 2, jul.-dez. de 2008.

SILVA FILHO, José Carlos Moreira da. "Crimes do Estado e Justiça de Transição". *Sistema Penal & Violência*, v. 2, p. 22-35, 2010.

SILVA FILHO, José Carlos Moreira da. "O terrorismo de Estado e a Ditadura civil-militar no Brasil: direito de resistência não é terrorismo". In: *Anais do XX Congresso Nacional do CONPEDI*, 2011.

SILVA, Marcelo Figueiredo. *Análise da relevância prática do jus cogens face à ditadura militar brasileira*. Dissertação (Mestrado em Direitos Humanos). Universidade do Minho, 2016. 136 p.

SIMÕES, Solange de D. *Deus, Pátria e Família*: as mulheres no Golpe de 1964. Petrópolis: Vozes, 1985.

SOARES, Gláucio Ary Dillon. "A censura durante o regime autoritário". *Revista Brasileira de Ciências Sociais*, v. 4, n. 10, p. 21-43, 1989.

SOUZA, Percival de. *Autópsia do Medo*: Vida e Morte do Delegado Sérgio Paranhos Fleury. São Paulo: Globo, 2000.

TERINI, Alexandre Gonçalves. *O movimento estudantil na Reforma Universitária da PUC-SP e seu contraponto ao acordo MEC-USAID*: uma disputa de projetos político-educacionais nos Anos de Chumbo (1969 – 1974). 2018. 159 f. Dissertação (Mestrado em História). Programa de Estudos Pós-Graduados em História, Pontifícia Universidade Católica de São Paulo, São Paulo, 2018.

TELES, Janaína de Almeida. "As denúncias de torturas e torturadores a partir dos cárceres políticos brasileiros". *Interseções: Revista de Estudos Interdisciplinares*, v. 16, n. 1, 2014.

VALLE, Maria Ribeiro do. *O diálogo é a violência*: movimento estudantil e grupo em 1968. Dissertação (Mestrado em Educação). Universidade Estadual de Campinas, Faculdade de Educação, Campinas, 1997.

VELOSO, Caetano. *Verdade Tropical*. São Paulo: Companhia das Letras, 1997.

VILELA, Márcio Ananias Ferreira. *Discursos e práticas da Igreja Presbiteriana do Brasil durante as décadas de 1960 e 1970*: diálogos entre religião e política. Tese (Doutorado). Programa de Pós-graduação em História, Universidade Federal de Pernambuco, CFCH, 2014.

VITALI, Marli Paulina. *União dos Estudantes Secundários De Criciúma (Uesc)*: Entre o Conservadorismo e a Resistência. Dissertação (Mestrado em Educação). Universidade do Extremo Sul Catarinense, Criciúma. Biblioteca Depositária: Biblioteca Central, 2013.